LES FANTÔMES DE VERSAILLES

Jacques Forgeas

LES FANTÔMES DE VERSAILLES

*

roman

Albin Michel

À Catherine

« On ne sort de l'ambiguïté qu'à ses dépens. »

Cardinal de Retz

Préambule

Nous étions en l'an 1673 et en ce temps-là, Versailles n'était pas encore Versailles. Il n'était pas le palais que toute la noblesse d'Europe voudrait approcher, mais le champ de bataille le plus ruineux et le plus décrié de Paris. Car s'exiler de la capitale pour vivre au milieu des bois et marécages, ce n'était plus du caprice, c'était de l'effronterie. Le lieutenant général de police, monsieur de La Reynie, avait noté dans ses archives que, dès 1662, Le Vau avait entouré le château d'un mur construit en pierres à l'italienne et que Le Nôtre avait commencé à tracer les grands axes du nouveau jardin. Les distraits ne voyaient dans ces travaux que le désir d'améliorer le relais de chasse de Louis XIII mais monsieur de La Reynie avait vite compris qu'il ne s'agissait pas de respecter la mémoire du feu roi. Louis XIV était en train de lancer le plus grand de tous ses projets. Et le temps ne lui donna pas tort : le roi allait vivre à Versailles.

1.

22 mars 1673

Elle l'avait repéré rue Pastourelle. L'homme avait baissé la tête et fait semblant de rajuster le revers de ses bottes. Elle accéléra le pas et tourna rue d'Anjou. L'homme lui emboîta le pas. Il était grand, le corps raide. Elle bifurqua rue du Perche et, à l'angle de l'immeuble, se mit à trottiner. Encore une erreur, se dit-elle. Cette rue est trop étroite, bien trop courte. Une vraie souricière. Sa poitrine se souleva, l'air entra dans ses poumons ; sa jupe serrée la gênait et ses escarpins en soie pervenche la blessaient. Pourquoi était-elle sortie ? Pourquoi avait-elle désobéi ? Pourtant elle savait qu'on la guettait.

Elle se glissa derrière un portail et, par la petite grille en fonte qui ajourait le bois, elle surveilla la rue. Elle attendit. Pendant ces longues minutes elle retrouva espoir. Elle s'était peut-être trompée. Son cœur s'était calmé. Elle patienta. Chaque seconde l'éloignait du danger. Pourquoi s'usait-elle à toujours craindre le pire ? Un carrosse gris crissa sur les pavés et frôla le portail. Surprise, elle fit un pas en arrière. Il s'engagea dans la cour de l'hôtel. Elle n'eut pas la curiosité de vérifier qui le guidait. Quand l'attelage ralentit sous les chênes du parc, elle frissonna. Dans son dos, elle sentit une présence, mais il était trop tard. Elle ne poussa aucun cri, n'esquissa aucun geste. Elle savait qu'il était là. Elle fixa une dernière fois la rue en ouvrant grand les yeux, puis une fulgurance lui brûla la nuque. En guise d'adieu, elle leva la tête, aperçut un ciel bleu, sans nuages, et s'affaissa en inondant sa pèlerine d'un flot de sang.

*

La jeune femme avait été découverte par le cocher de l'hôtel particulier qui avait alerté à son tour l'intendant. Ils avaient couru prévenir la police du guet quand ils tombèrent sur deux inspecteurs du Châtelet, par hasard en filature dans le quartier. Sans respecter la règle selon laquelle la police du guet devait intervenir en premier, l'inspecteur Laruche et l'inspecteur Torsac ordonnèrent qu'on les menât sur les lieux du crime. Le cocher et l'intendant, que la subtilité des hiérarchies de la police laissait indifférents, les conduisirent jusqu'au carrosse gris fer dont la portière était restée grande ouverte. L'intendant, qui dans son affolement n'avait néanmoins pas oublié le sens de ses responsabilités, annonça que le duc de Rolignac, dépêché dans ses terres du Berry, serait malheureusement absent les trois prochaines semaines, mais les inspecteurs lui intimèrent de se taire. La scène de crime qui s'offrait à leurs yeux n'autorisait que le silence. C'était une jeune femme prostrée, de dos, baignant dans son sang qui s'était répandu jusque sur la banquette. Le coup avait été porté à l'arme blanche et la plaie béante sur sa nuque était si profonde qu'elle aurait pu être décapitée. L'intendant, resté à cinq bonnes toises en arrière, sortit un mouchoir dont il se couvrit le nez. Le cocher, tout aussi hagard, essayait de calmer ses chevaux que l'odeur du sang et l'agitation excitaient. Il leur chuchotait à l'oreille en les tenant par la bride, avec des coups d'œil en biais vers les inspecteurs.

Laruche se pencha plus avant dans l'habitacle pour tenter d'apercevoir le visage de la victime, quand il fit un bond en arrière. En état de choc, il appela son collègue.

« C'est insensé ! murmura-t-il, pétrifié. Je n'ai jamais vu ça. »

2.

Le jeudi soir, les obligations de La Reynie l'*encourageaient* à rencontrer Sa Majesté pour l'informer de l'avancée de sa charge. Le roi n'avait pas oublié les conseils de son tout premier ministre, Mazarin, qui au début de son règne lui avait enseigné qu'en politique la confiance était le plus grand des péchés. Pour gouverner, il fallait aimer le secret et laisser croire à chacun que seul son avis comptait. Bien sûr, il n'ignorait pas que chacune de ses rencontres avec son lieutenant général de police serait connue de Colbert et de Louvois et il s'en amusait. Sa Majesté recevait à la nuit tombante, souvent en habit de chasse : le roi courait le gibier le lundi et le jeudi, avant de disparaître dans ses nouveaux appartements, ou de rentrer au château de Saint-Germain, qu'il préférait au Louvre, exécré depuis la mort de sa mère. L'enquête discrète de La Reynie avait noté depuis peu que la marquise de Montespan, devenue la maîtresse du roi, y possédait également le sien.

Une procession aux flambeaux sortit La Reynie de ses songes. Il serra sa pochette en cuir sous un bras, quitta son carrosse et se dirigea vers le roi, encadré à distance par des ombres armées. Il pressa le pas. L'air était vif, coupant. Le roi avait gardé ses bottes de chasseur et sa tenue en daim. Un maquillage discret poudrait juste ses joues, cachant ainsi les stigmates d'une petite vérole. Il entendit le pas du policier et s'arrêta en un point où il pouvait contempler les jardins.

« Juste là devant vous, monsieur de La Reynie, je vais faire planter des orangers, des lauriers, des rosiers et des citronniers…

– Sire, répondit le policier en esquissant un signe d'allégeance, je connais votre passion pour les fleurs.

– Et vous connaissez aussi mon aversion pour les parfums. C'est étrange, n'est-ce pas ? Voilà un paradoxe que je ne m'explique pas. Monsieur de La Reynie, avez-vous fait bon voyage ? »

La voix du roi était douce, bien timbrée, un rien malicieuse.

« C'est toujours le plus grand de mes plaisirs, Sire. »

Le roi esquissa un sourire. Il ne connaissait que trop bien l'état des routes et des chemins pour parcourir les vingt kilomètres de fondrières depuis Paris et ne pouvait ignorer les colères rentrées de ses visiteurs.

« Je voudrais d'abord… »

Le roi laissa sa phrase en suspens.

« Oui, Sire ?

– Que vous me rassuriez. Croyez-vous que je vais bientôt pouvoir me promener dans Paris sans le moindre risque et, la nuit, distinguer parfaitement les silhouettes ?

– Sire, Paris devient de plus en plus sûr… et il ne se passe pas une semaine sans que l'une des sept cents rues dont j'ai la charge ne reçoive son lot de lanternes.

– Qui brûleront de novembre à mars, m'avez-vous assuré ?

– Oui, Sire.

– Et vous en avez prévu combien ?

– Il en faudrait cinq mille, Sire.

– Nous y parviendrons… Quoi d'autre, monsieur ? »

Le lieutenant général ouvrit son maroquin. Le roi ignora le geste de monsieur de La Reynie.

« Marchons si vous le voulez bien. »

Et il devança son ministre. Le vent divertit les feuilles des arbres et souffla les torches portées par des gardes qui se tenaient à distance respectueuse.

« Quelques assassinats ? Des espions ? Faites vite, la pluie s'annonce.

– Pas aujourd'hui, Sire… mais il y a toujours ces bruits insistants et l'évocation de noms connus à la cour ! répondit-il en lui emboîtant le pas.

– À quel sujet et de quels noms parlez-vous ? » fit le roi agacé.

Le policier remarqua son regard courroucé mais se risqua à la franchise.

« Toujours l'affaire des poisons, Sire. Il semblerait que beaucoup d'alcôves se transforment en laboratoires de chimistes.

– La Reynie, vous exagérez !

– Sire, dans les pages de ce rapport, vous avez les aveux de dizaines de prêtres horrifiés qui ont brisé leur serment de confidentialité devant la gravité des confessions de leurs fidèles. Selon eux, certaines dames rêvent d'empoisonner leurs maris, amants ou rivales. On parle de philtres, d'arsenic et autres mixtures. On s'enflamme pour des messes noires où les femmes du monde se déshabillent sans pudeur en célébrant le diable. Des noms célèbres, illustres même, résonnent dans nos églises. Sire, je crains une mode…

– Qui, si elle consiste à se faire *disparaître*, ne durera pas, le coupa le roi. Autre chose ?

– Des petits larcins… une liste de libellistes et d'imprimeurs indélicats, une floraison de maisons de jeux, mais aussi une escroquerie à la farine que je juge préoccupante.

– Qui, si elle est avérée, sera lourdement punie ! C'est, avec vos lanternes et la sécurité des rues de Paris, le seul point que je retiendrai de notre conversation. »

La Reynie, qui n'en pensait pas moins, hocha la tête en signe d'acquiescement. Encore une fois, le roi refusait de donner suite à l'affaire des poisons, et cette fin de non-recevoir finissait par le conforter dans l'idée qu'il en savait probablement bien plus que lui-même. L'entretien semblait arriver à sa fin. La Reynie esquissa une révérence pour prendre congé quand le roi fit un geste de la main pour le retenir.

« Il y a pourtant une rumeur dont vous ne m'avez pas parlé, et je m'en étonne. »

La Reynie tressaillit.

« Une rumeur, dites-vous ?

– Selon vous, comment nomme-t-on une rumeur qui ne se dément pas ? Une certitude !

– J'avoue mon ignorance, Sire.

– Vraiment ?

– Je vous l'assure, Sire », répondit La Reynie, troublé par le regard inquisiteur du roi. Il resongea aux feuillets des rapports de la semaine qu'il avait triés. En aurait-il égaré un ? Ses commissaires enquêteurs auraient-ils négligé une affaire essentielle aux yeux du roi ?

« Alors je vais vous l'apprendre, monsieur de La Reynie... Vous admettrez que ce rôle n'est pas le mien, mais plutôt le vôtre !

– Pardonnez-moi, Sire, je veillerai à... » Il s'interrompit, quand le roi, levant son auguste main dans le crépuscule où commençait à poindre une lune voilée d'avant la pluie, déclama avec une pointe d'emphase :

« Monsieur le lieutenant général de police, je vous informe que la duchesse de La Vallière souhaite confier la réalisation de son portrait au grand peintre Mignard. »

La Reynie tenta de cacher à la fois sa surprise et son soulagement, mais il répondit trop vite.

« Je l'apprends, Sire. »

Le roi durcit son regard.

« Monsieur, à votre voix, je devine que pour vous la peinture n'est rien de plus que de la couleur prise dans un cadre. C'est sans doute la raison pour laquelle cette rumeur n'a pu vous atteindre. Mais apprenez que, pour moi, elle peut m'atteindre davantage encore que vos poisons à la mode !

– Majesté… comme vous, nous apprécions tous Mignard… », tenta La Reynie qui, ne comprenant toujours pas où voulait en venir le roi, tâchait de gagner du temps. « Je suis persuadé qu'il sera respectueux et saura vous satisfaire, ajouta-t-il prudemment.

– Je l'espère, monsieur de La Reynie, mais apprenez que si j'aime l'art, je crains les artistes », ajouta-t-il en s'arrêtant.

Il fixa son ministre avec intensité.

« C'est pourquoi je vous demande d'inscrire cette affaire dans vos priorités d'aujourd'hui ! »

Sans attendre de réponse, le roi reprit sa marche.

La Reynie, sidéré, le rejoignit.

« Ce qui me chagrine, voyez-vous, reprit le roi d'une voix plus douce, c'est que vous ignorez tout des artistes. Approchez-les, regardez-les, écoutez-les, et vous verrez, vous les craindrez comme je les crains ! Vous comprendrez alors que ce sont des devins. Ils perçoivent et nous montrent ce qui est sous nos yeux et que nous ne savons pas voir…

– Je m'y appliquerai, Sire », fit La Reynie dépassé, avec un geste de déférence qui, l'espérait-il, saurait masquer son embarras. Quoi ! Un tableau pouvait donc devenir la priorité du roi !

Ce fut le capitaine des gardes qui le sauva en s'approchant du roi. L'entretien était arrivé à son terme. Le roi s'éloignait déjà sans qu'il fût nécessaire de le saluer. La Reynie rejoignit son carrosse sans flambeau pour le guider. Au loin, il entendit les aboiements des chiens. La nuit était tombée. Il grimpa vite dans sa voiture et quitta Versailles sous la pluie sans savoir si le roi passerait la nuit ici et lequel des deux appartements aurait sa faveur. Quelle drôle d'affaire, pensa-t-il. Voilà qu'il devait surveiller Mignard et la composition du portrait de madame de La Vallière ! Il ôta sa perruque, glissa une main sur ses cheveux ras et s'emmitoufla dans une des couvertures qu'il cachait sous le siège de velours gris. La chaleur du fourneau allumé sous ses jambes le réchauffa. Il ferma les yeux et murmura : « Surveiller un tableau… surveiller Mignard… en tout état de cause, surveiller la duchesse de La Vallière ! Aimer les arts… mais craindre les artistes… » La Reynie était encore tout étourdi que le roi puisse lui confier ce genre de mission. *Je vous demande d'inscrire cette affaire dans vos priorités !* se répéta-t-il. L'ordre était indiscutable tout autant qu'incompréhensible.

*

« Messieurs, je suis désolé, monsieur le duc de Rolignac est toujours dans ses terres du Berry », fit l'intendant avec raideur en tentant de s'interposer devant les inspecteurs Laruche et Torsac qui s'étaient vu confier l'enquête par le Châtelet.

« Nous savons tout cela, l'interrompit Torsac, guère désarçonné par la déférence hautaine du domestique.

– Nous sommes juste venus respirer les lieux », ajouta Laruche qui se glissa derrière le portail ouvragé sous l'œil désapprobateur du gardien.

L'inspecteur Laruche avait passé la trentaine. D'allure leste, les yeux bleus et de taille moyenne, il était fort bien fait de sa personne et le savait. Il portait ses cheveux blonds bouclés tirés en un catogan et aujourd'hui, il avait quitté son sempiternel manteau en velours qu'il tenait plié sous le bras malgré la fraîcheur de ce mois de mars, pour déambuler en gilet de daim. L'inspecteur Torsac, de dix ans son aîné, était brun aux yeux marron et accusait déjà une calvitie naissante. Il surprenait par sa taille, presque une toise, qu'accentuait son manteau trop large au col en poils de loutre sur une veste noire et une culotte de la même couleur. Sans ses bottes d'officier cirées à l'œuf, on aurait pu le prendre pour un rôdeur. Les deux hommes formaient ainsi une équipe aussi dissemblable que soudée. Ils aimaient travailler ensemble. Sur le terrain, ils parlaient peu, écoutaient beaucoup, et observaient. Rue du Perche, chacun se répartit la tâche. On avait déjà procédé aux enquêtes de voisinage qui, sans surprise, n'avaient abouti à rien. Le jour du crime, Laruche avait relevé sur les graviers une flaque de sang ainsi que des traces sur le mur mitoyen. Il avait analysé ces indices et émis l'hypothèse que la victime pouvait s'être sentie menacée et avoir trouvé refuge ici, dans l'espoir d'échapper à son poursuivant. De son côté, Torsac avait arpenté la distance qui séparait le portail de l'endroit où avait été retrouvé le carrosse. Il procédait avec une infinie lenteur, ligne par ligne, notant chaque désordre qu'il observait sur le gravier, causé par le carrosse ou par des piétons ? Dix toises. Il siffla entre ses dents. Comment diable le tueur avait-il procédé ? Les traces de sang trouvées derrière le portail suggéraient que la jeune femme y avait été tuée et qu'ensuite elle avait été transportée jusqu'au carrosse. Pourquoi le tueur avait-il pris de tels risques ? Dix toises à découvert, ce n'était pas une mince affaire ! Quelqu'un dans la rue ou un serviteur aurait pu le surprendre. Torsac avait grimpé les marches du perron pour avoir une vision d'ensemble, se déplaçant latéralement pour démultiplier les angles de vue et les mémoriser. Il ferma les yeux. Il entendit se rapprocher le fracas des roues cerclées de fer du carrosse sur les pavés, sentit la sueur des chevaux exténués qui s'évaporait dans l'air, et sut que le véhicule s'était immobilisé sous les chênes. Il se figura que le tueur avait dû profiter de l'entrée du carrosse pour se faufiler derrière lui et surgir dans le dos de sa victime.

Quand il rouvrit les yeux, il vit Laruche accroupi dans la cour. Que cherchait-il ? Une épingle à cheveux ? Un bouton ? L'inspecteur redescendit les marches pour rejoindre son collègue.

« À ton avis, il l'a portée, ou il l'a traînée jusqu'au carrosse ?

– Il l'a portée. Je n'ai observé aucune trace au sol suggérant qu'il l'ait traînée…

– C'est ce qu'il me semble aussi. Autrement, la tête se serait détachée… »

Les inspecteurs restèrent pensifs.

« C'est une visite qui ne nous a rien appris, soupira Laruche.

– Permets-moi de ne pas être de ton avis ! Ce crime n'est pas un crime ordinaire… C'est soit un rituel, soit une exécution.

– J'espère que tu te trompes… car si tu dis vrai, il faut s'attendre à ce qu'il y en ait d'autres. »

D'un signe de la main, ils remercièrent l'intendant, qui était resté planté sur le parvis de l'hôtel sans les lâcher des yeux. Ils auraient pu le prier de saluer de leur part le duc de Rolignac, miraculeusement revenu en toute hâte, qui, mal planqué derrière les persiennes entrouvertes, les observait.

3.

Le soupirail en haut de la voûte de pierre suintante éclairait chichement, d'une lumière sale et oblique, la salle d'autopsie saturée des odeurs nauséabondes de corps en décomposition et de sel. Emilio avait caché la nudité de la jeune fille avec son manteau bleu. Elle était allongée sur une table en pierre aux bords creusés d'un sillon qui permettait l'écoulement des fluides tout au long de l'opération. Elle avait à peine vingt ans. Petite et délicate, elle avait un visage régulier encadré de cheveux sombres et bouclés. Andrieux, le chirurgien légiste, avait couvert d'un foulard blanc la profonde plaie de la gorge qui avait causé la mort. Mais pour la seconde blessure, il ne pouvait rien faire. Revêtu de son tablier de cuir qui lui faisait comme une armure, le médecin contempla les traits de la jeune fille, bouleversé par l'autopsie qu'il venait de terminer.

« Je ne m'y ferai jamais, balbutia-t-il comme pour lui-même. Si jeune… et si belle, n'est-ce pas ? »

Emilio, en équilibre sur un tabouret, dessinait. Il se tenait à l'écart, à peine éclairé par l'unique source de lumière qui ouvrait sur la cour du Châtelet. Une rumeur étouffée de carrosses, de cris, de bruits de bottes et d'ordres descendait jusqu'à lui. Il leva la tête et hésita à croquer le légiste de quelques coups de crayon. Non, l'homme ne l'intéressait pas. Seuls ses yeux bleu vif, en cet instant mouillés par la tristesse, auraient pu mériter une esquisse, mais pas question de se laisser distraire, il avait déjà versé trop d'écus pour accéder à ce lieu. C'était elle son modèle. Emilio avait appris son art à Rome auprès de ses maîtres et avait depuis hanté les morgues et les hôpitaux à la recherche d'un visage, d'une main, de la posture d'un corps.

Le légiste s'impatientait. Il avait ôté depuis longtemps son tablier et rangé sa vachette et arpentait la pièce de long en large. Des pas résonnèrent dans l'escalier en colimaçon qui menait au sous-sol. La porte cloutée claqua et deux hommes apparurent. Emilio leva le regard. Il les connaissait. C'étaient les inspecteurs Laruche et Torsac, l'inséparable couple d'enquêteurs du Châtelet. Laruche n'ôta pas son chapeau mais Torsac se découvrit. Emilio pensa qu'il y avait plus que du respect dans ce geste. Était-ce de la déférence face à la mort, ou un hommage à la beauté ? Laruche fit un pas sur le sol humide.

« Monsieur de La Reynie s'est fait annoncer. Nous l'attendons.

– La Reynie ? s'étonna Andrieux en le regardant attentivement.

– Oui… nous-mêmes en avons été surpris, mais il a lu notre rapport, et ce meurtre l'a inquiété.

– Selon vous, c'est une putain ? Une fille d'opéra ? questionna Torsac.

– Je ne crois pas, soupira le médecin.

– Et où sont ses apprêts ?

– Tout est là dans un sac de jute, juste derrière vous. J'ai fouillé, vous n'y trouverez rien. Pas de bijou, pas de collier, pas de lettre, rien ! Que du sang. »

La porte s'ouvrit avec fureur. Le lieutenant général de police apparut, salua d'un hochement de tête et d'un geste autoritaire refusa le tablier que lui proposa le légiste. Tout le monde se raidit sauf Emilio, rencogné au fond de la salle, qui se leva silencieusement. La Reynie avait belle allure. De taille moyenne, il portait un habit de brocart boutonné sur un justaucorps de couleur fauve et semblait avoir froid : il garda ses gants, mais retira son chapeau, découvrant un visage impérieux, une lèvre inférieure charnue et un nez à la Bourbon. Sa bouche serrée était agrémentée de la très fine moustache devenue à la mode. Il s'approcha du corps. Il détestait ce lieu et n'y descendait jamais. La morgue, que l'on surnommait la morne, le révulsait. Cette visite n'était pas dans ses fonctions, mais les circonstances exceptionnelles de la mort de cette inconnue l'avaient troublé. Il s'approcha. Même si on l'avait prévenu et qu'il savait à quoi s'attendre, il faillit tomber à la renverse.

« Mon Dieu ! » s'exclama-t-il en découvrant les lèvres violacées et boursouflées de la jeune fille, qui avaient été cousues avec un fil de soie. Le dessin de la broderie destinée à joindre les bords de la plaie semblait la dentition d'une bouche malade sortie droit de l'enfer. C'était insupportable.

« Elle a les lèvres cousues, balbutia-t-il avec un mouvement de recul.

– À peine plus de vingt ans, monsieur le lieutenant général… La bouche n'est pas la cause de la mort. C'est la plaie franche, avec une arme blanche, portée à la nuque qui en est la cause. J'ai eu beaucoup de mal à faire tenir la tête au corps. Le corps s'est littéralement vidé de son sang.

– Une arme que nous n'avons pas retrouvée, j'imagine, interrogea La Reynie qui connaissait la réponse.

– Elle n'a pas souffert, elle a été égorgée…

– Comme un agneau », compléta La Reynie en se rapprochant de la victime. Il s'abîma dans la contemplation des lèvres mutilées de la jeune fille, comme pour mieux se persuader qu'il ne rêvait pas. « C'est de la sauvagerie, murmura-t-il. Qui peut s'être adonné à un tel acte de barbarie et pourquoi ?

– Personne n'a réclamé son corps depuis le meurtre, précisa Andrieux. Elle semble seule au monde.

– Et lui, que fait-il là ? » hurla soudain La Reynie, comme pour exorciser l'insupportable. Tout le monde sursauta. Il venait de découvrir la présence d'un jeune homme étranger à la morgue, tapi dans l'ombre.

Emilio, qui s'était reculé pour échapper aux regards, s'avança gauchement et bouscula sur son passage un tabouret dont le bruit de la chute résonna sous la voûte. Le silence retomba. Quatre paires d'yeux étaient braquées sur lui. Il fit une maladroite révérence.

« Je suis Emilio Roggiero, monsieur le lieutenant général de police. Je suis peintre… enfin, dessinateur », bredouilla-t-il avec un accent où la musique l'emportait sur les mots.

La Reynie, surpris, interrogea du regard les inspecteurs.

« C'est un artiste. Il paraît qu'en Italie c'est la coutume, expliqua Laruche.

– Ah ! parce qu'en Italie on dessine les morts ? rétorqua La Reynie.

– Mes maîtres m'ont enseigné cet art, et c'est très particulier. Un corps privé de vie ne cherche plus à plaire. Il entre dans une autre vie et s'offre ainsi, sans pudeur.

– *S'offre sans pudeur !…* », répéta La Reynie incrédule qui n'était plus à une incongruité près. Il continua à fixer Emilio qui baissa les yeux, puis il tendit le bras pour se faire remettre les dessins qu'il observa un par un. C'était bien la jeune fille assassinée dans toute sa beauté.

« Je garde celui-ci… monsieur l'Italien. Je n'aime guère votre présence en ces lieux. Vous devriez ne pas oublier qu'en l'absence d'assentiment de vos modèles, votre démarche s'apparente à celle d'un voleur. Vous leur prenez ce qu'ils ne vous ont pas accordé.

– Pardonnez-moi, monsieur.

– Je reconnais que vous avez du talent. Puis-je savoir ce que deviendront ces croquis entre vos mains ?

– Ils me serviront dans des compositions plus importantes. Ici, je saisis les détails, des courbes, des caractères.

– Ah ! En plus pour votre usage personnel ! Comme c'est intéressant ! » dit-il avec une froide ironie.

Emilio baissa la tête, contrit.

« Mais vous avez dit *caractères*… Qu'entendez-vous par là ? »

Le médecin et les inspecteurs suivaient la scène, surpris de l'intérêt que La Reynie témoignait pour l'art du dessin. Encore une passion qu'ils ignoraient du lieutenant général.

« Elle a un front bombé marqué par quelques taches dues au soleil. Ses pommettes saillantes devaient accentuer son sourire. J'aime son petit nez volontaire, son menton décidé. Cette jeune fille est latine et si vous restez longtemps près d'elle comme je l'ai fait, vous constaterez que quelque chose a survécu après le départ de son âme.

– Et vous pensez à quoi ? l'interrompit soudain le médecin, déstabilisé.

– Elle porte un parfum que j'ai connu en Italie et que je pourrais restituer si j'apporte un peu de couleur à son portrait. »

La Reynie observa Emilio. La coïncidence était par trop étrange : les réponses du jeune homme faisaient écho à la réflexion du roi sur la peinture et les artistes ! Torsac profita du silence pour se rapprocher d'Emilio. Il lui demanda d'être plus précis.

« Le musc. Elle sent le musc… monsieur. »

La Reynie sursauta, tandis que le médecin alarmé se précipitait au-dessus du corps.

« Mais vous avez raison ! Je n'avais pas remarqué », s'exclama-t-il en promenant son regard affolé sur les hommes de police. La situation devenait irréelle. Les inspecteurs n'osèrent pas renifler mais approuvèrent, et il était impossible de savoir à qui, d'Emilio ou du légiste, ils s'adressaient.

La Reynie, qui tenait toujours le dessin, se dirigea vers la porte et se retourna.

« Le musc dont vous parlez, il sera dans le dessin ?

– Oui, monsieur. Il y sera. »

La Reynie hocha la tête.

« Puis-je savoir pourquoi vous avez omis la bouche cousue ? »

Emilio fut troublé par la question. Il ne le savait pas lui-même. Il se tourna vers la jeune fille, et ce fut évident. Il répondit avec une infinie tendresse :

« Pour moi, monsieur, c'est le cœur qui dirige la main. Mon cœur ne l'a pas souhaité, ma main ne l'a pas fait. »

La Reynie abrégea ce temps suspendu en s'approchant du médecin légiste, qui lui remit son rapport.

« Quand l'avez-vous ouverte ?

– À l'aube, monsieur. »

Le lieutenant général parcourut le document.

« Comme c'est étrange, vous êtes vraiment le seul des légistes à commencer par le foie !

– Le foie, c'est la vie, monsieur. D'ailleurs, nos ennemis les Anglais l'appellent avec justesse *liver*, ce n'est donc pas pour rien. Souvenez-vous, dans la légende grecque, on racontait que Zeus, le dieu de l'Olympe, condamna Prométhée, le bienfaiteur de la race humaine, fils du Titan Japet et de l'Océanide Clymène, en l'enchaînant nu à un rocher et en faisant fondre sur lui un aigle qui venait lui dévorer le foie. Mais ce qui rejoint notre histoire, c'est que le supplice de Prométhée était sans fin, car il est rapporté que, toutes les nuits, son foie se reconstituait. »

Torsac et Laruche restèrent bouche bée. La Reynie lança un dernier regard à la jeune fille et au peintre, puis sortit.

4.

« Vous m'avez fait demander, monsieur ? » interrogea le commissaire Delamare qui venait d'apparaître à la porte du bureau.

La Reynie repoussa les dossiers qui l'encombraient, posa ses bésicles et invita d'un geste son adjoint à s'asseoir dans l'un des deux fauteuils en satin. Par ces temps humides et froids qui transperçaient les murailles et les os, on avait fait allumer un feu dont les hautes flammes rougeoyantes éclairaient plus la pièce qu'elles ne la réchauffaient. Delamare, toujours souffreteux et craignant les maladies, choisit le siège le plus proche de la cheminée. La Reynie le rejoignit et considéra son hôte. Il goûtait toujours avec plaisir ces moments d'entretien. Il avait beaucoup de respect pour son commissaire. Il aimait sa capacité de travail, sa précision, sa méfiance de la rhétorique, sa modestie et son honnêteté foncières. C'était un homme discret qui possédait cette qualité rare de savoir écouter tout en sachant user d'autorité. Il avait acheté sa charge au Châtelet et La Reynie avait vu en lui l'homme à qui confier la fonction extraordinairement complexe et sensible de réorganiser la police. Et ce n'était pas une mince affaire, car à son arrivée, il y a dix ans, il n'existait pas moins de quatre polices différentes et indépendantes, sans gouvernance commune, sans contrôle, agissant pour leurs intérêts propres et le plus souvent rivales : aux commissaires du Châtelet répartis par quartiers, s'ajoutaient la compagnie du lieutenant criminel, la prévôté de l'Île et la compagnie des archers du guet royal. Cette dernière était tout particulièrement inadaptée maintenant que la population avait quadruplé depuis sa création quatre siècles auparavant, sous le règne de Louis XI. Elle était encore chargée de la surveillance de nuit mais c'était une sorte de milice privée assurée par des bourgeois à la solde des nobles et des maîtres de métier de Paris – autant de puissantes baronnies rivales. La corruption était courante, la criminalité comme l'impunité autorisées, la prostitution effrayante, et le niveau de pauvreté aggravé par les guerres, les épidémies, les révoltes et la faim, au point que certains quartiers étaient devenus des villes de gueux dans la ville. Paris et son presque demi-million d'habitants intra-muros était réputée pour être la capitale d'Europe la plus sale et la plus dangereuse. Exercer la police dans ces conditions était impossible. Il fallait remédier à ce désordre, en créant une seule entité, rémunérée, plus efficace, disciplinée, indépendante des baronnies, en somme une police moderne au service de l'État. C'était un travail d'Hercule pour lequel le commissaire Delamare avait le soutien du roi, de Colbert et du lieutenant général La Reynie.

« Je voudrais vous entretenir d'une affaire qui préoccupe le roi et dont il m'a chargé.

– Vous lui avez parlé de la jeune fille de la rue du Perche ?

– Je ne suis pas certain que Sa Majesté trouve ce genre d'affaire intéressante », répondit La Reynie, qui ne manqua pas de remarquer que, pour son commissaire, elle semblait l'être. Il resta un moment silencieux, permettant ainsi à Delamare de l'interroger.

« Les poisons ? L'escroquerie à la farine ?

– Pas davantage, monsieur Delamare. Non, il s'agit de tout autre chose. Il ne vous aura pas échappé que madame de La Vallière va quitter Versailles, n'est-ce pas ?

– Oui. Nous savons tous où elle a choisi de se retirer.

– Ce n'est effectivement plus un secret pour personne, mais il en existerait un autre qui aurait *échappé* à notre sagacité, et dont le roi n'a pas manqué de m'entretenir avec une certaine malice, en faisant le constat que notre service n'en avait pas été informé. »

Le commissaire regarda son supérieur avec étonnement.

« Madame de La Vallière a invité Mignard à faire son portrait et Sa Majesté s'en inquiète. »

Delamare resta bouche bée. La Reynie sourit. Il se doutait bien que cette confidence allait produire son petit effet.

« Sa Majesté s'inquiète, dites-vous, mais de quoi, grand Dieu ? Mignard a peint le roi je ne sais combien de fois, tout le monde à la cour apprécie son talent ! Et le roi s'en inquiéterait ! Mais que craint-il ? »

La Reynie lui tendit un feuillet que Delamare égrena :

« Anne d'Autriche, Colbert, Marie Mancini, Mazarin, Molière, vous… le roi plusieurs fois… »

Il leva un regard interrogateur vers son supérieur.

« Certains de ces prestigieux modèles auraient-ils eu à s'en plaindre ?

– Je ne pense pas que le roi craigne Mignard. Non ! Ce qu'il craint, c'est l'ultime représentation que l'artiste va faire de la duchesse avant son départ au couvent. Ce n'est pas un sujet anodin, voyez-vous, c'est un sujet bien plus politique qu'il n'y paraît. Le portrait pourrait être embarrassant.

– Certes, mais qu'est-ce qui empêche Sa Majesté de convoquer Mignard, de l'interroger sur ses intentions et de lui interdire le tableau, s'il s'avérait que… »

La Reynie, qui avait longuement médité sur la question, l'interrompit :

« Le roi tient trop en estime Mignard pour l'interroger et respecte trop la duchesse pour la contraindre. Non, ce n'est pas ce qu'il veut. Toute la subtilité est là. Sa Majesté sait que toute la cour va se passionner pour ce tableau, bâtir des rumeurs et il s'amuse, joueur comme il est, à imaginer les réactions de chacun.

– Mais alors, si son souhait est que la cour s'empare de cette histoire, pourquoi vous charge-t-il d'enquêter ? »

La Reynie fit une pause pour choisir ses mots :

« Parce qu'un adieu mal choisi pourrait embarrasser ses sentiments d'aujourd'hui.

– Madame de Montespan ! s'écria aussitôt Delamare.

– Vous allez vite, monsieur Delamare, et vous me réjouissez ! Mais rassurez-vous, je ne vous solliciterai pas à ce sujet. La réforme de la police est, à mes yeux, bien plus importante que les étirements de l'âme que va faire naître ce tableau.

– Monsieur, à ce propos je vous ai rédigé des feuillets concernant la gouvernance des commissariats de quartier. Dans la nouvelle charte que je vous soumets, il convient de redéfinir leurs fonctions et leurs tâches, leurs émoluments, mais surtout leur tutelle. Leurs activités lucratives doivent cesser.

– Nous allons déplaire, monsieur Delamare ! nous allons déplaire… et ce n'est pas sans me déplaire, répondit-il non sans humour, ce qui fit sourire son interlocuteur.

– Paris est trop peuplé et étouffe. Il faudra reculer les enceintes, abattre les barrières, redessiner les ceintures. L'urgence est qu'il y ait davantage de commissaires, je dirais vingt pour commencer…

– Un chiffre que j'approuve, monsieur le commissaire, et que Colbert sans nul doute validera. Votre tâche est immense. »

Delamare fixa l'âtre. Il désirait changer de sujet. Un petit silence s'installa qu'il rompit par un raclement de gorge.

« Et concernant la jeune fille à la bouche cousue ? »

La Reynie s'attendait à cette question. La visite à la morne avait bouleversé les policiers.

« Sa mort est une tragédie comme toutes les morts, mais le plus inquiétant reste la bouche cousue. Aujourd'hui, j'avoue être sans réponse. Espérons qu'elle ne viendra pas trop tard. »

Le lieutenant général attendit le départ du commissaire Delamare pour extraire de son tiroir le dessin qu'il avait subtilisé au dessinateur de la morgue. Il choisit la plus grosse de ses loupes et scruta les traits de la jeune fille à la bouche cousue. Il effleura d'un doigt la gracieuse courbe de sa gorge, son menton à fossette, ses joues rondes, son nez délicat et ses yeux éteints. Ses cheveux longs reposaient sur ses épaules nues. Le roi avait peut-être raison d'être inquiet. Les artistes ont tout pouvoir, même celui de rendre la vie à ceux qui sont partis.

5.

Emilio était nu. Avec la comtesse de Cruissan, il était toujours nu. C'était le jeu. C'était la règle. Certains soirs après six heures, il se présentait rue du Faubourg-Saint-Honoré et le portail ouvert n'attendait que lui. Les valets avaient disparu, mangés par les murs ou reclus dans un labyrinthe de couloirs réservés au service. Emilio ne les voyait jamais. D'une clochette de cérémonie, surmontée d'une croix en or, la comtesse faisait surgir des plateaux de vins et de mets devant la porte de sa grande chambre tendue de satin rose, la couleur des caresses. La comtesse n'aimait pas Emilio. Aimait-elle qui que ce fût ? Elle ne jouissait que de son corps. Pour la satisfaire, il lui murmurait au creux de l'oreille des grossièretés en romain qu'elle s'amusait à répéter avec un accent bourguignon.

Elle l'avait remarqué il y a deux ans, chez un marchand de tableaux épris de peinture hollandaise, quai des Grands-Augustins. Elle l'avait trouvé jeune et beau. Se sentant observé, il l'avait abordée d'une voix charmante et musicale. Il lui avait dit que, certes, il admirait les maîtres de Florence, de Venise, de Sienne et de Bologne, mais que Rome, la ville où il avait appris les rudiments et les secrets des ateliers, ne lui suffisait plus. Pour lui, la capitale de la peinture n'était plus Rome mais Amsterdam !

Étonnée par tant d'assurance, elle l'avait interrogé. Ravi d'un tel auditoire, il avait affirmé qu'avec les peintres du Nord il avait découvert une autre lumière, d'autres regards, d'autres profondeurs et qu'il s'était engagé sur les routes précisément pour cela, avec l'espoir de rejoindre Delft et Amsterdam. Il avait eu une révélation : la force picturale et émotive émanait du quotidien. Plus de rois, plus de reines, plus de christs, plus de mythologie. Moins d'armures, moins d'annonciations. Encore moins de Saint-Esprit, de vent Paraclet, de saints et de prélats, juste la douce vie de l'artisan, de l'enfant sans couronne et de la mère inconnue, des sujets simplement touchés par la grâce du pinceau et la lumière céleste de l'instant. Une lumière pure où ne tremble que la morsure du temps sur des êtres qui nous ressemblent, des objets et des outils qui leur appartiennent.

La comtesse, éblouie par l'exercice de style du jeune Italien, avait acheté un tableau. Mais ce qu'elle avait surtout apprécié et acheté, c'était le jeune homme aux yeux sombres et aux cheveux noirs bouclés. Il portait ce jour-là une redingote bleue un peu courte et une culotte jaune foncé. Il tenait respectueusement son chapeau en feutre à la main. Elle était déjà folle de son allure. Il marchait d'un pas ferme, un pas de paysan, avait des mains fines et longues d'aristocrate et un sourire désarmant, un sourire de carnassier qui ne demandait qu'à croquer et dévorer ce que le bon goût saurait lui offrir. La comtesse avait vite compris ce langage muet. Elle aimait les jeunes gens, mais si par bonheur ils avaient en plus la séduction d'une langue étrangère et cédaient à ses caprices, elle leur accordait des fantaisies et des avantages que personne jusqu'ici n'avait regrettés. Elle n'hésita donc pas. Le jour même, le « si jeune, si gai, si gourmand » Emilio avait poussé le portail de l'hôtel particulier de la comtesse et découvert que les volées de portes qui accédaient au salon n'étaient pas fermées, comme si le chemin du plaisir était tracé. Aucun valet ne le contraria et quand il retrouva la maîtresse des lieux, elle était de dos. Parfaitement nue avec juste un collier de perles.

La comtesse ne s'était pas trompée. Emilio avait pour les plaisirs un talent et une ardeur qu'elle lui souhaitait pour ses tableaux, et de ce jour il fut convenu que, reçu à l'examen de sa chambre, il serait son amant. Il serait même son amant préféré. En échange de quoi, il devrait lui parler italien, lui peindre les lèvres de rouge cerise et lui placer dans les règles de l'art les mouches sur le visage, surtout celle qui avait sa préférence, le « grain de folie », sensuellement déposée près de la tempe.

Depuis leur rencontre, Emilio s'était montré d'une étonnante docilité. Sans barguigner, il avait accepté l'argent comme les caprices de la comtesse et avait organisé le reste de son temps entre la peinture et sa nouvelle passion, Marianne, une apprentie chapelière de dix-huit ans qu'il avait croisée au hasard d'une promenade au jardin des Tuileries. Il était tombé immédiatement amoureux. Marianne était brune, ses yeux noirs très intenses et sa peau mate lui firent penser qu'elle était italienne. Elle avait le rire spontané et des gestes amples, comme si elle voulait tout attraper. Il s'était laissé capturer. Cette rencontre fut pour lui un éblouissement. Sans qu'il y prît garde, il avait retrouvé à son contact sa gaieté, sa créativité et son âge. Il pensa rompre avec la comtesse, mais était-ce prudent ? Madame de Cruissan lui permettait d'échapper à la précarité, à la misère, et lui offrait le rêve illusoire de croire par instants qu'il appartenait à son monde. En toute candeur mais avec d'infinies précautions, Emilio parla de sa nouvelle amie à la comtesse qui rit avec un tel enjouement qu'Emilio se sentit blessé dans son amour-propre. Il n'en montra rien. Elle l'avait initié.

« Mon cher Emilio, lui dit-elle avec un subtil mélange de supériorité et de condescendance amusée, la fidélité n'est que bêtise et mensonge ! Mes amis sont bien plus vrais et sincères lorsqu'ils s'affichent avec leurs conquêtes que ceux qui se cachent ou qui en rêvent. Grandissez, mon cher ami ! Soyez artiste, pas bourgeois ! »

Marianne, avec son intuition de femme, se douta vite que son amour était partagé. Elle exigea des explications, mais Emilio, dont la palette en paroles était aussi riche qu'en couleurs, se déroba. Un jour elle le suivit. Elle le vit franchir le porche d'un bel hôtel particulier. Elle se détestait d'agir de la sorte mais elle voulait croiser le regard de sa rivale. Elle attendit ainsi plus d'une heure dans le froid, torturée par les images des extases auxquelles Emilio et la propriétaire de ces lieux s'adonnaient. C'était atroce. Pourquoi s'infligeait-elle ce calvaire ? Elle était figée, les pieds glacés, un carton à chapeau dans les bras, misérable, quand elle aperçut enfin Emilio. Il avait la mine sombre et le pas rapide. Il ne la vit pas et fila vers la rue de La Verrerie. Elle s'empêcha de le suivre et attendit. Quelques minutes plus tard, un carrosse tiré par deux chevaux sortit. Le rideau n'était pas baissé et elle eut le temps d'entrapercevoir sa rivale. Sa souffrance s'évanouit comme par miracle. Ce qu'elle avait vu était un visage outrageusement poudré, rehaussé d'une perruque blanche ! La femme était vieille, fanée ! Marianne eut une délicieuse mauvaise pensée. Jamais cette riche inconnue ne saurait être sa rivale. Son palais, ses chevaux, son carrosse et ses riches atouts n'y feraient rien. Jamais elle ne saurait gagner devant sa propre jeunesse et sa beauté. Sa poitrine se souleva et elle se mit en marche, elle exultait : Emilio ne pouvait aimer qu'elle.

*

L'inspecteur Laruche avait rendez-vous à L'Arlequin dans une ruelle située derrière la tour Saint-Jacques. Il avait froid. En ce début d'avril, un vent glacial lui avait fait remonter le col de son manteau de velours. Il glissa les mains dans ses poches pour les réchauffer, puis traversa la place en se frayant un chemin entre les étals. À cette heure-ci, certains maraîchers commençaient à ranger leurs caisses de fruits et de légumes et des groupes se formaient pour ramasser ce qui avait roulé à terre. Carottes, navets, poireaux, choux. Ces glaneurs étaient en majorité des femmes et des enfants, pour la plupart en haillons, qui se disputaient un radis ou une betterave. Laruche en reconnut quelques-uns et constata que leur nombre avait augmenté, leur agressivité aussi. C'était ici que le gratin du Louvre et de Versailles devrait se déplacer pour comprendre la situation du royaume. Paris avait faim et la hargne n'était que le début de la colère. L'inspecteur aperçut une de ses mouches, mais bifurqua vers l'auberge, percée sur sa façade par deux larges fenêtres au verre dépoli. Il franchit la porte et fut accueilli par des effluves bien plus acceptables que les odeurs de la rue. Il aimait cet endroit si proche de son bureau, à la nourriture savoureuse et au brouhaha propice aux confidences. Les larges poutres qui soutenaient le plafond étaient noircies par la fumée de l'âtre et celle des plats échappés de la cuisine. La pierre des murs était nue et le sol se réduisait à un pavage de dalles mal ajustées à même la terre battue. L'auberge avait attiré une dizaine de clients, parmi lesquels il aperçut Torsac déjà attablé. Laruche déboutonna son manteau et le rejoignit.

Un flacon de bourgogne trônait déjà sur la table et son collègue s'en était versé un verre sans l'attendre. Le flacon, c'était son luxe, il détestait le vin au pichet.

La patronne s'approcha et salua le nouveau venu. Elle était rousse, de taille moyenne avec une bouche pulpeuse et des seins lourds que son corsage blanc avait du mal à contenir. C'était un honneur pour elle d'avoir à sa table des inspecteurs venant du Châtelet, cela allait sans dire, et la familiarité qui s'était instaurée entre eux trois depuis des années déjà leur valait des égards en matière de cuisine qui la comblaient autant qu'eux. Ils étaient incontestablement ses clients préférés.

« Vous connaissez le menu ?

– Pardonnez-moi, madame, j'ai peur d'avoir oublié, c'est... c'est..., dit Laruche, faisant mine de chercher au plus profond de sa mémoire.

– Un canard sur lit de navets ! répondit Torsac, en bon premier de la classe.

– Non, rectifia la patronne. Pas un lit, messieurs, un champ ! Et pas un canard, mais des cuisses de canard ! Ah ! On peut dire que je les soigne, ceux du Châtelet. »

Ils éclatèrent tous trois de rire. Elle repartit en cuisine en roulant les hanches, où officiait son cuisinier de mari, son cadet de dix ans.

« Tu es repassé rue du Perche, ou je me trompe ?

– Je sentais qu'il fallait que j'y revienne. Ce qu'on a découvert dans le carrosse m'a empêché de dormir. Imagine ! Un homme penché sur des lèvres et qui veut les coudre avec du fil. Il perce d'abord la lèvre supérieure, puis perce celle du dessous et, pour finir, il fait un point de bourdon pour les ligaturer.

– Du sang partout avec sa tête presque détachée.

– À la levée du corps, tu te souviens, les brancardiers ont même failli la perdre.

– Sa robe était faite de sang. D'habitude, elles sont en satin ou en mousseline, la sienne avait des teintes d'un rouge qui ondulait comme si sa robe était vivante.

– Une robe vivante habillant une morte. »

Torsac que la formule surprit lança un regard vers son collègue, et héla l'apprenti cuisinier pour qu'on leur apportât un nouveau flacon. Qu'avaient-ils manqué d'autre ? Il allait questionner son ami quand la patronne revint, un flacon dans une main, un plat fumant dans l'autre.

« Voilà pour les canards, messieurs les comploteurs qui se taisent chaque fois que je m'approche !

– C'est qu'on parlait de vous, madame Cerfeuil !

– Coquins et menteurs qui plus est, voilà ce que vous êtes ! Allez, régalez-vous ! »

Torsac attendit qu'elle se fût éloignée pour se pencher vers Laruche :

« Ensuite ?

– Ensuite, je suis retourné à la morne faire l'inventaire des affaires de la victime. Pas de sac à main. Pas de bijoux.

– Tu as raison ! On n'a pas relevé ce détail, on était tellement sous le choc, avec ce sang partout. Tu crois qu'on l'aurait volée ?

– Je ne sais pas, mais il m'est venu que peut-être elle habitait dans la rue et qu'elle n'avait pas besoin de sac.

– Pas idiot. Peut-être qu'elle était sortie faire une course. Juste un aller-retour.

– J'ai donc fait du porte-à-porte, interrogé toutes les gardiennes et Dieu sait que ces commères ont des yeux et des oreilles partout, sans parler de leur langue de vipère. Mais rien ! Rien vu, rien entendu. J'ai grimpé dans les étages, j'ai même interrogé dans les cours ! Pareil. Personne ne la connaît, personne ne l'a vue !

– On peut en déduire qu'elle n'habitait pas le quartier et qu'elle n'y travaillait pas, conclut Torsac, la bouche pleine. T'en reveux ? ajouta-t-il en embrochant une cuisse sur sa fourchette et en la levant haut.

– Ou alors le tueur lui a dérobé son sac et ses bijoux, pour éviter qu'on remonte jusqu'à elle.

– Hypothèse que l'on ne doit pas négliger, mais ce qui reste certain, c'est qu'elle n'habite pas ici. Question : elle connaissait son assassin ou elle ne le connaissait pas ?

– À mon avis, le meurtrier n'est pas un voleur. On ne vole pas un sac et des bijoux pour coudre ensuite des lèvres ! C'est absurde ! Voilà ce que je te propose : la victime s'est cachée derrière le portail pour échapper à son tueur parce qu'elle *savait* qu'elle était suivie et qu'on *voulait* l'assassiner. »

Torsac, plus prompt, objecta :

« Alors c'est étrange. Elle se savait en danger, elle savait qu'on allait la tuer, et pourtant elle ne s'est pas manifestée auprès du Châtelet. Il faudra quand même qu'on vérifie nos mains courantes et qu'on interroge le commissaire du quartier.

– Et si elle avait peur de nous alerter ? Si elle avait des choses à se reprocher… Ou alors si c'était juste une de ces caillettes qui ne veulent pas finir à la Salpêtrière ?

– Et pourquoi pas une étrangère ?

– Là, toutes les hypothèses sont possibles : pas de famille, pas d'aide ni de protection. Qu'elle soit étrangère ou pas, elle devait être persuadée que la police ne lui serait d'aucun secours !

– Si tu dis vrai, Laruche, c'est ce qu'il pouvait nous arriver de pire. »

6.

Marianne et Emilio dormaient dans une soupente de la rue Quincampoix, que le patron de Marianne, le chapelier Valageas, lui louait. Le lieu ne comportait qu'une pièce éclairée par une seule lucarne. Le vent et le froid y avaient leurs entrées et l'été il y régnait une chaleur insoutenable. Pourtant ils lui trouvaient tous les avantages et en premier lieu celui d'y partager leur amour.

Ce matin-là, ils dormaient jambes mêlées et souffles unis quand plusieurs coups de poing résonnèrent à la porte. Emilio s'échappa d'un bond de l'étreinte de Marianne et, sans même se vêtir, il risqua sa tête dans l'entrebâillement. C'était son ami Antonin, tout de noir vêtu, qui avait traversé la Seine en courant pour lui annoncer une grande nouvelle. Il était à bout de souffle et bégayait.

« Mignard cherche… cherche… un… un apprenti.

– Le peintre Mignard ? Un apprenti ? »

Marianne, réveillée en sursaut, se redressa en laissant glisser le drap.

« Antonin, mais tu as vu l'heure ? Il fait à peine jour !

– Ton amoureux ne t'a pas appris que nous autres, les peintres, on fait pas la différence entre le jour et la nuit ?

– Faut vraiment qu'il soit grand, ton Mignard, pour nous réveiller à une heure pareille !

– Mais, il l'est, Marianne, il l'est ! Davantage même que les rois puisqu'il les peint, répondit Emilio.

– Eh bien, moi, je préférerais que ce soit Louis XIV qui te peigne et que toi, tu sois le roi ! »

Antonin fixa bouche bée Marianne dont la poitrine était si parfaite que même les fusains de Raphaël n'auraient su la célébrer. Emilio surprit le petit manège de son ami et tenta de faire écran entre lui et Marianne, mais à chaque fois Antonin se décalait d'un pas pour ne pas perdre le plaisir qu'il prenait. Fatigué par cette danse de canards, Emilio cria :

« Marianne, le drap !

– Quel beau modèle, voilà qui est dommage, dit Antonin.

– Eh bien, tu iras chercher tes modèles ailleurs. »

Marianne soupira et de bonne grâce se couvrit jusqu'à la tête. Emilio enfila son caleçon long, s'habilla prestement et baisa son front buté au travers du drap. Elle le baissa brusquement et l'embrassa à pleine bouche.

Antonin se mit à glousser.

« Si le Maître te prend, qu'est-ce que tu fais ? demanda-t-elle, jouant la candeur.

– S'il me prend ? Eh bien, je reste avec lui le temps de son tableau et toi, toi… j' te garde… peut-être ! Faudra que je réfléchisse… »

Elle plongea sous la couverture.

« Tu as intérêt à réfléchir vite ! Pour un Italien qui passe son temps à dire qu'il *déteste* la peinture française, je te trouve bien empressé ! Prends garde que je ne le sois pas trop à te tourner le dos. »

*

Dans l'aube naissante, la rue était déserte et les deux amis ne croisèrent qu'artisans et apprentis. Le printemps tardait et il faisait froid. Emilio s'arrêta.

« Comment tu as su que Mignard cherchait un apprenti ?

– Hier soir, à La Pomme de Pin, j'ai surpris une confidence, répondit Antonin en exhalant une fine vapeur tiède. Allez, viens ! Tu n'as quand même pas l'intention de geler sur place ?

– Normalement, il doit déjà avoir ses apprentis, objecta Emilio.

– C'est vrai, il en a plusieurs. Mais là, pour ce tableau, il n'en veut qu'un seul, et un nouveau. Me demande pas pourquoi, j'en sais rien. Mais je te préviens… »

Emilio, qui ne comprenait rien, le devança et se planta devant lui, l'obligeant à s'immobiliser :

« Tout doux, tout doux, Antonin. De quel tableau tu parles ? »

Antonin, imperturbable, éluda la question et se remit en marche.

« J'espère que tu as compris que pour ce travail, tu ne seras ni le premier ni le seul à postuler.

– Et toi ?

– Attends la suite, tu vas comprendre… il t'en coûtera cent livres.

– Cent livres ! Grands dieux ! Comment veux-tu que je trouve une somme pareille ? Tu te rends compte, cent livres !

– Logé, nourri et instruit par le Maître.

– Logé et nourri ! Tu te moques de moi ! Cent livres, Antonin ! C'est dix fois plus que mes économies pour partir à Amsterdam ! »

Antonin, qui ne savait que répondre, le tira par la manche. Emilio reprit sa marche, dans un silence accablé. À quoi bon aller à ce rendez-vous ? se disait-il. Antonin, percevant son désarroi, chercha à faire diversion :

« Figure-toi que la semaine dernière, j'ai vu un Breughel... Quel génie ! Je suis resté sans voix.

– Un Breughel ! Lequel ? Le vieux ? Le fils ? Le frère du fils ? »

Ce fut au tour d'Antonin de perdre contenance.

« Je ne sais pas, moi. Un des trois... un des trois. »

Emilio en profita :

« Un des trois ! Mon pauvre Antonin, tu devrais sortir un peu plus souvent de ta volière. Breughel, le vieux, c'est les scènes villageoises. Ça grouille, ça vit, ça sautille. Le jeune, lui, il peint les scènes terribles dans le chaos et le fracas, et son frère Jean, on l'appelle "de Velours" pour la fraîcheur de ses coloris. Facile à retenir, non ?

– Et ton Jérôme Bosch, celui qui fait l'insolent avec ses couleurs de fanfare, lui aussi il a des frangins ? fit Antonin vexé, cherchant à retrouver de la prestance.

– S'il en avait eu, il les aurait tués pour pas qu'ils aient le même nom ! »

Les amis éclatèrent de rire, ce qui détendit l'atmosphère.

Rue de Richelieu, devant la maison du Maître, une vingtaine de jeunes gens étaient déjà appuyés contre le mur. Emilio marqua un temps. Il regarda Antonin.

« Non mais tu as vu la bousculade ?

– Tu n'as rien à perdre, alors tente ta chance.

– Ce n'est peut-être même pas lui qui reçoit !

– Emilio, je ne te reconnais pas ! Toi si prompt à tuer père et mère pour réussir, voilà que tu flanches ? Tu es un Italien qui vient de Rome pour travailler avec le grand Mignard, que diable ! C'est un signe du destin ! Il ne peut pas te refuser. »

Emilio fixa Antonin. Et s'il avait raison ? Rome ! Bien sûr !

Voilà le trait qu'il fallait avancer. Voilà la stratégie qu'il fallait avoir ! Il bondit sur son ami et l'embrassa :

« Je t'aime bien, Antonin. Certes, tes dessins d'anges et d'archanges me fatiguent un peu, mais ce matin je crois que tu as trouvé le seul argument susceptible de lui plaire : *Je suis italien ! Je viens de Rome !*

– Attends-toi tout de même à des questions. Tu n'y échapperas pas, c'est la règle.

– Eh bien… Je lui parlerai de Dante, il paraît qu'il est fou de la *Comédie* et du grand Giotto. »

Emilio prit place dans la file d'attente et remarqua que si les postulants entraient en se bousculant, ils en ressortaient vite. On s'empressait de les questionner. Les réponses étaient contradictoires : « il veut un coloriste » ; « il cherche un laveur de pinceaux » ou « un broyeur de pigments », « un maquettiste » ! Il y eut même un « il ne sait pas ce qu'il veut ». Quand le prix vint sur le tapis et qu'on entendit : « c'est trois cents livres », les esprits s'enflammèrent, certains repartirent.

C'était son tour. Emilio brossa d'un revers de main son justaucorps offert par la comtesse, remonta sa culotte, rectifia le chapeau choisi par Marianne et grimpa les marches en pierre qui menaient à l'atelier. Sur son chemin, il aperçut une femme brune qui avait laissé la porte ouverte derrière elle. Sans plus réfléchir, il leva son feutre sans plume et lui lança un sonore *Buongiorno !*

Un sourire s'esquissa sur les lèvres de l'inconnue qui, avec l'accent chantant de la capitale, lui demanda :

« Romain ?

– Oui, madame, romain de naissance et pour toujours !

– *Et pour toujours…* comme c'est charmant ! »

Il sentit dans sa poitrine comme une lourdeur et le rythme de son cœur s'accéléra. Il n'était qu'à une volée de marches de l'atelier qu'il gravit quatre à quatre. Sur le pas de la porte, un serviteur s'effaça devant lui et chuchota au passage : « Un Romain pour toujours ? Voyons voir ! » qu'Emilio n'entendit pas. Il venait d'entr'apercevoir le Maître. Il fut étonné par la gravité qui émanait de sa personne et s'immobilisa. Son visage, fortement marqué par un nez aquilin, lui adressait un regard fixe, sans distraction. Il se tenait droit et Emilio le jugea plus grand que lui, avec des épaules puissantes et larges. Sans aucun doute Mignard était un peintre solide, de ceux qui à Rome avaient beaucoup marché, peut-être même jusqu'à Tivoli. Le « Entrez ! » sonore que le Maître lui lança le fit sursauter. Il s'avança vers lui. L'atelier était étonnamment vide. Un rideau de velours rouge avait été tiré pour probablement cacher les coffres remplis d'ustensiles indispensables aux tableaux. Deux chevalets à pied avaient été poussés contre les trois fenêtres et une foule de pinceaux se désaltéraient dans des bocaux remplis d'eau. La pièce baignait dans cette clarté étale caractéristique de l'orientation au nord et Emilio s'arrêta pour contempler la lumière. Il respira l'odeur de la térébenthine. Cet atelier lui plaisait. Le Maître le ramena à la réalité :

« Ces fenêtres vous intéressent, jeune homme ? »

La voix de Mignard marquait la surprise. Plus que la surprise, elle exprimait une curiosité. Emilio le sentit. Il sentit aussi que de sa réponse dépendrait la suite. Aussi, d'une voix naturelle et simple, qu'il ne voulait empreinte d'aucune intention qui pût jouer contre lui, il répondit :

« Maître, les fenêtres de votre atelier sont orientées vers le nord, car la lumière venant du nord ne varie jamais, n'est-ce pas ?

– Et pour quelle raison, jeune homme ? questionna le Maître, étonné.

– Parce qu'il me semble qu'en pénétrant de la gauche, la lumière n'offre aucune ombre à votre main droite et cela vous permet de peindre sans être agacé par ses noirceurs. C'est ce que disait Léonard de Vinci, et je pense que nul ne l'a démenti.

– Votre fougue vous ayant trahi, jeune homme, expliquez-moi pourquoi un jeune Romain comme vous, c'est bien ce que vous avez clamé tout à l'heure dans l'escalier, n'est-ce pas ? quitte son pays natal, le pays de la peinture, pour la France. »

Emilio dévisagea Mignard. La question était pertinente et dangereuse. Il aurait dû y penser. Il fallait être prudent.

« Il m'est apparu que la grandeur de ses génies est un héritage très lourd à porter et qu'il peut décourager. Qui peut prétendre créer après eux ? Ils sont trop grands, trop définitifs, et tous ceux qui s'en approchent se consument. »

Le Maître hocha la tête. Ces propos lui plaisaient. Il aurait pu les énoncer.

« Et vous avez choisi la France ? »

Emilio sentit encore le piège et se retint de répondre trop hâtivement.

« Monsieur, les peintres français m'apprennent beaucoup et j'ai encore beaucoup à apprendre. Ensuite, je poursuivrai ma formation en Hollande.

– Au pays du froid et de la neige, des horizons plats et des lumières blanches. »

Emilio acquiesça, préférant ne pas répondre aux jugements du Maître. Il se contenta plus prudemment d'un :

« Mais je reviendrai sûrement un jour en Italie.

– Je nous le souhaite à tous. »

D'un geste brusque, Mignard souleva un tabouret qu'il plaça sur le palier, signe qu'il ne souhaitait plus être dérangé, et poussa le verrou de l'atelier.

« Vous parlez un français si parfait que j'ai du mal à vous imaginer romain. Comment avez-vous réussi ce prodige ?

– Maître, Rome est la capitale de la peinture et tous les maîtres d'Europe s'y bousculent. Monsieur Van Dereck, mon maître, a pour épouse une Française. C'est par elle que j'ai appris.

– Et le grand Poussin, vous l'avez vu ?

– J'ai eu l'honneur de le croiser plusieurs fois dans mon jeune âge, mais je n'ai jamais eu l'occasion de l'approcher.

– *Dans mon jeune âge* ! Le gentil garçon… *dans mon jeune âge*… Que pouvez-vous bien savoir de l'âge ? Faites voir vos mains ! »

Emilio, surpris, les lui présenta. Mignard les prit dans les siennes, les examina. « Des vraies mains d'apprenti… Longues, carrées, froides et travailleuses, je l'espère ?

– Je ne suis plus apprenti, Maître », répondit trop vite Emilio qui se mordit immédiatement les lèvres.

Mignard remarqua le léger trouble de son interlocuteur et l'observa mieux, comme s'il devait un jour le peindre. Ce Romain qui jouait la modestie était un orgueilleux. Il nota que sa tenue était soignée : des souliers à boucles, des bas de soie gris, une culotte en velours gris, une longue veste noire sur un petit gilet en lin blanc. Il était donc bien habillé et avait belle allure, un corps de jeune homme bien musclé, de larges épaules, et un sourire malin. Il était beau et possédait une grâce naturelle. Le vieil artiste en fut un moment déstabilisé. D'où venait ce jeune homme et qui était-il réellement ? Il en avait déjà dessiné des êtres comme lui, venus de province et de l'étranger. Ils vivaient en état de gloire éveillée et semblaient déjà, par on ne savait quelle indiscrétion divine, tout savoir de leur destin. Un jour, ils seraient riches, célèbres et aimés. Il suffisait juste d'être patient. Dans leurs poches traînait un trousseau de rossignols capables d'ouvrir toutes les portes de la félicité. Pour le tester davantage, Mignard reprit :

« Pour préparer les pigments, les brosses, les pinceaux et effectuer les courses chez l'apothicaire, votre charge sera de cent livres. Rien de moins. Rien de plus. Si vous acceptez, je vous prends à l'essai.

– Maître, je dois vous avouer que je n'ai pas cette somme mais j'ai travaillé trois ans comme apprenti à Rome. »

Par stratégie, Emilio avait cité Rome, persuadé qu'il pourrait ainsi atteindre le cœur de Mignard. Ce qui n'était pas si stupide car, chaque fois qu'il entendait ce nom, Mignard se revoyait dans la cité papale. C'était l'été 1636, il avait vingt-trois ans. Il chassa ses souvenirs et fixa de nouveau Emilio :

« Vous avez, sans doute, quelques croquis ou dessins à me montrer ?

– Hélas non ! Tous mes travaux sont restés à Rome. »

Mignard, plutôt accueillant jusqu'à cet instant, se fit sévère. Il craignait un imposteur. Il déroula alors un dessin qui révélait un couple assis près d'un bassin. Ce serait la dernière épreuve.

« Que diriez-vous de ceci ? »

Emilio prit délicatement le dessin, marcha vers les fenêtres, l'abandonna sur un chevalet et chercha la lumière la plus avantageuse. Mignard, impassible, croisa les bras.

« Monsieur… »

Emilio laissa sa phrase en suspens, davantage pour asseoir sa stratégie que pour livrer son expertise, car dès le premier coup d'œil, il avait analysé les espoirs et les erreurs que ce dessin révélait.

« C'est un fruit encore vert, celui d'un jeune homme de mon âge, peut-être plus jeune. »

Il chercha le regard du Maître qui était impassible. Mignard percevait le dilemme qui agitait Emilio et soutint son regard avec autorité :

« Approfondissez, tout cela est bien flou.

– Cet artiste peint des yeux quand il faut peindre un regard et il peint des bras quand il faut peindre des gestes. Je crois que je pourrais discuter longtemps sur cet ouvrage *raté* et pourtant prometteur, mais cela me gêne un peu… »

Emilio avait-il dit juste ? Il reporta encore son attention sur le dessin. La pluie, qui s'était mise à tomber, martela de mille aiguilles les vitres de l'atelier et la belle lumière s'éteignit tout à coup.

« C'est acquis, le Romain, je vous engage, dit enfin le Maître. Mais à deux conditions. La première peut vous paraître étrange. Si à Paris vous êtes l'Italien, moi, ici, je suis le Romain… C'est ainsi ! C'est ma légende. Plus qu'une légende car vous n'ignorez pas que j'ai vécu vingt-deux ans à Rome et donc bien plus longtemps que vous. La seconde, je vous engage pour que vous restiez muet. Pas un mot de ce que vous apprendrez dans cet atelier. Le modèle en a décidé ainsi et pourrait en être contrarié. Vous avez bien compris ? *Silenzio !*

– Promis ! *Silenzio*, répéta le jeune Italien.

– J'ajoute que la règle du Maître et de l'apprenti exige que vous soyez exclusivement à mon service et que vous soyez logé et nourri chez moi. Sur ce dernier point, je devine que vos ambitions ne se limitent pas à dormir ici sur une paillasse, nous verrons donc mais la confidentialité est ce qui nous lie. Une dernière question : que savez-vous des glacis ?

– C'est une superposition de plusieurs couches d'une laque semi-transparente qui s'obtient par décoction.

– De quelle façon l'obtiendriez-vous ?

– Par des adjonctions de blanc de plomb puis des couches de cendres bleues ou noires. La suite vous appartient.

– Votre réponse me plaît. »

Emilio hocha la tête et Mignard le congédia sans plus de forme :

« *Arrivederci.* »

Emilio vint serrer la main du Maître avec spontanéité et chaleur. Mignard n'y fut pas insensible. Dans la rue, Emilio fut accueilli par des trombes d'eau. La pluie glacée avait chassé

Antonin. Il leva le visage vers le ciel et laissa l'eau ruisseler sur lui, le libérant de la tension qu'il venait de vivre. Il était heureux. Le ciel et le monde s'ouvraient à lui. Il songea à sa mère. L'ombre de Dieu était venue se poser sur lui.

*

« Je sais pourquoi vous avez choisi Emilio. »

L'épouse de Mignard, impatiente du résultat de l'entretien avec le jeune « Romain pour toujours », venait d'entrer dans l'atelier.

« Chère Anna Avolara, comme vous êtes prévisible ! Je savais que vous viendriez me dire cela ! Voyons un peu… Parce qu'il a du caractère, du talent, et qu'il saura aussi se taire ?

– Détrompez-vous, mon ami. Vous l'avez choisi parce qu'il est romain et qu'avec lui vous allez vous sentir à Rome. »

Mignard se retourna. Il se mit à rire et s'approcha d'elle.

« C'est vrai que je ne m'interdirai pas de lui parler romain. »

Elle avait ce don de lire dans son âme et à ce jeu-là elle gagnait toujours. Il lui prit la main qu'il effleura d'un baiser. Puis il quitta sa perruque, revêtit une longue blouse bistre et se saisit d'un de ses carnets pour lui montrer une suite de portraits de la duchesse qu'il avait préparés de mémoire.

« Comment la trouvez-vous ? »

Anna Avolara observa avec attention les esquisses. Elle voulait que sa réponse soit au plus près de sa pensée, mais qu'elle ne vienne pas perturber les premiers gestes intuitifs et fragiles préalables à l'œuvre, et très souvent d'une très grande justesse.

« Je la trouve… belle et triste. Peindre la beauté ou la tristesse, c'est facile pour vous. Mais peindre les deux dans un même visage… » Pensive elle laissa sa phrase en suspens.

« Elle désire que ce tableau soit un adieu, répondit-il, étonné encore une fois que sa femme en si peu de mots ait su lire ses hésitations. Elle sera belle, mais pour la tristesse, je ne sais pas, poursuivit-il comme pour lui-même. J'hésite. C'est un sentiment qui m'est difficile à peindre. Est-ce celui qu'elle voudra laisser à la postérité ? Je m'interroge. La tristesse assombrit les tableaux et fatigue les regards.

– Pour quand avez-vous promis ce tableau ?

– Je n'ai encore rien annoncé. Je crains de devoir suspendre la commande des portraits en cours pour ne me consacrer qu'à celui-ci. »

Une volée de cloches annonça midi aux églises du quartier, mélangeant leurs échos. Anna Avolara se leva, gagna les fenêtres et contempla la ville luisante de pluie. Le soleil venait de percer le bas plafond nuageux que le vent effilochait.

« Je vous laisse, mon ami. »

Elle se penchait vers son mari pour lui accorder un baiser quand elle aperçut sur la page une série de roses dessinées.

« Il y aura une rose ?

– Je ne sais pas encore. Je cherche… mais oui, une rose me plairait.

– *"In forma dunque di candida rosa / mi si mostrava la milizia santa / che nel suo sangue Cristo fece sposa."*

– Dante ! s'exclama Mignard. Chant XXXI : "En forme donc de blanche rose / m'apparaissait la sainte milice / que dans son sang le Christ fit son épouse." Joie perpétuellement renouvelée de la rose céleste, visitée par les vols des anges. Quelle beauté ! Vous n'avez pas oublié…

– Jusqu'à la fin de mes jours… »

*

3 avril 1673

Le jour du crime de la rue du Perche, Louise avait attendu son amie Camille à Notre-Dame. À chaque rendez-vous, elles adoptaient le même rituel : elles patientaient une demi-heure et, si l'autre ne venait pas, elles rentraient alors par un chemin différent de celui de l'aller. Par mesure de prudence, Louise ne savait pas où résidait Camille et Camille ignorait son adresse. Depuis leur installation et malgré les ordres limitant leurs sorties à une par semaine, elles avaient décidé de se retrouver tous les mardis et vendredis à Notre-Dame. Ni l'une ni l'autre ne connaissaient Paris ; leurs escapades leur permettaient de découvrir la ville et surtout de se parler. Et puis, elles étaient lasses. Lasses de se sentir toujours prisonnières, alors qu'elles s'étaient crues libres. Louise était très inquiète : Camille n'était venue ni au premier rendez-vous, ni au second. Il s'était passé quelque chose. Louise s'était mise à paniquer. Elle devait quitter Paris au plus vite. Fuir. Elle alla à la fenêtre de sa chambre et regarda dans la rue. Elle aperçut son geôlier appuyé contre le mur d'en face, en grande conversation avec un charretier dont l'attelage lui masquait l'entrée de la maison. Avec force gestes, il lui ordonnait de circuler. Un encombrement idéal ! C'était le bon moment. Elle allait pouvoir s'éclipser sans être vue. Elle courut vers son armoire, balaya d'un revers de bras les vêtements pendus sur leurs cintres et appuya sur la planche qui couvrait le dos du meuble. « Vite ! se dit-elle, vite. » L'affolement qui se saisit d'elle la fit trembler. La planche pivota et une cachette apparut, creusée dans le mur. Elle y saisit un coffret décoré d'arabesques en ivoire et le renversa sur le lit.

Elle n'entendit pas la porte s'ouvrir, ni le glissement de pieds nus sur le parquet. Elle ramassait ses louis d'or pour les verser dans son sac en toile quand elle perçut une menace. L'air était devenu plus épais. Peut-être que si elle avait couru vers la fenêtre, elle aurait échappé à la lame qui frappa sa nuque. Le sang gicla sur ses épaules. Un courant froid la saisit et l'attira vers les profondeurs. Ses genoux s'affaissèrent. Ses mains affolées touchèrent le parquet et un soleil brûlant lui éblouit les yeux. La lumière était blanche. Irradiante. Irréelle. Elle coulait. C'était fini.

7.

Après leur déjeuner à L'Arlequin, Torsac avait quitté Laruche et, de retour au Grand Châtelet, il passa au bureau des plaintes pour demander à vérifier, même s'il n'y croyait guère, si les mains courantes mentionnaient quelque plainte d'une jeune femme en danger. Il exigea qu'on interrogeât également les colonels des quartiers autour de la rue du Perche. En remontant les grands escaliers vers les bureaux du premier étage, il mit de l'ordre dans ses idées. Pourquoi le tueur avait-il transporté la jeune fille pour l'abandonner dans le carrosse ? La réponse, il la connaissait. L'homme y avait porté sa victime pour lui coudre les lèvres. C'était l'évidence. Et ce fut à partir de cette évidence qu'il se posa la seconde question. Pourquoi deux lieux ? S'il y a deux lieux séparés, c'est que les actes, le meurtre et les lèvres cousues, sont deux entreprises différentes. Deux opérations, deux lieux. En quoi ces deux actes sont-ils différents, voire opposés ? Le premier est sauvage et rapide, tandis que le second nécessite de la patience et de l'habileté.

Torsac se répétait mentalement : deux lieux, deux actes différents. La résolution de l'enquête devait partir de ce constat. Arrivé à son bureau, il reconstitua la chronologie par écrit. À chaque idée, il consacrait un chapitre qu'il écrivait en gros caractères en ménageant des espaces, afin que ses futures réflexions puissent y trouver leur place. *Tous les crimes ont une logique, une mécanique. Il existe une horlogerie du crime.* C'est par elle qu'il me faut commencer. Il griffonna :

1. Identité de la jeune fille. La scène de crime se situe rue du Perche. Y avait-elle habité ? Avait-elle travaillé dans le quartier ? La réponse est non, l'enquête de voisinage l'a prouvé. De quel milieu était-elle issue ? Ses vêtements ne renseignent pas sur son appartenance sociale. Elle ne semble ni aristocrate ni bourgeoise. Ses mains lisses et sans cals ne sont pas celles d'une ouvrière, d'une artisane, ou d'une lingère. Sans sac à main, sans bourse, sans identité, elle n'existe pas. Elle n'est porteuse que d'une seule signature, celle du crime : ses lèvres cousues, qui peuvent également renseigner sur le mobile du crime.

2. Les circonstances du crime. Pourquoi la victime s'était-elle cachée derrière un portail alors que cette cache sans issue pouvait devenir le pire des pièges ? Était-ce donc à dessein qu'elle s'était cachée ainsi ? Avait-elle décidé d'en finir ? Connaissait-elle son assaillant ?

3. Les indices relevés du meurtrier. Sous les ongles de la victime, nulle trace de peau ou de sang. Elle n'a pas lutté. Pourquoi cet abandon ? Souhaitait-elle mourir ? Pourquoi cette lassitude ? Ce qui nous ramène au point n° 2. Elle connaissait le tueur et elle savait qu'elle n'avait aucune chance de lui échapper.

Parmi toutes ces interrogations, l'inspecteur établit des priorités. En premier lieu, trouver l'identité de la victime. Puis, comprendre l'opposition des deux actes observés chez le duc de Rolignac : s'expliquer la sauvagerie du sabre, et cette horrible délicatesse du fil de soie qui lui avait scellé les lèvres. Sur une nouvelle page il ajouta : *l'absence du sac* relevée par l'inspecteur Laruche et le mot *musc*.

L'enquête s'annonçait difficile, pleine de mystères et de zones d'ombre. Il ordonna ses feuillets sur son bureau, empocha son carnet et rentra chez lui. Il évita la place du Châtelet envahie par les commerçants et la faune habituelle. Il avait hâte de s'installer dans son fauteuil et de se couvrir les épaules d'une grande couverture pour laisser sa pensée dériver sur les instants forts de la journée. Cette enquête commençait à l'obséder. La mort de cette jeune inconnue dont les lèvres avaient été cousues et que personne ne réclamait le hantait. Il traversa la pièce principale où il prenait ses repas et entra dans la chambre de Lise. Depuis sa noyade accidentelle à Conflans, il y avait déjà dix ans, il lui racontait ses journées en n'omettant aucun détail. Elle était passionnée par ses recherches, comme elle l'avait toujours été. Personne au Châtelet ne pouvait imaginer que sa méticulosité et son obsession à noter chaque détail n'avaient d'autre finalité que de combler la curiosité de Lise. Sa chambre était discrètement fleurie et aucun de ses vêtements ou flacons n'avait été déplacé. L'inspecteur vivait toujours avec elle. Il n'était pas en deuil. Le deuil ! Quel mot grossier ! Lise n'était pas morte. Elle avait juste changé d'existence.

*

Pendant ce temps, Laruche était au théâtre. Il arrondissait son maigre salaire d'inspecteur par des prestations en dehors de ses heures de travail, avec la bénédiction de Delamare. Deux soirs par semaine, il surveillait les tire-laine et autres voleurs de bourses qui se mêlaient aux spectateurs. Planqué derrière un pilier, il observait le parterre mais laissait errer son regard vers la scène brillamment éclairée où jouaient les acteurs. La salle était hilare, la comédie battait son plein. Laruche n'avait jamais caché à son collègue son amour du théâtre et sa fascination pour les actrices : cet univers l'avait sauvé d'une enfance mélancolique auprès de sa mère que la mort de son mari et de son fils aîné sur les champs de bataille de la première guerre de Hollande avait rendue inconsolable. Avec la police son univers s'était ouvert. Il avait le goût des autres et des énigmes à résoudre. Il excellait dans son métier car il avait le don du terrain et l'art de délier les langues. Il savait dénicher les petits malandrins futés à la main leste et à l'esprit vif, les tenanciers de cabaret ou les commerçants et les retourner pour en faire des mouches. Il avait appris la vie en fréquentant les tavernes, la rue, la pauvreté et l'amour au théâtre. Il s'était découvert une passion pour le jeu de scène, les costumes chatoyant dans la lumière, l'insolence du ton des comédies, la beauté des textes tragiques dont il apprenait par cœur les tirades pour impressionner ses amis, mais aussi les actrices. Il avait été séduit par leur talent, leur liberté, leur impertinence, leurs rires ; il avait succombé à leur charme, mais il s'était fait éconduire et souffrait en silence. Il n'avait pas compris que l'amour au théâtre pouvait aussi être un champ de bataille.

*

L'homme avait fermé les volets. Au-dessus de sa tête, pendaient une dizaine de robes. Il les avait accrochées dans cette pièce et, dans le silence de l'obscurité, elles dansaient comme des fantômes.

Il enleva ses gants de cuir et trempa ses doigts courts dans une bassine d'eau tiède parfumée à la menthe. Il avait ouvert sa vachette et sorti son jeu d'aiguilles qu'il avait soigneusement brossé. Il en avait cinq. La plus petite perçait les lèvres. La moyenne agrandissait les trous, et la plus grosse tendait le fil de soie qui courait d'une chair à l'autre. De la broderie. Un travail d'artiste. Il était devenu un maître. On ne l'avait pas choisi au hasard. Pour sa dernière commande de la grand-rue Saint-Victor, il avait travaillé en toute tranquillité, comme s'il avait été dans son atelier. Il avait d'abord fermé la porte à clef, puis observé la scène dans son ensemble et n'avait pu résister en premier lieu à se jeter sur le lit pour ramasser les louis épars : *Toutes les économies de la gamine, une vraie aubaine*, s'était-il réjoui avec gourmandise puis il était passé aux choses sérieuses.

Il avait retourné le corps, subtilisé le reste du magot ensanglanté sur lequel elle s'était effondrée, puis il avait glissé un linge sous la tête de la victime pour éponger le sang. Il utilisa le broc d'eau et le savon pour se laver les mains longuement, cura ses ongles et se sécha avec un torchon parfumé qu'il sortit de la vachette. Il s'empara du matériel de broderie qu'il disposa méticuleusement sur un second torchon, puis enfila ses gants de soie en contemplant les détails du visage. Elle le fixait. Il lui ferma d'autorité les paupières d'un geste brusque. Il n'aimait pas qu'on l'observe quand il officiait. Puis, pour donner de la sensualité à son travail, il avait légèrement relevé la robe et caressé ses cuisses. Rien de plus. Sa peau était douce et parfumée. Il s'en imprégna et sentit le début d'une érection tendre ses hauts-de-chausses. Pour la fille de la rue du Perche, l'affaire avait été plus difficile. Un cauchemar. Il avait même songé à renoncer. Le tueur l'avait presque décapitée derrière le portail et il avait dû la porter jusqu'au carrosse. C'était périlleux et imprudent. On aurait pu le voir, il aurait pu laisser des traces ! Il avait eu de la chance, seuls les chevaux avaient été témoins. Il avait dû exercer son art à même la banquette de velours, ce qui l'avait rendu furieux. L'attelage faisait bouger l'habitacle et l'espace était trop restreint. Il y avait eu des ratés. Il avait pesté. Il était soucieux de la perfection, et la couture n'était pas parfaite. Il l'avait un peu abîmée. Il n'aimait pas gâcher le travail ! Pour se distraire de son agacement, il avait relevé sa robe et glissé ses mains gantées de soie le long de ses cuisses, mais l'avait vite recouverte. Elle s'était vidée, elle puait. Ce souvenir estompa son excitation. Il observa la jeune fille. Ce n'était pas lui qui l'avait tuée. On lui avait juste commandé de lui coudre les lèvres. Alors pourquoi s'était-il exécuté ? Comment en était-il arrivé là ? C'était la faute du jeu. Trop perdu ! Trop endetté ! Il avait paniqué quand on avait fait irruption dans la boutique pour réclamer sous la menace sa dette de jeu. Il n'avait pas eu d'autre choix que d'accepter ce travail providentiel pour effacer sa créance. La bourse que l'inconnu avait jetée à ses pieds l'avait empêché de réfléchir. Il avait immédiatement dit oui. Il y avait si peu à faire. Juste prendre son nécessaire de brodeur au jour dit, se rendre à l'adresse qui lui serait communiquée en temps voulu, et coudre les lèvres d'une morte. Faire son métier, rien de plus. Peu lui importait de savoir comment et par qui elle serait assassinée, puisque ce n'était pas lui le tueur. La seule exigence était qu'ils ne fussent pas surpris ensemble.

Ce fut ainsi qu'un matin un billet lui fut remis. Ordre lui était donné de prendre sa vachette, de se rendre rue des Blancs-Manteaux et d'attendre. Il fut accosté par une vieille femme qui d'un ton autoritaire lui intima de filer un homme aux grandes bottes qui était en train de s'éloigner. L'homme serait méfiant et s'arrêterait souvent pour le repérer. Il devrait le suivre à distance sans chercher à distinguer son visage. À l'entrée de la rue d'Anjou, l'homme s'immobiliserait. Il devrait à son tour s'arrêter et, dès que l'inconnu reprendrait sa marche, il reprendrait la sienne. Ce serait leur signal. Plus tard il se souviendrait de cette scène, deux chasseurs à l'affût guettant leur proie. Et le gibier était apparu : une frêle jeune femme, très pressée, longeant tête baissée les façades des maisons des rues Pastourelle et d'Anjou.

Elle semblait traquée. L'homme l'avait reconnue, l'avait flairée. Il lui avait emboîté le pas dans la courte rue du Perche. Elle s'était engagée derrière le portail d'une propriété et son poursuivant, profitant de ce qu'un carrosse entrait au même moment dans un fracas de roues sur les pavés, s'y était glissé à son tour. Le brodeur qui s'était caché dans l'ombre avait attendu. Ce moment fut pour lui une terrible épreuve. Il imaginait l'homme en pleine besogne en train de l'achever. Comment allait-il, lui, la découvrir ? Pour se donner du courage, il avait emporté sa bourse qu'il tâtonnait dans sa poche. C'était elle qui lui ordonnait d'attendre, de ne pas fuir. Le tueur était enfin apparu d'un pas tranquille, le visage à demi caché, et lui avait fait un imperceptible signe de sa main gantée. C'était son tour. La vachette à son bras pesait de plus en plus lourd, pourtant il n'y avait rien que d'autre que cinq aiguilles étincelantes, une grande serviette, quelques torchons parfumés et une fiole remplie d'alcool pour sécher le sang.

*

La comtesse gardait les yeux mi-clos. Elle avait redressé les oreillers et contemplait Emilio, de dos, se rhabiller. Cet Italien est un vrai démon, se dit-elle. Elle l'appela pour qu'il vienne l'embrasser, mais elle remarqua qu'il semblait pressé de partir.

« Vous me faites languir, Emilio, c'est très mal de votre part !

– Mais vous adorez cela, n'est-ce pas ? répliqua-t-il.

– Oui, à la seule condition que vous cédiez ! »

Emilio eut une moue qu'elle ne put voir et noua son écharpe de soie autour du cou.

« On peut savoir où vous allez, pour n'avoir qu'une seule chaussure aux pieds ?

– Je cherche de l'argent, répondit-il habilement tout en continuant d'ajuster sa mise.

– Il me semble qu'avec vos deux souliers, vous auriez plus de chance. Serait-ce votre Marianne qui vous coûte si cher ? »

Il se retourna et la contempla. Elle s'était redressée, triomphale sur le falbala rose d'étoffes et de passementeries froissées. Il fut en proie à des sentiments mitigés. Il décida de se lancer :

« Marianne ne me coûte rien, c'est la peinture qui me ruine.

– Si un jour vous me présentiez vos tableaux au lieu de vos gribouillis au fusain, je pourrais être la première à vous les acheter, dit-elle, sans se douter qu'elle avait mordu à l'hameçon.

– Oh, je ne parle pas de moi, mais du travail qu'un grand peintre m'a proposé. Il a accepté que je sois son assistant.

– Vous me rassurez ! Je vous souhaite sincèrement ce poste qui vous mettra à l'abri. »

Dès qu'il s'agissait d'argent, la comtesse ouvrait toujours de grands yeux. Elle flatta son drap autour d'elle en le tapotant du bout des doigts, attendant la réponse.

« Madame, pour apprendre, il faut payer.

– Ah bon ? Drôle de principe… qu'entendez-vous par là ? »

Elle ne comprenait toujours pas. Emilio retrouva sa chaussure à boucle et expliqua :

« Cet illustre peintre peut m'apprendre beaucoup… il m'a choisi parmi plus de trente à répondre à son offre. C'est un honneur et une chance, vous ne trouvez pas ? Mais si je ne réunis pas cette somme, il ne me prendra pas.

– Et vous espériez bien sûr que votre bonne amie, la comtesse de Cruissan… Approchez-vous, coquin ! »

Elle avait saisi. Emilio s'exécuta.

« Plus près ! Mon corps est encore tout chaud, et mes épaules se languissent de vous ! »

Emilio savait où allait l'entraîner son geste. Aussi se plia-t-il docilement à son exigence.

« Et comment s'appelle votre génie ? susurra-t-elle dans un soupir d'aise.

– Monsieur Mignard.

– Monsieur Mignard ! Bien sûr, je connais ses portraits. Et il a l'amitié du roi, ce qui est un atout. Et que lui ferez-vous ?

– Je préparerai ses couleurs, ses pinceaux, peut-être davantage, qui sait.

– Et cela prolongera d'autant votre séjour à Paris, n'est-ce pas ? »

Elle lui jeta un regard tout en langueur et en autorité mêlées.

Emilio n'avait pas songé à cet argument. D'un bond, elle l'embrassa avec fougue sur la bouche :

« Si vous aviez commencé par cela, mon jeune ami, sans doute vous aurais-je aidé.

– Vous pourriez ? »

La comtesse le coupa :

« Je n'ai rien promis… je suis comme vous et vos baisers… je suis un peu lente… Et la somme s'élèverait à combien ?

– Cent livres.

– Ma foi, c'est une bien jolie somme !

– C'est le prix des génies, madame. »

La comtesse écarta les draps et se leva. Elle portait un vaporeux blanc transparent fait de soie et de dentelles. Elle lui tourna le dos, passa une main langoureuse dans ses cheveux en désordre qui retombaient en cascade sur ses épaules et fit mine de se diriger vers son petit secrétaire doré.

« Je ne vous promets rien. Cherchez par vous-même et s'il vous manque quelques louis, nous verrons », dit-elle négligemment.

Emilio se précipita vers elle pour l'enlacer.

« De grâce, mon ami, ne le faites pas. Ce serait le geste d'un remerciement. Et je préfère vos baisers lorsqu'ils sont désintéressés. »

*

En début d'après-midi, un garde frappa à la porte du bureau de Laruche. Un inconnu du nom de Loiseau voulait lui parler. C'était urgent. Compte tenu que toutes les mouches de leur service étaient affublées de noms d'oiseaux, Laruche sut qu'il s'agissait de l'un de ses indicateurs. Pourtant il leur était formellement interdit de venir au Châtelet. La nouvelle devait être d'importance. Laruche décrocha son manteau, s'empara de son petit carnet et suivit le garde. Il traversa la cour de l'ancienne forteresse, franchit le porche d'entrée. Il reconnut la frêle silhouette de sa mouche sur la place. Il vint à sa rencontre mais le doubla comme s'il ne l'avait pas vu, et ils marchèrent ainsi l'un derrière l'autre mais séparés jusqu'au marché, où, profitant de la foule et des bousculades, ils pourraient enfin se parler. Loiseau était un homme de petite taille au visage grêlé par la petite vérole. Il jetait à l'inspecteur des regards à la dérobée, tout en fouillant de ses yeux inquisiteurs la foule en quête de quelque indiscret. C'était un homme débrouillard, sympathique et serviable. Il devait à Laruche d'avoir trouvé un travail de serveur dans un tapis-franc, sorte de gargote où traînait toute une faune de repris de justice et d'hommes qui n'allaient pas tarder à l'être. C'était leur stratégie à lui et à Torsac, de placer leurs mouches dans les hôtels insalubres et auberges indigestes, hauts lieux du renseignement. Ils s'arrêtèrent devant l'étal d'un poissonnier. Loiseau fit semblant d'hésiter entre deux poissons et murmura :

« Une jeune femme a été retrouvée morte grand-rue Saint-Victor. »

Laruche ne fut pas autrement surpris d'être alerté de la sorte.

« C'est tout ?

– Elle a le visage mutilé. On lui a cousu la bouche ! »

Laruche accusa le coup. Il ne s'attendait pas à cette révélation. Il regarda longuement l'indic, il réfléchissait à toute vitesse.

« Et ?

– Les archers du guet ont été prévenus et sont sur place. Ils la ramènent à la morne. C'est tout ce que je sais.

– Félicitations, Loiseau ! »

L'homme s'écarta de l'étal et lâcha la truite qu'il tenait dans les mains.

« Et pour la récompense ?

– Pour l'instant, Loiseau, je vais fermer les yeux sur tes parties de cartes truquées… C'est bien payé, non ? »

Loiseau s'évanouit en un clin d'œil dans la foule. L'inspecteur fit volte-face, pressé par l'urgence, quand il tomba sur Torsac, qui semblait perdu dans ses pensées.

« On vient de trouver une autre fille assassinée, grand-rue Saint-Victor. Et tu sais quoi ? Elle a les lèvres cousues ! »

Torsac ouvrit la bouche mais n'émit aucun son.

« Je viens d'avoir l'information de Loiseau. La bonne nouvelle, s'il y en a une, c'est que le guet nous la laisse. Il paraît qu'ils nous la rapatrient au Châtelet ! »

Torsac sortit de sa stupeur et murmura :

« Grand-rue Saint-Victor ? Rive gauche ? C'est étrange… »

Laruche tout à sa réflexion poursuivit :

« À tous les coups, c'est Delamare qui les a mis au pas.

– Moi je dirais que c'est remonté plus haut. À La Reynie. »

Les inspecteurs hélèrent à la hâte une voiture et traversèrent la Seine. Ils gagnèrent sans encombre l'abbaye Saint-Victor par la place Maubert. Le commissaire du quartier, accompagné d'un archer, attendait devant une porte cochère cernée de badauds qui les harcelaient de questions et qu'ils refoulaient sans leur répondre. Les policiers sortirent de la voiture et vinrent à leur rencontre. Ils se saluèrent.

« Elle vient juste de partir au Châtelet », annonça le commissaire d'un ton lugubre en montrant du doigt l'immeuble théâtre du crime.

Les inspecteurs s'y engouffrèrent. Une femme avachie sur une chaise les attendait, les yeux rougis par les larmes, un mouchoir de couleur douteuse dans ses mains. Elle avait la cinquantaine et portait un bonnet noir plaqué sur des cheveux gras, d'où s'échappaient quelques mèches grises.

« Madame », dit Torsac avec courtoisie.

À ce mot, elle fut instantanément debout. Personne ne lui parlait ainsi. Étaient-ce des gentilshommes ?

« Inspecteur Torsac et inspecteur Laruche », fit celui-ci qui comprit sur-le-champ ce qui allait s'ensuivre. Elle refondit en larmes.

« C'est affreux… c'est affreux… J'ai rien vu… rien entendu… pas un cri, gémit-elle en s'épongeant les yeux qui étaient plus secs que secs. C'est l'odeur, vous comprenez ! Alors j' suis montée… Il s'ra écartelé, c'ui qu' a fait ça ? Hein ? Et pour sûr, j' s'rai au premier rang et j' lui cracherai d'ssus… », énonça-t-elle d'une traite, dans l'exaltation que ce commérage lui procurait.

Les inspecteurs se regardèrent. Sans même la questionner, ils savaient qu'elle venait de refourguer la même petite histoire qu'elle avait servie aux archers du guet. On n'en tirerait rien.

« Vous avez son nom ?

– Non…, répondit-elle, continuant son petit cirque.

– Mais elle a néanmoins fait des démarches pour s'inscrire ? C'est la règle.

– La règle… la règle…, se ressaisit-elle, les noms dans c' quartier… »

Elle n'avait plus, mais plus du tout envie de pleurer.

« Je vois. Nous allons monter. C'est à quel étage ?

– Au troisième. J' monte jusqu'au palier… ensuite, c'est au-d'ssus de mes forces…

– Je vous comprends », dit Torsac qui savait que, bien sûr, elle était déjà entrée dans la chambre.

Ils la suivirent dans les escaliers. Elle soufflait fort, montait avec difficulté, se plaignait d'avoir mal aux jambes.

« Pour une logeuse, ce doit être pénible, concéda évasivement Laruche.

– Elle était si mignonne, si joyeuse. Un tendr' agneau. Mais vous allez le croch'ter et l'écarteler et moi au premier rang, hein ? Je…

– Et c'est reparti ! soupira Laruche qui commençait à en avoir par-dessus la tête.

– Nous y voilà ! claironna-t-elle, ils ont collé d' la mie de pain sur la porte.

– Des scellés, madame », corrigea Torsac.

Ils les firent sauter et entrèrent en la plantant sur le palier. Comme elle risquait un coup d'œil, ils claquèrent la porte sans pénétrer plus avant dans le lieu. Ils voulaient avoir une vue d'ensemble. C'était une grande pièce avec deux fenêtres, l'une ouvrant sur la rue, l'autre sur la cour. Près du lit, dont les draps et les couvertures avaient été tirés sur le parquet, ils virent une large flaque de sang de plus de trois pieds de circonférence et, comme la police du quartier n'avait que partiellement soulevé le corps pour l'embarquer, des traces s'étiraient jusqu'au palier. Laruche longea les murs. Torsac inspecta les lieux d'un regard circulaire. La première approche ne révélait rien. Juste un grand désordre et une odeur nauséabonde d'urine et d'excréments. Les inspecteurs enlevèrent leurs manteaux. Une boîte à bijoux vide traînait sur le lit ; Laruche s'en saisit et la posa sur le parquet. Ils y rassembleraient les indices qu'ils récolteraient. Ils se mirent côte à côte à genoux et avancèrent ligne par ligne. Rien. Ils tapèrent sur les lattes de parquet en quête d'une cache. Rien. Ils sondèrent les murs, arrachèrent la feutrine du bureau. Pas le moindre indice, pas un papier, rien. Dans le coffret, ils virent un peigne en os et des épingles de couturière. Dans le cabinet de toilette, ils ne trouvèrent rien de plus. Pas de flacon, pas de savon, pas d'huile, nul poudrier, juste une fragile odeur de musc. L'armoire était vide. Le tueur avait fait le ménage. Leur rapport ressemblerait à celui de la rue du Perche et la victime n'aurait pas de nom.

8.

4 avril 1673

La Reynie et Delamare descendirent les marches vers la morne sans échanger un mot. La porte cloutée était ouverte. Ils retrouvèrent le légiste Andrieux ainsi que les inspecteurs Laruche et Torsac qui s'écartèrent pour leur faciliter l'accès jusqu'à la table en pierre où reposait la nouvelle victime. La Reynie devina une ombre assise contre un mur. Emilio se leva, le lieutenant général ne fit aucun commentaire. Il enleva son chapeau mais conserva ses gants. Le chirurgien s'exprima d'une voix claire et neutre :

« C'est la même blessure à la nuque. Un coup net, sans reprise… elle s'est vidée de son sang en quelques secondes et ses lèvres ont été cousues.

– Et pas le moindre indice… comme la dernière fois ? »

Torsac s'avança.

« Hélas, monsieur ! Ce meurtre répète en tout point celui de la rue du Perche. Aucune trace de vêtements dans sa chambre autres que ceux qu'on a retrouvés sur elle.

– Quel âge ? interrogea La Reynie en se tournant vers le médecin.

– Je dirais vingt-deux ou vingt-trois ans. Un peu plus âgée que la précédente victime.

– Et vous l'avez trouvée où ?

– Au numéro trois de la grand-rue Saint-Victor. Un immeuble de location, sans enseigne, enchaîna Torsac. Nous avons interrogé la logeuse, les voisins, les commerçants et des artisans. Personne ne la connaissait.

– Comme si elle ne sortait jamais, poursuivit Laruche.

– Et dans l'appartement ?

– Rien. Pas d'objets personnels, pas de sac, aucune preuve d'identité. Juste des épingles et un peigne, un coffret à bijoux vide. Une cache derrière l'armoire, probablement vidée de son contenu.

– Des épingles et un peigne… Cette histoire me déplaît. J'y sens un serpent sous la roche », soupira La Reynie pour qui l'affaire prenait la tournure de meurtres en série. Il toussa. L'humidité du lieu et la forte odeur de sel lui raclaient la gorge. Il contourna la table en granit. La jeune fille était blonde, les cheveux maintenus par un turban bleu, le visage apaisé. Elle était belle, très belle, son teint ivoire était gâché par l'obscène couture noire et des traces rouge sang mal essuyées maculaient ses lèvres boursouflées.

« Vous remarquerez que ses pieds sont cambrés. C'est inhabituel, signala Andrieux.

– Elle a peut-être fait de la danse…, suggéra Delamare.

– Ce ne sont pas des crimes ordinaires… et c'est exactement le même mode opératoire, reprit La Reynie. Une coïncidence est à rejeter.

– Je pense comme vous, monsieur. C'est sur ces points que nous allons travailler. C'est la seule façon de remonter jusqu'à la source… Il existe forcément un lien entre elles, une amitié commune, une passion partagée, une même cause ayant entraîné leurs exécutions. »

La Reynie fixa Emilio et lui tendit une main. Le jeune Italien voulut la saisir, mais le lieutenant général se déroba. Il pointa avec autorité les dessins. Emilio, mal à l'aise, les lui présenta. La Reynie s'en saisit, en choisit un et lui rendit les autres avec ce seul commentaire :

« Il y aura encore du musc dans votre dessin ?

– Oui, monsieur, il y en aura.

– Je vous dispense de toutes vos autres affaires, lança-t-il en se tournant vers son équipe. Avancez sur celle-ci. Quant à vous, jeune homme, je vous attends dans une heure. »

*

Emilio resta seul avec la jeune fille, plein d'appréhension à la perspective de son entrevue avec le lieutenant général de police. Il se pencha sur la victime ; de ses cheveux collés par le sang coagulé lui parvint le faible parfum du musc. Comment les autres ne le sentaient-ils pas ? Il décida de se relancer dans un vrai portrait, qui soit différent des esquisses, un portrait qui redonne la vie, ressuscite la grâce et le souffle de l'âme de cette jeune personne. Agrandir les yeux, leur offrir à nouveau l'intensité d'un regard. Il fallait ajouter de la couleur, faire courir sous la peau les tressaillements infimes des émotions. Il choisit un pastel rouge, rosit les lèvres, amorça par ce jeu d'ombres et de couleurs ce qui pouvait être un tout léger sourire, arrondit également son menton. Il déplaçait souvent son tabouret pour changer d'axe. Il était fébrile, il voulait lui restituer sa beauté et sa jeunesse. Il fut soudain submergé par une grande tristesse. Elle avait le même âge que Marianne, la même délicatesse. Son cœur se serra. Il songea aux parents de la malheureuse, à sa mère qui ne savait pas que sa fille venait d'être assassinée, mutilée... Ses pensées revinrent à La Reynie. Pourquoi une telle convocation ? Pourquoi un tel empressement ? Il méditait ainsi quand un froissement de robe lui fit tourner la tête. Dans la pénombre, il aperçut deux filles hospitalières de Sainte-Catherine. Elles étaient venues laver la victime avant de l'emporter au cimetière des Innocents pour l'inhumation. Emilio fit le signe de la croix et se retira.

Moins d'une demi-heure plus tard, il fut introduit dans le bureau de La Reynie par un huissier. Le lieutenant général était assis à sa table, sur laquelle trônait, bien en évidence, les dessins d'Emilio. La Reynie ne se leva pas pour recevoir son hôte et, en guise d'introduction, lança :

« Je sais enfin qui vous êtes... Emilio Roggiero... peintre romain et client assidu de La Pomme de Pin, n'est-ce pas ? »

Emilio s'immobilisa au centre de la pièce, surpris par l'accueil.

« Vous avez bien de la chance de savoir qui je suis car moi, monsieur, je cherche depuis toujours et je n'y parviens pas ! »

À peine sa phrase terminée, Emilio se mordit la langue. Il enrageait que son tempérament prît le dessus aussi stupidement. Il leva les yeux et attendit.

La Reynie le contemplait sévèrement. Ce jeune garçon avait fière allure mais ses vêtements trahissaient sa pauvreté. Il connaissait par cœur ce genre de persifleur, sophiste en herbe et libre penseur qu'il fallait prendre par surprise.

« Voyez-vous, jeune homme, ce qui me surprend chez vous, ce n'est pas votre insolence, elle fait partie de la panoplie habituelle de votre corporation ; ce n'est pas non plus le calendrier amoureux de vos semaines, mais le mépris que vous distillez sur la peinture française. »

Le trait fut reçu comme il l'avait souhaité. Emilio blêmit et chercha une réponse :

« Monsieur… Monsieur… je ne comprends pas.

– Suffit ! Nous avons enquêté sur vous. Vous vous répandez chez les marchands d'art, dans les tripots de Paris, vous ne ratez pas une occasion de vilipender la peinture française, glorifiant en toute occasion celle des Hollandais ! Est-ce exact ?

– Est-ce un délit ? La peinture n'est pas la guerre.

– Si ! Quand vos propos flattent l'art de nos ennemis et se moquent du nôtre. Ignorez-vous donc que nous sommes en guerre ? Et vous, qui êtes-vous ? Italien ! Pire, en situation irrégulière, au registre des étrangers, vous avez dépassé la durée autorisée de votre séjour ! Savez-vous au moins ce que vous encourez ?

– Je vais bientôt partir.

– Dans la police, le mot *bientôt* n'existe pas. Nous avons le calendrier des dates et des horloges. On part tel jour, à telle heure et à cette règle, jeune homme, vous semblez être très en retard. Je peux vous faire arrêter dès à présent, là, dans ce bureau. »

La Reynie se cala dans son fauteuil, satisfait. Il avait guidé l'Italien exactement là où il voulait. Il l'avait coincé dans sa peur. Une braise claqua dans l'âtre, libérant son nuage d'étincelles.

Emilio baissa les yeux, contrit. C'est insensé, se dit-il, je viens d'avoir un travail chez un maître français prestigieux, les morgues sont devenues mes ateliers pour parfaire mon art et me voilà pris au piège !

« Pardonnez, monsieur, mon empressement et ma maladresse à vous répondre mais dessiner cette nouvelle victime pendant des heures m'a bouleversé et fait tourner la tête. Ne voyez dans mes réponses ni malice ni insolence. »

La Reynie détailla froidement sa proie.

« Oublions cela et reprenons notre conversation. J'ai à vous entretenir d'une affaire où vous pourriez jouer un rôle plus conforme à votre nature.

– Moi ? Me confier un rôle… Mon Dieu !

– J'ose même penser que ce rôle vous plaira.

– Et le comédien sera payé ? » reprit Emilio sans pouvoir s'empêcher de faire un bon mot. Il s'en voulut immédiatement mais sa répartie amusa le lieutenant général, sans qu'il laisse rien paraître.

« Après la représentation, monsieur le comédien. Après ! Dans la police, on paye toujours aux résultats, jamais avant.

– Je suppose que je n'ai pas le choix ?

– Vous supposez bien ! Car si nous analysons objectivement la partie, vous pourriez en devenir l'acteur essentiel. Parlons franc. Il se murmure, jeune homme, que Mignard vous aurait engagé. »

Emilio sursauta. Ça aussi il savait ?

« Oui, monsieur. Mignard a accepté de m'engager comme apprenti, ce que je ne suis plus, mais travailler pour lui est un honneur qui ne se refuse pas. »

La Reynie saisit un coupe-papier en ivoire qu'il fit tourner entre ses doigts avant de le reposer.

« Et selon vous, pourquoi vous aurait-il choisi ?

– Je crois que ma naissance à Rome lui a plu, et peut-être mon savoir-faire aussi.

– Sans doute, sans doute. Et que vous a-t-il dit de votre travail ?

– Qu'il préparait un grand tableau et qu'il cherchait un apprenti. »

La Reynie eut un rictus :

« Certes, certes. Vous a-t-il livré quelques informations sur ce tableau ? Vous a-t-il déjà parlé de son modèle ? Et de ses exigences vous concernant ?

– Pas un mot sur l'œuvre, monsieur. Je pense qu'il attend les cent livres de ma charge.

– Une somme que vous possédez ?

– La chance m'a approché et me les a offerts. Je les ai. »

La Reynie partit d'un grand éclat de rire qui résonna si longtemps qu'Emilio se sentit extrêmement gêné, puis honteux.

« Comme vous parlez bien des femmes, jeune homme ! Monsieur Roggiero, se ressaisit-il, en ce qui me concerne, je ne donne rien, je vais simplement me contenter d'exiger. »

Emilio comprit qu'il était encore une fois dans la nasse.

« Puis-je vous demander ce que vous exigez de moi, monsieur le lieutenant général ?

– De m'informer. Juste de m'informer. Rien de plus, rien de moins.

– Vous voulez faire de moi un espion ? »

Devant le trouble du jeune homme, La Reynie s'esclaffa à nouveau.

« Rassurez-vous, monsieur Roggiero, m'informer de l'évolution d'un tableau auquel vous contribuez ne fait pas de vous un espion. Réfléchissez !

– Alors, une mouche ?

– Une mouche ! Quel mot vulgaire, monsieur Roggiero. C'est beaucoup mieux que cela, je fais de vous un peintre qui peut sauver le royaume !

– Le royaume ? J'ose espérer que vous vous moquez de moi. Je ne suis personne, c'est vous-même qui me l'avez rappelé. Comment pourrais-je ? répondit Emilio au désespoir. Mon désir, c'était uniquement de vous aider à retrouver ceux qui ont assassiné ces jeunes filles, pas d'espionner monsieur Mignard, ajouta-t-il plus bas, n'osant affronter le regard du policier.

– Ce propos, quoique très prétentieux, vous honore, mais à chacun son ouvrage. Mes policiers, dont c'est le métier, s'occupent d'elles. Et vous comprendrez, je l'espère, que vous n'avez aucun droit sur cette enquête. La tâche que je vous demande me suffira et répond à vos capacités. Me suis-je bien fait comprendre ? »

Le ton de l'injonction vexa Emilio. Il se jura *in petto* qu'il allait prouver à La Reynie le contraire. Il garda un silence têtu et attendit qu'on le congédie quand le lieutenant général l'interpella de nouveau, d'une voix toujours plus impérieuse :

« Il va sans dire que vous n'évoquez cette affaire à personne. Je suis le seul auquel vous devez en référer. Est-ce clair ? Personne ! Que vous et moi !

– C'est promis, monsieur. »

Une question cependant brûlait les lèvres d'Emilio qui essayait vainement de se sortir de cette situation.

« Monsieur, si je puis me permettre, ne pensez-vous pas que si vous alliez voir monsieur Mignard, il vous dirait tout ? Il vous a peint. Vous vous connaissez. »

La Reynie sourit. Emilio était loin d'être un sot. Il pourrait lui servir.

« Vous ne vous trompez pas, il a fait mon portrait... Mais réfléchissez un peu : si le roi, par respect pour l'artiste comme pour le modèle, se refuse à cette démarche, pensez-vous que je puisse me l'autoriser ? Le roi souhaite savoir, sans avoir à demander. C'est son privilège et je m'y emploie. »

*

À peine Emilio descendait-il la première volée d'escaliers que Delamare poussait la petite porte dérobée du bureau. Il avait écouté l'entretien.

« Qu'en pensez-vous ?

– Je crois qu'il peut nous rapporter beaucoup, mais il faut l'avoir à l'œil, c'est un malin... »

Mais La Reynie n'écoutait déjà plus la réponse, il était tout à la lecture du rapport du médecin légiste. Delamare, ne sachant s'il devait sortir ou rester, esquissa un pas pour s'éclipser, mais d'un geste, le lieutenant général lui ordonna d'attendre. Il le vit souligner un mot qu'il reporta dans un dossier.

« Que de similitudes entre les deux victimes ! À croire qu'elles sont une seule et même personne, résuma-t-il en regardant son commissaire. Nées ou fabriquées par une même personne, répéta-t-il, songeur.

– Pourtant, elles ne sont pas sœurs.

– Sans doute pas de même mère, mais quelqu'un les a fait naître une deuxième fois. »

Delamare garda le silence, étonné par l'étrange remarque de son supérieur.

« Les inspecteurs Torsac et Laruche sont revenus sur les lieux.

– Et je parie qu'ils n'ont rien trouvé. Voyez-vous, commissaire, pour moi on fait le vide autour d'elles. Pas de nom, pas de famille, pas de domicile, pas de profession. Quelqu'un les tue, signe leur exécution, mais les craint, même après leur trépas. »

*

Ce soir-là, La Reynie décida de ne pas rentrer chez lui. Il disposait d'une chambre de service au Châtelet et espérait en profiter. Il fit prévenir sa femme qui avait l'habitude de ses nuits de travail et se concentra sur le meurtre des jeunes filles. Il se dirigea vers sa bibliothèque et en sortit un dossier, qui était son cauchemar. Le mystère du supplice de vingt-deux personnes, tous des hommes. Une sinistre affaire survenue il y avait de cela trois ans. Le nombre extravagant des victimes n'avait pas laissé le roi indifférent. À l'époque, il avait promis mille livres à qui arrêterait le coupable, une somme énorme. Ce fut chose faite grâce à un collaborateur de La Reynie, monsieur Lecoq, qui faillit y laisser sa vie.

Le coupable était une femme. Elle s'était présentée comme

une princesse polonaise. On découvrit que c'était une riche héritière anglaise. Séductrice, manipulatrice, il était difficile de savoir à quel point elle était folle. Toujours est-il qu'elle rabattait à l'aide de complices de jeunes et beaux prétendants qu'elle rencontrait au jardin des Tuileries. Ils venaient chez elle de plein gré, elle les faisait décapiter puis collectionnait leurs têtes dans des bocaux de verre qu'elle avait disposés tels des trophées dans un boudoir faisant office de cabinet de curiosités, caché derrière une porte dérobée dans l'un de ses logements à Paris. C'était une bibliothèque infâme et répugnante de têtes livides conservées dans un liquide jaunâtre. Les peaux diaphanes mettaient en valeur les paupières enfoncées dans leurs orbites et les lèvres boursouflées semblaient vouloir accuser leur bourreau. La Reynie, au souvenir de cette horreur, frissonna. Il pria pour que le meurtre des deux jeunes filles ne soit pas le début d'une longue série, mais à la lecture des premiers procès-verbaux de son équipe, il savait qu'il y aurait une suite. Ce qui l'avait intrigué, ce n'était pas tant l'arme du crime, un sabre, un mode opératoire assez banal somme toute, que les lèvres cousues. Sans elles, l'affaire ne l'aurait probablement pas alerté. Ces lèvres étaient une signature. La bouche cousue parlait. Le tueur voulait qu'on l'écoute. La mise en scène soigneusement préparée constituait une mise en garde. Dans son dossier, il nota : « À qui ces assassinats s'adressent-ils ? Et pour quelle raison ? Pourquoi efface-t-on l'identité des victimes ? »

9.

5 avril 1673

La comtesse de Cruissan attendait dans son salon aux murs tendus de velours rose. Les hautes fenêtres donnant sur la cour pavée étaient masquées par de lourds rideaux de brocart et des chandeliers avaient été allumés. Pour ce rendez-vous elle avait congédié ses serviteurs. En la circonstance, elle ne recevait pas Emilio, ni même un autre amant. Non ! Elle recevait une personnalité bien plus importante et la discrétion s'imposait. Elle attendait la marquise de Montespan, favorite de Louis XIV. La comtesse et la marquise n'étaient pas amies. Elles s'étaient croisées en de rares occasions mais la marquise, toujours hautaine, l'avait à peine saluée. Pour cette entrevue, la comtesse de Cruissan avait choisi une robe en soie pervenche, avec un large décolleté en bateau et des escarpins pointus en satin vert d'eau, qui rappelaient la couleur de ses yeux. Elle avait les lèvres rouge cerise et Emilio lui avait dessiné au menton une jolie mouche, dite « la discrète ». Elle s'installa confortablement dans un fauteuil recouvert de soie rose sombre et réfléchit à l'intérêt que pouvait avoir subitement la Montespan à son égard. Que venait-elle lui demander qui l'obligeât à se déplacer ? Elle entendit le hurlement de roues d'un carrosse passant sous le porche d'entrée pour s'arrêter dans la cour. Elle se leva, se plaça au centre de la pièce et attendit. Des pas feutrés s'annoncèrent et la porte s'ouvrit. La marquise de Montespan fit un seul pas dans le salon. Elle se tint sur le seuil sans manifester une quelconque précipitation. Elle savait les vertus de l'immobilité, son pouvoir d'impressionner plus encore que le mouvement. Silence et immobilité. Le temps pour la comtesse de Cruissan de bien comprendre qui elle avait devant elle. Ce fut elle qui brisa la première le silence en s'avançant vers son invitée.

« Marquise, vous me faites un si grand honneur ! Votre visite est une telle joie, une telle surprise… ».

La marquise parut satisfaite, mais ne répondit pas. Elle posa sur la comtesse son regard intense sans se départir de sa moue habituelle. Elle était magnifique. Pour dompter sa chevelure blonde rebelle, elle n'avait pas hésité à se parer de sa coiffure d'apparat, et la comtesse admira, il faut bien le dire, l'abondance des boucles étagées qui tombaient en cascade. La marquise répondit enfin à l'invitation et ses premiers mots furent :

« Comtesse, vous vivez dans une bonbonnière ! »

La comtesse, qui ne savait comment interpréter une telle entrée en matière, répondit avec simplicité :

« J'avoue que le rose est ma couleur préférée. »

La marquise laissa paraître un sourire et s'avança vers les toiles accrochées aux murs. Elle se planta devant un tableau qui représentait d'étranges petites fourmis équipées de patins glissant sur de la glace étincelante. Sans se retourner, elle lança :

« Ces tableaux me gèlent, pas vous, comtesse ?

– Je m'intéresse depuis peu à la peinture hollandaise, répondit tout aussi sincèrement la comtesse.

– Savez-vous comment Sa Majesté les surnomme ?

– Je l'ignore, marquise.

– “Marchands de fromages” et “pêcheurs de harengs” ! »

La comtesse, à ce jugement sans appel, cacha son trouble.

« Et moi, poursuivit la Montespan, si j’observe le détail, j’ajouterais volontiers “lanceurs de boules de neige”. »

La comtesse de Cruissan avait oublié la très sanglante guerre de Hollande et, comprenant sa méprise, se mordit les lèvres. Si Louis XIV avait en effet remporté la première guerre de Dévolution contre l’Espagne pour la rétrocession de l’héritage de sa femme la reine Marie-Thérèse et avait acquis par le traité d’Aix-la-Chapelle les comtés de Flandres, il n’était un secret pour personne que le marquis de Louvois, le secrétaire d’État à la guerre, en préparait une autre. Pas une seconde elle n’avait pensé que ces tableaux flamands dans son salon puissent être une faute et elle ne put s’empêcher de maudire Emilio.

La marquise se retourna et vit l’émotion s’emparer de la comtesse. Elle avait fait mouche ! Elle s’attarda devant un miroir vénitien pour redresser avec grâce une boucle capricieuse tout en observant la comtesse à la dérobée. D’un ton léger, elle reprit :

« Je connais votre goût pour la peinture, il est de notoriété publique que vous lui accordez beaucoup de temps », poursuivit-elle d’une voix nonchalante en y laissant poindre ce *quelque chose d’ambigu* dont elle avait le secret et qui saurait déstabiliser plus encore son interlocutrice.

La comtesse n’en montra rien et d’un sourire elle invita la marquise à s’asseoir. Celle-ci refusa d’un geste gracieux, au grand chagrin de la comtesse. La rencontre serait donc courte et ne ressemblerait en rien à la conversation plus intime qu’elle aurait souhaitée.

« Comtesse, je suis venue pour partager un secret. »

La comtesse se raidit. Elle ne s’attendait pas à une telle franchise. Elle répondit avec empressement, pour que sa promptitude soit interprétée comme une allégeance :

« Qui sera ma fierté, madame, et que je garderai, soyez-en persuadée. »

La Montespan était restée près du tableau du maître hollandais, loin des fenêtres, comme si elle avait pu être la proie d'un témoin ou d'un espion. La réponse de la comtesse dut néanmoins la satisfaire car elle murmura :

« Vous n'ignorez pas que la duchesse de La Vallière a décidé de commander au maître Mignard un tableau d'elle avant son départ pour le couvent ?

– J'ai entendu quelques murmures à ce sujet, acquiesça modestement la comtesse.

– Madame, ces murmures viennent de se transformer en certitude. Tout Paris le sait et ce projet ne me plaît pas. »

Le ton était sec et la comtesse de Cruissan fut embarrassée. Elle se demandait bien pourquoi la marquise l'avait sollicitée, elle, pour lui parler de ce tableau. Savait-elle qu'elle ne connaissait pas madame de La Vallière et encore moins Mignard ? Alors pourquoi elle ? Il fallait être d'une extrême prudence. Elle choisit la flatterie.

« Madame, si vous vous y opposez, le roi pourrait demander à Mignard de refuser cette offre. Il en a le pouvoir.

– Sa Majesté en a le pouvoir mais elle ne le fera pas.

– Pourquoi pensez-vous qu'elle agisse ainsi ?

– Comprenez-moi bien. Ce n'est pas la duchesse de La Vallière qui me gêne. Son temps est passé. Nous le savons tous. Non, ce qui me préoccupe, c'est Mignard. Que va-t-il peindre ? Imaginez… si le roi apparaissait à côté d'elle ? Si Mignard représentait le moment de leur rencontre ou celui de leur bonheur ?

– Je comprends », murmura la comtesse qu'une telle confession inquiétait. Ces élans de sincérité de la part de la maîtresse du roi pouvaient un jour lui être reprochés.

« Si je puis me permettre, madame, pourquoi n'iriez-vous pas rencontrer Mignard ?

– Si le roi ne se l'autorise pas, je ne puis me l'autoriser moi-même. »

C'était plus fort qu'elle. Flattée d'une telle confidence, la comtesse en oublia sa vigilance et fonça la tête la première dans le filet, devançant même l'attente de la Montespan.

« Et vous pensez, marquise, que je pourrais… moi-même…

– Oui, comtesse… Vous pouvez faire quelque chose pour moi. »

La Montespan planta son beau regard dans les yeux de madame de Cruissan et s'élança vers elle.

« Entendons-nous, je ne cherche pas à tenir le pinceau de Mignard, personne ne le pourrait, mais j'aimerais être informée des avancées de ce tableau. »

La comtesse fut désarçonnée. Elle ne voyait pas comment la satisfaire.

« Hélas, madame, vous le savez, je ne connais pas monsieur Mignard. »

La Montespan esquissa un sourire et adoucit soudain sa voix, sur un ton de confidence qui n'échappa pas à la comtesse.

« Comme c'est étrange. Je pensais découvrir chez vous de la peinture italienne… »

La comtesse eut un frisson et comprit. La Montespan savait beaucoup de choses. Qui avait pu lui révéler sa relation avec Emilio ?

« Voyez-vous, le roi m'aime pour ma franchise, poursuivit-elle.

– C'est une qualité que je place aussi en premier. »

Cette réponse toute faite eut le don d'agacer la Montespan qui changea de ton.

« Alors, si vous placez cette qualité en premier, permettez-moi d'être plus claire. Il se dit que Mignard cherche un apprenti… un peintre qui le seconderait. Vous le saviez ?

– Vous me l'apprenez. »

La comtesse avait compris l'avertissement et sa visiteuse la sonda mais ne sut si celle-ci disait la vérité. Elle durcit le ton :

« On dit aussi qu'il a reçu beaucoup de candidats. Mignard sur ce point est très pointilleux. Mais il n'est pas insensible à l'argent. Le jeune apprenti qui sera choisi devra faire un apport de cent livres pour recevoir l'enseignement du maître.

– Cent livres ? Mais c'est une somme !

– Pour de jeunes artistes sans mécène, c'est beaucoup, je vous l'accorde… Il semblerait que Mignard ait arrêté son choix. On parle d'un jeune peintre italien… qui serait talentueux à bien des égards… »

La comtesse se sentit rougir.

« Et ce jeune peintre italien, il se dit aussi que vous le connaissez ? »

Et sans attendre de réponse, elle poursuivit sur le même ton :

« Un beau jeune homme aux boucles brunes, un certain Emilio Roggiero. Je me trompe ? »

La comtesse fut clouée sur place.

« Madame, si Emilio Roggiero est choisi par Mignard, je serais flattée… »

La marquise la coupa :

« Pour l'être tout à fait, comtesse, et moi aussi, il vous suffira d'accompagner son talent avec ces cent livres… En échange des secrets sur le tableau, je pourrai vous offrir… »

Suspendant ses mots, la marquise posa sur la comtesse un de ses regards indéchiffrables dont elle avait le secret et lâcha un « Cent fois plus… » des plus énigmatiques qu'elle laissa en suspens.

La comtesse, de plus en plus pâle, ne savait que faire de ses mains tremblantes. La Montespan, qui jouissait de son assaut, reprit avec nonchalance :

« Les travaux à Versailles avancent à merveille… un logement près du… »

Et elle laissa sa phrase mourir.

La comtesse de Cruissan était au bord de la défaillance.

« Marquise, je saurai vous satisfaire. Soyez assurée que je ferai le nécessaire et que vous serez informée des avancées du tableau. »

La Montespan lui avait déjà tourné le dos. Elle avait réussi. Elle réussissait toujours. Il lui suffisait d'apparaître. Le roi le lui avait appris.

La comtesse, paralysée, n'eut point à la raccompagner, la marquise était déjà partie. Elle médita sa promesse, Versailles ! Le palais enchanté, le château aux mille fêtes auxquelles elle n'avait jamais été conviée, les délices des représentations de Molière qui lui offriraient de se pavaner auprès des grands comme elle le méritait, d'y prendre part, enfin ! Elle rêva ainsi un moment puis, reprenant ses esprits, elle jugea qu'il lui fallait sur-le-champ un nouveau carrosse.

*

Deux jours après sa rencontre avec Mignard, Emilio n'avait toujours pas les cent livres en poche. Marianne lui avait proposé ses économies, mais quand on gagne trente sous par jour… Antonin lui avait donné une partie de son maigre pécule. En tout, cela faisait à peine vingt livres avec ses propres économies. Il en restait beaucoup à trouver ! Emilio se sentit découragé. Il n'y arriverait pas de cette manière. Il aplatit les rebords de son chapeau, prêt à accepter le déluge qui s'abattait sur Paris, quand un carrosse gris ralentit à sa hauteur. Il reconnut les chevaux et l'équipage. Un valet empressé baissa le marchepied. La comtesse de Cruissan l'attendait. Elle s'était emmitouflée dans une longue cape bleu nuit fermée au col par un bijou imitant les fibules romaines. Emilio quitta son tricorne et la salua.

« Je suis trempé, lui dit-il simplement.

– Vous avez de la chance, Emilio, le hasard m'a guidée vers vous. »

Emilio la connaissait trop pour croire au hasard, elle ne venait jamais dans ce quartier.

« Vous paraissez abattu… Je me trompe ? Allez, montez !

– Où allons-nous ?

– Je n'ai malheureusement pas le temps de vous consoler.

– Je ne suis pas triste, madame, je suis juste découragé. J'avais une espérance, et elle s'est envolée, répondit-il en se glissant sur la banquette pour se rapprocher d'elle.

– L'amour est ainsi fait, Emilio, il a des ailes mais il va où il veut.

– Il ne s'agit pas d'amour, comtesse. »

Elle le regarda et décida de jouer un peu avec lui. C'était un juste retour des choses. Elle se contenta d'un silence qu'elle laissa s'éterniser et qu'il ne rompit point. Le carrosse prenait la direction des Tuileries. Elle fit arrêter l'équipage et s'apprêta à descendre. C'était le moment idéal pour le ferrer.

« Vous vouliez parler de votre peinture ? dit-elle avec légèreté.

– Non, madame, pas de la mienne. Celle de Mignard. Je n'ai pas trouvé la somme.

– Ah oui ! le célèbre Mignard. Mais de quelle somme parlez-vous ? »

Elle était aux anges et Emilio vexé. Son sang ne fit qu'un tour mais il calma son impatience.

« Madame, je vous en ai déjà parlé. Mignard m'a choisi pour être son apprenti. Mais sans les cent livres, il ne me prendra pas.

– Êtes-vous bien certain qu'avec cette somme, la place vous est acquise ? »

La comtesse était dans la plénitude de son art, ce qui ne lui faisait pas oublier de ménager ses arrières. Elle enquêtait. Emilio, bien trop préoccupé par son angoisse, n'y vit que du feu et ne lui répondit pas sur-le-champ. Elle se pencha donc vers lui et insista :

« Êtes-vous bien certain que c'est vous et pas un autre et qu'il ne changera pas d'avis ?

– Oui, madame. Parce que je suis romain et qu'il aime l'Italie.

– C'est effectivement un argument auquel je n'avais pas songé. Si je comprends bien, il vous engage pour faire la conversation ? »

Emilio, blessé, lui jeta un regard courroucé et s'apprêtait à sauter du carrosse quand la comtesse reprit sur un ton plus enjôleur :

« Et vous a-t-il parlé de l'œuvre pour laquelle il vous sollicite ?

– Pas encore…

– Emilio ! Venez vous asseoir près de moi, et cessez de bouder. »

Il obtempéra à contrecœur. Elle baissa les rideaux de cuir. La pluie redoubla et le vacarme des trombes d'eau tambourinant sur la capote du carrosse les isolait encore plus du monde. Elle se pencha à nouveau vers lui et, au creux de son oreille qu'elle effleura, elle lui murmura :

« Pensez-vous avoir de la chance ? »

Emilio la dévisagea froidement.

« Chaque fois que je l'ai appelée, elle a toujours regardé ailleurs… »

La comtesse lança un rire cristallin. Comme cela était charmant. Cet échange lui plaisait, elle ne pouvait rêver mieux. Elle inclina son visage vers lui. Ses lèvres auraient pu embrasser les siennes. Elle le dominait.

« Eh bien, cette fois-ci, la chance a décidé de s'intéresser à vous. Par on ne sait quel miracle, elle ne voit plus que vous. »

Emilio vit enfin clair dans son jeu. Elle avait tout manigancé et cette rencontre était tout sauf fortuite. Qu'importe, se dit-il, qu'ai-je à perdre ?

« Vous allez m'aider ?

– Mieux que cela, Emilio, dit-elle en minaudant. J'ai la somme sur moi…

– Les cent livres ?

– Oui ! Vos cent livres.

– Sur vous ? Là ?

– Oui, là. Mais sauras-tu les trouver ? »

Elle ferma les yeux et Emilio comprit le jeu. Il approcha ses mains pour dégrafer la broche de sa cape. Ses doigts étaient fébriles et il n'y parvint pas. La comtesse, compatissante devant sa maladresse, l'aida et dévoila une robe en taffetas grise garnie de gaze. Son bustier serré dont l'échancrure était à la dernière mode offrait la vision de seins généreux. Pourtant c'est dans la poche de sa cape qu'elle sortit une bourse en cuir qu'elle lâcha sur les genoux d'Emilio en attardant le bout de ses doigts sur le tissu de sa culotte.

« Je le fais pour une seule raison, Emilio, et vous savez laquelle ? »

Elle avait repris son sérieux.

« Pour me permettre d'être l'apprenti de Mignard et grandir dans mon art ?

– Allons, Emilio, je me moque bien de votre Mignard… Je le fais juste pour retarder votre départ vers les Flandres. »

Emilio fut-il dupe de sa déclaration ? Sans doute pas. Sa pensée était ailleurs, fixée sur les cent livres. Mais il sut quoi répondre. Il se pencha sur son décolleté et embrassa délicatement ses seins.

« Ne soyez pas si vorace, Emilio. Ils appartiennent aussi à d'autres et aujourd'hui n'est pas votre jour ! »

Par politesse, Emilio joua les jaloux, puis il glissa la bourse à sa ceinture et descendit. La pluie avait cessé et le vent déchirait les nuages, laissant apparaître ici et là dans leurs franges le bleu du ciel. L'air avait la pureté et l'intensité des débuts de printemps. Emilio respira fort. Il était exalté. La chance lui avait souri. Il allait travailler avec Mignard. Et ses malheurs allaient commencer.

10.

11 avril 1673

Emilio déposa sur le guéridon la bourse contenant les cent livres. Mignard hocha la tête, Emilio était engagé. Sur des tréteaux près du mur Emilio reconnut les pigments, les pierres à broyer, les mortiers, les brosses et les pinceaux. Le Maître brisa le silence.

« Mon modèle viendra en début d'après-midi et je vous garderai près de moi, le temps des présentations et de la mise en place. Pour les pigments et les huiles, je te laisserai travailler. Il m'en faut peu. Ils sont classés par couleur, en fonction de ma palette. »

Emilio commença l'inventaire des pigments : blanc de plomb, blanc d'os, azur de roche, lapis-lazuli, cendre d'azur, vert de terre, vert d'azur, vert d'Espagne, ocre jeune, massicot, terre de Sienne, réalgar, minium, vermillon, terre d'ombre, terre de Cologne, bol rouge, bistre, charbon de pierre, noir de bouille, noir d'os, noir de sarment de vigne.

Mignard le surveillait d'un œil.

« Il t'en manque ?

– Les palettes sont infinies, Maître, et chacun possède la sienne.

– Tu la trouves trop sombre ?

– J'en ai connu de plus joyeuses.

– Mon dilemme est là. Ce tableau sera-t-il joyeux ou triste ? J'avoue que je ne le sais pas encore. Passons aux huiles. »

Mignard avait des huiles essentielles à profusion, obtenues par distillation de plantes comme la lavande, le tilleul, le romarin, le thym, l'aspic. Tout était étiqueté et soigneusement rangé. Les pierres à broyer les couleurs étaient neuves. Elles étaient en granite et en marbre. Emilio avait l'habitude d'utiliser le porphyre, mais il s'adapterait. Couchés sur des torchons blancs et fins, telles des dagues sorties de leurs fourreaux, patientaient une collection de pinceaux reluisante avec à ses côtés les brosses à poils de porc et de sanglier.

Emilio avait quitté son justaucorps et était en train de revêtir un petit tablier sans manches pour se protéger des pigments qu'il allait broyer quand virevolta une feuille de dessin qui glissa sur les dalles en pierre. C'était le dessin qu'il avait fait la veille au soir. Mignard s'en empara et s'approcha des fenêtres, bien que la lumière de l'aube qui filtrait fût encore timide.

« Le trait est ferme, un peu sec, ce doit être la colère. Il y a du relief, même si tout n'est pas terminé. Tu ne crées pas assez d'ombres, mais tes lumières sont belles, elles ne sont pas constantes. En résumé, ton chagrin est plus grand que ton modèle. Est-ce que je me trompe ?

– Je l'ai commencé hier au soir.

– Tu dessines vite. Tu es meilleur que je ne le pensais. Tu n'as pas réfléchi, tu as agi dans l'instant, c'est bien. Dieu t'a donné des mains, mais tu dois travailler ton regard qui manque de partialité. En un mot, tu es trop amoureux de ton modèle. »

Emilio écouta le Maître et vit qu'il avait lu en lui instantanément. Il se mit à la tâche et broya les pigments pendant plus de trois heures. Mignard lui tournait le dos et, à grands coups de crayon, traçait des carrés, des cercles et beaucoup d'obliques où il esquissait des formes approximatives qui, le moment venu, sauraient conquérir ces espaces. Emilio était familier de cette méthode. Mignard cherchait l'équilibre de la scène et répartissait ses masses. Ainsi, sans le modèle et avec juste les lignes de force, il tissait une structure où s'installerait, sans effort, le moment venu, l'acteur principal. Cette première phase ébauchée, il enleva la toile du chevalet et en disposa une autre, vierge. Avait-il changé d'avis ? Ou bien se sentait-il prêt pour la peinture ?

À midi, le Maître commanda un doigt de chicorée dans un verre d'eau et une pomme. Emilio se contenta du même régime et croqua son fruit.

Mignard profita de cette pause qu'il s'était s'accordée pour parler de Rome. Il en connaissait chaque rue, chaque quartier. Les premières années, il avait partagé une modeste habitation avec son ami Dufrenoy, peintre lui aussi. C'est à Rome qu'il avait tout appris. En France, il avait eu de bons maîtres. Monsieur Boucher à Bourges et maître Vouet à Fontainebleau. Mais Rome était au-dessus. Pendant des années, il avait recopié Michel-Ange, Raphaël et s'était passionné pour Annibal Carrache. Emilio buvait ses paroles.

« La nuit, je les dessinais de mémoire », poursuivit Mignard qui quitta son fauteuil et se dirigea vers un rideau qui masquait une partie de l'atelier. « Viens m'aider… tu vas me donner ton avis. »

Derrière le rideau Emilio découvrit un bric-à-brac d'objets qui devaient servir à la composition des tableaux. Des épées, des mappemondes, des vases, des compas, des cartes du monde.

« J'hésite entre un fond italien et un fond français », dit

Mignard qui se faufila pour atteindre un établi couvert de rouleaux de toutes sortes.

Emilio, qui se souvenait de la leçon de La Reynie, prit un temps de réflexion afin de ne pas donner une réponse qui ne fût pas mûrement réfléchie.

« Je n'ai pas l'honneur de connaître le sujet de votre œuvre, mais il me semble qu'un fond français… »

Il vit le maître tirer vers lui le rouleau d'une grande toile qu'il déploya sur le sol. Emilio s'approcha. Elle représentait un paysage comme on peut en admirer dans les décors de théâtre ou d'opéra. Ce procédé, Emilio le connaissait. Le fond à dominante bleu-vert avait pour vocation d'être placé derrière les modèles et apporterait à l'ensemble de la composition la douceur et les couleurs d'un monde verdoyant et fleuri d'où surgiraient un ou deux animaux symboliques. Emilio aida Mignard à installer la toile en accrochant les anneaux cousus à une poutre.

La voix de la femme de Mignard résonna dans l'escalier. Le Maître s'excusa, descendit et se fit attendre. Emilio, demeuré seul, rumina plusieurs heures ainsi et la colère monta en lui. Il eut le pressentiment que le tableau allait se faire ailleurs et sans lui. Le Maître irait chez son modèle. C'était une certitude. Sans doute avait-il déjà rempli des carnets entiers de dessins, où le visage serait mille fois reproduit ! Sans compter les mains, les épaules, les attitudes ! À lui, on ne laissait voir qu'une toile couverte de lignes enchevêtrées et des formules mathématiques ! Et un fond français qui avait dû servir à de multiples reprises pour d'autres œuvres ! Cent livres, c'était très cher payé pour une leçon de géométrie !

Mignard rentra tard et remercia Emilio pour son aide. Il pouvait disposer.

« Vous reviendrez à l'atelier mardi de la semaine prochaine pour les présentations.

– J'avais cru comprendre que ce serait pour aujourd'hui.

– Moi aussi. Mais voyez-vous, ici comme à Rome, ce sont les modèles qui décident ! »

*

Delamare avait convoqué Laruche et Torsac. Son bureau, haut de plafond, jouissait de deux larges fenêtres qui éclairaient sa bibliothèque chargée d'archives. Sur une seconde table couverte d'un tapis billard, il avait disposé des piles de dossiers et d'ouvrages pour documenter la rédaction de son *Traité de la police*. Le commissaire avait gardé son manteau au col de fourrure qu'il avait jeté sur ses épaules. Il saisit le dossier contenant les témoignages et comptes rendus relatifs à l'enquête menée au domicile et dans le quartier de la deuxième victime.

« Messieurs, d'après vous, l'homme que nous cherchons habite-t-il Paris ?

– Je dirais oui, car pour agir de la sorte, il lui faut du temps et une bonne connaissance des lieux, répondit Torsac. Il doit repérer sa victime, la suivre pendant des jours et la tuer au bon moment et au bon endroit. Qu'en penses-tu ? demanda-t-il à Laruche.

– Nous n'avions pas encore abordé ce sujet mais oui, tu as raison.

– C'est aussi mon avis, dit Delamare. Deuxième question. Selon vous, les victimes sont-elles parisiennes ? Et se fréquentaient-elles ?

– Sur ce point, nous n'avons aucun élément. Seuls la similitude des meurtres et leur âge les rapprochent, mais ce n'est pas une preuve », répondit Laruche.

Delamare hocha la tête et griffonna quelques mots sur son document.

« Et le tueur… une idée ? Y avez-vous réfléchi ? Avez-vous un profil ? »

Les inspecteurs marquèrent un temps.

« Pour tuer ainsi, il doit exercer un métier sans contrainte, ou alors ne pas travailler.

– Un artisan, un commerçant ?

– Oui, mais cela peut aussi être un militaire, un aristocrate… un déserteur… un homme à gages, auquel cas le commanditaire sera compliqué à trouver, sauf si nous le coinçons vivant et qu'il nous mène à lui, dit Torsac.

– Nous avons déjà répertorié une liste de bourreliers, tailleurs, blanchisseurs, brodeurs, couturiers qui pourraient utiliser des aiguilles, compléta son collègue. Toutes les hypothèses restent ouvertes.

– Tout à ce stade n'est que supputation et donc bien maigre ! Faites voler vos mouches dans tous les quartiers, messieurs ! conclut Delamare qui posa sa plume et fixa ses inspecteurs. Toutes les mouches ! Réveillez-les, et interrogez également les commissaires des quartiers. Certaines informations ne nous sont peut-être pas remontées. Monsieur de La Reynie, comme vous avez dû le remarquer, s'intéresse de très près à cette affaire. Il m'interroge à chacune de nos réunions. Alors, trouvez-moi ce monstre, je vous en conjure. Et au plus vite. »

*

« Que vous inspire une bouche cousue ? »

Delamare, sitôt ses inspecteurs congédiés, avait frappé à la porte de La Reynie.

« C'est une signature. Nous sommes tous d'accord là-dessus. En soi, elle ne provoque pas la mort mais elle signifie, elle délivre un message, elle dit : Prenez garde ! j'ai puni de mort cette fille car il y a eu faute.

– Elle punit donc les traîtres ou les bavards.

– Ce peut être une personne qui a trop parlé ou qui a été témoin d'une scène qu'elle n'aurait pas dû voir. »

La Reynie porta son regard sur le feu et une lueur rougeâtre flamba sur son visage.

« C'est une possibilité. Imaginons que ces deux jeunes filles aient parlé ou qu'elles aient été témoins d'une scène interdite. Qu'auraient-elles vu de si interdit ? Pensez-vous qu'elles puissent être liées à l'affaire des poisons ?

– C'est une des premières hypothèses qui me soient venues à l'esprit. Mais il se peut aussi qu'elles soient des courtisanes ou des libertines qui cancanent quand il faut se taire et qui ouvrent trop grand les yeux quand les circonstances exigent le plus noir des bandeaux.

– Votre hypothèse est vertigineuse car si elle s'avère juste, alors la cour le sait… et si la cour le sait, le roi va savoir, s'il ne le sait pas déjà, et il me reprochera mon silence. Il faut aller vite ! Il faut trouver avant qu'il ne m'en parle !

– Nous nous y employons… Tout le monde comme vous l'avez demandé est réquisitionné sous les ordres des inspecteurs Laruche et Torsac. »

La Reynie frotta sa main droite sur sa main gauche, un geste qui trahissait son impatience.

« Voyez-vous, le plus paradoxal de cette histoire, c'est que les lèvres cousues sont scellées en sorte de ne plus jamais parler mais qu'elles parlent. Elles nous parlent mais que disent-elles ? À qui s'adressent-elles ? »

Le commissaire hocha la tête. Il partageait aussi cette idée.

« Si ces jeunes filles sont punies d'une faute, quelle faute mérite un tel châtiment ? Ce doit être une faute très grave qui exige un mode opératoire sophistiqué, long et difficile à mettre en place, donc périlleux pour le tueur. L'énigme est là. Il faut faire parler ces lèvres ! Il y a trois niveaux d'investigations, celui des victimes, celui du tueur et, au-dessus, celui des commanditaires. Il nous faut alimenter ces trois niveaux, les relier et nous interroger avant que le roi ne me convoque. »

11.

13 avril 1673

Laruche et Torsac avaient convoqué un aristocrate de province, un lointain filleul du duc de La Rochefoucauld, dans une taverne située près de l'église Saint-Eustache. Selon les renseignements donnés par les mouches, l'homme avait été vu à plusieurs reprises entrant et sortant de chez le duc de Rolignac. Le comte Guillaume de La Merlerie, nom qu'il déclina fort aimablement, fut surpris d'être abordé par des inspecteurs du Châtelet, mais plus encore de l'invitation à les rejoindre dans un tripot du coin. Le comte, qui avait le goût de l'aventure, accepta. Les inspecteurs l'assurèrent de leur gratitude.

Guillaume de La Merlerie était un personnage singulier. Jeune, à peine plus de trente ans, il était grand mais déjà voûté, comme si ses courses à cheval dans ses forêts de Charente lui avaient appris à baisser la tête. Ses yeux verts semblaient ne s'intéresser à personne et ses joues maigres attestaient qu'il négligeait la bonne chère. Même sa tenue dénotait son étrangeté. Non qu'il ne fût pas à la mode, mais c'était dans la façon dont il avait agencé les divers éléments de sa garde-robe : quand Guillaume de La Merlerie dénoua la broche – sorte de fibule – qui fermait sa cape, un petit gilet argenté apparut, éclairant sa sombre silhouette. Entre sa chemise et son justaucorps scintilla une croix gravée. D'un geste ample, il plia sa cape doublée de soie bleue, croisa les jambes et fixa les inspecteurs d'un air hautain. Il était prêt à les entendre.

Laruche se racla la gorge, sortit de son sac deux dessins enroulés qu'il lui présenta.

L'aristocrate, étonné, les prit et les observa attentivement.

« Vous connaissez ces deux jeunes femmes ? » demanda Torsac.

Le comte répondit par la négative. Il les trouva très belles et désirables et proposa de les rencontrer. Son humour passa très mal : Laruche sans ménagement l'informa qu'elles avaient été assassinées au sabre.

« Ce que les dessins ne montrent pas, c'est que toutes deux ont eu les lèvres cousues. Voyez-vous, monsieur le comte, le peintre qui les a dessinées a eu l'humanité de leur rendre leur honneur et de ne pas les montrer mutilées de la sorte. »

Guillaume de La Merlerie ne broncha pas. Était-il ébranlé ou troublé ? Les inspecteurs ne purent le déterminer car sa réponse ne se fit pas attendre.

« Je ne suis pas la bonne personne pour vous renseigner.

– Pourquoi êtes-vous si sûr que ce n'est pas un aristocrate qui ait pu se prêter à un tel acte ? questionna Laruche que son aplomb étonnait.

– Parce que les circonstances de leur mort ne nous ressemblent pas. »

Laruche faillit s'étrangler. Torsac lui vint en aide en proposant au comte un autre verre de rhum, que celui-ci refusa, couvrant le gobelet de la paume de sa main. Torsac revint à la charge.

« Pourtant, je puis vous assurer que nous avons déjà découvert plus d'une fois des atrocités faites par des aristocrates qu'aucun gueux n'aurait pu commettre…

– Messieurs, sans vous offenser, vous ne m'avez pas bien interprété. Ce que je vois ici est une mise en scène ratée, je dirais même bâclée, sans âme, martela-t-il en prolongeant sa phrase d'un geste théâtral. Je n'y vois aucune beauté, aucun jeu, aucune tension, aucun raffinement, aucun art, rien d'un duel avec la mort. Ce que vous avez là, c'est le spectacle ignoble d'une boucherie où la mort est laide et sans intérêt.

– Sans intérêt ? Mais c'est criminel de parler ainsi ! Comment osez-vous ? C'est d'une vie que vous êtes en train de parler, d'un crime. Vous savez qu'il pourrait vous en coûter cher. »

Guillaume de La Merlerie ne fut nullement ébranlé par la colère de Laruche. Il observa ces deux hommes de police impuissants se débattre dans un monde qui n'était pas le sien. Ils ne comprenaient pas, ils ne pouvaient pas comprendre.

« Messieurs, ne vous méprenez pas…

– Comment pouvez-vous associer la mort à la beauté ? La mort est notre métier. Et je puis vous affirmer qu'elle est sale, pourrie, souvent injuste, et toujours triste. »

Laruche, révolté, avait coupé sèchement la parole au comte qui ne dit mot. Les craignait-il ? Certes non. Il se savait en dehors de cette affaire. Voulait-il les choquer ? Même pas. Désirait-il leur faire toucher du doigt ce qui l'opposait à la toute-puissance du roi et de la religion ? C'était peine perdue. Il reprit sans impudence et avec un grand calme :

« Voyez-vous, messieurs, ce moment unique où l'on passe de vie à trépas, c'est peut-être le plus suave, le plus raffiné des instants. Une naissance pour l'au-delà. Pour certains, la torture à petit feu est une extase, un art suprême. Je n'ai rien voulu dire d'autre. Je voulais juste vous éclairer.

– La mort, une extase ? Est-ce bien ce que j'ai entendu ? répéta Laruche.

– Vous vous moquez, dit Torsac scandalisé, qui venait de perdre son sang-froid.

– Non, messieurs… Quand les cris de la jouissance se mêlent à ceux de la souffrance. Savez-vous que beaucoup de victimes et d'assassins y laissent une partie de leur fortune pour vivre cet instant suprême. Vos dessins n'appartiennent pas à ce monde. Regardez attentivement et vous n'y verrez que du sordide, du primitif. Aucun raffinement. »

Le comte fixa ses auditeurs et vit les ravages que sa réponse avait gravés sur leurs visages.

« Ne me stigmatisez pas comme un assassin potentiel ! Je ne suis pas l'un de ceux-là, pas plus que le duc de Rolignac n'est mêlé à cette affaire. Vous vous égareriez et vous perdriez la chance de retrouver vos assassins. »

Il se leva pour prendre congé et conclut :

« Notre siècle écrit peu sur ce sujet, ou sur nos jeux. Mais je peux prédire que le prochain siècle pourrait couronner l'un des nôtres. Pensez-y. Un divin comte ou un parfait marquis saura écrire ce que vous appelez *l'horreur*, dans un style des plus exquis. »

Les inspecteurs n'avaient jamais entendu de tels propos. Le comte s'échappait. Torsac puisa dans ses ultimes réserves afin d'obtenir au moins une certitude.

« Si ces crimes ne sont pas ceux d'un aristocrate, à qui penseriez-vous alors ?

– Si j'étais vous, je chercherais plutôt du côté de la vengeance. L'éventail est large. Mais restez dans la roture. Un bourgeois cocu peut-être. Sur ce, messieurs, permettez-moi de prendre congé. »

Il ajusta son tricorne et sortit. Un long silence s'installa entre les inspecteurs. Puis Laruche explosa.

« Ces aristos sont pires que ce que je pensais. Voilà pourquoi je les hais. Eux et les curés. »

Torsac comme son collègue était outré, mais il fallait dominer ce sentiment, redevenir impartial.

« As-tu remarqué la croix qu'il portait sur son petit gilet ?

– Non. Pourquoi ?

– Il y avait une gravure. Et tu sais ce qu'elle représentait ? Un homme piétinant une femme.

– Tu es sûr ? Un homme foulant une femme ? C'est insensé, non ?

– J'ai déjà lu quelque chose là-dessus. Il me semble que c'est le sigle d'une confrérie.

– Pas religieuse quand même !

– Ça me revient. Je crois que c'est la compagnie des Italiens, ou quelque chose de ce genre. Une secte. Faut qu'on fasse des recherches à ce sujet car notre homme a bien parlé de meurtre.

– Oui, et avec une liberté des plus choquantes, comme si l'horreur, parce que ce dont il parle a des petits airs de torture, comme si elle appartenait au règne du bon, du juste. D'ailleurs, tu as remarqué l'arrogance avec laquelle il nous a toisés ? Comme si nous étions des illettrés ! Une loi devrait nous permettre de l'arrêter sur-le-champ. Punir l'insolence de ceux qui se croient intouchables.

– Mais rien ne l'accuse, Laruche. C'est de plein gré qu'il nous a répondu. Il ne nous a pas offensés.

– Si ! Il a offensé ce que nous représentons, la police. Et il a insulté les victimes. »

Torsac fit une pause et médita les paroles de son collègue. Il cherchait les mots justes, il cherchait à dire au plus près de sa pensée ce que cette rencontre avec cet ignoble comte avait réveillé en lui, il cherchait à qualifier ce malaise chaque jour plus insidieux et qui lui rongeait l'âme. Il fixa Laruche qui faisait tourner son couvre-chef entre ses mains, plongé lui aussi dans ses réflexions.

« Je vais te dire ce qui t'agace et te brûle la langue. Toi et moi nous voulons une société plus juste, plus libre. Une police et une justice qui soient les mêmes pour tous.

– Je souscris. C'était ce à quoi j'étais en train de penser…

– Et les aristocrates devront un jour s'y plier et ne plus être au-dessus des lois. Mais… car il y a un mais, je crois que ce siècle n'accomplira pas ce vœu. »

Sur ces paroles, Torsac se leva et enfila son manteau.

« J'ai une autre idée, dit-il.

– Je me demande si je n'ai pas eu la même !

– C'est l'heure d'un bon canard rôti sur champ de navets. Encore un que les aristocrates n'auront pas ! Nous l'avons mérité. »

12.

13 avril 1673

La Reynie avait pris sa décision. Nous étions un jeudi et le roi pouvait être à Versailles. L'entretien n'était pas prévu mais il prit le risque que sa visite, une fois le motif dévoilé, lui serait pardonnée. L'attelage allait partir quand un commis essoufflé vint toquer à la vitre du carrosse. Un pli urgent de la part du commissaire Delamare, s'excusa l'homme. La voiture s'ébranla. La Reynie enleva ses gants et décacheta l'enveloppe. Il y avait deux feuillets, une suite de notes du commissaire Delamare concernant l'Italien.

Nous avons placé nos mouches près de l'atelier de Mignard. Certaines suivront les allées et venues du peintre. Les autres surveilleront Emilio Roggiero jour et nuit.

Mignard

Il s'est absenté trois fois en une semaine. Les mouches nous confirment qu'il se rend en voiture à l'hôtel de Biron, le domicile de madame de La Vallière. Il part et revient avec une serviette de cuir et un grand porte-documents. Il y reste une bonne partie de la journée. Il soupe vers 18 heures et ne sort jamais le soir.

Emilio Roggiero

Les journées de monsieur Roggiero dans l'atelier de Mignard sont interminables. Il se lève tôt et se couche tard. Il semble dévoué aux exigences du Maître, ce qui veut dire que le travail avance mais qu'il est souvent seul. Deux matins de suite, il est sorti. Il a acheté au marché des douzaines d'œufs qui, renseignements pris, lui servent à préparer des couleurs, et un soir sur deux, il sélectionne, rue Montorgueil, des pinceaux à poils fins d'écureuil.

Emilio Roggiero passe ses soirées au Mouton Blanc et à La Pomme de Pin, il y vend des dessins. Parmi eux, des portraits au fusain des victimes. Il ne parle jamais de Mignard.

Un après-midi, on l'a suivi rue du Faubourg-Saint-Honoré. Il est entré dans un hôtel particulier. Renseignement pris, il appartient à madame de Cruissan, mais nous le savions déjà. Il est resté moins de trois heures. Avant-hier il est monté précipitamment dans un carrosse alors qu'il arrivait chez Mignard. Nous n'avons pas pu le suivre à temps, ni identifier qui se cachait dans la voiture. Il est revenu une heure plus tard. Tous les soirs, il retrouve sa fiancée Marianne chez elle, rue Quincampoix, juste au-dessus du chapelier chez qui elle travaille, et il rentre par l'arrière de l'immeuble.

En conclusion, aucune indiscrétion ne nous permet d'en savoir plus sur le tableau de Mignard.

La Reynie soupira. L'enquête n'avançait pas. Il espéra que sa lettre à son ami à Rome, l'abbé Beynac, qui savait rendre des services au Châtelet, lui fournirait des moyens de pression sur l'Italien. Il venait d'arriver à Versailles. Il regarda distraitement par la fenêtre de sa voiture l'imposante bâtisse en travaux. Sa

Majesté, très préoccupée par la guerre de Hollande, devait fort probablement préparer un plan de campagne. Et, ce n'était plus un secret pour personne, les impatiences de Turenne s'avéraient difficiles à contenir : ses accrochages avec Condé étaient remontés jusqu'à Louvois. Ces querelles incessantes avaient le don d'irriter fortement Sa Majesté.

Un huissier frappa à la porte du carrosse. La Reynie ajusta son chapeau et plaida sa cause. Il souhaitait une audience urgente avec Sa Majesté. Il patienta une bonne demi-heure. Enfin, le roi apparut dans le parc, à quelques pas de son capitaine des gardes : loin des oreilles mais sous les yeux de tous, et cette situation ne semblait pas lui plaire.

La Reynie salua en pliant un genou et en esquissant une maladroite révérence, que le roi lui pardonna d'autant mieux qu'il regardait ailleurs. Il portait un habit couleur ponceau et avait haussé sa taille par un large feutre à panache gris perle.

« Monsieur de La Reynie… Je vous écoute. Enfin ! Vous allez me parler du tableau !

– Les choses avancent lentement, Sire.

– Mais elles avancent si je ne me trompe, puisque vous êtes là, et dans l'urgence, m'a-t-on dit.

– Oui, Sire.

– Je vous avais prévenu. La peinture ne ressemble pas au galop de vos enquêtes. Il lui faut du temps.

– Vous aviez raison, et j'avoue en être surpris.

– Cependant, monsieur le lieutenant général, certains détails ne peuvent avoir échappé à votre vigilance. Avez-vous remarqué des visites chez Mignard ? Je vais être plus explicite : la duchesse s'est-elle déplacée à son atelier ?

– Il semble que ce soit l'inverse qui ait eu lieu. La duchesse aurait convoqué Mignard selon mes informations déjà trois fois.

– Si vous dites vrai, alors la duchesse veut préserver le secret. Voilà qui risque de compliquer votre tâche… »

Le roi eut un impénétrable sourire, sans doute élogieux à l'endroit de son ancienne maîtresse. La Reynie fit un pas vers le roi et chuchota :

« Sire, c'est pourquoi je suis ici, au risque de vous importuner. J'ai imaginé un espion… »

Le roi eut l'air étonné.

« Un espion ? Diantre ! Un espion dans un atelier ? Un espion qui saurait tenir les pinceaux ? Monsieur le lieutenant général, vous vous surpassez ! Vous avez bien fait de venir. Vous avez à la police un personnel d'exception ! Ce serait de toute évidence une situation fort idéale. Expliquez-moi, je suis impatient de connaître ce complot.

– L'espion en question est un peintre italien qui sert d'apprenti et que j'ai encouragé à travailler pour moi. »

Le roi fronça les sourcils.

« Et Mignard l'a accepté ?

– Oui, mais bien entendu, il est ignorant de ce rôle. Grâce à lui, j'aurai chaque jour les avancées du tableau.

– Monsieur, je vous crois l'homme de la situation ! Vous allez progresser à grands pas. Et, ajouta-t-il avec le plus grand sérieux, je me flatte que, grâce à moi, vous allez aimer de plus en plus la fréquentation des peintres et des artistes. »

La Reynie accepta le faux compliment et ouvrit son porte-documents. Le roi fit un signe impérieux de la main :

« Pas ce soir, monsieur de La Reynie.

– Comme vous le désirez, Sire. »

Le roi s'éloigna un moment à la poursuite de ses deux chiens qui s'amusaient à poursuivre des oiseaux. Il ne vit pas le trouble qui s'était emparé de La Reynie.

« Monsieur de La Reynie… Monsieur de La Reynie ! Venez

voir !… Juste devant vous… Regardez ! lança le roi avec enjouement. Sur votre gauche, là !

– Oui, Sire. Un jardinier ?

– La Reynie ! lui reprocha le roi comme à chaque fois. Non ! Pas un jardinier ! Un artiste !… Un poète ! C'est Jean de La Quintinie. Je lui ai octroyé deux hectares de terre pour obtenir des légumes.

– C'est une bonne idée, Sire, approuva La Reynie qui profita du crépuscule pour cacher son indifférence.

– Et sans doute aussi m'arrive-t-il de l'aider à tirer le râteau et la bêche.

– Je l'ignorais, Sire !

– Merveilleux La Quintinie ! Savez-vous l'ordre que je lui ai donné ? Je lui ai dit : La Quintinie, tout cela est fort bien agencé. Mais de grâce, mettez-y un petit peu d'enfance ! Eh bien, il m'a souri. Heureux homme. Et monsieur Le Nôtre m'a approuvé. À propos, j'ai lu avec délice vos rapports sur la taverne de La Pomme de Pin. Vous n'aimez guère mes protégés, Racine, Mignard et Boileau… Votre froideur à leur égard m'interroge… »

Au loin on entendit japper les chiens. La Reynie était embarrassé.

« Sire, j'avoue qu'ils ont une liberté qui m'agace. Leur temps ne ressemble pas au nôtre. Ils semblent y échapper.

– Allez, dites-le, La Reynie, le coupa le roi qui s'amusait beaucoup. Dites-le. Allez, dites qu'ils aiment le jeu, l'amour, les livres, la musique, la ville et la campagne, tout, enfin !

– Je le dis, Sire, mais il y a pire, et ce pire me comble d'effroi.

– Un lieutenant général de police en plein *effroi* ? La Reynie, vous m'inquiétez !

– Sire, ils parlent entre eux de Tacite, Raphaël, Cicéron et Vinci comme s'ils venaient de les quitter à l'instant, et ils nous dévisagent comme si nous étions déjà morts ! »

Le roi fit demi-tour. La Reynie recula d'un pas.

« Je vous félicite, La Reynie, vous avez trouvé ! Voilà pourquoi moi je les aime et les encourage. Ils luttent contre le seul ennemi qui donne de la grandeur à la vie : le temps. Je pense même qu'ils sont les seuls à le vaincre.

– Sire, il y a vous !

– Certes ! »

Le roi fixa son policier et ne poussa pas l'argument plus avant. Un petit flottement s'installa, avant qu'il ne reporte son intérêt sur les jeux de ses chiens. La Reynie se décida.

« Sire, si je puis me permettre…

– Faites donc, mais de grâce, rien qui me fâche.

– Sire, l'affaire des poisons.

– Je croyais l'affaire close après les aveux de la marquise de Brinvilliers !

– Elle serait en fuite à Londres.

– Alors, nous la retrouverons et nous ne parlerons plus de ce qui vous tourmente tant. »

La Reynie connaissait trop les intonations du roi, ses tics de visage et de mains pour ne pas comprendre qu'il suivait cette affaire de très près et qu'il en savait bien plus que lui. Sa désinvolture trahissait son inquiétude. Le policier avait eu en sa possession des noms si proches de lui que jamais il n'aurait osé les coucher sur une feuille. S'y risquer l'eut probablement condamné à sa perte. Il s'inclina et laissa le roi à sa rêverie. Il ne lui parlerait pas cette fois-ci des « Bouches cousues ».

*

Laruche frappa au bureau du commissaire Delamare et entra. La pièce était glaciale et Delamare, qui avait gardé son manteau de cuir, invita Laruche à le rejoindre. Il avait devant lui le cahier des arrestations de la semaine aux théâtres, et en avait sorti un dessin reproduisant un homme dont le visage était parfaitement identifiable, la main glissée sous la redingote d'un spectateur au théâtre du Palais-Royal. Il présenta le feuillet avec un regard interrogateur à l'inspecteur.

« Pouvez-vous m'expliquer ce que ce croquis fait ici ? »

Laruche qui l'avait sciemment placé là fut ravi, mais ne le montra pas. Il avait maintes fois répété son argumentaire et se sentait prêt à l'exposer. D'un seul élan il parla. Il reprit l'historique, sa rencontre avec Emilio Roggiero au Palais-Royal, les raisons pour lesquelles il l'avait autorisé à venir à la morgue, et lui fit enfin part de son intuition : si cet Emilio était capable d'identifier des voleurs, pourquoi ne serait-il pas capable d'accomplir mieux encore ? Et de conclure :

« Je pense que l'enquête devrait utiliser ses dessins. »

Le visage du commissaire pâlit. De quoi lui parlait-on ? Son regard fixa un long moment le dessin puis l'inspecteur et se reporta encore sur le dessin. Laruche, imperturbable, argumenta que c'était justement grâce à lui qu'il avait pu arrêter le voleur. Delamare, piqué au vif, fixa son interlocuteur avec ironie. Lui qui rédigeait des ouvrages sur une « approche méthodique » du travail d'enquête de la police, lui qui ne jurait que par l'« approche scientifique » des faits, se demanda si son inspecteur n'avait pas perdu la raison.

« Je ne comprends pas un traître mot de ce que vous me dites ! De quoi parlez-vous, inspecteur ? D'un art qui pourrait s'allier au nôtre ? D'un peintre qui dirigerait une enquête à notre place ? Êtes-vous sérieux ? » questionna-t-il d'une voix acerbe.

Laruche ne se démonta pas.

« Monsieur, je pense qu'Emilio Roggiero en reproduisant ses dessins de la morne peut nous aider à retrouver des témoins qui auraient croisé les victimes, exactement comme j'ai pu le faire au Palais-Royal. »

Le commissaire foudroya des yeux l'inspecteur. Il n'aimait pas son insistance.

« Parce que vous croyez sincèrement que des policiers montrant ces reproductions obtiendraient des témoignages ? Vous imaginez nos enquêteurs brandir ces gribouillis de leur poche, interpeller les gens en leur demandant : "Regardez, c'est lui que je cherche !" C'est bien ce que vous êtes en train de me dire, ou je me trompe ?

– Monsieur le commissaire, j'ai arrêté le voleur qu'Emilio avait dessiné. Sans lui, je n'aurais jamais pu l'épingler. Je ne dis rien de plus. Je trouve le fait troublant et intéressant. Je voulais juste vous en faire part.

– Appelons cela un miracle ! Juste un miracle… une coïncidence, une chance sur mille ! Mais la police n'a pas pour vocation de jouer aux dés. La police aime la *logique*, la police aime la *raison* et elle agit avec *méthode* et *clairvoyance*. »

Laruche s'inclina, garda le silence et attendit que son supérieur le congédie. Il n'était pas vexé, il était hors de lui. Torsac qu'il croisa sur le palier vit la fureur sur le visage de son collègue. D'un signe, ils choisirent de se taire. Dans les escaliers Laruche lui glissa à l'oreille :

« Delamare n'y croit pas, il m'a pris pour un sot.

– C'est bon signe. Si l'idée ne vient pas de lui, c'est qu'elle n'est pas bonne… Je te parie qu'il va y croire, laissons-le mariner.

– Je lui ai laissé le dessin d'Emilio.

– Tu as bien fait. Il ne va pas en dormir de la nuit… »

*

Ils n'avaient pas tort. Delamare avait plus d'une fois jeté un œil sur le dessin qui était resté sur son bureau. Non qu'il fût en proie au doute, mais il était avant tout policier et si une idée, de quelque nature qu'elle soit, permettait d'éclairer l'ombre d'un crime, il ne fallait pas la balayer d'un geste. Il avait d'abord répliqué comme l'exigeait sa fonction. La police, la sienne et celle de La Reynie, exigeait rigueur, éthique, transparence, obéissance, volonté, rationalité. À ses yeux, il était impensable qu'un peintre puisse aider la police. Jamais un dessin ne saurait avoir l'absolue impartialité requise. Il porterait *de facto*, toujours gravé dans sa facture, la signature de son auteur. Pour s'en convaincre, il se fit la réflexion que le même exercice réalisé par un second peintre ne saurait donner les mêmes traits à un visage. Son *style* le trahirait ! Le commissaire, sûr de lui et de ses arguments, balaya l'argumentaire de son inspecteur et se repencha sur ses dossiers. Une pensée vint le tarauder. Si le voleur a été arrêté, c'est que le portrait était ressemblant. Pouvait-on réfuter l'argument de Laruche s'il y a eu arrestation ? Autrement dit, même si, par pur miracle, un dessin pouvait servir à leur actuelle enquête qui piétinait, pouvait-on en faire le sacrifice ? Il songea à La Reynie, à sa réserve quant aux artistes. Mais devait-il pour autant ne pas l'informer ? Ce serait donc à La Reynie d'en juger.

*

Ce soir-là, Gabrielle de Garibal entendit le carrosse de son mari sur les pavés de la cour et délaissa sa lecture. La seconde épouse de Gabriel Nicolas de La Reynie était une femme brillante et cultivée, grande amatrice de périodiques : elle lisait *La Gazette*, *Le Mercure galant*, *Les Nouvelles ordinaires* et surtout *Le Journal des savants*. Elle tenait sa curiosité et son appétit pour l'histoire de feu son père, Jean de Garibal, baron de Saint-Sulpice, maître des requêtes et président du Grand Conseil. Elle voulait être au fait des nouvelles du royaume et du monde et se passionnait également de science. Il lui arrivait même de feuilleter les « interdits » venus d'Allemagne et de Venise que son mari pourchassait. Mais, dans le secret de leur foyer, il haussait les épaules avec indulgence, persuadé que ces lectures ne menaçaient pas le royaume. Elle lui avait préparé un verre de genièvre dans un petit verre cabochon et avait renvoyé les domestiques. Elle voyait peu son mari et la simple présence d'un valet la dérangeait dans ces moments d'intimité. Pour lui faire honneur, elle avait choisi ce soir-là une jolie robe carmin en taffetas flammé.

La Reynie entra dans le salon. Sa femme vint vers lui, lui saisit les mains et vit la fatigue accuser ses traits. Elle l'embrassa tendrement sur les lèvres.

« Un jour, vous raserez votre moustache », dit-elle en guise d'introduction.

La Reynie avait ses bottes crottées. Versailles était un marécage, où les travaux creusaient des fondrières et causaient des ruissellements d'eau permanents.

« Vous semblez épuisé, mon ami. »

La Reynie ôta sa perruque, posa son maroquin sur un guéridon et but à petites gorgées son verre.

« J'aime le roi, mais pour moi, aller à Versailles est une punition. »

Il dénoua sa cravate de dentelle qui lui marquait le cou. Elle repartit :

« Il a toujours détesté Paris… c'est pour cette raison qu'il vous le laisse. Dites-moi si je me trompe ! »

La Reynie s'attaqua à l'une de ses bottes, son épouse le secourut pour la seconde.

« Nous dînerons quand vous le souhaiterez. Des truffes à la cendre et des ailes de perdrix rouges à la purée de champignons… Qu'en dites-vous ?

– C'est une proposition qui me plaît.

– Vous faites grise mine. Que se passe-t-il ? Vous m'inquiétez. Me cacheriez-vous quelque chose ? »

La Reynie ne partageait avec sa femme aucun des secrets de ses enquêtes. Il ne craignait pas qu'elle fit d'éventuelles indiscrétions auprès de ses amies, il la savait bien trop intelligente et loyale. Non. Pour lui, l'art du secret était, bien plus qu'une prudence, une arme qu'il cultivait depuis fort longtemps, au point qu'elle était devenue une seconde nature. C'est à ce prix qu'il avait obtenu du roi et de Colbert le privilège de son poste. Alors oui, il faisait grise mine ; oui, il était préoccupé, mais que pouvait-il lui révéler ? Que le roi n'avait désiré l'interroger que sur un unique sujet et dédaigné les autres ? Il soupira. Il était si absorbé par ses pensées qu'il sursauta quand Gabrielle reprit la parole après ce long silence.

« Vous êtes avec moi maintenant… Vous n'êtes plus à Versailles.

– Pardonnez-moi. »

La Reynie but une petite gorgée. L'éclat de ses yeux revint.

« Moi, je sais ce qui vous préoccupe et qui intéresse tout Paris. »

La Reynie leva les yeux sur elle.

« Vraiment ?

– Mon intuition me dit que le roi ne vous a entretenu que de cela… Il faut dire que c'est une histoire passionnante, le taquina-t-elle. Vous ne trouvez pas ?

– Franchement, madame, je ne saisis pas.

– Vous vous moquez de moi, Nicolas ! Voyons… qu'est-ce que le roi pourrait attendre de vous, présentement ? »

La Reynie soupira.

« Tant, tant de choses…

– Il n'en attend qu'une seule de vous :

– Vous avez l'air bien sûre de vous !

– Il ne faut pas être devin pour avoir compris. »

La Reynie agacé vida son verre d'un trait.

« Je serais bien curieux de vous entendre…

– À une seule condition. »

La Reynie connaissait la suite. C'était un jeu entre eux et il aimait s'y prêter.

« Que vous me disiez si j'ai tort ou si j'ai raison… Rien de plus. Promis ?

– C'est acquis. Je vous écoute. »

Gabrielle se leva et traversa le salon. Ses souliers de soie à pattes boutonnées glissaient sur le tapis. Elle tenait la tête haute et sa poitrine généreuse servait d'écrin à un collier de perles agrémenté d'un joli diamant. Elle était très belle.

« À la bonne heure. Voilà donc ce que le roi vous a demandé et qu'il ne manquera de vous demander à chacune de vos visites… »

Elle lui fit face, le regarda intensément et poursuivit :

« Que va peindre Mignard ? Que va décider la duchesse de La Vallière ? »

La Reynie tressaillit. Elle avait fait mouche. Il se sentit accablé. Les rumeurs couraient déjà grand train. Paris et Versailles n'allaient se passionner que pour le tableau et se moquer du reste.

« Permettez-moi de ne pas comprendre. C'est inopportun, vous en conviendrez ! Un tableau, une duchesse, un roi impatient… et vous y voyez là la première préoccupation du royaume ? »

Gabrielle releva une mèche de ses cheveux et plissa les yeux. La Reynie adorait cet instant et, chaque fois que l'occasion se présentait, il le provoquait. D'un pas léger, elle contourna le guéridon, se plaça derrière lui et lui glissa sa main droite sur le front. La Reynie bascula un peu en arrière jusqu'à effleurer sa poitrine et la sentir respirer. Une poignée de secondes suffit à Gabrielle pour annoncer le diagnostic.

« Vous avez le front bouillant ! Vous mentez, mon ami. Il vous en a parlé ! »

La Reynie ne répondit pas.

« Je le savais ! Alors dites-moi, comment sera la duchesse ? Seule ? Avec le roi ? Avec ses enfants ? Quelles seront les dimensions de ce tableau ?

– Je ne puis rien vous dire.

– Je suis votre femme et vous venez de me promettre de dire si j'ai tort ou raison. »

La Reynie prit délicatement les mains de Gabrielle dans les siennes et murmura en fermant les yeux :

« Vous avez raison, Gabrielle. Mais c'est une affaire qui pourrait gêner le roi et embarrasser le royaume. »

Elle le coupa aussitôt :

« Comme l'histoire des poisons ? »

La Reynie furieux se leva d'un bond.

« Mais comment savez-vous ? Vous entrez dans mon bureau ?

– Vous m'outragez, Nicolas ! Moi, fouiller dans vos papiers ? Comment osez-vous ! Je vous demande sur-le-champ des excuses. »

Ils se toisèrent un moment. La Reynie, honteux, baissa les yeux.

« Je n'écoute que ce que les salons murmurent… , reprit enfin Gabrielle qui vit que cette accusation avait dépassé le fond de la pensée de son époux.

– Les salons n'aiment pas le roi et se régalent de la moindre rumeur », lui répondit-il en se rasseyant.

Gabrielle reprit sa place. Ses joues avaient rosi sous le coup de la colère. La Reynie lui demanda un autre verre. Elle s'exécuta, mais laissa le verre hors de sa portée.

« Enfin, mon ami, convenez avec moi que ce geste sublime de la duchesse est bien plus qu'une coquetterie ou un caprice.

– J'avoue que je n'avais pas imaginé que tout Paris puisse s'y intéresser.

– Notre roi, lui, l'a compris. »

La Reynie dut convenir en son for intérieur qu'elle avait raison. Il n'y avait tout simplement pas pensé. Décidément il aimait sa pertinence, sa jeunesse. Elle illuminait ses journées épuisantes et faisait se dissoudre le poids de ses responsabilités.

« Mais, grâce à vous, je saurai tout juste après Sa Majesté… n'est-ce pas ? »

La Reynie joua l'outragé :

« Madame, le roi ne le permettrait pas !

– Alors, disons le lendemain. Le lendemain c'est respectueux. Ce n'est pas le jour même ! »

La Reynie allongea son bras pour se saisir du verre et embrassa la main de Gabrielle.

« Sa Majesté, le matin… et vous, le soir ! Cela vous convient-il ?

– Quel impertinent ! Faites-moi juste une faveur. S'il y a du bleu dans le tableau, je vous en supplie, dites-le-moi avant le roi.

– Vous y voyez de l'importance ?

– Mais, Nicolas… Ignorez-vous tout de la peinture ? Le bleu est la couleur du désir. »

*

Après le souper, La Reynie se retira dans son bureau. Chaque soir, il y passait une heure ou deux avant de se coucher. Il se moquait du tableau de Mignard ; sa première préoccupation, c'était la mort des jeunes filles. La violence de ces meurtres et la torture qui leur avait été infligée résonnaient en lui d'une manière toute particulière. Elles ravivaient une blessure personnelle enfouie au plus profond de son être. D'un premier mariage il avait eu quatre enfants dont seule une fille avait survécu, pour devenir religieuse au couvent Sainte-Élisabeth. Leur mère, son premier grand amour, était décédée, elle aussi. L'image douloureuse de ses proches, leurs visages figés dans la mort, avait jailli de sa mémoire alors qu'il était à la morgue. Un tremblement l'avait secoué jusque dans les fibres les plus profondes de sa chair et, depuis cet instant, une volonté était née en lui. Il allait trouver le ou les coupables. Demain il ferait convoquer Emilio.

13.

15 avril 1673

Le lendemain matin, Emilio Roggiero fut introduit dans le bureau de La Reynie. Déjà installé dans un des fauteuils près de la cheminée, il invita son hôte à prendre le second. Il jugeait cette intimité plus stratégique qu'un face-à-face de part et d'autre de son bureau.

« Les peintres travaillent plus tard que je ne le pensais », lança-t-il en guise d'accueil.

Emilio prit lentement place, étonné du préambule et d'être convié ainsi.

« Alors, monsieur Roggiero, où en êtes-vous depuis notre dernière rencontre ? »

Emilio s'attendait à cette question. Il s'y était préparé.

« Le tableau sera grand.

– Je m'en doute. Mignard est un maître. Mais encore ?

– Je veux parler des dimensions, monsieur. Sept pieds sept pouces de largeur et cinq pieds huit pouces et six lignes de haut[1].

1. Soit deux mètres quarante-six de large sur un mètre quatre-vingt-cinq de haut.

– Voilà une nouvelle qui ne m'apprend rien sur sa composition. C'est la suite qui m'intéresse.

– La duchesse de La Vallière en occupera la première place.

– Nous le savons ! Mais que fera-t-elle ? »

Emilio réfléchit à toute vitesse. Le lieutenant général le pressait, attendait une réponse précise. Il fallait trouver une échappatoire, gagner du temps.

« Pour l'instant, je crois que monsieur Mignard ne le sait pas encore. Il est encore en pleine réflexion, en phase préparatoire. »

La Reynie se renfrogna. Il avança les mains vers les flammes pour se donner une contenance et laissa le silence s'installer, dans l'espoir de déstabiliser son interlocuteur. Emilio, mal à l'aise, attendit. La Reynie s'interrogeait sur la fiabilité de son espion. Se pouvait-il que celui-ci lui cache la vérité ? Se pouvait-il qu'il soit double espion, l'informateur d'un puissant ? De Colbert ? Il écarta cette pensée : rien dans l'emploi du temps de l'Italien n'indiquait qu'il eût été approché. Il était plus vraisemblable que l'apprenti peintre fût sincère, que Mignard méfiant l'ait mis sciemment à l'écart pour plus de confidentialité et que tout se déroule effectivement chez la duchesse de La Vallière. Dans ce cas il ne saurait rien. Il décida de bousculer Emilio Roggiero, exercice dans lequel il excellait.

« Et à votre avis, cette *hésitation* peut durer ?

– Monsieur le lieutenant général, la peinture est un art qui se moque du temps.

– C'est une appréciation que j'ai déjà entendue », répondit La Reynie d'un ton sec.

Emilio l'observa et ne sut comment interpréter cette remarque. Prudent, il changea de ton.

« Créer est un art douloureux. L'artiste réfléchit, dessine, déchire, recommence, il modifie, coupe, rallonge, il choisit ses couleurs. C'est la période de gestation. C'est la plus longue, la plus angoissante aussi. J'ai vu des peintres se lamenter, renoncer pendant deux ans puis réaliser leur œuvre en deux jours. Il n'y a pas de règle.

– En ce qui me concerne, deux jours me seraient préférables à deux ans.

– Votre impatience me dit que, plus vite Mignard aura achevé son œuvre, et plus vite vous pourrez poursuivre votre vraie enquête, celle des jeunes filles, osa Emilio.

– N'abusez pas de ma patience, monsieur Roggiero ! J'exige… oui, j'exige de vous des informations claires, des détails. Me suis-je bien fait comprendre ? Soyez curieux, indiscret, voleur… ce que vous voulez. C'est votre affaire. Vous êtes à mon service et ayez à l'esprit que, d'un trait de plume, vous repartez pour Rome.

– Je ne l'oublie pas.

– Sachez enfin que ni madame de Cruissan ni ses amis n'y pourront rien. »

Emilio baissa la tête, humilié. La Reynie n'ignorait rien de lui.

« Tout ce que je sais, c'est que la toile de fond sera un paysage français.

– Bien ! Et la duchesse, dans ce "paysage français", que fera-t-elle ?

– Pour l'instant, seul Mignard le sait.

– Monsieur Roggiero, dans l'intérêt de votre avenir, je préférerais qu'il ne soit pas le seul. Vous pouvez disposer. »

Emilio se retira, inquiet. L'étau se resserrait. Il ne pourrait pas à chaque visite resservir les mêmes arguments sans plus de précisions. Il lui fallait réfléchir, prendre des risques, trouver une solution… fureter dans l'atelier, chercher le moindre indice, interpréter le moindre trait, et les couleurs retenues par Mignard.

*

Au même moment, Laruche et Torsac sortaient de L'Arlequin. Ils venaient de se répartir la tâche entre les bourreliers, bouchers, brodeurs et autres professions où les aiguilles sont à l'ouvrage. Ils se séparèrent. Laruche, qui avait choisi les brodeurs et bourreliers, se dirigea vers la Bastille. La tête lui tournait un peu et l'air vif le secoua. Il aperçut une mouche en train de jouer à la perfection son rôle de marchand ambulant. L'homme le salua, mais l'inspecteur détourna la tête.

Torsac quant à lui avait la charge des bouchers. Nous étions un vendredi, et ce jour-là, comme tous les vendredis, les Parisiens marchaient dans les rues des bouchers sur du sang caillé. Jamais l'inspecteur n'avait pu s'y habituer. La puanteur était pire que les autres jours et vous asphyxiait. Nombre de passants plaquaient un mouchoir ou un tissu sur leur nez. De loin en loin, des palissades cachaient des terrains et bâtisses abandonnés. Une anguilleuse reconnut l'inspecteur, leurs regards se croisèrent mais elle s'évanouit entre les passants. Il l'avait une fois menée à la prison-hôpital de la Salpêtrière. Il déboucha sur une place et remarqua un attroupement. Un comédien masqué était juché sur des tréteaux. Une vingtaine de badauds, plus de femmes et d'enfants que d'hommes, l'écoutaient. Deux archers du guet et un sergent surveillaient le spectacle à distance, ce que fit aussi l'inspecteur. Le comédien avait la voix rauque et l'accent du Nord.

Le lundi et le jeudi le roi mène la chasse,
Le dimanche et le mercredi c'est le duc d'Orléans,
Le mardi c'est le duc du Maine,
Le vendredi c'est le duc de Bourbon,
Le samedi c'est au tour du dauphin de chasser le loup,
Et nous les gueux, nous sommes le gibier tous les jours !

Devant lui, le public riait aux éclats, tandis que les archers faisaient mine de ne pas entendre ce que le comédien déclamait. Torsac resta là quelques instants de plus et écouta le bonimenteur se lancer dans une chanson sur les curés. Si le malheureux n'y prenait pas garde, il allait finir aux galères.

Dans la rue Vieille-du-Temple, encombrée de chariots et charrettes, il longea des commerces de bouche où se bousculaient les clients. Intrigué par une file d'attente plus longue que celles des autres, il s'arrêta devant la boucherie et observa. Il vit le patron, un géant portant les cheveux serrés en catogan, qui préparait un rôti de bœuf. Il exagérait la vitesse de ses doigts et de ses couteaux et faisait admirer son spectacle en lançant des « ho ! », suivis de « vite fait, bien fait ! » qui faisaient la joie des témoins. Quand il eut terminé « le bel ouvrage », il remit la pièce de viande à un apprenti d'à peine treize ans, un petit blond aux yeux globuleux qui disparaissait dans un tablier trop large pour lui. Cependant que le boucher découpait, tranchait, malaxait, le gamin, sur l'étal d'à côté, ficelait très serré la viande qu'il avait enveloppée d'une généreuse barde de lard. C'était là aussi du « bel ouvrage » ! La viande corsetée de rangées de fils parallèles tous les tiers de pouce était maintenue par des nœuds. Le rendu avait une parfaite forme géométrique. Cet exercice réclamait précision et finesse, prenait le temps qu'il fallait et impatientait la clientèle. Le commerçant aux mains ensanglantées remarqua les soupirs de certains clients et clama, en désignant l'apprenti avec son grand couteau :

« Patience, mesdames, messieurs, c'est un autre métier ! Moi, je suis le boucher et lui, c'est la dentelle… Deux établis… deux métiers ! »

Torsac sursauta. Qu'avait-il entendu ? « Moi, je suis le boucher, lui, c'est la dentelle ! Deux établis, deux métiers ! » Il se répéta à lui-même : Deux établis, deux métiers ! Donc deux hommes ! Mais bien sûr ! Voilà la réponse ! Il venait de la trouver. Comme pour la rue du Perche et la grand-rue Saint-Victor. Comme pour les deux assassinats. Comme ici ! Il y avait eu deux exercices différents, réclamant pour l'un violence et vitesse, pour l'autre lenteur et dextérité. Il fallait être deux. Deux hommes ! Étourdi par sa découverte, il resta dans la queue et quand son tour arriva, il balbutia :

« La même chose que monsieur. »

Torsac, qui n'appréciait que le veau, reprit le chemin du Châtelet avec des travers de porc bien découpés et parfaitement ficelés. Il repartit surtout avec la certitude d'avoir trouvé ce qui n'avait cessé de le tarauder. Il cacha sa commande dans un tiroir et, transporté par ses conclusions, il se précipita dans le cabinet de Delamare qui par chance était là.

« Ils sont deux !

– Comment cela ?

– Deux pour le meurtre des Bouches cousues !

– Pardon ?

– Pour moi, il y a deux modes opératoires et deux compétences !

– Inspecteur Torsac, votre empressement ressemble plus à votre collègue qu'à vous. Asseyez-vous, je vous prie. Qu'est-ce qui vous a fait penser à ça et en avez-vous les preuves ?

– Non, bien sûr. Mais voilà le fruit de ma réflexion. »

Et Torsac se lança dans son histoire de boucher qui ne manqua pas de faire sourire le commissaire puis de lui faire lever les yeux au ciel. Décidément, entre les histoires de dessin du théâtre du Palais-Royal et la boucherie des Halles maintenant, ses inspecteurs étaient-ils tombés sur la tête ? Torsac continua, imperturbable :

« Pour moi, dans ce crime, il y a deux actes dont le caractère est très différent, je dirais même opposé. Nous l'avions tous noté. Le premier est celui d'un chasseur, d'un prédateur. Il repère sa proie, la suit et, d'un geste, l'exécute. Ce travail dure le temps de la traque et se termine d'un coup de sabre. La mort survient d'un geste précis, violent, accompli par un homme qui sait manier les armes.

– Mais pourquoi un deuxième ? Les risques d'être surpris sont décuplés. Pourquoi pas le même ?

– Parce qu'il faut une autre compétence. Il faut du calme, de la sérénité et une précision d'orfèvre. Cette main ne peut pas être celle qui tranche. La première est celle d'un boucher, la seconde celle d'un homme plus délicat. Nul ne peut maîtriser les deux registres. Le premier ou le second homme ou les deux ensemble ont transporté la victime dans le carrosse, et l'orfèvre a travaillé à l'abri, loin des regards. Comme s'il était chez lui. Le premier va vite, c'est un éclair ; l'autre a tout son temps, c'est un artiste.

– Vous me racontez l'horreur, inspecteur.

– L'inspecteur Laruche et moi-même avions relevé des traces sur le gravier de la cour. Du sang qui partait du portail de l'entrée jusqu'au carrosse. Le tueur, s'il avait été seul, aurait abandonné le corps. Pourquoi le transporter dans un carrosse sinon pour y faire la signature, bien à l'abri, et brouiller par cela même les pistes de la police, en stigmatisant la maison du duc de Rolignac ? Donc un autre homme est forcément intervenu après.

– Deux hommes, dites-vous. J'arrive bien à séparer les exercices, mais deux hommes ! Deux hommes complémentaires parfaitement agencés dans leurs forfaits, avec le même mode opératoire pour les deux jeunes filles, cela s'appelle un complot. Vous comprenez ce que cela implique et quelle dimension prend cette affaire, inspecteur ?

– Parfaitement, monsieur. Un complot.

– Si vous dites vrai, vous m'apprenez la pire des nouvelles ! »

Le commissaire Delamare avait besoin de réfléchir. Torsac se retira. Qu'allait-il pouvoir dire à La Reynie ? La suggestion de son inspecteur ne manquait pas de pertinence, mais comment annoncer en même temps à La Reynie *primo* que Laruche proposait le peintre Roggiero et ses croquis dans l'enquête, au motif qu'il allait au théâtre le soir, et *secundo* que Torsac avait conclu en observant deux artisans bouchers aux Halles, l'un coupant le rôti et l'autre le ficelant, que les meurtres avaient été commis par deux assassins ? Le lieutenant général allait le prendre pour un fou !

*

20 avril 1673

Chaque fois qu'Emilio tentait un pas dans un sens ou dans un autre, il ne se heurtait qu'à des murs. Mignard ne l'impliquait pas dans son travail, La Reynie le pressait de questions et le menaçait, la comtesse agacée le harcelait pour en savoir davantage, et Marianne voulait le quitter s'il ne cessait pas ses visites à la comtesse. La veille au soir, elle lui avait préparé une tourte et s'était murée dans le silence. Plusieurs fois, il avait tenté de lui parler. Elle n'avait pas répondu, l'avait ignoré, s'était couchée et elle avait pleuré. Emilio était resté toute la nuit les yeux grands ouverts. À l'aube il s'était levé, épuisé.

Il marcha jusqu'à l'atelier du Maître. L'air était sec et le ciel sans nuages. « Très bleu sans un pli », pensa Emilio. C'était le premier matin où il sentait le printemps. L'air était toujours vif, mais il était plus vivant, plus léger, plus vibrant. Il respira à pleins poumons. La lumière pâle et rétrécie de l'hiver s'était empreinte d'une douceur presque tendre. La tension qui l'habitait encore baissa d'un cran. Sur son passage il croisa des artisans, des commerçants et de nombreux enfants. Paris se levait tôt. Des hordes de chats errants guettaient les détritus que les habitants vidaient par les fenêtres. Charrettes et chariots commençaient à bloquer les carrefours. Paris était déjà encombré. Arrivé rue de Richelieu, il attendit que les premières lumières de l'atelier s'allument. Le sentiment de liberté qu'il avait éprouvé lors de sa marche matinale s'estompa et il se remit à ruminer les menaces de La Reynie qui pouvait le renvoyer à Rome. Une lueur à la fenêtre le sortit de sa méditation. Il frappa à la porte. Une bougie puis une autre s'allumèrent au rez-de-chaussée, la servante Ezilda lui ouvrit et lui proposa un café. Le Maître était réveillé et rejoindrait l'atelier dans une heure.

Emilio grimpa les escaliers sa tasse brûlante dans les mains qu'il but assis sur son tabouret. Lui revint la remarque d'Antonin. *Ce tableau cache un mystère*... Il observa le décor champêtre quand il prit conscience de la présence d'un grand fauteuil, d'une table, d'un globe. C'était plus qu'il n'en avait jamais vu. Sur le parquet, des marques de placement. Il exulta. Enfin la mise en scène se dessinait, il pourrait en dire plus à La Reynie.

Le Maître apparut et le salua d'un *Buongiorno*. Il portait un habit de velours beige, ce qui n'était pas son habitude. Il s'avança sans mot dire vers les hautes fenêtres et contempla la lumière. Elle était parfaite. Blanche, laiteuse, tombant en oblique. Il ouvrit grand les battants pour chasser l'odeur de térébenthine, passa en revue le dispositif des brosses et pinceaux. Emilio le regardait déambuler et n'osa pas poser de questions. Sans plus d'artifice Mignard sortit. Un vacarme dans la cage d'escalier l'avertit. Il déplia à la hâte son tablier mais ne le revêtit pas. Il attendit debout, le regard rivé sur la porte, et resta de longues minutes avant d'entendre des cris et une galopade. Il recula de quelques pas. Un petit garçon de six ou sept ans fit irruption sur le seuil de l'atelier. Dès qu'il vit Emilio, il se figea.

« Excusez-moi, monsieur, je pensais…

– Il n'y a pas de mal ! »

L'enfant ne bougea plus, une ombre se glissa derrière lui. C'était une petite fille. Un peu plus grande que lui, plus âgée.

« Je suis arrivé le premier, lui lança victorieusement le garçon.

– Je n'ai pas fait la course », répliqua la fille. Puis elle se tourna vers Emilio : « Louis est le comte de Vermandois et je suis mademoiselle de Blois, sa sœur. »

Emilio s'inclina à l'instant même où apparurent la duchesse de La Vallière puis Mignard qui s'était effacé devant elle pour la laisser entrer. Emilio remarqua aussitôt ses yeux bleus, la blancheur de sa peau très pure et ses cheveux blond argent qui auraient confondu les Vénitiens. Elle boitait très légèrement et fixa Emilio, visiblement étonnée de sa présence. Sous un bras, elle portait deux livres qu'elle remit à Mignard.

« Ce sera ma seule exigence, Maître : je veux voir figurer dans le tableau *L'Imitation de Jésus-Christ* et *La Règle de sainte Thérèse d'Avila.* »

Mignard acquiesça de la tête et recueillit les deux ouvrages.

« Madame, je vous présente un jeune Italien talentueux. »

La duchesse le coupa d'une voix douce :

« Mais, Maître, vous m'aviez promis…

– Soyez sans crainte, madame. Emilio va nous laisser. Il a tout préparé, mais il ne participera pas à l'élaboration du tableau. »

Emilio sursauta. Il ne s'attendait pas à cette ultime trahison. Le Maître se tourna vers lui en souriant, comme s'il n'avait pas imaginé une seconde ce que pouvait ressentir son apprenti, et dit :

« Emilio, nous allons commencer sans vous, mais je vous attends la semaine prochaine, disons mercredi. »

Emilio ne broncha pas. Il regarda le petit garçon s'approcher de lui pour se saisir d'un pinceau dont il caressa les poils. Le laissant faire, il replia son tablier sur le tabouret et se retira sans un mot. Il remonta la rue de Richelieu tel un somnambule, déboucha dans le jardin des Tuileries et s'affala sur un banc. Il était anéanti. Que pouvait-il faire ? Révéler à La Reynie qu'on lui avait interdit l'atelier en présence de madame de La Vallière ? Qu'il en avait été chassé ? Et quel mensonge inventer à la comtesse de Cruissan ? Antonin avait raison. Le tableau cachait un mystère. De désespoir, il donna un coup de pied à un pigeon qui picorait autour de ses chaussures.

*

Delamare avait tranché. Il allait en référer à La Reynie. Au point où il en était, c'est-à-dire au point zéro, que risquait-il ? Il quitta son bureau et se fit annoncer par l'huissier. Monsieur La Reynie, tout juste revenu d'un déplacement chez Louvois, l'attendait.

« Monsieur le lieutenant général, j'ai rédigé à votre attention quelques notes sur des hypothèses suggérées par les inspecteurs Laruche et Torsac. »

Le commissaire lui remit ses feuillets que La Reynie parcourut en fronçant les sourcils. Delamare l'observait. Il attendait la semonce.

« Commissaire, vous avez là de bien étranges inspecteurs…

– Monsieur, j'ai pensé que, face à nos difficultés, toute idée, si inattendue qu'elle soit, méritait d'être écoutée. »

La Reynie réfléchit.

« Sans doute, sans doute, commissaire... Mais tout de même ! La comparaison avec le rôti est un peu... Vous voyez ce que je veux dire... »

Oui, Delamare savait ce qu'il voulait dire ! Il attendit.

« Mais je vous l'accorde, il y a de la pertinence. Je pense, ajouta-t-il après un long silence qui plongea Delamare dans les affres de la torture, que l'idée est même brillante. Le premier tueur est un boucher, le second, un brodeur. Deux caractères opposés. La sauvagerie précise d'un côté, la minutie et la patience de l'autre. On tue n'importe où, et on coud dans un carrosse. Oui, monsieur Delamare, c'est une hypothèse tout à fait plausible. Je ne dis pas que les meurtres se soient déroulés ainsi, mais il y a là une interprétation qui exige qu'on la vérifie. »

Delamare commençait à respirer plus librement quand son supérieur changea brusquement d'intonation.

« Maintenant, en ce qui concerne les portraits et l'Italien, si je ne m'abuse, c'est un procédé que nous pratiquons déjà, il me semble. Il ne vous a pas échappé qu'à la morne... » Et il laissa sa phrase en suspens.

« Oui, mais cette fois-ci ce serait différent. Si vous me le permettez, voici comment je vois les choses. Monsieur Roggiero pourrait dessiner les victimes en plusieurs exemplaires, à charge pour chaque inspecteur d'interroger les témoins en s'appuyant sur les dessins. La reconnaissance des victimes serait plus précise que par des mots. Qu'en pensez-vous ? »

La Reynie se redressa sur son fauteuil, reboutonna son petit gilet en velours rouge et soupira.

« Avouez, commissaire, que ces histoires de rôti et de peintre policier, alors que vous êtes en train de rédiger un traité sur la police, ont de quoi surprendre... »

*

22 avril 1673

Dans la grande salle de La Pomme de Pin, Emilio repéra une mouche qu'il avait croisée au Châtelet, mais il n'aperçut ni La Fontaine ni Racine. Il ouvrit quand même son carton à dessins sur la table et commanda un pichet de vin. La soirée serait enfumée, bruyante, très arrosée, et sans génies. Jeanne, la servante, lui fit un grand sourire et posa le pichet avec grâce, mais sa robe accrocha le coin du carton. Les feuilles à dessin voltigèrent et s'éparpillèrent. Navrée, elle se précipita et s'accroupit, Emilio fit de même. Un homme attablé près d'Emilio ramassa ceux tombés à ses pieds. Il s'attarda sur l'un d'eux puis, sans un mot, il restitua l'ensemble à Emilio qui le remercia en inclinant la tête, mais son voisin occupé par sa soupe aux pois secs l'avait déjà oublié.

D'une trentaine d'années, l'homme était blond, ses cheveux retombaient sur ses épaules et le soleil avait dessiné des pattes-d'oie autour de ses yeux bleu myosotis qui donnaient à son regard intelligence et intensité. Un visage qu'Emilio aurait aimé dessiner. Il avait un torse d'athlète, des mains puissantes et carrées, des bras musclés. Il était beau, sculptural. Quel bon modèle il ferait ! Emilio exposa ses dessins sur une table pour les proposer aux clients, mais n'en vendit aucun.

Il quitta donc les lieux pour rentrer chez Marianne. Le ciel était sombre, l'air s'était rafraîchi et seuls des rires tranchaient la nuit. Il hâtait le pas quand une main puissante le poussa dans une ruelle sans lumière. Il tenta de se retourner mais, plaqué avec force contre le mur, il ne put s'échapper. En signe d'impuissance, il écarta les bras.

« Sacrebleu, je te tiens ! Crois-moi, tu vas moufter ! »

Emilio ne se débattit pas. Son agresseur lui fit faire volte-face et le suspendit par le cou. C'était l'homme aux boucles blondes et au cou de taureau de La Pomme de Pin.

« Toi, le greluchon, je te cherche depuis des semaines. Tu vois mes mains ? Tu les vois ? Réponds ! Tu les reluques ou pas ? Elles vont te briser.

– Vous faites… erreur… », éructa Emilio qui essayait de desserrer l'étau sur sa gorge.

L'homme ne relâcha pas sa prise.

« Te moque pas ! Tes dessins ? C'est le fruit de ton imagination ? La jeune fille que t'as dessinée, c'est une erreur ? Où tu l'as rencontrée ?

– Je ne la connais pas… Laquelle ?

– Tu mens mal ! »

L'homme serra davantage encore la gorge d'Emilio qui commençait à suffoquer.

« Lâchez-moi !

– Explique-toi et vite !

– Je… je vais expliquer.

– Vas-y, mais prends garde ! »

L'homme desserra son étreinte, les pieds d'Emilio retouchèrent terre. L'air emplit de nouveau ses poumons. Il se massa le cou, cherchant à reprendre son souffle, non sans jeter un regard mauvais sur son agresseur. L'homme soutint son regard.

« Ramasse-les ! »

Il l'agrippa par le col et le força à s'agenouiller devant le porte-dessins tombé à terre. Emilio obtempéra et se mit à trier avec nervosité les nombreux portraits qu'il avait croqués ici et là. Il tira ceux des jeunes femmes assassinées.

« Vous parlez de ceux-là ? »

Sans répondre, le truand les lui arracha des mains, en brandit un et jeta l'autre.

« Elle ! »

C'était la jeune femme de la rue du Perche.

« J'écoute. »

Emilio eut comme un vertige. Il reprit son souffle. Il ne savait pas par où commencer.

« Voilà, j'ai eu une autorisation… comme en Italie… pour dessiner des modèles… », fit-il d'une voix mal assurée.

L'autre le coupa :

« Tu te joues de moi ! Cette fille-là, sur ce dessin, je veux savoir où et quand, et n'essaie pas de finasser… Où et quand ? T'as compris, j' le répéterai pas ! Parle ou je te vide. »

Et il donna un coup du revers de la main sur la poitrine d'Emilio qui le projeta contre le mur.

« Elle est morte, monsieur ! » répondit-il en se protégeant la tête comme il pouvait.

L'homme recula d'un pas, incrédule, fixa Emilio, se voûta comme sous le coup d'une douleur profonde.

« C'est pas vrai ! Tu mens ! Avoue que tu mens !

– Je vous jure, c'est la vérité ! » dit Emilio, la voix tremblante d'émotion et de peur mélangées.

L'autre ne répondit pas. Emilio d'une voix douce essaya d'expliquer.

« Je l'ai dessinée… à la morne du Grand Châtelet, monsieur, et j'ai gardé les dessins… Je suis… je suis désolé… »

L'homme leva la tête, éperdu, et hurla :

« Dis-moi que tu mens… Réponds ! Dis la vérité !

– Elle a été assassinée à l'arme blanche, il y a plus d'une semaine. Les inspecteurs du Châtelet enquêtent. C'est remonté jusqu'au lieutenant de police.

– À l'arme blanche ? Et qui l'a tuée ?

– Je viens de le dire. Je ne suis pas policier, je suis peintre. C'est eux qui enquêtent. Mais êtes-vous certain que c'est elle ? Peut-être que mon dessin est trompeur ?

– Non, c'est bien elle. Vous avez dessiné cette petite marque là, sur la tempe. Elle est tombée quand elle était petite. »

L'homme fondit en larmes :

« Camille est morte… ma Camille est morte. »

Emilio regarda son agresseur. Une profonde pitié l'envahit. Il se maudit d'avoir exhibé ses dessins. Il ne savait plus que dire. Il eut envie de lui poser une main sur le bras pour lui témoigner sa compassion. Mais il refoula son geste car il venait d'avoir une illumination. Camille ! Il avait appris le prénom de la victime. C'était plus qu'un indice. C'était une clef, avec en plus un témoin ! Deux éléments qui allaient peut-être aider l'enquête.

« C'était votre fiancée, monsieur ? »

L'homme leva un regard troublé vers Emilio :

« Non, je suis son frère… son grand frère. Je suis le seul de sa famille. »

Emilio fut soudain frappé par une ressemblance entre son visage et celui de la jeune fille. En proie à l'émotion, il saisit la main de son interlocuteur.

« Je peux vous aider… Je vais vous aider à retrouver l'assassin !

– Toi ?

– Moi non, mais la police, oui !

– La police ? Mais elle ne fera rien ! Je ne suis qu'un homme du peuple. C'est impossible !

– Vous vous méprenez, je connais le lieutenant général La Reynie.

– Je ne te crois pas !

– C'est trop long à expliquer, mais il était à la morne quand j'ai dessiné votre sœur. Si vous acceptez de le rencontrer, je suis convaincu qu'il vous aidera. Je vous le promets ! Je vous le jure ! » insista Emilio avec fièvre.

L'homme était abasourdi. Il regardait le dessin de sa sœur que l'inconnu agitait devant lui.

« Et pourquoi je te croirais ?

– Parce que j'ai dessiné votre sœur. Prenez ce dessin, je vous le donne. »

L'homme reprit le portrait qu'il se mit à contempler. Sa main tremblait.

« Elle était bien plus belle que tes gribouillis. »

Emilio hocha la tête avec humilité.

« Vous avez raison. Je suis arrivé trop tard. Son âme l'avait quittée et s'était envolée. Je vous en conjure, monsieur, soyez au Châtelet demain à dix heures. Je vous y attendrai et ensemble, je vous promets, nous vengerons votre sœur ! »

14.

« Monsieur Roggiero, on vous confie une enquête et vous en suivez une autre ?

– Monsieur le lieutenant général, c'est par hasard que…

– La police ne croit pas au hasard. Elle croit en son contraire. Nous vous écoutons.

– J'étais hier soir à La Pomme de Pin…

– Les artistes ont des adresses que je ne fréquente pas ! La suite ! »

Assommé par le ton sans appel, Emilio reprit :

« J'étais donc à La Pomme de Pin pour vendre des dessins… c'est un lieu où ce commerce est possible…

– Il semblerait que ce soit un lieu où tous les commerces soient possibles, le coupa de nouveau La Reynie. Allez au fait ! On vous a agressé, et après ? »

Emilio eut un regard interrogateur vers le commissaire Delamare qui s'abstint d'intervenir. Il comprit qu'il serait seul. Il se lança d'un trait.

« Hier soir, à La Pomme, un inconnu a ramassé une série de feuilles qui s'étaient échappées de mon carton à dessins et qui avaient chuté à ses pieds. Il me les a donc rendues. Mais quand je suis sorti, il m'attendait et m'a sauté à la gorge. Il a failli m'étrangler. En douce, il avait jeté un œil sur mes dessins et il en avait repéré un.

– De quel dessin parlez-vous ? “Un homme”, “mes dessins”, vous êtes bien peu précis !

– Le dessin de la première jeune fille assassinée, celle de la rue du Perche. Il l'a tout de suite reconnue. C'était sa sœur. »

Emilio venait de marquer un point. Il le vit à l'expression de La Reynie. Le moment des reproches était passé.

« Sa sœur…, répéta La Reynie avec incrédulité.

– Monsieur Roggiero, en êtes-vous bien certain ? dit Delamare.

– Oui, absolument certain. De grâce…

– Asseyez-vous et soyez plus précis, je vous prie ! Vous a-t-il livré son nom ? ajouta le lieutenant général d'un ton plus conciliant.

– Non. Il ne me l'a pas dit.

– Comment cela ? Vous ne lui avez pas demandé ? hurla-t-il. Il ne lui a pas demandé, répéta-t-il à l'attention de Delamare. C'est incroyable ! Comment avez-vous pu ? C'est incompréhensible ! »

Le commissaire sentit que l'aigreur de son supérieur allait paralyser Emilio et qu'il fallait cette fois-ci intervenir.

« Monsieur, ce jeune homme n'est pas policier, il n'a pas eu la présence d'esprit. De plus, il a été agressé. Je doute que le frère ait désiré lui révéler son identité.

– Je n'ai pas son nom à lui, mais j'ai le prénom de sa sœur. Elle s'appelle Camille.

– Camille ! Camille *qui* ? Non irons loin avec cette information !

– Allons, monsieur Roggiero, reprenons calmement, reprit Delamare. Sauriez-vous le reconnaître ? Il nous faut des indices précis. Était-il français, avait-il un accent ? Comment était-il ? Quel âge, habillé comment ?

– Il était français avec un accent du sud.

– Avec si peu de détails, nous n'irons nulle part ! Votre hasard n'aura servi à rien.

– Mais je saurais le dessiner ! Peut-être que je ne sais pas poser les bonnes questions mais je sais voir avec mes mains. »

Aussitôt dit, il sortit son carnet et brossa en quelques traits le visage et la silhouette de l'homme. La Reynie, qui observait attentivement l'exercice sans en avoir l'air, fut étonné qu'il fût déjà achevé.

« Quel âge avait-il ?

– Une trentaine, pas plus, des cheveux blonds, bâti en hercule… Je pencherais pour un marin.

– "Je pencherais pour un marin" ! répéta le lieutenant général en soupirant. Et vous croyez que c'est avec ce genre de phrase qu'on aboutit à des conclusions dans une enquête ? »

Delamare, pour faire diversion, demanda à voir le croquis.

« Vous qui êtes un habitué, l'aviez-vous déjà croisé à La Pomme de Pin ?

– Non, jamais. J'ai dit marin parce que les paumes de ses mains sont rongées par le sel, presque brûlées. J'en sais quelque chose, il a failli m'étrangler. Dans ses yeux, il y a du vent. Voilà pourquoi je pensais que c'était un marin, ajouta-t-il à l'attention de La Reynie. Autre détail, sur ses bras il y a des tatouages. »

La Reynie marqua un temps.

« Cette histoire de marin est bien risquée… Admettons que je vais la prendre. Au point où nous en sommes, "les mains rongées par le sel" et "le vent dans les yeux" nous suffiront.

– Il m'a promis d'être là… avant dix heures. »

Les deux policiers stupéfaits se regardèrent.

« Pardon ! Lui ici ? Le frère de Camille ? Monsieur Roggiero ! Que ne l'avez-vous dit en premier lieu ! Il semblerait que vous soyez en train de faire des progrès. Quelle heure est-il ?

– Bientôt dix heures, monsieur, répondit Delamare.

– Espérons que les marins vivent avec les mêmes horloges que nous. »

Ce furent les derniers mots de La Reynie pendant l'heure qui suivit. En patientant, il survola les pages d'un épais dossier qu'il parapha. Delamare s'était dirigé vers la fenêtre comme pour observer l'arrivée imminente du marin. Emilio était toujours assis en face de La Reynie. L'attente était intenable, interminable, le silence était pesant, les quarts d'heure qui s'égrenaient sur l'horloge intensifiaient le malaise. Aux infimes raclements de gorge du lieutenant général s'ajoutaient les grincements du parquet près de la fenêtre lorsque Delamare changeait de jambe d'appui. Emilio au supplice était de plus en plus livide. Après une heure et demie d'attente, La Reynie finit par lui ordonner de sortir du bureau. Emilio, la tête basse, murmura presque pour lui-même :

« Pourtant, il m'avait promis…

– Vous n'êtes pas responsable de son retard, tempéra Delamare, qui guettait comme le lait sur le feu la réaction de La Reynie.

– Peut-être qu'il a réfléchi et qu'il a pris peur, dit Emilio.

– Ou bien il s'est senti menacé ou suivi », compléta Delamare.

Le lieutenant général, excédé, ne leva pas les yeux.

« Sortez, je vous prie ! »

Emilio quitta le bureau, humilié.

« Ses dessins nous ont tout de même permis de savoir que la victime avait un frère. Grâce à son portrait nous allons peut-être le retrouver.

– Admettez, commissaire, qu'avec son nom nous aurions pu

faire un bond, et là nous n'avons rien obtenu. Il s'en est fallu de si peu. »

Il referma son dossier, essuya sa plume avec une peau de chamois et fixa Delamare :

« Ma colère ne s'adressait pas qu'à lui. »

Delamare ne sut pas comment interpréter cette dernière phrase, mais il insista :

« Laissons-le dessiner le frère en plusieurs exemplaires et placardons son portrait.

– Vous et votre idée…

– Laissons-lui encore cette chance, Nous n'avons pas d'autre solution.

– C'est bien ce qui le sauve. L'absence de solution. »

*

Emilio était découragé. Pris au piège. Tout se resserrait autour de lui. Il hésita entre passer rue Quincampoix devant la boutique où travaillait Marianne ou rendre visite à monsieur Mignard, au cas où par miracle il aurait besoin de lui. Peut-être qu'accéder à l'atelier lui suffirait à reprendre pied. Quand il se présenta sous le porche, il croisa le valet.

« Le maître est malade…

– C'est grave ?

– Le médecin est là… »

Emilio grimpa quatre à quatre les deux étages. La porte de l'appartement du maître n'était pas fermée et Emilio passa la tête par l'entrebâillement. La chambre était éclairée par des bougies, les rideaux tirés. Son cœur battit plus fort. Il posa un doigt sur le battant de la porte qui s'entrouvrit suffisamment pour lui permettre d'apercevoir Mignard allongé sur son lit. Il devait grelotter, un édredon avait été ajouté aux couvertures. Son visage s'était creusé. Sa femme et un médecin à son chevet lui tournaient le dos.

« … Madame, son pouls est faible, lent mais régulier. »

Anna Avolara ne regardait pas le médecin. Elle observait son mari. Le médecin insista :

« Madame… il existe quatre tempéraments parce qu'il y a quatre humeurs. Le flegme, la bile, la mélancolie, le sang. Dites-moi, votre mari est-il un mélancolique ? »

Elle posa une main sur le front de son mari. Le médecin, un vieillard, était de ceux que Molière avait si bien décrits et moqués. Il lâcha le pouls du Maître.

« Madame, je l'ai purgé trois fois et saigné deux fois. Son corps est faible, mais il s'en sortira, il n'est pas en danger ! Voyez-vous, madame, la médecine est aussi un art ! »

Emilio se découvrit et son chapeau frotta contre la porte. Anna Avolara se retourna et l'aperçut sur le seuil. Elle le dissuada d'entrer par un geste et lui intima le silence.

« Il n'est pas le premier à tomber foudroyé devant une toile, continua le médecin imperturbable et avec le même ton supérieur. Croyez-moi, j'en ai soigné des peintres, des poètes et des acteurs ! Avant je ne ressentais aucune admiration particulière à leur égard, mais au fil des ans, j'ai appris qu'ils risquaient autant leur vie que les autres. Alors, je les respecte.

– Que devons-nous lui donner ? le coupa Anna Avolara, peu émue par un discours qu'elle avait déjà entendu maintes fois.

– Pour sa guérison, je préconise une infusion de romarin, une infusion de boldo, une décoction de lilas et de soucis. Il doit se soumettre à une diète de quarante-huit heures et, en fin de semaine, il sera sur pied. »

Le médecin se retira. Anna Avolara appliqua un linge imprégné de lavande sur le front de son mari. Emilio avait souvent usé de ce parfum pour chasser les maux de tête provoqués par les effluves d'essence de lin, de térébenthine et de divers pigments.

Anna Avolara se tourna vers Emilio, qui n'avait pas bougé.

« Qui vous a prévenu ?

– Personne. Je l'ignorais. »

Elle prit la main de son mari qu'elle serra dans les siennes.

« Je ne lui dirai pas que vous êtes venu. Il serait fâché.

– Je vous remercie, madame. »

Anna Avolara se leva et entraîna Emilio sur le palier pour lui chuchoter :

« Vous savez pertinemment, vous mieux que personne, ce qu'il a. Il est dans son marécage… Vous avez connu ça. Parfois un tableau lui fait peur et il le fuit. Pendant des jours, des semaines, ses mains se refusent à lui. Sa volonté est annihilée. Il erre dans un autre monde, son monde.

– Les artistes ont tous décrit cet état, madame. Dans ces moments-là, ils se sentent comme un cavalier désarçonné qui n'a plus la force de regrimper sur sa monture. »

Ezilda apparut avec un bol de bouillon et interrompit les confidences.

« Revenez dans une semaine… il sera guéri, soyez sans crainte, et il vous reparlera de Rome. »

Emilio boutonna son manteau et rajusta son chapeau. Il profita d'être seul pour monter à l'atelier. Il tourna doucement la poignée. La porte n'était pas fermée à clef. Il la poussa et entra sans bruit. La toile était sur son chevalet. Mais quelle ne fut pas sa déception ! Au lieu de voir enfin apparaître la duchesse, il ne trouva qu'un hommage à la géométrie. Des cercles concentriques striaient la toile, dont certains se mêlaient à des carrés, des diagonales et de nombreuses droites numérotées portant toutes des chiffres différents. Aucun visage, aucune forme n'émergeait de cet enchevêtrement de lignes. Poussin à Rome, et beaucoup d'autres utilisaient ce procédé. En ce qui le concernait, ce n'était pas son approche de la peinture. Trop mathématique, pas assez sauvage. Pour lui, la forme surgissait dans l'urgence et la spontanéité de la main. La main était l'instrument d'un bouillonnement intérieur d'émotions et de sensations qu'elle savait lire et traduire. En observant de plus près les courbes et les lignes, il eut une idée. Il sortit une feuille de son sac et, en quelques coups de fusain, il reproduisit la charpente du tableau. Puis, sans bruit, il traversa l'atelier, souleva le rideau de velours derrière lequel le bric-à-brac avait été dissimulé. Peu de choses avaient bougé. Une mappemonde, un masque et un coffret à bijoux avaient été réunis dans une grande panière. Ils seraient donc de la composition. Il nota avec précision les emplacements marqués au sol et s'éclipsa en toute discrétion.

Dans la rue, il se mit à réfléchir. Que pouvaient annoncer ces lignes ? Il fallait impérativement qu'il trouve, sinon La Reynie allait perdre patience. L'angoisse lui fit presser le pas. Il grimpa à la hâte les escaliers vers son appartement. Il désirait plus que tout retrouver Marianne et s'étourdir pour ne plus penser à rien. Sur le palier, Antonin l'attendait, assis sur une marche.

« Marianne n'est pas rentrée ? »

Antonin fit un geste de dénégation.

« Cela fait longtemps que tu es là ?

– Plus d'une heure. Emilio, je suis venu te chercher…

– Jamais je n'aurais dû accepter ce travail. C'est une épouvante.

– T'as vu le modèle ?

– Une seule fois. Elle est venue à l'atelier avec ses enfants. Elle a salué Mignard et, en me voyant, elle s'est étonnée de ma présence. Il lui a assuré que je ne serais là que pour la préparation des couleurs. Tu te rends compte ! Puis il lui a fait faire le tour de l'atelier. Elle posait des questions, il répondait avec chaleur, bref c'était comme si je n'existais pas ! Même les enfants, Antonin ! Ils couraient dans tous les sens, tripotaient mes pinceaux… Transparent, j'étais transparent. D'ailleurs le Maître me l'a clairement dit après. Il m'a remercié pour mon travail, puis m'a mis à la porte en me donnant rendez-vous plus tard.

– Vraiment ? Tu m'étonnes, j'ai jamais entendu une chose pareille !

– C'est la pure vérité, fit Emilio qui laissait enfin libre cours à sa colère.

– Alors j'avais raison !

– Raison à quel propos ?

– Ce tableau est plus qu'un tableau. Il cache des enjeux bien plus grands. Tu es au centre d'une guerre d'influence. Tout Paris ne parle que de Mignard et de la duchesse. Tu dois jouer avec et te méfier.

– Tout le monde en parle ?

– Tu me désespères, Emilio. Tu es naïf, à un point que c'en est effrayant. Tu te jettes tête baissée dans les situations sans réfléchir, tu te crois fort et désirable alors que tu n'as pas les armes et que tu as oublié que tu es un étranger. Tu n'es même plus capable de voir quand on te manipule. Soit tu es devenu idiot, ce que je n'espère pas, soit tu es aveugle et sourd, et là tu encours de grandes déceptions. Ta vanité te perdra. Et tu perdras Marianne. »

Antonin avait sans aucun doute raison mais Emilio n'avait plus le courage de défendre sa dignité. Il était fatigué, angoissé et il ne savait rien des différents chantages dont il était l'objet. Pour éviter de répondre, il sortit le dessin qu'il avait esquissé à l'atelier, au grand agacement de son ami.

« Tiens… Voilà tout ce que je sais. »

Antonin saisit le dessin, le tourna dans tous les sens, perplexe.

« C'est de la peinture, ça ?

– Oui, c'est l'architecture de la peinture… c'est de la géométrie comme on en use pour les plans d'un architecte avant la construction d'un bâtiment ou d'un bateau… »

Antonin lui rendit l'esquisse.

« … C'est une méthode bien connue mais je la déteste… et tu sais pourquoi ? Parce qu'elle transpire la peur… l'angoisse… Tout est calculé, quadrillé, verrouillé…

– Je suis de ton avis. Moi, ce que j'aime dans la création, c'est le saut dans la toile. Être au bord du précipice et plonger au milieu de la peinture… donner libre cours à l'imagination.

– Pour une fois nous sommes d'accord… c'est l'émotion qui doit primer… la fuite vers l'inconnu… Finalement, dans ces préparatifs je ne vois que des freins où chaque trait est une corde qui vous retient. Une prison quadrillée.

– Pourtant, madame de La Vallière est venue le voir… Alors qu'a-t-il fait ?

– Je crois qu'il a pris ses mesures ! Je te l'avais dit, c'est un tailleur ! Pas un peintre ! Mais toi, qu'est-ce que tu vois dans ce canevas ? »

Antonin se saisit du dessin.

« Je vois trois cercles.

– Continue… j'ai besoin de ton avis. Comment ils sont, ces trois cercles ?

– Le plus grand est sur la droite, le plus petit au milieu et le dernier sur la gauche, presque à la hauteur du premier.

– Qu'est-ce que tu en déduis, quand tu sais que la duchesse s'est présentée avec ses deux enfants ?

– J'en conclus que chaque cercle enferme l'un des trois.

– C'est ce que je crois aussi. S'il n'y avait eu que deux cercles, nous aurions été perdus. Car qui aurait été le second ? Le roi ? Un ange ? Dieu ? Un enfant ? Impossible à deviner.

– Que sais-tu d'autre ?

– Il a fait des marques au sol, déplacé la table basse et le fauteuil en sorte qu'ils soient là, dans le grand cercle de droite. Donc si les deux cercles extrêmes sont à la même hauteur, alors je pourrais en déduire que la duchesse est assise ici, à droite.

– Pas mal. Alors elle est assise et ses enfants sont assis à côté d'elle ?

– Ou debout… Son fils est petit, à peu près comme le diamètre de ce cercle du milieu. Moi, je le mettrai là. »

Antonin reprit le dessin et l'observa de nouveau.

« C'est étrange comme doucement tout remonte à la surface, comme si les personnages cachés dans les cercles et prisonniers des lignes exigeaient qu'on les libère…

– C'est vrai, le tableau est là. Il n'attend que le premier coup de pinceau. Mais il me reste quelque chose que je ne vois pas. Une énigme… ou peut-être un secret. Regarde cette verticale, là ! »

Et Emilio suivit du doigt la ligne en question.

« Tu la vois comme moi, très nettement ? T'en penses quoi ? »

Antonin réfléchit.

« J'ai déjà vu des verticales comme ça dans des tableaux. La verticale ascendante, c'est une élévation. Elle peut représenter des mains jointes pointées vers le ciel, un sceptre, une lance, une flèche, un éclair. Dans tous les cas, cette ligne est l'essence même du tableau, la raison de ce pourquoi il a été conçu. Son secret en somme. D'ailleurs, regarde, il n'est pas placé au hasard. Il est au centre de la composition.

– C'est inouï comme tu sais lire un tableau, Antonin. »

Emilio reprit son dessin qu'il roula dans son sac.

« Il faut absolument que je découvre ce que signifie cette verticale. Pour moi, c'est la clef. Sans elle, le tableau est muet, une banale représentation d'une scène. Des corps sans âme.

– Et les couleurs ? Tu y as songé ?

– Je les ai préparées, donc oui, je vais y réfléchir. »

Antonin se leva.

« La peinture me donne toujours faim. Pas toi ?

– Faim ou soif ?

– Tu devines bien…

– Alors, allons à La Pomme de Pin. Mais je t'en conjure ! On ne parle ni de peinture ni de Mignard. C'est un repaire d'espions. »

15.

29 avril 1673

Par cette douce matinée de printemps, un coursier de l'hôtel de police du guet de Meudon alerta le Châtelet. Parmi les corps qu'ils repêchaient chaque matin dans la Seine, un homme pouvait ressembler au dessin qu'un inspecteur leur avait transmis. À peine quatre jours s'étaient écoulés depuis la rencontre désastreuse d'Emilio avec La Reynie. Laruche et Torsac sautèrent dans un fiacre et, en moins de deux heures, ils avaient traversé le pont en bois de Billancourt pour rejoindre la rive gauche et les écluses.

Le fiacre s'immobilisa sur les berges du fleuve. Par la fenêtre du véhicule, les inspecteurs aperçurent un bâtiment en bois dans un sinistre état de délabrement. Comme oublié du monde des vivants. C'était le lieu réservé aux noyés que l'on retrouvait échoués sur les écluses. Ici, après les vérifications d'identité et le verdict des policiers, le permis d'inhumer était accordé pour certains. Pour d'autres c'était le point de départ d'une enquête pour homicide. Un inspecteur très maigre quitta un attroupement autour d'une charrette où un corps enveloppé d'un drap avait été hissé, et vint à la rencontre des policiers.

« Vous n'avez pas été longs », fit l'homme en retirant ses gants de tricot.

Ils se présentèrent.

L'homme, d'une démarche alourdie par ses bottes boueuses qui trahissaient un travail pénible, les précéda vers le bâtiment constitué de planches disjointes pour permettre l'aération. Le sol de terre battue avait été recouvert de sel et dans des braseros flambaient des aiguilles de pin, chargées de purifier l'atmosphère pestilentielle. Les corps des noyés étaient allongés sur des tréteaux, dissimulés sous des couvertures grises sales, tachées de sang. Des nuées de mouches tourbillonnaient. C'était répugnant. Torsac et Laruche sortirent leur mouchoir pour se couvrir le nez.

« Le plus effrayant, ce sont les rats… La nuit, on fait des tours de garde. On les repère à la lueur de leurs prunelles. Il y en a des centaines, aussi gros que des chiens, et nos bâtons ne suffisent pas. »

Les inspecteurs se regardèrent. C'était pire, bien pire qu'à la morne du Châtelet.

« Approchez… Mais je vous préviens le corps est déjà très gonflé. Bon, je ne sais pas si cet homme est le vôtre mais vous verrez, l'âge correspond, la mâchoire carrée et la tignasse blonde également. »

Il souleva un pan de la couverture et les invita à s'approcher. L'inspecteur Torsac rangea son mouchoir et ajusta sur son visage un petit masque en tissu qu'il avait acheté chez un perruquier. Le masque allongeait son nez et cachait sa bouche. Le tout était noué d'un ruban. Laruche qui refusait d'en porter garda le mouchoir sous ses narines. La mort et la décomposition ne l'effrayaient pas. Il s'approcha le premier, contempla le visage puis fit glisser le reste de la couverture. Il recula. Torsac le rejoignit et son estomac se souleva. L'homme était bleu, couvert d'ecchymoses et gonflé d'eau.

« Quand l'avez-vous repêché ? questionna Laruche.

– Hier, en fin de journée…

– Et d'après vous, à quand remonte la mort ?

– Difficile à dire car le cadavre a séjourné dans l'eau. Il a filé, entraîné par le courant. Il s'est accroché ici, sur les herses de l'écluse, répondit l'inspecteur qui d'un geste leur montra le lieu en contrebas. « Au bas mot, quatre ou cinq jours mais tout dépend d'où il a été balancé.

– La cause de la mort ? demanda Torsac.

– Il a reçu un coup derrière la nuque, probablement mortel. Là, dit-il, indiquant l'emplacement sans toucher le cadavre. L'autopsie le confirmera. »

Pour l'identifier, il n'était même pas nécessaire que les inspecteurs le confrontent au dessin qu'ils avaient regardé des dizaines de fois. Forme du crâne et de la mâchoire, aspect des cheveux, pupilles claires. C'était lui. Les trois inspecteurs furent d'accord sur ce point et s'en firent la remarque. Par quel miracle ce petit bout de papier pouvait-il être le reflet si parfait de ce malheureux ? Torsac sortit un carnet pour y consigner d'autres éléments. Le front : haut et tuméfié, a reçu un coup ; la pommette gauche : idem, vérifier si le coup porté est *ante* ou *post mortem* ; le nez : droit, fort, épargné ; les lèvres : inférieure charnue, supérieure absente ; la trachée : vaste plaie tuméfiée sous la base du menton. L'inspecteur souligna de deux traits ce détail. La dentition : intacte ; les yeux : vitreux, translucides, bleus ou verts du vivant de l'homme ; la nuque : très tuméfiée, sans doute la cause du décès ; les bras : tatoués. Malgré le supplice infligé, il y avait de très fortes présomptions pour que ce soit bien le frère de Camille.

Laruche signa une décharge et demanda qu'une charrette leur soit fournie pour conduire le corps au Châtelet. « En toute urgence, cela va sans dire », ajouta-t-il.

*

Le convoi arriva en début d'après-midi, accompagné des inspecteurs. La Reynie, informé, enfila son manteau de velours, saisit deux mouchoirs parfumés dans le tiroir de son secrétaire et descendit les marches glissantes de l'escalier principal pour rejoindre les inspecteurs, les siens et ceux de Meudon. Delamare avait convoqué d'urgence Emilio Roggiero.

Le corps recouvert d'un linge était allongé là où avaient été déposées les dépouilles des deux jeunes femmes à la bouche cousue. Andrieux, le médecin légiste, avait rangé ses instruments dans sa vachette. En entendant les pas du lieutenant général, il avait quitté son tablier de cuir et réajusté les queues de sa perruque. Dès que La Reynie parut, mouchoir au nez et chapeau à la main, l'assemblée recula d'un pas pour lui laisser accès au corps. Andrieux découvrit le mort jusqu'aux épaules. Le nouveau venu eut un sursaut, ses joues subirent une flambée comme s'il avait reçu un coup en plein visage. D'un signe de tête il ordonna qu'on recouvre la victime. Andrieux, qui avait déjà rédigé son rapport, prit la parole :

« Je lui donne entre trente et trente-cinq ans. Il a reçu un choc violent sur la boîte crânienne. Il a été assommé par un gourdin. Une hémorragie a suivi. Son visage porte des ecchymoses profondes sur le front, les lèvres et les pommettes. Son nez n'a pas éclaté. Il n'y a pas d'indice prouvant qu'une arme blanche ait été utilisée. Ensuite, la Seine a accompli son œuvre. En dérivant, le corps a heurté la coque des bateaux, du bois flottant. Enfin il s'est abîmé sur une herse où il s'est échoué. Vous retrouvez la marque de ces chocs sur tout le corps. Je l'ai incisé du cou au pubis : l'homme était en excellente santé, je veux dire qu'il pratiquait un métier physique, ce qui est visible à la musculature des jambes et des bras. Ses organes sont luisants et propres. Pas de consommation d'alcool ni de tabac, l'état des poumons et du foie l'atteste. Son cœur est dépourvu de graisse, ce qui corrobore une intense activité physique. J'ai noté que ses pieds étaient rongés par le sel. Sans doute ceux d'un marin ou de quelqu'un travaillant sur le port. »

La Reynie le coupa en lui faisant signe qu'il avait compris. Il se tourna vers Emilio assis sur un tabouret, tout absorbé dans la contemplation du linceul qui recouvrait le cadavre. La voix de La Reynie résonna sous la voûte.

« Monsieur Roggiero, vous l'avez identifié ? Est-ce bien lui ? »

Emilio, perdu dans ses pensées, sursauta.

« Oui, monsieur, c'est lui.

– Vous confirmez ?

– Je suis formel. » Et baissant le ton : « Je suis terrifié à l'idée d'être la cause de sa mort. »

La Reynie le fixa.

« Vous avez effectivement raison, monsieur Roggiero. Le dessin que vous lui avez donné l'a probablement tué. »

Un long silence s'installa. Pour Emilio, c'était le coup de trop. Il se demanda s'il fallait qu'il sorte. La Reynie s'approcha de lui.

« Et je suppose que vous étiez en train de le dessiner ?

– Oui, monsieur.

– Pour votre collection personnelle ? Ou pour vos ventes dans les estaminets ? »

Emilio se tourna vers les inspecteurs qu'il implora du regard. Laruche vola à son secours.

« Pour la police… pour que nous puissions nous en servir.

– Pour l'instant, reconnaissez que l'effet a été plus dévastateur que bénéfique », le coupa La Reynie qui tendit la main vers le dessin sur lequel Emilio travaillait.

« Vous en avez fait trois ?

– Oui, monsieur, un portrait du visage… du corps et des bras.

– Des bras, grands dieux, et pour quoi faire ?

– Ils sont tatoués. Ce n'est peut-être qu'un détail, mais vous m'avez enseigné qu'il n'y a pas de hasard. »

La Reynie observa le dessin des bras et pardonna l'insolence de son auteur. Il revint vers le corps et intima à Andrieux l'ordre de le découvrir. Il se pencha sur la victime, souleva un bras puis l'autre et lut à voix basse les mots écrits en latin.

« Cette fois, monsieur Roggiero, il semble que votre travail ait eu son utilité. Je les garde », ajouta-t-il en montrant les dessins.

Sur ces mots, il quitta les lieux. L'assemblée interdite n'avait pas bougé d'un pouce. Delamare fut le premier à réagir. Il sortit une petite loupe de son pourpoint, s'approcha du corps et contempla un à un les tatouages. Ils étaient dissemblables. Sur le bras droit, l'image représentait une fleur de lys coiffée d'un globe. Surmontant l'ensemble, une inscription qu'il lut à voix haute :

« *Dictat quas respit onas* : "Il enrichit tous les pays qu'il regarde." Voyons l'autre bras. » Il fit le tour de la table. « *Florebo quocumque ferar* : "Où on le portera, je fleurirai"… »

Delamare reposa la loupe et eut un regard sur ses inspecteurs qui à leur tour se penchèrent sur le cadavre.

« Il ne vous aura pas échappé que le tatouage reproduit une fleur de lys qui scintille sur un globe d'azur. Et notez qu'un soleil illumine le tout !

– C'est le symbole de notre roi ! s'exclama Torsac.

– Exact. Ce sont les armoiries du roi », confirma Delamare, qui sentit un frisson monter le long de son échine.

Un silence s'installa devant ce retournement de situation. Laruche le rompit le premier :

« Alors notre homme appartient à la Royale ! Et c'est bien un marin.

– Dans ce cas, la seule solution est de partir à la recherche d'un marin portant les mêmes tatouages. Il pourra nous aider à identifier le corps, compléta Torsac.

– À Paris, la chose paraît ardue. Qu'en pensez-vous, commissaire ?

– Vous avez raison, mais c'est notre seule avancée. Faites reproduire les portraits. Monsieur Roggiero va se mettre au travail, n'est-ce pas ? » ajouta-t-il en se tournant vers l'intéressé.

Laruche jeta un regard vers Emilio toujours figé. Sans le montrer, le jeune homme avait retrouvé espoir. Il était officiellement reconnu pour jouer un rôle dans l'enquête sur le meurtre des jeunes femmes.

16.

2 mai 1673

La comtesse était en fureur. Les lèvres pincées, le rouge aux joues, elle se tenait droite au centre du salon, dont elle avait décroché tous les tableaux hollandais. Jamais elle ne s'était sentie aussi humiliée. Emilio avait saisi tous les prétextes pour ne pas venir la visiter, la faisant languir ! Elle, la comtesse de Cruissan, elle qui avait eu la générosité de lui débourser cent livres ! Et le temps passait. En réalité, ce qu'elle ne voulait pas s'avouer, c'est qu'elle avait peur. Peur de madame de Montespan, de sa toute-puissance, de ses confidences dangereuses et de ses représailles si les promesses n'étaient pas tenues. Ce serait l'opprobre, le bannissement de Versailles. La désinvolture insultante qu'Emilio affichait, sa façon de ne rien prendre au sérieux avaient le don de la mettre hors d'elle. Mais ce qui l'insupportait au plus haut point, c'est que son avenir à elle puisse dépendre de cet insolent. Elle allait le mater, oubliant volontiers dans sa colère qu'elle s'était elle-même mise dans cette situation.

Elle foudroyait donc son amant d'un regard de mépris. Emilio s'était figé sur le pas de la porte et la dévisageait, perplexe. Que se passait-il ? Il nota qu'elle avait choisi sa robe pervenche, celle avec le col haut serré qui cachait sa poitrine. Il saisit le message, sans en comprendre la raison. Il ne se débarrassa pas de son manteau et attendit. La comtesse balaya du regard sa tenue qu'elle jugea ridicule, des bottes à ourlet trop grandes qu'il venait sans doute de gagner aux dés comme à son accoutumée et qui lui donnait l'air d'un spadassin. En d'autres temps, elle aurait convenu qu'il avait fière allure, mais ce n'était pas à l'ordre du jour : elle allait le faire plier.

« Emilio ! l'apostropha-t-elle. Vous avez abusé de moi. Jamais je ne vous le pardonnerai. Vous m'avez volée. Oui ! Vous avez bien entendu, volée ! Vous vous êtes proprement joué de moi ! Vous m'aviez promis de me parler du tableau de monsieur Mignard et vous vous faites rare. Jusqu'à présent, vous ne m'avez servi qu'une fumée de mots et je m'interroge donc : travaillez-vous réellement chez lui, ou destinez-vous cette somme à un autre objet ?

– Madame, je vous dis la vérité, je vous le jure ! Que la vérité. Je n'ai encore rien vu. Absolument rien !

– Suffit ! Dites-moi alors ce que vous faites dans son atelier ? Et je vous somme de me répondre cette fois-ci. Vous m'avez déjà prétendu que vous lui achetiez des pinceaux, des vernis, des douzaines d'œufs ! Je pense n'avoir rien oublié, n'est-ce pas ? Allez-vous encore me servir ces sornettes ? Je vous le déconseille fortement, monsieur le peintre. Vous êtes mon débiteur !

– Madame, je vous jure que je ne vous dissimule rien. La seule chose que je sais, c'est que Mignard rend visite à la duchesse et qu'ensemble ils ont choisi le tableau et que le décor sera un parc français.

– De mieux en mieux ! Maintenant, monsieur Mignard fait son tableau chez madame de La Vallière. C'est tout ce que vous avez trouvé pour gagner du temps ? Vous n'allez tout de même pas me faire croire que vous ne savez rien depuis tout ce temps !

Que vous ne savez même pas s'il y aura une chaise dans le tableau ! »

Emilio s'avança vers la fenêtre, lui offrant son dos, et fit mine de s'intéresser aux valets qui dans la cour carrée déchargeaient une carriole. Il voulait gagner du temps et qu'elle ne lise pas sur son visage.

« Madame, je ne savais pas que ce tableau vous intéressait à ce point… Vous auriez dû… »

Elle le coupa, sentant le piège :

« Qu'aurais-je dû, au juste ? Je m'intéresse à ce tableau parce qu'il me coûte cent livres et à vous rien ! Retournez-vous, je vous prie, vous manquez à la plus élémentaire des courtoisies. »

Emilio obtempéra, fit la moue puis en guise de reddition répondit :

« Je ne savais pas que vous connaissiez la duchesse de La Vallière.

– Qui ne connaît pas la duchesse de La Vallière ! » répliqua-t-elle avec étourderie.

Elle comprit aussitôt que, dans sa précipitation, elle venait de dévoiler son jeu. Emilio fit mine de n'en rien voir et poursuivit :

« Je dois donc comprendre que vous voulez savoir avant tout le monde ce que Mignard va peindre ? C'est de la curiosité en somme ? »

Piquée au vif, elle choisit de lui faire sentir sa roture.

« Mon ami, votre ignorance de la cour ne vous sauvera pas. Sachez que ce que vous appelez de la curiosité porte en la circonstance un autre nom.

– Je ne vois pas, madame.

– Oh ! Ne jouez pas maintenant l'innocent ! dit-elle agacée. Cette curiosité s'appelle un privilège ! Le privilège de savoir ce que tout le monde ignore et piaffe de connaître.

– À quelques jours près ?

– Ne persiflez pas. Oui, à quelques jours et même à quelques heures près. Car ces heures-là, où nous sommes quelques-uns ou quelques-unes à savoir ce que les autres ignorent et se damneraient pour savoir, ces heures-là nous offrent le pouvoir. Une ivresse proche de la jouissance, celle de lire dans leurs regards leur ignorance, alors que vous, vous savez. Mais bien entendu, vous ne pouvez pas comprendre. Notre monde, auquel vous n'appartiendrez jamais, est un monde étranger au vôtre. »

Emilio la dévisagea et elle lui répéta comme s'il n'avait pas compris :

« Le pouvoir ! »

Elle s'interrompit et observa l'effet produit. Il sut comment la ferrer.

« Ah, madame ! Je ne savais pas, et je ne pouvais pas m'expliquer l'empressement de votre curiosité. J'en suis désolé… »

Il laissa en suspens sa réponse.

« Mais voyez-vous, reprit-il, je ne suis que le simple témoin d'un tableau dont je ne tiens pas les pinceaux. Et je pense que monsieur Mignard ne partagerait pas votre approche. L'impatience est interdite dans son atelier. Il lui préfère la réflexion, la sérénité, et il ne peut travailler que dans la solitude, le retranchement, loin de la cour, des regards et du pouvoir comme vous l'avez si bien décrit. Avant même qu'un pinceau n'effleure la toile, le tableau se fait, se défait, se reconstruit dans sa tête. Le doute est douloureux, la recherche de la justesse est un vertige. Quand enfin il pense être prêt, il suspend son geste devant la toile, pour ne pas la souiller d'une erreur. Un autre temps s'installe jusqu'à ce que la toile prenne elle-même le pouvoir et guide son geste. C'est un magnétisme indispensable. Cette attente ne lui aura pas fait oublier ni l'aisance du trait, ni la maîtrise de la couleur, ni même le regard de son modèle. »

La comtesse resta clouée sur place.

« C'est une étrange méthode, se contenta-t-elle de dire, faute de mieux.

– C'est la sienne, et que partagent de la plupart des artistes. Vous savez ce que me disait mon maître à Rome ? Il me disait que les artistes sont comme des ruminants, des vaches dans les prairies. Ils mâchent et remâchent et ruminent. Ils se nourrissent de n'avoir rien perdu d'un brin d'herbe, de la moindre pâquerette.

– Suffit, Emilio, avec vos bovins et vos champs ! Je vous demande de partir. Et n'oubliez jamais que je vous ai acheté cent livres et qu'il vous en coûte. Vous me devez le tableau. Sinon…

– Je ne l'oublie jamais, madame. »

*

2 mai 1673

Delamare avait lancé ses mouches dans les quartiers insalubres du bord de Seine, dans les rues du Roi-de-Sicile et de la Mortellerie, jusqu'à la rue Vieille-du-Temple, la rue Montorgueil, où se côtoyait tout un peuple de soldats en permission, de joyeux drilles, de décrotteurs, de porteurs d'eau, de vendeurs à l'étal, toujours prêts à parler fort et à se battre. Ses auxiliaires quant à eux avaient pour mission d'interroger les barboteuses qui avaient élu domicile près des Halles, et qui fréquentaient les garçons bouchers, les gagne-deniers et parfois les marins en permission de longue durée. Le commissaire croyait en ce travail d'investigation. Le « Méticuleux », comme le surnommait La Reynie, lançait toujours loin ses filets. Il n'oubliait rien, aucun détail, persuadé qu'un jour, en bon horloger, il saurait en assembler tous les rouages et les ajuster sous forme de preuve.

Dès lors, les inspecteurs Torsac et Laruche, dessins sous le bras, s'étaient mis à fréquenter les tavernes, afin d'y dénicher le marin providentiel. En vain.

Le doute avait fini par s'installer quand, après deux jours et deux nuits de ce fastidieux travail d'approche, la chance sourit à Laruche. Il venait d'entrer dans la taverne du Mouton Blanc. Il avait convenu de ce rendez-vous avec Torsac qui de son côté, enquêtait faubourg Saint-Antoine. Il se commanda un vin chaud et s'installa debout le dos appuyé à un mur, face à la porte. Une mouche le reconnut et lui fit un signe discret, l'invitant à déplacer son regard vers sa gauche. Laruche, suivant son conseil, balaya l'assemblée et remarqua un homme de dos, attablé seul, dont les manches étaient relevées très haut sur les coudes. Il glissa le long du mur pour changer d'axe afin de voir ses avant-bras. Son cœur fit un bond. Il y distingua un tatouage. Il modéra immédiatement son empressement, il avait déjà nourri plusieurs faux espoirs. Il eut cependant l'intuition que cette fois-ci était la bonne. Il observa l'homme qui avait roulé son manteau bleu délavé en boule sur ses genoux et venait de changer de position. Il tentait d'attirer l'attention d'une très jolie serveuse qui déambulait entre les tables, pichet de vin et gobelets en parfait équilibre, pour finir par s'approcher de sa table et s'arrêter. Il passa commande en la dévisageant d'un air si appréciateur qu'ils se mirent tous deux à pouffer de rire. Elle le disputa pour la forme, mais il en profita pour l'attraper par la taille.

« Il est tatoué aux deux bras », souffla une voix, celle de la mouche qui s'était approchée de lui avant de se perdre vers le fond de la salle, incognito.

Laruche fit mine de n'avoir rien entendu et continua de siroter son vin chaud sans quitter des yeux la scène. La jeune fille s'était dégagée de l'étreinte du marin. L'inspecteur saisit l'occasion et bondit, attrapant au passage un tabouret pour se planter devant lui.

« Je peux ? » dit-il.

L'homme le détailla puis répliqua :

« Si tu payes la prochaine ! »

Laruche fit signe au patron de renouveler la commande et prit place, en jetant un coup d'œil sur les tatouages. Il n'y avait pas de doute, la fleur de lys, le globe, le soleil et la même inscription. Son cœur s'emballa. L'inconnu remarqua l'attention que Laruche portait à ses tatouages et s'en amusa.

« Tu les trouves jolis ? C'est du latin. Tu sais lire ?

– Non », prétendit Laruche, étonné par cette entrée en matière.

La serveuse déposa les deux bolées de cidre sur la table.

« C'est curieux. Je croyais pourtant que pour travailler au Châtelet, le latin était obligatoire. »

Laruche ne broncha pas et resta silencieux. L'homme l'avait repéré.

« À dix lieues, je vous renifle, ajouta-t-il, très content de lui.

– Et à trois pouces de tes yeux, tu le reconnaîtrais ? » rétorqua Laruche en lui brandissant le portrait du noyé sous le nez.

Le marin se départit de sa bonne humeur et détailla tour à tour le visage de son interlocuteur et le dessin.

« Non, jamais vu… mais c'est un marin. Pour sûr, c'est un de chez nous !

– Et tu vois ça à quoi ?

– Ah, voilà qui ne s'apprend pas, inspecteur ! On se reconnaît entre nous. C'est tout. »

Sur ces entrefaites, Torsac, qui venait d'entrer, s'approcha en ôtant ses gants.

« Beaux tatouages ! Félicitations !

– Justement, je proposais à Monsieur de nous suivre. »

L'homme perdit son calme.

« Parce que j'ai des tatouages ?

– Non, parce que nous sommes des inspecteurs du Châtelet qui te le demandons, répliqua Torsac, qui passa derrière son dos et ramassa son manteau bleu.

– Mais j'ai rien fait, se défendit l'homme qui commençait à paniquer.

– Nous ne t'avons pas accusé. »

*

Ils quittèrent l'auberge et marchèrent jusqu'au Châtelet. Les policiers espéraient qu'à cette heure-ci, ils auraient encore la chance de croiser Delamare. Effectivement, lui qui avait pour principe de ne quitter l'office qu'après le départ de La Reynie était encore à son bureau, tout comme le lieutenant général dont les lueurs tremblantes des bougies visibles à son étage attestaient de sa présence. Delamare comprit immédiatement l'urgence de la situation et se précipita dans le bureau de son supérieur. Les inspecteurs et le marin patientèrent dans une antichambre encombrée de fauteuils, puis furent introduits. Un feu de cheminée éclairait la pièce et la température y était très agréable. La Reynie ôta ses bésicles qu'il abandonna sur une pile de dossiers. Il avait dénoué sa cravate de dentelle et désigna un fauteuil à l'inconnu. Delamare et ses inspecteurs restèrent debout, un peu à l'écart. Il ne faisait aucun doute que le face-à-face n'aurait lieu qu'entre La Reynie et le marin.

« Vous vous appelez ?

– Trémeur Vairé.

– Drôle de nom, ne put s'empêcher de dire Laruche.

– C'est celui de mes parents, donc le mien. »

La Reynie lança un regard glacial à l'encontre de son inspecteur.

« Je ne sais pas pourquoi je suis ici. Je n'ai rien fait et vos hommes m'ont traîné comme si j'étais un assassin.

– Soyez rassuré, vous n'êtes coupable de rien. Si mes hommes vous ont un peu rudoyé, il faut les excuser.

– Alors expliquez-moi pourquoi je suis en face de vous, monsieur le lieutenant général. Pour mes tatouages ? »

Delamare fit un pas vers le bureau.

« C'est exact. Nous vous demandons juste de relever les manches de votre chemise.

– Rien de plus ?

– Rien de plus. »

L'homme ôta son manteau, roula ses manches et découvrit ses bras.

La Reynie se leva, contourna son bureau et, s'approchant du témoin, lui demanda de les lui tendre. Il se mit à lire les phrases en latin, les mêmes que celles reproduites par Emilio Roggiero, puis énonça les différents éléments des armoiries :

« La fleur de lys, le globe d'azur, le soleil d'or ! Aucun doute, ce sont les mêmes. »

Le marin inquiet jeta des regards perplexes vers les inspecteurs, puis vers La Reynie. Il cherchait à comprendre.

« Vous êtes de la Royale, n'est-ce pas ? dit La Reynie.

– Oui, monsieur. Et fier de l'être ! »

La Reynie contempla longuement le marin, en demandant à Delamare si on lui avait montré le portrait du frère de Camille.

« Oui, monsieur. Mais monsieur Trémeur Vairé ne le connaît pas.

– Mais c'est un des nôtres, un marin. Je suis formel, réaffirma l'homme.

– C'*était* ! Et avec les mêmes tatouages que vous. »

Le témoin ne saisit pas l'allusion du lieutenant général et continua :

« Mais je ne l'ai jamais vu sur mon bateau. Autrement, je vous l'aurais dit tout de suite. On se connaît tous ! »

Il intercepta les échanges de regards entre les policiers et s'inquiéta :

« Vous doutez de ma parole ? Dieu m'est témoin que je dis la vérité !

– Nous n'en doutons pas, le rassura Delamare.

– Alors quoi ? Il lui est arrivé un malheur ?

– On peut le dire comme ça. Il a été assassiné.

– Assassiné ? » Le marin se leva d'un bond et protesta : « Vous m'accusez ? Mais je n'ai rien à voir avec cette histoire !

– Calmez-vous ! Nous le savons. Vous êtes là pour nous aider à trouver le coupable. Regardez très attentivement son portrait, je vous prie. »

Le marin se saisit à contrecœur du dessin comme si c'était de la braise.

« Non. Comme je vous l'ai dit, sa tête ne me dit rien. » Le marin regarda l'assistance qui le dévisageait, dans l'attente d'une suggestion de sa part, d'un détail. « Mais vous devriez aller à Marseille. Là-bas, ils pourront vous renseigner. Ou alors à Toulon. Chaque capitaine tient un registre du personnel.

– À condition que son bateau ne soit pas dans un autre port, avança Torsac.

– Ça, vous le saurez forcément. À quai, il y a un double des registres. Tous les marins sont enregistrés, c'est très strict, vous savez. Mais avec juste un dessin, ça ne sera pas facile. Je ne suis pas sûr que…

– Il faudra faire avec, nous n'avons rien d'autre ! »

Devant cette nouvelle impasse, Delamare demanda :

« Dites-moi, les marins sont-ils tous tatoués ?

– Presque tous.

– Et celui-là, le vôtre, il est fréquent ?

– Beaucoup de marins là-bas ont le même. Il en existe d'autres, bien sûr, mais celui-ci, c'est le plus fréquent.

– Et pourquoi donc ? questionna La Reynie.

– Parce que les capitaines l'apprécient. »

L'homme commençait à s'impatienter. Torsac réorienta différemment l'interrogatoire.

« Qui vous a tatoué ? »

Le marin soupira et remontra ses avant-bras.

« Regardez ici. C'est signé Armand. Chaque tatoueur signe son œuvre. Ils sont plusieurs et chacun a sa spécialité. Le mien on l'appelle "Le Curé" parce qu'il sait le latin. Tout ce qui s'écrit en latin, c'est lui. Les dessins d'animaux, c'est Baptiste. Les bateaux, c'est Thomas…

– Et si notre homme n'était plus sur un bateau ? Si c'est un déserteur ?

– Si un homme a manqué à l'appel, un mandat de recherche a forcément été lancé contre lui et c'est les galères jusqu'à la fin de ses jours. Passé une semaine, on est porté manquant. »

La Reynie reprit ses bésicles, griffonna quelques notes dans son dossier et demanda :

« Vous confirmez que vous êtes de la compagnie du Levant ? »

Les inspecteurs se regardèrent, étonnés. Le marin tressaillit. C'était bien plus qu'un interrogatoire.

« Oui, finit-il par dire, et votre homme aussi. C'est pour ça que je vous ai dit Marseille et Toulon. Moi, si j'étais vous, je commencerais par là, par la Méditerranée. À Rochefort et Brest, jamais j'ai entendu parler d'un tatoueur qui travaillerait comme "Le Curé". »

Delamare croisa les yeux de La Reynie.

« Monsieur, vous êtes libre.

– Je peux repartir ?

– Oui, mais vous restez à la disposition de l'enquête. Vous

indiquerez où vous logez, vos allées et venues dans la capitale et la date de votre départ pour votre prochaine mission en mer. Mes inspecteurs vont vous accompagner à la salle de garde mais le commissaire viendra vous rejoindre avant votre départ. »

*

Sitôt la réunion terminée, Delamare convoqua Torsac. Ils s'entretinrent plus d'une heure puis l'inspecteur quitta le Châtelet et fila jusqu'à la rue de Richelieu. Le peuple de la nuit s'installait. Des silhouettes quittaient les ruelles et les terrains en friche pour gagner les rues principales. Des grappes d'enfants surgissaient, parfois très jeunes, déguenillés, souvent pieds nus, avec le regard ardent des loups. À bien les observer, ils ne ressemblaient plus à des enfants. Ils en avaient la taille, mais c'étaient déjà des hommes. Des coureuses adossées aux palissades attendaient le client et se haranguaient en riant. Il y avait là des militaires passablement ivres, sortant d'un estaminet pour entrer dans un autre sous les quolibets des caillettes. Tout ce monde se déplaçait dans une obscurité que troublaient à peine quelques torches. Les éclairages de La Reynie n'avaient pas gagné ce quartier. L'inspecteur accéléra le pas, il avait hâte de rentrer chez lui. Il grimpa les escaliers. Son chat Minet l'attendait à la porte et miaula en se frottant contre ses bottes. Il le précéda dans la cuisine pour lui donner un reste de poulet, puis il alluma les chandelles et entra dans la chambre de Lise. Il s'affala sur sa chaise habituelle et ferma les yeux. Ce qu'il avait à lui dire était une grande nouvelle.

« Ma chère Lise… imagine-toi…je vais voir la mer ! La Méditerranée. Pour la première fois, je vais voir les vagues et les grands bateaux. Je pars à Marseille… le port du Levant, pour les besoins de notre enquête. C'est une grande joie et une vraie tristesse. La joie, c'est de partir loin, à l'aventure, et découvrir un univers que je ne connais pas. La tristesse, c'est de te quitter. Pour le chat, ne t'inquiète pas, Laruche viendra le nourrir. »

Torsac prit une longue inspiration.

« Je vais être accompagné d'un marin de la Royale, un certain Trémeur Vairé, le nouveau témoin de notre enquête. C'est lui qui me servira de guide. Je pars avec les dessins d'Emilio Roggiero dont je t'ai déjà parlé… Quand je rentrerai, je demanderai à l'Italien de me peindre la mer et j'accrocherai le tableau ici. Comme si nous y étions allés ensemble. »

*

Dorénavant, le brodeur sortait de chez lui deux fois par jour. Une heure le matin, quand l'animation des rues du quartier est plus dense, et une heure le soir, quand ceux qui travaillent laissent la ville à un autre monde. Ces promenades n'avaient qu'un but, rencontrer celle ou celui qui se pencherait vers lui et lui dicterait le lieu et l'heure de sa prochaine mission. Pour s'y préparer, il avait plus d'une fois retiré la vachette cachée dans l'armoire, vérifié les fils de soie, piqué du pouce les cinq aiguilles, reniflé le flacon d'alcool et examiné la lame des ciseaux. Qu'attendaient-ils pour le rencontrer ?

Depuis ses missions rue du Perche et grand-rue Saint-Victor, il était impatient. Son métier avait perdu de son intérêt. Broder sur des robes lui était soudain apparu fade, ennuyeux, dénué de sens. Coudre les lèvres de jeunes beautés avec des fils de soie plus doux que des baisers, voilà tout autre chose, c'était une révélation. C'était divin. Lui qui sa vie durant n'avait possédé que des femmes sans âge, aux bouches édentées et aux relents de mangeaille, s'était enivré à en défaillir par les caresses posthumes qu'il s'était autorisées. Elles étaient jeunes et belles, il leur avait dévoué son art. Les mêmes images, les mêmes sensations remontaient en lui à leur évocation. Et il les convoquait jour et nuit. Il était possédé. Il regardait ses mains. Elles étaient expertes, fines et calmes. Elles attendaient. Il leur devait ce bonheur.

Dès lors, dès qu'une cliente entrait pour retirer une robe ou lui commander des retouches, il fixait ses lèvres et les interprétait. Il y avait les frémissantes, les trop fines, les serrées, les sensuelles, les grosses telles des babines, les tristes, les gourmandes. Jamais il n'aurait pu imaginer que des lèvres muettes puissent dire plus que des mots. Mais ces moments ne lui suffisaient plus. Il attendait la suite qui ne venait toujours pas. Le doux moment où la bourse tomberait à ses pieds et où l'adresse soufflée par un inconnu lui permettrait de poursuivre encore et encore son festin de lèvres.

*

Emilio se présenta au Châtelet, son havresac en bandoulière. Un lieutenant de la garde le laissa entrer. Il croisa Laruche dans les escaliers qui fut étonné de le voir. L'inspecteur l'accompagna jusqu'au bureau de La Reynie où un huissier lui ordonna d'attendre. Laruche d'un ton amical le questionna sur les raisons de sa visite. Emilio lui parla de dessins et de portraits que le lieutenant général lui avait commandés. Laruche surpris s'éloigna mais s'interrogea : « De quels portraits s'agit-il ? Pourquoi à La Reynie et pas à Delamare ou à nous ? »

On avait fait patienter Emilio plus de trois heures sur une méridienne en soie verte. Les bavardages entre huissiers allaient bon train. Il apprit que La Reynie était en visite chez le marquis de Louvois. Selon eux, le lieutenant général avait à se plaindre du comportement des troupes en partance pour le Nord-Est. Les soldats en permission à Paris s'adonnaient à des exactions et La Reynie voulait y mettre un terme en exigeant du ministre de la

Guerre qu'il instaure des sanctions plus sévères. Emilio dut en convenir, le lieutenant général avait des préoccupations autrement plus sensibles que son propre cas.

Enfin, la voiture de La Reynie pénétra dans la cour. Emilio n'espérait pas un entretien de plus de cinq minutes, mais s'il parvenait à les obtenir, il se persuada qu'il pourrait regagner sa confiance et repousser ses menaces. Quand le lieutenant général traversa l'antichambre accompagné de son escorte, il effleura du regard Emilio et poursuivit sa route. Emilio en fut déstabilisé. Soit La Reynie ne l'avait pas vu, soit il ne voulait plus le voir. Il allait repartir quand Laruche posa une main amicale sur son épaule. Une demi-heure plus tard, un huissier l'appela. Il fut introduit dans le bureau du lieutenant général.

« L'inspecteur Laruche m'a parlé de votre empressement. Une grande nouvelle ? Je vous le souhaite.

– Je crois que c'est le cas, monsieur le lieutenant général.

– Avant de commencer, un conseil. S'il s'agit du meurtre des jeunes filles, vous pouvez sortir.

– Monsieur, il s'agit du tableau. »

La Reynie leva les yeux vers lui. Il déboutonna son gilet rouge et dévisagea Emilio.

« J'écoute et, de grâce, soyez bref et précis.

– Le tableau représentera la duchesse de La Vallière et peut-être ses deux enfants. »

La Reynie essuya sa plume sur un morceau d'étoupe et porta une main à son front.

« Vous me l'avez déjà dit. Sur un fond français. Pourquoi dites-vous *peut-être* ?

– Parce que le tableau vient à peine d'être commencé et qu'il peut encore changer.

– Vous êtes en train de m'assurer qu'il ne s'agit pas d'un tableau triste, d'une mise au tombeau ?

– Exactement, monsieur. La palette pastel des couleurs avait déjà écarté cette hypothèse. Ce sera peut-être la représentation d'une famille heureuse. Je crois que monsieur Mignard l'espère et que la duchesse va le laisser faire.

– Tout cela est bien flou, vous ne trouvez pas ? Une famille heureuse et tant de *peut-être* ?

– En peinture, l'approche est toujours très longue. Quand tout sera en place, tout ira vite. Presque au galop.

– Et vous m'assurez qu'il n'y a que vous et moi qui sachions tout cela ?

– Je vous le jure ! »

Le lieutenant général allait reprendre la parole, mais se retint et congédia Emilio qui fit un salut de la tête. Il allait sortir quand le policier le rappela.

« Ah ! j'oubliais. Un petit détail. Mignard utilisera-t-il du bleu ? »

Emilio se retourna et fixa le lieutenant général. La question était pour le moins surprenante.

« Oui, monsieur. Le bleu sera invité. »

La Reynie eut un imperceptible sourire. Emilio avait à peine passé le pas de la porte qu'il fut pris d'une angoisse sourde. Il descendit les escaliers et traversa la cour de l'hôtel de police dans un état second. Les dés étaient jetés, il avait scellé son destin. Un cortège de « si » vint lui faire tourner la tête : et si le jeu des cercles qu'ils avaient interprété, Antonin et lui, révélait une autre mise en scène ? S'ils s'étaient trompés du début à la fin ? S'ils s'étaient laissé entraîner par l'ivresse d'un raisonnement qui leur semblait sans faille ? Il mesura soudain le risque qu'il venait de prendre.

Il n'avait pas attendu une seconde. Il connaissait le calendrier des chasses du roi. Il avait hésité. Les rumeurs avaient bruissé que Sa Majesté serait plutôt à Saint-Germain-en-Laye qu'à

Versailles. Il prit donc le risque et fit dépêcher un messager qui partit à bride abattue pour annoncer sa visite tandis qu'il montait dans son carrosse. Le temps était à la pluie et il couvrit ses jambes d'une fourrure. Il laissa son esprit vagabonder une partie du voyage. Le vacarme des roues et la régularité des sabots de l'attelage frappant la terre, il se prit à imaginer le tableau de Mignard, la duchesse et ses enfants nimbés de bleu. C'était bien peu. Mais ce détail pouvait séduire le roi, si artiste dans l'âme et dans le cœur. La duchesse aurait-elle son fils sur les genoux et sa fille déjà ravissante à ses côtés ? Non ! Ils seraient tous trois assis dans l'herbe, près d'un ruisseau, dans un paysage bien français. Les enfants jouaient-ils pendant que la duchesse lisait ? ou alors… C'était infini. Il faisait défiler dans sa tête des dizaines de tableaux, avec toujours cette combinatoire de trois personnages dans un bleu qui ne les quittait pas. La Reynie sursauta quand trois coups brefs furent frappés à sa fenêtre. Il était arrivé. Il releva le rideau. L'officier du roi était là et lui ouvrit la porte, signe que son messager était bien arrivé avant lui. On n'y voyait pas à trente pieds. Le roi, en tenue de chasse, l'attendait, entouré de huit chiens qui jappaient autour de lui. Sa Majesté ne fit pas un pas vers lui.

« Sire…, murmura La Reynie.

– Monsieur le lieutenant général, je ne vous reçois que pour entendre de bonnes nouvelles… La chasse a été fort décevante.

– C'est une bonne nouvelle, Sire. Le tableau de Mignard a commencé.

– Vraiment ? Votre peintre espion a parlé ? »

La Reynie hocha la tête.

« Un portrait, une fresque ? La duchesse sera seule ?

– Ce sera un tableau avec la duchesse et ses enfants. »

Le roi se retourna et contempla la vue qui s'offrait à lui. Au loin, on entendait des cris et des appels. Dans le brouillard qui se levait, le policier aperçut des rabatteurs et des veneurs. Des sons de trompes se répondaient.

« C'est étrange, je m'attendais à tout autre chose... Savez-vous si Versailles, Saint-Germain ou bien le Louvre y sont représentés ?

– Juste un paysage français, Votre Majesté. »

Le roi réfléchissait. La Reynie, que ce silence inquiétait, reprit la parole :

« Sire, si ce tableau vous déplaît...

– Le tableau me convient. Mais quand bien même m'eût-il déplu que je ne l'aurais pas interdit. Voyez-vous, monsieur de La Reynie, il n'y a rien de pire que d'interdire un artiste. C'est une bataille perdue d'avance. »

Amusé par la mimique qui se dessinait sur le visage du policier, il ajouta, non sans ironie :

« Ah ! monsieur, c'est vrai. J'oubliais que vous fréquentiez si peu les artistes.

– Je m'y applique, Sire », répondit La Reynie qui ne sut que répondre de mieux.

Il trouva la parade en ajoutant qu'il y aurait du bleu, mais le roi était déjà parti, un autre entretien l'attendait. Il aperçut Colbert, vêtu de son éternel costume noir et accompagné de Louvois, qui marchait à la rencontre du souverain.

17.

7 mai 1673

Le couple marchait sur la rive gauche de la Seine. Le jeune homme serrait sa fiancée contre lui. Ils avançaient d'un pas régulier. La nuit approchait et, dans la pénombre entre chien et loup, ils ne formaient qu'une seule silhouette. L'homme qui les suivait à quelque vingt toises se félicitait de l'absence de lanternes et d'avoir troqué ses bottes contre des chausses plus silencieuses. Le quartier que le couple avait élu pour sa promenade était désert. Il y avait là des rangées de tonneaux et de larges paniers entassés qui puaient le poisson. Des tentes hâtivement dressées au bord du fleuve n'avaient pas été démontées. Le soir, des hommes et des femmes s'y déshabillaient à l'abri des regards avant de nager. Plus loin, on distinguait des feux et des groupes de mendiants protégés par d'énormes blocs de pierres, enchevêtrés de madriers, de brouettes et de poulies en bois. Un gigantesque chantier. La Seine était grasse, luisante et noire. Privée de reflets. Des caisses planquées sous des bâches claquant au vent effleuraient les tourbillons de l'eau. Des bateaux immobiles lançaient leurs mâts vers le ciel et la noirceur de leurs flèches se mêlait à celle des potences et des perches tordues. Des mouettes se disputaient des détritus. Le lieu était sinistre. Le Paris des riches était sur l'autre rive, vers le Louvre, le Pont-Neuf, le Châtelet, les tours de Notre-Dame. Venir ici la nuit, face au chemin de la Rivière[1], c'était tourner le dos à la lumière. C'était entrer dans les ténèbres.

L'homme qui suivait les deux silhouettes enlacées avait glissé un sabre raccourci dans la manche de son habit, une lame lourde et effilée, noircie aux cendres afin que la lune ne dénonce pas son éclat. Il était nerveux et irrité par la tournure que prenait sa filature. Pourquoi se retrouver dans un endroit pareil ? À cela s'ajoutait un imprévu : la jeune fille n'était pas seule, et il n'était pas question d'abattre son soupirant. Ce n'était pas sa mission. Il n'avait été payé que pour elle, seulement elle. Depuis le pont du Châtelet, il éprouvait la sensation désagréable qu'on le suivait. Un policier ? Une mouche ? Il bloqua sa respiration et se retourna brusquement. Personne ! Seule une course de rats filant vers des paniers percés. Il lui avait pourtant semblé… Il fouilla l'obscurité. Rien. Juste la nuit, qu'éclairait à peine un lever de lune. Soudain, il entendit un rire cristallin. Il se retourna et, devant lui, il entr'aperçut le jeune homme se séparer de sa compagne et courir vers le fleuve. La silhouette s'accroupit et une main toucha l'eau. Le couple s'était désuni. C'était l'instant. La jeune fille était de dos, elle ne pouvait le voir. Il allongea le pas et brandit son sabre. La lame n'étincela pas, mais à l'instant où elle allait s'abattre, un long cri strident et primitif figea l'instant. Quelqu'un avait vu le geste et tentait de changer le cours du destin. Son écho résonna un moment dans l'obscurité et fut interrompu par le sifflement dans l'air du sabre qui tournoya et frappa dans un bruit mat et sourd. La jeune femme s'affaissa. Le châle glacé de la mort lui couvrit les épaules et le sang gicla. Elle fléchit, vit avec

1. Aujourd'hui nommé quai de la Rapée.

égarement une flaque rouge éclabousser le pavé. Une lumière vive lui brûla les yeux et une onde de chaleur se répandit dans son corps. Elle n'entendit pas les hurlements de son compagnon qui courait vers elle.

L'homme, son sabre à la main, fixa une fraction de seconde le corps de la jeune femme dont la robe relevée découvrait les jambes puis son regard se porta sur le fiancé qui, dans sa course désespérée, fit chuter son chapeau. Une cascade de cheveux retomba sur le col de son habit. C'était une femme ! L'assassin surpris releva son sabre et bondit vers elle. Elle fit volte-face et s'élança vers le fleuve. Elle abandonna sa cape qui s'envola et entrava un court instant la poursuite de l'assaillant, déchaussa ses bottes à grands coups de pied et plongea. Sur le quai, des flambeaux s'embrasèrent de toutes parts et des cris s'amplifièrent : « À l'assassin ! À l'assassin ! » L'homme paniqua. Il lui était impossible d'affronter le groupe qui l'encerclait. Il jeta un regard éperdu vers l'autre partie du quai. Toute fuite de ce côté était impossible. Il n'y avait que le fleuve ! Il eut un dernier regard vers les hommes qui, à quelques toises de lui, accouraient déjà, armés de bâtons et de couteaux. Il vit leurs bouches tordues et leurs yeux fous et il se rua dans le fleuve. Le contact de l'eau glacée lui fit perdre le souffle. Il bascula dans le flot sale et puant. Son sabre s'échappa de sa main et coula à pic. L'homme, porté par le courant, dériva puis disparut.

Une silhouette avait tout vu. Elle avait rejoint le cercle qui s'était formé autour de la victime. L'inconnu portait une vachette en cuir dans la main droite. Il se haussa sur la pointe des pieds et observa par-dessus les épaules une femme à genoux qui priait en tenant la main de la morte. L'homme ne put s'empêcher de convoiter les lèvres de sa proie. Elles étaient comme il les aimait, belles, charnues, sensuelles. Désirables, pleines de promesses. Un témoin voulut déplacer la jeune femme pour l'allonger mais on l'en dissuada. Un mouvement de foule vint déséquilibrer l'homme qui faillit tomber. L'affaire se gâtait. Dans la bousculade il abandonna son bagage et dut reculer d'un pas. Il chercha l'obscurité et disparut dans l'ombre de la rive, vers le pont Marie.

Sur ces entrefaites, une patrouille du guet arriva, suivie d'archers. Un sergent fit reculer les badauds à grand renfort de hurlements et de moulinets de bras et ordonna qu'on mandât immédiatement le commissaire de quartier. Des torches furent plantées pour éclairer la scène et les archers commencèrent à interroger les témoins. Tout le monde avait vu quelque chose, tout le monde avait quelque chose à dire, chacun désirait prendre part au drame et, pour certains, venger la victime. C'était le chaos.

Le commissaire fit son entrée à cheval, l'épée au côté. En sautant de sa monture il fit tomber son tricorne dans la boue. Un sergent lui ouvrit le passage, ce qui mit un terme à la confusion. L'homme avait la stature imposante, le visage sec. Il pénétra dans le périmètre éclairé et s'approcha de la jeune femme dont la tête baignait dans une flaque de sang.

« Mon Dieu ! » fit-il en se signant.

Il s'agenouilla et lui prit une main. Elle était glacée. Un flot de sang s'était échappé de sa bouche. Il resta à la contempler, posa une main sur son front déjà froid et lui ferma les paupières, puis il se releva. Le sergent était derrière lui, raide, impassible. Le commissaire jeta un regard circulaire pour graver la scène dans sa mémoire. Non loin, il distingua une dizaine de témoins retenus par les archers. L'endroit était infâme. Toute l'année on y marchait dans la boue et les immondices. C'était devenu la nouvelle cour des Miracles. Le commissaire reporta son attention sur la victime. Sa jeunesse, le mode opératoire, le coup sur la nuque avec un sabre lui rappelèrent les meurtres des Bouches cousues. Cette affaire ne relevait pas de son autorité mais de celle de La

Reynie. Il fit déposer la victime sur un drap qu'un sergent déplia. Il vint à ses côtés, ôta son chapeau en signe de respect, puis, après quelques instants de recueillement, il demanda qu'on la couvre.

« Nous l'emmenons au commissariat ? s'enquit le sergent.

– Non ! Directement à la morne du Châtelet. Et ramassez-moi tous les témoins ! »

Deux cavaliers du guet arrivèrent au galop.

« Monsieur le commissaire, les nageurs ont disparu.

– Trouvez-les-moi ! Il paraît qu'il y a une femme. »

Caché derrière les amas de pierres du chantier du pont Marie, l'homme qui avait perdu sa vachette avait renoncé à quitter le périmètre, de peur d'être arrêté par les patrouilles à cheval. Il assista à l'arrivée des archers, aux attroupements des premiers interrogatoires, aux troupes à cheval sur les berges. Il en tremblait. Il l'avait échappé belle ! Il pesta à l'idée d'avoir abandonné sa mallette. Mais en cas d'arrestation, elle l'aurait dénoncé.

*

Le sergent du guet avait terminé le tri des seuls témoins présents au moment du meurtre. Le commissaire les fit appeler. À peine une douzaine. Deux autres sergents installés sur des blocs de pierre rédigeaient les dépositions. Tous avaient entendu un cri déchirant qui ressemblait à un hurlement de bête, tous avaient été témoins d'une course d'ombres, ou avaient participé à la poursuite de l'assassin jusqu'au fleuve, tous avaient fait cercle autour du corps de la victime. Tous les récits étaient concordants. Un témoin précisa une information capitale. Il avait reconnu le cri. C'était un mendiant qui rôdait parfois sur les quais.

« Son nom ?

– Le Rat.

– Le Rat ?

– Oui, le Rat ! Le chef d'une bande de mômes. »

Caché au milieu des témoins, le Rat, qui avait glissé une vachette entre ses cuisses, était occupé à la fouiller sans rien perdre de la scène. Il avait tâté l'intérieur puis en avait sorti son contenu. Ce fut la déception. Que des objets sans intérêt, des bobines de fil, des aiguilles, des bouts de tissu ! Ses doigts experts explorèrent de nouveau la vachette en quête d'une pochette intérieure, visitèrent les différents compartiments, tâtèrent les doublures du cuir. Rien. Pas l'once d'un louis qui aurait été caché là, rien à vendre, rien à échanger. Dépité il renfourna le tout en vrac, et s'escampa par le quai vers le pont Marie. Il fut arrêté par une clameur.

« Là-bas, il est là-bas !

– C'est lui, le Rat… C'est lui qu'a crié… »

Le Rat pesta. Flairant le danger s'il s'enfuyait, il se retourna. Les témoins l'avaient reconnu. Le sergent lui ordonna de rappliquer sur-le-champ. À contrecœur il traîna les pieds vers le groupe, oubliant mine de rien la vachette comme si la chose ne lui appartenait pas, et obliqua de mauvaise grâce vers le commissaire quand une voix ébréchée par l'alcool retentit dans son dos.

« Tu as perdu quelque chose, l'ami ! »

Le Rat tressaillit mais ne ralentit pas. Le commissaire, qui avait entendu, lança :

« Qui a perdu quelque chose ?

– Le saute-ruisseau ! Y vient d' se débarrasser d' son sac. »

Des rires fusèrent.

« C'est pas à moi ! Pas à moi !

– Menteur, j' t'ai vu, tu l'avais dans ta pogne », hurla une femme.

Il dut ramasser sa vachette.

On interrogea ce très jeune garçon aux chausses déchirées.

C'était vrai. C'est lui qui avait crié. « Oui, dit-il, se frappant la poitrine d'orgueil, c'est moi qu'a tout vu en premier ! » Oui ! il saurait reconnaître l'assassin. Pour lui, tout était bon pourvu qu'on le traitât bien, mais il y avait cette maudite vachette qui lui brûlait les mains. C'était trop tard, on allait l'embarquer. Et voilà qu'il allait se faire passer les poucettes pour rien !

*

Il était deux heures du matin quand La Reynie fut réveillé par un messager du Châtelet. L'urgence de la situation l'ordonnait. Il s'habilla en toute hâte et rejoignit Delamare qui l'attendait dans une voiture en bas de chez lui. Sur le trajet, il se fit raconter les circonstances du drame et des premiers éléments de l'enquête. Il approuva la sagesse du commissaire de quartier et se promit de l'en féliciter. La jeune femme avait été tuée d'un coup de sabre à la nuque, avait le même âge que les deux premières victimes. Elle n'avait pas les lèvres cousues, les circonstances l'avaient sans doute empêché par manque de temps.

« Des meurtres en série dont la liste s'allonge. C'est bien ce que vous êtes en train de me dire ? »

La voiture se dirigea vers le Châtelet sans traverser la Seine.

« Nous n'allons pas sur les quais ?

– Non, monsieur, le commissaire Bernard vous attend à la morne avec Laruche. La victime vient d'y être déposée.

– Des nouvelles de Torsac ?

– Pas encore. À cette heure il est toujours en route. »

Le carrosse s'arrêta dans la cour. Laruche sortit de la salle de garde, accompagné du commissaire Bernard. La Reynie monta en premier les escaliers. L'huissier ouvrit la porte de son bureau. Une chaleur douce et un feu l'attendaient, on avait pris soin de l'accueillir en pleine nuit.

On lui laissa quelques minutes avant que Delamare n'introduise le commissaire de quartier et Laruche. La Reynie les pria de s'asseoir mais lui resta debout, adossé comme à son habitude à son bureau. L'heure était grave. Il félicita le commissaire Bernard d'avoir eu l'initiative de faire rapatrier le corps au Châtelet et de faire prévenir au plus vite les policiers.

« Je saurai m'en souvenir », ajouta-t-il.

Le commissaire Bernard hocha la tête en remerciement et Delamare lui donna la parole. Avec une précision qui faisait honneur à sa profession, il dressa la chronologie des faits et résuma les premiers témoignages. Delamare précisa à La Reynie que le commissaire avait retenu quelques témoins qu'il pourrait interroger lui-même.

« Qu'ont-ils vu ? le coupa La Reynie.

– À cette heure-ci, dans un lieu sans lumière… pas grand-chose. Des silhouettes. »

La Reynie tiqua. Ainsi, à deux pas de l'île Saint-Louis, Paris la nuit était toujours le coupe-gorge sinistre et mal éclairé qu'il n'avait pas réussi à illuminer.

« Tous disent avoir entendu des cris, aperçu des hommes courir et une fille et l'assassin se jeter à l'eau.

– Une fille ? »

Sa question resta sans réponse. Il enchaîna :

« J'imagine qu'à cette heure-ci il est trop tôt pour les avoir repêchés. Donc, en plus de la victime, il y aurait eu deux personnes dont une fille ? J'avoue ne pas comprendre. Avant leur fuite, que s'est-il passé ?

– Le témoin affirme qu'il a vu un homme, l'assassin, s'approcher d'un couple qui venait de desserrer son étreinte. Le jeune homme a quitté le bras de la fille et s'est approché de la rive. C'est à ce moment-là que l'assassin a levé son sabre sur la fille et que l'un de nos témoins a crié.

– Un de nos témoins était près de la scène du crime et a crié ? Intéressant !

– Oui, il jure même qu'après avoir crié, le compagnon de la jeune fille, alerté par le cri, s'est retourné et a couru vers elle pour la secourir. Mais qu'à ce moment-là, il a perdu son chapeau. Le témoin a vu sa chevelure retomber sur ses épaules, des cheveux très longs ; le jeune homme en question était donc une fille.

– Vous êtes en train de me dire que le couple en question c'était deux filles, dont l'une déguisée en homme ? C'est bien ce qu'il vous a dit ?

– Oui, monsieur. »

La Reynie accusa le coup.

« C'est incroyable. Pourquoi une fille déguisée en homme ? pensa-t-il tout haut.

– Peut-être qu'elles revenaient d'une fête, émit Laruche, d'une soirée déguisée. Il y en a beaucoup dans Paris.

– En rentrant chez elles par ce quai en travaux, l'un des endroits les plus mal famés de Paris ? J'ai du mal à le croire. »

Un silence s'ensuivit. La Reynie, les mains dans le dos, se mit à arpenter de long en large la pièce. Il cherchait une autre hypothèse et on le laissa réfléchir.

« Tout est possible, je vous l'accorde, modéra-t-il. Dans ce cas, il faut imaginer qu'elles pensaient se protéger en faisant semblant d'être un couple. La présence d'un homme auprès d'une fille peut dissuader un malandrin.

– Ce qui visiblement n'a pas été le cas… », souligna Bernard avec un manque évident de tact.

La Reynie fit comme s'il n'avait pas entendu. Il aimait bien être repris dans le jeu des hypothèses d'une enquête, encore fallait-il qu'on y mît la forme.

« Et celle qui s'est enfuie, la nageuse ?

– Soit elle a gagné l'autre rive, soit elle s'est noyée, dit Laruche.

– Trouvez-la ! C'est la priorité. Si on la retrouve, on a une piste. Peut-être même la clef de tout. Et votre témoin qui a tout vu ? On peut le questionner ?

– Il est dans la salle de garde, monsieur », répondit Bernard.

« Alors, faites-le monter. »

Le Rat, accompagné d'un garde, parut dans l'encadrement de la porte. Son apparition imposa le silence. La Reynie s'immobilisa au milieu de la pièce. Une puanteur indicible venait d'assaillir ses narines. Discrètement il déplia un mouchoir blanc en dentelle et le porta à son nez. Laruche remarqua son geste et en ressentit une certaine satisfaction : il était bon qu'en ces hauts lieux, on ne fréquentât pas seulement ceux qui se précipitent à Versailles. Oui ! Il existe aussi un peuple, *le peuple*, et ce gosse sale, malodorant et dépenaillé en faisait partie.

Delamare prit le gamin par les épaules et le conduisit au centre de la pièce. L'intrus portait des oripeaux aux couleurs crasseuses dont aucun n'était à sa taille et des cheveux noirs frisés qu'un peigne n'avait jamais effleurés recouvraient son front griffé d'une profonde cicatrice. Il pouvait avoir dans les quatorze ou quinze ans, mais semblait plus grand que son âge ne le laissait présager. Il avait déjà la carrure d'un homme. Il serrait les mâchoires en détaillant les lieux d'un regard sombre. Il venait d'abandonner sa mallette dans la salle des gardes en espérant qu'on ne le remarque pas, car c'en serait fini pour lui si on la lui rapportait. La Reynie l'observa et un souvenir douloureux vint se greffer sur le visage de l'adolescent. C'était il y avait à peine dix ans. Il venait d'être nommé lieutenant général de police par Colbert qui pressentait en lui l'homme providentiel que cherchait le roi pour mettre de l'ordre dans le royaume et créer un nouvel organe de police. Sécuriser Paris était l'une de leurs priorités. À cette époque, un de ses plus grands chantiers avait été de démanteler la cour Neuve-Saint-Sauveur qu'on appelait la cour des Miracles, un État dans l'État où régnait la pègre. Les truands, les prostituées et les hordes d'enfants s'étaient volatilisés quand il était arrivé à cheval avec son escorte. Il lui arrivait encore d'en faire des cauchemars. Depuis, le périmètre en cul-de-sac avait été rasé et assaini. Mais il n'oublierait jamais son entrée dans la première maison du passage, une masure chancelante de pourriture d'à peine quatre toises au carré où logeaient au bas mot une bonne cinquantaine de ménages. Une cohorte de gosses de tous âges, naturels ou dérobés, avait alors déguerpi comme une nuée d'oiseaux. Il y en avait plus de cent ! Jamais il n'avait vu un tel spectacle. Tout ce beau monde n'avait pas disparu pour autant. Juste dispersé. C'étaient les mêmes qui aujourd'hui traînaient sur les quais et ce gamin était sans doute l'un des leurs.

« Messieurs, je vous présente le Rat ! L'auteur du cri », déclara avec emphase Laruche.

Le Rat leva les yeux vers l'inspecteur.

« C'est bien toi qui as crié ? » dit La Reynie.

Le gamin hocha la tête. La Reynie pensa à le faire asseoir, mais quel fauteuil aurait voulu de lui ? Il le laissa donc debout.

« Comment as-tu crié ? »

Le Rat qui ne comprit pas la question s'exécuta. Il poussa son cri.

Tous sursautèrent.

Ce n'était pas un cri, c'était un hurlement entre homme et bête, sorti tout droit de l'enfer. Parti des basses profondes, il mua dans les suraigus, avec une force qui déchira les tympans de l'auditoire et les saisit d'effroi. Il résonna longtemps dans l'air de la pièce puis s'éteignit dans la stupeur et la sidération. Un long silence s'installa. Tous avaient les yeux rivés sur le garçon qui, sûr de son effet, baissait modestement les yeux en attendant la suite. Jamais ils n'avaient entendu chose pareille. Qu'avait-il vu ou vécu pour posséder un cri de la sorte ? C'était le cri de la faim, de la rage et des souffrances infinies.

La Reynie, les nerfs à vif, rompit cette suspension du temps en demandant à Delamare de lire à haute voix son témoignage.

« Tu confirmes tes dires ? »

Le Rat acquiesça de la tête.

« Tu as quelque chose à ajouter ?

– J'ai tout dit.

– Tu es sûr que tu n'as rien oublié ? Tu crois que tu vas t'en tirer comme ça ? dit Delamare.

– J'ai tout dit, j'ai dit », cria le Rat.

Deux coups résonnèrent à la porte. Delamare s'empressa d'ouvrir. Un huissier lui remit une vachette.

« Elle est au témoin. Il l'a oubliée dans la salle de garde. »

Le Rat se décomposa. Le bagage ressemblait si peu à ce que l'on pouvait imaginer dans ses mains que, lorsqu'il l'attrapa pour le mettre à ses pieds, Laruche, qui l'observait, lança avec ironie :

« Dis donc, tu en as une bien jolie vachette ! »

Le gamin chercha une défense.

« C'est pas à moi… J' l'ai trouvée sur le quai.

– Tiens donc ! Trouvée ou volée ? intervint Bernard.

– Trouvée ! se défendit le Rat. Elle est à personne, j' l'ai ramassée.

– Et tu l'as ouverte, rétorqua Bernard.

– Ben oui ! Y a que'que fois le nom du propriétaire d'dans.

– Ah ! Parce que tu sais lire, toi ? »

Un silence suivit la remarque de Laruche. Le Rat, qui se sentait pris dans un filet, tenta le tout pour le tout.

« Si j' lui rapporte, y me donne ma récompense…

– Bon, ça suffit comme ça ! Tu aggraves ton cas, l'interrompit Bernard en haussant le ton, faut pas nous prendre pour des idiots ! Alors c'est quoi la vérité ? »

Le Rat ne se laissa pas impressionner.

« La vérité ? Ben moi, j' sais pas lire, mais mes paluches, elles si. Elles ont pas besoin d' mots.

– Je constate que les voleurs de ton âge ont beaucoup d'esprit et d'aplomb, reprit La Reynie que tout dans le garçon étonnait. À ton avis, elle appartenait à qui cette vachette, à une des jeunes femmes ?

– Non, m'sieur, elles en avaient pas...

– Alors si tes mains sont si savantes, tu peux me dire ce qu'elles ont lu dans le sac ?

– Des outils...

– Des outils, vraiment ? » s'étonna Delamare qui fit un signe à Laruche.

Le Rat ne répondit pas. Il observa Laruche la soupeser, en essuyer le fond terreux avec sa main puis avec le bas de son manteau avant de la présenter au lieutenant général. Il était au supplice. La Reynie repoussa ses dossiers, sortit de son tiroir un carré de soie dont il couvrit le bureau, puis saisit la vachette. Il l'ouvrit et eut aussitôt un coup au cœur. Il brandit les objets un à un qu'il énuméra en les déposant sur le linon :

« Une paire de gants en soie, des bobines de fil – j'en dénombre cinq de différentes couleurs –, des aiguilles de plusieurs grosseurs piquées sur un carton, au nombre de cinq elles aussi, enfin trois pièces de tissu, dont deux en velours épais.

– C'est incroyable ! s'exclama Delamare, du matériel de couture ! Je ne voudrais pas trop m'avancer, ajouta-t-il en s'adressant à La Reynie, mais cette vachette ne peut qu'appartenir à notre deuxième homme, le fameux brodeur. Autrement, que ferait-elle sur le lieu du crime ? Cette vachette est donc la preuve que ce “couseur de lèvres” existe ! »

La Reynie regarda Delamare qui jeta un œil à Laruche.

« Commissaire, vous aviez raison, votre théorie est juste. Ils seraient deux à opérer et ces deux hommes étaient bien présents cette nuit en même temps. Celui qui a porté le coup de sabre et qui a plongé devait être le “boucher”. L’autre, le “brodeur”, s’est évanoui dans la nature. »

Laruche exultait mais n’en montra rien. Depuis le début, les inspecteurs avaient eu raison ! Le commissaire de quartier regardait tour à tour La Reynie et Delamare sans comprendre goutte. Il finit par demander :

« Un boucher ? Un brodeur ?

– Oui, commissaire, les assassins sont deux et travaillent ensemble. L’un tue et l’autre coud les lèvres des victimes.

– Mais c’est diabolique ! Dans ce cas, les deux jeunes filles… enfin celle que j’ai trouvée sur le quai aurait dû avoir la bouche cousue… comme les deux autres ?

– Sans aucun doute, commissaire ! dit La Reynie. Et j’ajoute que celle qui a plongé dans la Seine sera la prochaine si nous ne la retrouvons pas. »

À cet énoncé, les hypothèses fusèrent et tous parlaient en même temps. La Reynie leva sa main droite pour réclamer le silence.

« Messieurs, nous avançons, nous progressons. Il nous faut trouver l’identité du sabreur, celle du brodeur et retrouver la jeune fille… »

Et, se tournant vers le Rat :

« Et toi, le Rat, le propriétaire de la vachette tu saurais le reconnaître ?

– Il nous faudrait une reconstitution de la scène, suggéra Bernard.

-J'ai tué personne ! hurla Le Rat qui se mit à paniquer. L'homme du sabre, j' l'ai vu, c'était pas ç'ui-là ! dit-il en pointant son bras vers la vachette.

– Calme-toi, le Rat, coupa Laruche. Pour l'instant, on ne t'accuse de rien ! Ce qu'on veut, c'est savoir à quoi il ressemble. Tu saisis ? Alors tu saurais le reconnaître ? T'as vu son visage, oui ou non ?

– Mais… y f'sait trop nuit.

– Faux ! Le ciel était dégagé et il y avait la lune. Alors, tu étais loin ? À quelle distance tu étais ? Allez ! concentre-toi ! le pressa Delamare.

– J' sais pas…

– Dix toises, quinze toises ? Dans ton témoignage tu déclares que tu as couru derrière lui. Que tu l'aurais presque rattrapé. Vrai ou faux ?

– Oui mais… non, non ! C'était pas comme ça. On a tous été vers la fille qu'était par terre. Lui, il était d'vant moi, et moi dans son dos. Après j' l'ai plus vu et j'ai trouvé la vachette. Vous comprenez, on était tous autour de la fille… y a eu une bousculade.

– Donc tu l'as vu ! Il était de dos et t'as lorgné la vachette. Il était comment ? Plus grand que toi, gros, maigre ? Une perruque, un chapeau ? Un manteau, des bottes ? Ça se remarque, s'impatienta Bernard.

– J' sais pas. J'ai pas r'gardé… j'en sais rien, moi !

– Tu mens, dit Laruche. Je suis sûr que tu l'as vu et bien vu. Tu es un voleur, le Rat, donc tu sais observer ta proie avant de la dépouiller ! Pas vrai ? »

Le Rat baissa les yeux. La Reynie reprit la parole.

« Écoute-moi bien. Ici, tu n'as rien à craindre. Ici, tu n'es pas un voleur, tu es notre témoin. Le seul à avoir vu les deux tueurs… Tu as crié, donc tu as tout vu. Tu as même sans doute sauvé l'autre fille. Tu dois comprendre que le moindre détail pour nous compte. T'as envie comme nous que les assassins soient attrapés, non ? »

Laruche eut subitement une intuition. Il s'approcha du bureau et souleva la mallette. Il l'observa sous tous les angles, puis mit son nez dedans. Il renifla longuement, puis regarda l'assemblée, triomphal.

« Messieurs, je sens là comme une odeur de musc ! Vous voulez sentir ?

– Allez me chercher le peintre Roggiero, tempêta La Reynie.

– Il est déjà là, monsieur, avec le médecin légiste, dit Delamare.

– J'aurais dû m'en douter ! Un jour les peintres arriveront avant nous. »

*

À peine le corps déposé à la morne, Laruche, prévoyant la suite, avait fait mander Emilio. Il pouvait avoir besoin de lui pour des dessins. Réveillé en sursaut, le jeune Italien avait accepté. En chemin, il avait décidé de se faire seconder par Antonin. Tous deux avaient rejoint au plus vite la basse geôle du Châtelet. Mouchoir sur le nez, ils étaient accroupis derrière la table d'autopsie et multipliaient les croquis de la victime. Le médecin légiste s'impatientait. Il avait déjà rédigé son rapport. Le même que les précédents. Même blessure, même arme, même souffrance, mêmes jeunesse et beauté. Seule différence cette fois-ci, les lèvres étaient intactes.

La Reynie entra en trombe, suivi de son équipe. Andrieux le salua d'un mouvement de tête mais fut surpris de voir derrière lui un gamin hirsute, couleur de boue, dont l'odeur pestilentielle se mélangea immédiatement à la puanteur du lieu. Le lieutenant général, supposant Emilio caché dans le renfoncement du mur, s'avança et buta sur Antonin accroupi par terre, des papiers à dessin sur ses genoux. Il hurla :

« C'est qui, celui-là ?

– Antonin, monsieur, répondit Emilio qui sortit de l'autre coin de la pièce. C'est mon ami peintre. Il est venu m'aider. »

La Reynie le coupa sèchement.

« Qui vous a donné l'autorisation ? Monsieur Roggiero, nous ne sommes pas à l'académie mais à la morgue ! » Puis, se tournant vers Delamare : « Faites-moi sortir cet homme, immédiatement ! »

Emilio, catastrophé, regarda son ami, penaud, ramasser ses affaires et s'apprêter à gagner la sortie. Il essaya de trouver un argument.

« Monsieur le lieutenant général, je vous demande pardon, tout ceci est de ma faute. Mais puis-je vous faire une requête ? Je ne peux pas, à moi seul, réaliser toutes les copies des portraits que vous me demandez en aussi peu de temps. C'est impossible. »

La Reynie le foudroya du regard et arracha le portrait de la jeune fille des mains d'Emilio.

« Je garde celui-ci, et j'en exige vingt autres. C'est entendu ! Votre ami vous aidera. »

Le médecin toussota pour rappeler sa présence et partir au plus vite. Il tendit son rapport à La Reynie qui, sans quitter du regard Emilio, s'en empara sans le consulter.

« Ce jeune garçon que vous avez devant vous, monsieur Roggiero, a tout vu de l'assassinat de cette jeune fille. Il est notre unique témoin. »

Avec soulagement Emilio comprit que l'orage s'était éloigné. La Reynie poursuivit :

« Il était sur la scène du crime mais il n'en a distingué que des fragments… des éclats, pas l'entièreté. Il a vu l'assassin à l'œuvre et la jeune victime s'effondrer. Il a crié, une foule nocturne s'est précipitée, ce qui a brouillé la scène de crime. Mais il y a aussi autre chose. Ce jeune garçon croit qu'il a frôlé celui qui coud les lèvres. Vous saisissez l'enjeu ? »

Emilio jeta un bref regard sur son ami resté près de la porte, qui répondit par une imperceptible dénégation.

« Monsieur, je pense ne pas comprendre exactement le sens de votre question.

– Et votre ami, il a compris, lui ?

– Malheureusement non, monsieur le lieutenant général », bégaya celui-ci, extrêmement gêné.

La Reynie revint vers le centre de la pièce.

« Ils n'ont pas compris ma question ! »

S'adressant à l'auditoire d'un ton docte, laissant entr'apercevoir qu'il avait mûrement réfléchi à un plan d'action, il reprit :

« Vous avez bien peu d'imagination, messieurs les peintres. Vous me surprenez, vous qu'on dit si talentueux. »

Le Rat, qui n'écoutait pas, s'était approché en douce de la table d'autopsie et observait le visage de la jeune morte. Un silence plana. Emilio se lança :

« Vous souhaitez un dessin de la scène de crime ? C'est cela ? Nous, monsieur, pour ce genre d'exercice nous travaillons toujours sur le motif.

– Je le sais, mais ce n'est pas ce que je vous demande. Ce que je vous propose, moi, si ce n'est pas trop vous demander et si c'est bien dans vos cordes, insinua-t-il, c'est quelque chose de créatif, de plus élevé. Ce que je vous demande, c'est de me dessiner la scène, le *motif*, en quelque sorte. Ce motif a existé il y a quelques heures, mais son déroulement s'est achevé. Il a disparu dans le passé. Sans image. Grâce à vous et aux souvenirs du témoin, je suis certain qu'il peut revenir. Qu'en pensez-vous ? »

Emilio et Antonin restèrent muets, toujours perplexes. Jamais ils n'auraient imaginé qu'une idée aussi folle aurait pu sortir de l'esprit du lieutenant général.

« Enfin, messieurs ! Que vous faut-il pour comprendre ? Je vous offre un témoin qui a tout vu. Vous allez l'interroger ! Il a vu un jeune couple marchant sur un quai à une heure tardive ; il a vu une ombre lever son sabre et frapper la victime qui est devant vous ; il a vu l'autre jeune fille revenir du fleuve en hurlant ! Tout le monde peut imaginer la scène, n'est-ce pas ? Ce n'est quand même pas si compliqué. Nous la voyons tous. Et vous, les peintres, vous ne la voyez pas. »

Tous les regards étaient braqués sur Emilio qui se sentit mal. Le Rat, qui comprit qu'il allait de nouveau être sur la sellette, n'était pas en reste. Il aurait voulu se fondre dans la muraille, devenir une pierre. La Reynie, imperturbable, poursuivit :

« Je suis persuadé que vous pouvez réussir. Ce jeune homme va vous décrire la scène et vous, vous allez la dessiner. Certains parmi nous sont convaincus que votre art et le nôtre peuvent se rencontrer. Je vous offre donc l'occasion d'en faire la démonstration. Je n'ai jamais caché mes réticences mais… si vous y parvenez, je suis prêt à être convaincu. »

Emilio se décomposa, comme si la foudre venait de le frapper. Il dévisagea tour à tour Delamare, Andrieux qui fixait ses chausses et enfin Laruche. Tous fuyaient son regard. Antonin, lui, fermait les yeux… Il ne lui serait d'aucune aide. Ce que lui demandait le lieutenant général était tout bonnement extravagant. Jamais aucun atelier de maître n'aurait inscrit un tel exercice dans sa pratique.

« Monsieur, dit-il enfin, vous attendez donc de moi de représenter ce que je n'ai pas vu ? Est-ce bien cela ?

– Vous avez enfin compris. »

Sur ce, La Reynie fit volte-face et se dirigea vers le petit muret où le médecin avait pour habitude de déposer ses bols et ses fioles. L'assemblée subjuguée ne le quittait pas des yeux. Avec autorité, il saisit un bol, les regarda tous, puis le fracassa sur le sol dallé. Le Rat sursauta. Tous sursautèrent, paralysés de frayeur.

« Voilà ce que je vous demande, dit tranquillement La Reynie. Ce témoin a vu ce que vous voyez par terre, des fragments. Il a vu le tueur. Peut-être même le deuxième tueur, l'homme à la vachette. Je répète. Pouvez-vous, oui ou non, comme vous le feriez pour recoller les éclats de ce bol, me reconstituer la scène ? La victime est devant vous, il me faut les trois personnages, le boucher, le brodeur et la nageuse. »

Le plus stupéfait était le commissaire Bernard. Il avait eu peu d'occasions d'approcher La Reynie, mais ce qu'il venait de vivre dépassait tout ce qu'il aurait pu imaginer.

« Si je puis me permettre, monsieur, pourquoi ne faites-vous pas une reconstitution en vrai sur les quais… sur les lieux même du crime ? » articula enfin Emilio.

Le jeune homme énonçait à voix haute ce que tout le monde pensait tout bas.

« Parce que la reconstitution n'est toujours que du *réchauffé*, du *après*, la pâle copie mal répétée d'une *seconde fois*. Je veux qu'elle sorte de votre cerveau. Vous pouvez apporter beaucoup plus. Vous pouvez apporter le médium qui saura recoller cette poterie, à vous de distiller le ciment par votre imagination qui reconstruira cet objet. En somme, je compte sur vous pour combler les vides, coudre les pièces entre elles et lier tout ce qui y participe. »

Emilio ne s'attendait pas à ce que le lieutenant général puisse s'exprimer ainsi sur la peinture. Bien joué, reconnut-il, même si le piège venait de se refermer sur lui. Il n'avait plus le choix.

« Si le témoin, comme vous dites, a su bien observer ce moment, avec tous ses détails, nous pouvons peut-être réussir. »

La Reynie frappa dans ses mains gantées.

« Parfait ! Je n'en attendais pas moins de vous. »

*

Aussitôt, Emilio demanda qu'on apporte des chandelles, mais Antonin, plus prompt, sortit des poches intérieures de son manteau des cierges qu'il avait volés à Saint-Eustache. Emilio se pencha devant le Rat qui se défendit en criant :

« J'ai rien fait, c'est pas moi ! J' veux partir !

– Ne crains rien, chuchota Emilio.

– J'ai rien vu… rien… j' le jure…

– Tu vas juste nous aider à arrêter celui qui a tué cette jeune femme. Tu comprends ? »

Emilio lui posa une main sur l'épaule et sur le même ton :

« Voilà ce que tu vas faire. Tu vas fermer les yeux, voilà, c'est bien. Maintenant tu vas te concentrer, et repasser dans ta tête ce que tes yeux ont vu. Allez, aie confiance en moi. Je vais te guider. Rien que toi et moi. »

Le contact amical et la voix calmèrent l'enfant ; maintenait qu'il ne sentait plus sur lui le regard pesant des autres, il commençait à se détendre.

« C'est parfait. Maintenant, tu vas répondre à mes questions. Tu es prêt ? »

Il fit oui de la tête.

« Tu es sur les quais. Il fait nuit. Je vais éclairer ce mur avec des bougies, ce sera comme sur une scène, un grand tableau, un théâtre d'ombres. Et tu vas me raconter… dans l'ordre – si c'est dans le désordre, ce n'est pas grave – n'importe lequel des détails dont tu te souviens. »

Antonin alluma les cierges et les déplaça le long de la muraille. Le Rat resta les yeux fermés.

« En premier, dit Antonin, je vais placer les lumières. Tu vas m'arrêter quand ce sera bon. Tu me diras. Plus ? Moins ? Plus haut ? Plus bas ? Allez, concentre-toi, guide-moi. C'est toi qui tiens mes mains.

– Monsieur, dit Emilio à l'intention de La Reynie, nous allons en premier lieu éclairer la scène de crime. »

Le Rat rouvrit les yeux. Il se demandait s'ils n'étaient pas tous devenus fous. Il hésita. Il tourna la tête vers la jeune fille, couverte d'un drap taché de sang. Pour elle, oui, pour elle, il le ferait.

« Les lumières… Elles étaient plus loin, on voyait presque rien. C'est la lune qu'éclairait. Une petite lune. Plus haut !… Voilà. Comme ça. D'abord… d'abord c'est l'homme, c'ui qu'est l' meurtrier, qu' j'ai r'péré. Moi, j'étais derrière l' gros bloc en pierre. Y m'a pas vu. Il est sorti de j' sais pas où. Y courait pas, y marchait drôlement, tout courbé. On dirait qu'il portait que'que chose. J' l'ai suivi parce qu' c'était pas normal. J'ai vu qu'il allait vers l' couple. Y filait sans faire d' bruit. Eux, j' crois pas qu'ils l'ont vu. Lui, ben, il a lâché le bras d' la dame et a couru vers l'eau… Elle, ell' a attendu. Elle a pas vu l'homme dans son dos. Il était derrière elle. Moi, j'ai cru qu'il voulait la voler et déguerpir, mais j'ai vu qu'il a tiré d' son manteau l' sabre… oui, l' sabre j' vous assure. La lame je l'ai vue à cause d' la lune. »

Le Rat fit une pause.

« La lame, elle était comment, longue, courte ? »

Il écarta les bras pour montrer de combien.

« Il l'a levée. C'est là qu' j'ai crié.

– L'homme au sabre, il était comment ? »

Emilio questionnait le garçon si près de son oreille que c'est à peine si les policiers pouvaient entendre.

« Grand, mais pas trop. Le dos large. Il tenait haut son sabre du bras gauche.

– Et le couple ?

– Ben, ils étaient plus collés à ce moment-là. Quand j'ai crié, le garçon était près d' l'eau comme j'ai dit et y s'est retourné. Elle… »

Le Rat se tourna pour désigner la jeune femme sur la table,

« … elle, elle le r'gardait. Elle a pas tourné la tête quand j'ai poussé mon cri. Elle a pas compris pour l' cri. Le tueur, elle l'avait pas vu. Dans son dos qu'il était. C'lui du bord du fleuve, son amoureux, lui, y s'est retourné et il a compris car il s'est mis à courir vers eux. Il criait, y gesticulait. C'est là qu'il a perdu son chapeau et qu' j'ai vu qu' c'était une fille.

– Qu'est-ce qui s'est passé ensuite ? chuchota Emilio.

– L'homme au sabre, ben, il a frappé très fort. Moi j' me suis faufilé sans bruit. J'étais pas loin… quatre, cinq toises… j'ai tout vu. Elle (il montra la table d'autopsie du menton) elle est partie vers l'avant. Le sang, il a giclé. Y en avait plein partout.

– Et l'autre, qu'est-ce qu'elle a fait ? » demanda Bernard.

La Reynie lui intima d'un doigt sur la bouche de ne pas intervenir.

« L'autre ? Ben il… enfin elle, elle a couru vers son amie mais elle vite fait elle est r'partie vers le fleuve quand elle a vu qu' le tueur y courait vers elle avec son sabre.

– Tu as eu le temps de voir à quoi elle ressemblait ?

– J'ai vu ses cheveux, des cheveux noirs, très longs. Plus grande, plus grande que moi », et il joignit le geste à la parole.

« Ensuite, qu'est-ce qu'il s'est passé ?

– Y a plein de gens qui sont arrivés de j' sais pas où. C'est mon cri, vous comprenez… ils ont poursuivi le tueur. Après j'ai plus vu.

– Et ensuite ?

– Moi ? J'ai été aider la fille qu'était tombée par terre. Il y avait du sang, plein d' sang. Et des bulles de sang qui sortaient d' sa bouche…

– Tu peux me décrire comment elle est tombée ? »

Le garçon marqua une pause.

« De l'aut'e côté qu'était l' tueur. Comme ça, vers l' devant, la jambe droite sur la gauche et l' bras droit écarté comme ça, mima-t-il en se contorsionnant.

– J'ai besoin de quelqu'un ici… Vous ! dit Emilio en désignant Laruche.

– Hein ?

– Laruche ! Allez-y, allongez-vous ! » ordonna Delamare.

Laruche hésita puis se coucha aux pieds du Rat qui corrigea sa position. Il se retint de respirer tant le garçon puait. Il pesta intérieurement d'avoir associé les peintres à l'enquête.

« Ensuite ? questionna Delamare qui voulait prendre les rênes de la mise en scène. Montrez-nous !

– Non, non ! Pas vous ! Vous, ça va pas pour l'homme au sabre ! fit le Rat qui avait cru que le commissaire se proposait d'être le tueur. Lui, il était plus grand. Celui de la vachette, c'était un petit, avec un gros ventre ! » Le Rat passa en revue les hommes et désigna Bernard. « Lui, pour l' tueur ! »

Bernard eut un sursaut. Il jeta un regard vers La Reynie impassible, puis sur l'assemblée qui ne broncha pas. Il dut s'exécuter, humilié d'être ainsi convoqué.

« La police du Châtelet est en plein égarement », maugréa-t-il en rejoignant le cercle.

Emilio demanda une canne ou quelque chose d'approchant à Andrieux qui s'empressa de lui tendre l'objet.

« Non ! Pas d' la main droite, dans la gauche ! l'épaule gauche… j' m'en souviens bien, elle était plus haute qu' l'autre. »

Bernard maussade prit la pose et leva le bras gauche.

« Comme ça ?

– Oui, et l' petit gros à la vachette, il avait un chapeau en loutre. Ça m' revient. Il s'est rapproché tout doucement.

– Mais le tueur, s'enquit Bernard qui tenait toujours la pose, l'homme au sabre ? Rien de plus ?

– Non… Si ! attendez… Quand il a couru vers l' fleuve…

– Oui ?

– Sa perruque, elle est tombée. Ben, il est chauve.

– C'est mieux que rien, commenta Laruche, soulevant sa jambe qui commençait à s'engourdir. A-t-on retrouvé sa perruque sur la scène de crime ?

– Non, quelqu'un l'aura ramassée, dit le commissaire Bernard.

– Et l'homme à la vachette : qui va nous jouer le brodeur ? »

Andrieux saisit son tricorne et se proposa pour le rôle. Le garçon ne put réfréner un petit rire quand Emilio lui demanda si l'homme était raide ou souple, voûté ou non, avec de larges épaules, des bras courts, des petites jambes. Le médecin fit la moue.

« Voûté ! Avec des bras courts et des pattes courtes. »

Andrieux dont ce n'était pas le portrait encaissa. Le satané garçon était en train de se payer sa tête. Il pria pour ne pas devenir la risée du Tout-Paris : le médecin légiste à quatre pattes à la basse geôle du Châtelet ! Emilio et Antonin observaient la scène dont ils avaient commencé à brosser les grands traits.

« Tu vois autre chose ? demanda La Reynie.

– Oui, ça m' revient par bouffées. Il n'avait pas de cou.

– Qui ?

– Ben lui, celui à la vachette.

– Et ses yeux ? dit Emilio.

– Pas vu. J'ai déjà dit. Il s'est pas r'tourné. Il s'est sauvé, à reculons. La peur au cul, quoi !

– La peur au cul ?

– Oui, on part comme ça en marchant en arrière… »

La Reynie apprécia la justesse de l'observation. L'homme avait pris peur. Emilio regroupa ses croquis avec ceux d'Antonin.

« Écoute bien. On va te montrer plusieurs dessins, et tu vas choisir celui qui est le plus ressemblant.

– Attendez ! dit le Rat. Quand il s'est sauvé la peur au cul, il a lâché sa vachette !

– Mais bien sûr, on avait oublié la vachette ! Logique. Il a abandonné les preuves pouvant l'incriminer s'il se faisait prendre », raisonna La Reynie.

Emilio prit le garçon par la main et le plaça à l'endroit où il l'avait dessiné.

« Maintenant, tu vas choisir celui qui correspond le mieux. »

Le garçon sans hésiter en montra un. Emilio positionna le Rat face à la reconstitution de la scène de crime.

« Tu vas t'aider avec ce qu'on vient de faire. Observe bien tous les personnages et tous les détails, comme toi quand tu étais derrière ton bloc de pierre, et corrige notre dessin. Laisse tes souvenirs remonter. Vas-y, n'aie pas peur. Ici c'est toi qui diriges… »

Le Rat observa longuement, hésita, puis demanda à modifier des détails. Le bras gauche du tueur n'était pas assez haut, l'épaule droite pas assez en retrait. Et le cou de l'homme à la vachette pas assez épais. Rentré comme un cou de tortue. Quelque chose était en train de naître.

« Est-ce bien lui, l'homme à la vachette ? Tu le reconnais ?

– Comme s'il était d'vant moi, monsieur ! Un petit gros, lourd, court sur pattes et avec des bras épais. Les mêmes cheveux tout filasse qui sortent du chapeau. C'est drôle, au début, c'était pas lui et maintenant c'est lui.

– Pourquoi, dans mon bureau, tu n'as pas pu le décrire ? »

Le Rat sembla hésiter, chercher.

« J' sais pas. P'êt'e qu'il y avait trop d' lumière… La nuit, elle cache tout, mais y a toujours un moment où la chose, elle vient, c'est comme si j' vois mieux.

– C'est pas bientôt fini ? » l'interrompit Delamare, impatient de reprendre sa vraie place.

La Reynie interrogea du regard Emilio qui acquiesça. Le commissaire Bernard, au bord de l'asphyxie, se frotta le bras gauche endolori par la pose.

« De combien de reproductions avez-vous besoin ? demanda La Reynie à Delamare.

– Je dirais une bonne vingtaine.

– Il nous faut un peu de temps mais vous les aurez vite », promit Antonin.

La Reynie fit face au Rat.

« Dans ta déposition, tu nous as bien dit que l'homme à la vachette était parti vers le pont Marie ? donc pour rejoindre le Marais ? Tu l'as bien dit ?

– Oui, j' l'ai dit. Mais le Marais, j' sais pas.

– C'est sans doute un bourrelier, un tailleur ou un passementier », conclut La Reynie qui poursuivit sa pensée.

Il se tourna vers les policiers.

« Messieurs, je suis persuadé qu'avec les dessins et nos mouches, il ne vous échappera pas… N'est-ce pas, monsieur Delamare ? Inutile de rappeler à tous que notre priorité absolue, c'est de retrouver la jeune fille aux cheveux noirs. Dès lors, j'exige que tous les commissaires de quartier soient alertés. Faites-leur suivre en toute urgence les portraits de la victime et de l'assassin. Quant à vous, monsieur Antonin, je n'oublierai pas votre aide. » Puis, se tournant vers Emilio : « Vous non plus, monsieur Roggiero. Je suppose que vous me ferez suivre l'original du portrait de la jeune fille, n'est-ce pas ? Quant à toi, mon garçon, dit-il en s'adressant au Rat, nous nous en souviendrons. »

*

Emilio et Antonin quittèrent le Châtelet. La soudaine lumière du jour les éblouit. Le Rat les rattrapa et marcha à leurs côtés.

« Tu as faim ? »

Antonin fouilla ses poches et en sortit des noix qu'il lui tendit. Emilio lui donna un quignon de pain et ils déambulèrent tous trois sur la place. Le marché battait déjà son plein, il n'était pas loin de huit heures du matin. L'air printanier leur fit oublier les remugles nauséabonds et le sinistre confinement de la basse geôle. Ici, dans l'animation, les cris des bonimenteurs et les couleurs vives, on retournait chez les vivants. Des mendiants chapardaient et triaient ce qui était tombé, des légumes et autres détritus. Soudain, surgit une dizaine de drôles. Tous dépenaillés comme le Rat, et tous coiffés d'un chapeau, d'une toque ou d'un bonnet. Parmi eux, trois filles. Les deux plus jeunes avaient rassemblé leurs cheveux en queue-de-cheval et encadraient une fille plus âgée, dont le crâne était rasé. Elle se tenait droite dans des bottes aux semelles de feutre et elle avait caché son pantalon en cuir sous une longue robe en dentelle mauve. Sur ses épaules était nouée une cape de velours vert bronze. Aucun de ses habits n'était à sa taille, mais il se dégageait d'elle une grâce, une sorte de noblesse qui n'échappa pas à Emilio. Elle se détacha du groupe, traversa la rue en évitant les fondrières et les éclaboussures des charrettes et des carrosses, et vint se planter devant le Rat. Elle avait le regard clair et autoritaire. Ses yeux étaient verts et une légère cicatrice lui signait le menton.

« Ils t'ont relâché, dit-elle d'une voix rauque.

– J'avais rien fait. Ils avaient juste besoin d' moi. »

Elle se pencha sur lui et l'embrassa sur le front.

« C'est ta sœur ? demanda Emilio sidéré.

– Ma femme », rectifia le Rat triomphant.

Les peintres, soufflés, se regardèrent.

« Et eux ? fit Antonin en désignant le groupe qui n'avait pas bougé.

– C'est ma famille ! »

Antonin dévisageait la fille, avec le regard prédateur de celui qui pourrait en tirer parti. Elle ferait un modèle idéal avec son crâne rasé, ses bracelets manifestement volés et ce costume qui lui donnait une allure de reine des gitans.

« J' vous présente Princesse », dit enfin le Rat qui percevait l'effet qu'elle avait produit. Il n'était pas peu fier, mais il ne le montra pas. C'était sa forme de revanche.

« Mes hommages, dit Emilio en s'inclinant.

– Les miens de même, répéta comme un automate Antonin.

– Bon on s'en va, on a assez attendu », dit-elle sans un regard pour les deux hommes.

Emilio retint le Rat par la manche.

« J'ai quelque chose à te demander. »

Princesse pinça les lèvres et fixa Emilio d'un regard dur.

« Tu pourrais nous aider à trouver la jeune fille ?

– Quelle jeune fille ? interrompit Princesse.

– Celle qui a traversé la Seine à la nage, répondit le Rat.

– La Seine à la nage ? Pfff ! Elle s'est noyée ou empoisonnée. T'en avales une seule goutte et tu meurs ! Allez, viens ! commanda-t-elle au Rat en le tirant par la manche.

– Attends ! Si elle a réussi… tu pourrais ? » insista Emilio.

Le Rat marqua un silence. Il se tourna vers Princesse qui fixait Emilio avec colère.

« Ce sera très cher ! » dit-elle.

Le Rat approuva, et s'enhardissant :

« D'accord. À une condition. »

La « famille », qui trouvait que la conversation s'éternisait, traversa la rue et dessina un demi-cercle, prête à en découdre.

« Nous, on n'est pas riches. On est comme toi.

– C'est pas des louis que j' veux.

– Si ! On en veut, on en veut, le coupa Princesse.

– Bon, dis-nous ce que tu veux, fit Antonin à l'intention du Rat qui ne quittait pas Princesse des yeux.

– Allez, dépêche-toi. Dis-le, le pressa Emilio.

– Des feuilles de dessin !

– Quoi ? firent-ils tous en chœur.

– Oui ! J' veux faire comme vous. Peindre. J' veux avoir de beaux vêtements, je veux peindre les princes et piquer leurs bourses ! »

Emilio ne put s'empêcher d'éclater de rire. Princesse tapa du pied, furieuse.

« T'as perdu la tête, t'es complètement fou ? »

Emilio posa les mains sur les épaules du Rat.

« Le Rat, ne te vexe pas, mais tu as une drôle de définition des peintres. Pour peindre les rois, il faut savoir dessiner mieux que tous les autres. Être le meilleur. Être soi-même un roi dans son art. Tu comprends ? Les rois, ce qu'ils veulent, ce sont les meilleurs.

– Demande-lui des louis, le coupa Princesse. Des louis, on veut des louis ! »

Emilio sortit de sa besace des feuilles de papier et des mines que le Rat accepta avec grande précaution.

« J' la r'trouverai. On t' la r'trouvera. »

Il tourna les talons.

« Et nous, comment on fait pour se parler ? » lança Emilio.

Sa question déclencha des ricanements. Décidément, ces

deux-là ne comprenaient rien à leur monde. Vexé d'être ainsi moqué, Emilio proposa un point de ralliement.

« Tu nous trouveras à la taverne de La Pomme de Pin. Tu connais ? »

Cette fois-ci, ce fut l'hilarité générale.

« Nous aussi, on a nos mouches », fit le Rat, fier de sa réponse.

Il y eut deux sifflements, un long et un court, et en un clin d'œil tout ce petit monde s'envola.

18.

Le Rat était le seul à connaître le secret de Princesse. Elle lui avait confié, à lui et à lui seul, des souvenirs de son enfance : elle avait été abandonnée nourrisson dans un panier, sans nom ni explication. Elle lui avait raconté des bribes de ses années de malheur, de privations. Elle avait eu froid et faim, elle avait été corvéable à merci dans le couvent qui l'avait recueillie. Et elle avait été violentée. À neuf ans, elle avait osé interroger une religieuse un peu plus conciliante que les autres et lui avait posé des questions sur ses parents, sur ses origines. Qui l'avait déposée là ? D'où venait-elle ? Est-ce que, lorsqu'on l'avait abandonnée, il n'y avait pas une lettre, une médaille, un objet, n'importe quoi qui l'aurait reliée à sa famille ? Bien sûr, elle n'avait obtenu aucune réponse et ce fut à partir de ce moment qu'elle s'était mise à rêver que son père était de haute naissance, un comte ou un prince ! Elle avait cherché en elle tous les détails qui pourraient témoigner de son rang : la finesse de ses traits, la transparence de sa peau, l'élégance de son pas. Pour elle, cela ne faisait aucun doute, elle était une vraie princesse. À quatorze ans, elle s'était enfuie. Elle avait bien préparé son coup. Elle s'était cachée derrière la lourde porte du jardin et, à la faveur du retour du marché d'une sœur trop chargée de victuailles, elle s'était faufilée. Elle avait couru, couru pour ne jamais revenir. Et on ne la retrouva pas. C'est ainsi qu'avait démarré son destin d'errance, fait de dangers et de grandes souffrances, mangeant peu, dormant le jour pour pouvoir se défendre la nuit. Son orgueil l'avait empêchée de revenir frapper à la porte de son couvent. À sa solitude et ses peurs s'était ajoutée la menace des hommes. Plus d'une fois, elle avait échappé au viol. C'est d'ailleurs ainsi qu'elle avait rencontré le Rat. Un soir, trois gueux l'avaient plaquée au sol derrière un appentis désert. Ils étaient ivres, brutaux, lui avaient arraché ses vêtements, l'un d'eux était déjà vautré sur elle, tandis que les deux autres lui avaient attrapé les bras et écarté les jambes pour faciliter la besogne. Ses hurlements n'avaient ameuté personne. Cette fois-ci, c'était fini, bien fini, quand le Rat avait surgi de nulle part en poussant son cri. Un cri qui les avait figés. Il avait foncé sur les malfrats, un gourdin dans une main et un long couteau de l'autre. Comme un chien enragé, il avait embroché l'arrière de la cuisse du violeur, s'était laissé tomber sur lui en lui arrachant une oreille avec ses dents. L'autre avait hurlé et lâché sa prise. Ce fut ainsi que le Rat rencontra Princesse. Elle n'eut pas la force de le remercier. Elle tremblait et les mots ne purent franchir ses lèvres. Elle restait raide et glacée, en état de choc. Il l'avait recouverte de son manteau, il l'avait soulevée, sa tête contre son épaule, et dans le dédale des cours du faubourg, il l'avait portée jusqu'à son palais.

Ceux qui aurait écarté les planches de la palissade n'aurait découvert qu'un lieu à éviter de jour comme de nuit, hanté par des va-nu-pieds de huit à seize ans, plus dangereux que la poudre. C'était un terrain vague où s'entassaient des carrosses sans roues. La plupart avaient leurs essieux cassés par les pavés et les fondrières de Paris. Un artisan les avait entreposés ici et passait parfois pour dévisser un fanal ou récupérer une pièce.

L'odeur qui y régnait était le meilleur des chiens de garde. Mais pour ceux qui y habitaient, c'était « le Palais ». Leur Versailles.

Quand le Rat arriva portant Princesse, ses compagnons restés près d'un brasero se levèrent en serrant leurs couteaux et leurs épées. Le Rat remonta la haie silencieuse qu'ils avaient formée, comme si elle était déjà leur reine. Il les fixa, l'un après l'autre, et tous comprirent que la jeune fille au crâne rasé, nue sous son manteau, n'était pas une prise mais un futur membre de la meute. Le Rat, toujours muet, l'installa avec précaution dans un carrosse aux portières armoirées et lui présenta un bouillon chaud qu'avait préparé Brindille, une blonde enfant de huit ans dont l'œil droit était caché par un bandeau.

Pendant des semaines la jeune fille demeura muette. La nuit, elle ne dormait pas. Elle restait assise, les jambes repliées, aux aguets. Le moindre bruit, le plus petit frottement, une ombre, un murmure et elle se redressait. Il lui fallait du temps et le Rat sut être patient. Il ne la quittait pas. Il la nourrissait, lui apportait des vêtements qu'il volait. Il s'imagina qu'un jour il serait son chevalier et qu'elle l'aimerait. Le premier jour où enfin il entendit sa voix, ce fut ce jour précisément où, débordant d'amour, il l'avait appelée Princesse.

*

De retour du Châtelet, le Rat n'eut pas le temps de parler. Une gerbe de questions l'assaillit.

« Ils t'ont fait quoi au Chât'let ?

– Pourquoi y t'ont gardé ?

– Tu t'es fait prendre ?

– Pourquoi y t'ont r'lâché ?

– C'était pas toi ? »

Princesse fit signe à l'assemblée de se taire, et quand le silence s'installa, le Rat sauta sur une banquette en velours. Alors qu'il allait ouvrir la bouche, il eut une étrange pensée et se mit à rire. Intrigué, tout le monde se regarda et le Rat lança :

« Je leur ai fait un tableau.

– Un quoi ? dit Lézard, l'un des plus âgés d'entre eux, dont le visage rouge était couvert de boutons.

– Oui, un tableau ! J'ai vu un meurtre hier soir sur les quais. J'étais témoin, je leur ai raconté et puis après, je leur ai dessiné.

– Toi ? » pouffa la Fouine, une petite fillette espiègle de dix ou onze ans, qui s'était coiffée d'une perruque blanche toute mitée qu'elle avait mise de travers .

« J'avais deux peintres à mon service. J' leur ai dit : plus haut, plus gros, plus petit. J'ai mis tout le Chât'let à quatre pattes et couché par terre.

– Même les policiers ? demanda Cochon, un petit grassouillet qui n'avait pas plus de treize ans.

– Oui, les policiers, qu' des policiers !

– Toi, tu les as mis à quatre pattes ? J' te crois pas ! reprit en chœur une paire de jumeaux impressionnés.

– Parfait'ment ! C'est ça la peinture ! Le crayon, c'est la baguette magique ! Avec ça on fait c' qu'on veut.

– Et le meurtre ? reprit la Fouine.

– Y z' étaient deux… Un couple… La fille, il l'a tuée d'un coup de sabre à la nuque. Et le garçon qu'était une fille avec des nippes d'homme, il a sauté dans l'eau.

– Il a coupé la tête à la fille ? demanda Sabre, l'un des jumeaux.

– Et tu l'as vue rouler ? ajouta son frère, très intéressé.

– J' vous dis vrai ! J'ai tout vu.

– Et l'autre ? Celle qu'a sauté dans l'eau ? s'enquit le dénommé Ficelle.

– Noyée ! répondit Cochon.

– Empoisonnée, renchérit Grosse Branche, le front marqué d'une croix.

– C'est c' que j' lui avais dit, rappela Princesse.

– Non ! coupa le Rat. La fille, j' l'ai vue nager. Sûr qu'elle a pas coulé. »

Baragouin, le plus âgé de la bande, s'avança vers le Rat.

« Ta fille, on la connaît pas ! C'est qui ? Pourquoi on f'rait ça ?

– J'ai promis ! Y aura une récompense. Elle doit se cacher que'que part près du fleuve. On peut la retrouver.

– Et on gagne quoi ?

– On gagne qu'on la sauve d'un tueur », coupa Princesse d'une voix sans réplique.

Un silence suivit ses mots.

« Elle r'ssemble à nous ? demanda Lézard.

– On s'rait pas là si nous on n'avait pas été sauvés un jour », dit le Rat.

La meute se leva, elle était prête. Tous savaient ce qu'ils devaient faire. Il fallait repérer des façades, se glisser dans les jardins, dans les cours, grimper dans les étages. Facile, c'était leur quotidien ! Il fallait agir la nuit, éviter les lieux éclairés, repérer les logis où il n'y aurait pas de lumière et où on entendrait des bruits. Toujours être deux, le guetteur et le chapardeur. Ils se mirent d'accord sur une bonne vingtaine d'endroits. Le Rat et Princesse distribuèrent les rôles, les quartiers, et désignèrent les éclaireurs qui feraient la liaison. La meute était excitée par le mystère qui entourait l'histoire du Rat. Un meurtre ! Le Châtelet à quatre pattes ! Une fille déguisée en homme qui plonge dans l'eau et qu'il faut sauver ! Pour eux, c'était la plus belle des aventures. C'était beaucoup plus excitant que couper des bourses ou chaparder sur les quais…

*

Clémence avait nagé. Dans l'eau boueuse et froide, elle avait retrouvé les gestes appris petite fille à Toulon. Mais l'eau de la Seine n'avait ni la transparence ni le parfum de la Méditerranée. Elle avait lutté contre le courant, terrifiée par les immondices que charriait le fleuve et qui frôlaient son corps. Elle avait pris une longue inspiration, avait gardé la tête hors de l'eau sans respirer, la bouche bien close, et pour plus de sécurité avait piqué en aval en se laissant entraîner par le courant. Elle passa sous l'arche d'un pont de pierre et voulut atteindre la rive, mais elle dut renoncer. Les tourbillons sous la pile étaient trop forts et la ballottèrent. Elle lutta de toutes ses forces pour échapper à cette attraction périlleuse, mais se sentit soudain confrontée à un danger bien plus vertigineux, le courant. Elle était en plein milieu du fleuve ! Un fleuve démesurément large et elle comprit qu'elle n'en avait longé qu'un bras, celui qui contournait la grande île de Notre-Dame. Elle obliqua résolument vers la droite pour se rapprocher de l'autre rive mais de nouveau elle s'engouffra dans un autre courant ! Elle commença à paniquer, elle n'y arriverait jamais ! Le froid et la fatigue pétrifiaient ses muscles, ankylosaient ses membres, brûlaient ses tendons. Elle eut la tentation de se laisser entraîner, d'abandonner mais elle se ressaisit. Elle frappa avec rage ses jambes sur les remous qui filaient, se coucha sur le côté pour diminuer la pression de son corps sur l'eau, ferma les yeux et compta ses brasses, vingt, cinquante, cent, cent dix, cent onze, cent douze, quand elle buta sur un objet lisse et dur. La coque d'une barge. Elle chercha la corde d'amarrage et s'y suspendit. Elle était sauvée.

Elle se hissa tant bien que mal sur la berge et resta là hébétée, haletante, pour calmer sa respiration et les battements de son cœur. Elle grelottait. Elle se remit à penser. L'urgence : se cacher. Elle se leva, lissa avec ses mains le tissu de son habit pour en extraire l'eau, vit avec désespoir qu'il lui faudrait marcher pieds nus. Elle longea en se courbant les rangées de tonneaux, rasa les couloirs de planches montées les unes sur les autres et se pelotonna entre deux caisses. Elle écouta le silence. Rien. Il n'était troublé que par le clapot de l'eau. Personne ne l'avait suivie. Alors, réfléchir vite. Que pouvait-elle faire ? Elle regarda autour d'elle. Se dissimuler dans une embarcation ? Trop dangereux. Cette cache pouvait se transformer en souricière, son futur cachot en cas de contrôle ou, pire, son tombeau. Elle écarta cette idée et le désespoir l'assaillit. C'était sans fin. Sa vie n'était qu'une suite ininterrompue de dangers… Elle se reprit. Elle pouvait se cacher dans Paris, mais cette ville lui était étrangère. Sans amis, elle serait vite la proie de la pègre, d'hommes violents. Non ! Elle chercha encore et encore. Elle ne trouva pas. La seule solution était de revenir chez elle pour se changer. Avec l'espoir qu'elle ne se fasse pas repérer. Après… ce serait le saut dans le vide.

L'eau dégoulinait de ses cheveux dans son dos. Elle allait mourir de froid si elle restait là. Il fallait qu'elle bouge, qu'elle se décide. Elle espéra que le tueur avait été arrêté par la foule en colère qui avait fait irruption autour de Mimi ! L'image de la scène sanglante lui revint à l'esprit et la fit sangloter. Elle n'arrivait plus à se calmer. À l'évidence, Mimi était morte par sa faute. « Jamais je ne me le pardonnerai », se répéta-t-elle. Jamais ! Jamais elle n'aurait dû lâcher son bras et se laisser distraire par l'eau. C'était injuste ! Clémence tremblait autant de désespoir que de froid. Elle lança une prière : « Dieu, faites que je puisse retourner chez moi, je vous en supplie ! Protégez-moi… et dans votre miséricorde, je vous en conjure, accueillez l'âme de Mimi. » Elle interrogea l'ombre, elle ne décela aucun signe de danger. Alors elle se leva et rejoignit la rue. Pour plus de sûreté, elle progressa de porche en porche, se cachant dans leur ombre dès qu'elle entendait des pas. Elle évita les lanternes, s'accroupit au passage des rares carrosses. La boue lui couvrait les pieds jusqu'au-dessus des chevilles. Elle trébuchait, tombait, se relevait, son visage était maculé de terre et de larmes. Elle se dit qu'il fallait à tout prix éviter les façades des tripots surveillés par les patrouilles du guet. Elle regarda autour d'elle. À force de tourner en rond, elle s'était perdue. Elle s'affola. La vérité, c'est qu'elle n'avait aucun point de repère. Elle ne connaissait pas bien son quartier. Elle se calma et réfléchit. Qu'avait-elle vu de sa fenêtre qui donnait sur la rue ? Des murs. Un horizon de murs. Si ! il devait y avoir une église non loin, car elle entendait les cloches sonner. Elle se souvint de l'avoir vue en sortant de chez elle pour aller vers les Tuileries. Après des heures d'errance et de désespoir à la recherche d'un clocher, elle aperçut une rangée d'arbres bordant des jardins. Était-ce possible ? Oui ! C'était bien eux. Elle les reconnaissait. Elle n'était plus très loin de chez elle. Aucune lumière ne l'alerta d'un danger. Elle se faufila enfin au pied de son immeuble et se cacha dans l'ombre. Elle resta de longues minutes blottie là, attentive aux bruits. Tout était silencieux. Elle poussa le portail qui donnait accès aux escaliers. Elle attendit encore en retenant son souffle, puis grimpa. Au premier étage, elle fut accueillie par les pleurs d'une petite fille, c'était Marion. Elle continua son ascension et se figea au deuxième : un objet venait de tomber au troisième étage. Elle attendit, ce n'était rien. Elle obliqua vers son couloir quand elle reçut un coup au cœur : la porte de son logement était entrouverte. Elle s'arrêta de respirer. Elle connaissait la suite : une main allait se plaquer sur sa bouche et un sabre allait s'abattre sur sa nuque. Elle eut l'idée de redescendre mais éternua. C'était fini. Elle ne bougea plus, c'était à lui de venir en finir avec elle. Un volet claqua et l'enfant du premier redoubla ses cris. Clémence dans sa détresse pensa à Constantinople, à l'officier hollandais qu'elle avait espionné et qui l'avait démasquée. Jamais elle n'aurait dû tomber amoureuse de lui. C'est son amour qui l'avait perdue. Pourtant ce n'était pas faute d'avoir été prévenue. L'amour est le pire ennemi d'une espionne, répétaient ses instructeurs. Il fait parler. Et elle avait parlé…

Clémence ouvrit les yeux. Le sabre n'avait pas frappé. Elle poussa la porte. Un grand désordre régnait dans la pièce. Le lit avait été renversé, l'armoire vidée, son coffre fouillé. Elle entra et attendit sans bouger. L'homme pouvait être dans le cabinet de toilette. Pourtant aucun bruit ne trahissait une présence, rien que du silence. Elle se hasarda à aller vérifier. Personne. Elle revint sur ses pas, referma doucement la porte d'entrée qu'elle verrouilla. Elle sortit une bassine en faïence et y versa un fond d'eau glacée qui restait dans le broc. Elle puait la Seine. Ses pieds n'étaient plus des pieds tant ils étaient meurtris. Le sang avait coagulé la boue. Elle les plongea prudemment dans l'eau. La douleur fut soudain si violente qu'elle irradia jusque dans le haut de ses cuisses en ondes insupportables, puis dans son corps tout entier. Son cerveau vrilla, elle perdit conscience. Quand elle rouvrit les yeux, son cœur s'était calmé. Elle reporta son attention sur ses pieds qu'elle lava avec soin. Elle les laissa sécher à l'air libre. Puis elle se consacra à son visage, à ses cheveux, et enfin au reste de son corps. Bander ses pieds. Elle chercha avec quoi. L'édredon ! L'édredon où elle avait caché sa bourse. Elle fut surprise de le trouver intact. Elle l'éventra, se saisit de son pécule dans un nuage de plumes puis elle emmaillota ses pieds de bandages qu'elle déchira à grands gestes en mordant dans le drap. Elle s'habilla en empilant tout ce qu'elle pouvait trouver pour se vêtir, avala des cuillerées de miel et chaussa enfin ses gros croquenots en cuir. Au loin, une cloche sonna. Six coups. L'aube était proche. Il fallait fuir, sans quoi les hommes qui voulaient l'assassiner ou ceux qui l'avaient emprisonnée dans ce logement pour la protéger allaient revenir. Elle jeta un regard circulaire avant de sortir et descendit sans bruit les escaliers. À cette heure, sa seule solution était de se cacher dans les appentis du jardin et de saisir la première occasion qui s'offrirait à elle quand le jour serait levé.

19.

9 mai 1673

« L'inspecteur Laruche !

– Faites-le entrer ! »

Laruche n'avait pas de note à présenter. Il alla droit au but.

« Monsieur le lieutenant général, les plongeurs viennent de retrouver l'arme du crime. Elle avait coulé à pic, à trois toises en aval de l'endroit où l'assassin a disparu. On a eu de la chance…

– Poursuivez, l'interrompit La Reynie. À quoi ressemble-t-elle ?

– C'est un sabre raccourci, au manche allongé. J'ai cru à une baïonnette, mais c'est sans doute un sabre d'officier de campagne. Il faudra l'expertiser.

– Je crains que ce détail ne nous entraîne dans un long travail. Des sabres comme celui que vous décrivez, il en existe des milliers… »

On frappa à la porte. Un factotum apportait un pli cacheté de grande taille, de la part du commissaire Delamare.

Il ne pouvait s'agir que de la série de dessins que le lieutenant général avait commandés à Emilio Roggiero. Laruche crut qu'il allait les lui montrer. Il n'en fut rien. La Reynie se contenta d'inviter son inspecteur à se retirer.

Le silence revint dans le bureau. La fenêtre était grande ouverte, le printemps entrait avec ses parfums de marronnier en fleur. La Reynie se leva et examina l'enveloppe. C'était un beau papier couleur lin très épais, soigneusement plié avec son nom écrit d'une belle écriture. Il la décacheta avec un coupe-papier, prit la liasse de dessins qu'elle contenait, en compta cinq qu'il déplia en éventail comme s'il ouvrait un jeu de cartes : le portrait de la jeune victime, ceux de l'homme au sabre et du brodeur à la vachette, l'esquisse en plan lointain de la nageuse et enfin le dernier dessin. Il arrêta son geste, interdit. Il y avait là quelque chose d'extravagant. Il déposa sans plus les regarder les autres croquis et reporta son attention sur le dernier. Il ne répondait pas *exactement* à la demande faite aux peintres, au pari qu'il s'était donné. Il était *plus, bien plus encore*. Emilio et Antonin avaient reconstitué *de face* – dans un registre purement imaginaire – ce que leurs yeux à eux *auraient pu voir* de la scène de crime. Et la justesse était criante. La première sidération passée, il se félicita d'avoir poussé les peintres dans leurs retranchements. Il se demanda également s'il n'était pas en train de se réconcilier avec la peinture. « Non, pas avec la peinture ! se dit-il exalté. Il s'agit d'autre chose. » Il étudia de nouveau ce qu'il avait sous les yeux. C'était l'art d'avoir su contracter dans l'espace le temps, les gestes, les attitudes et les intentions. Il chercha comment qualifier ce qu'il avait entre les mains. Cela ne tenait qu'en un mot, un seul. *Utilité.* Il se félicita de sa trouvaille. Si irrévérencieuse qu'elle pût paraître aux yeux d'un artiste, elle avait un goût délibérément profane, voire impertinent, qui résumait à la perfection sa pensée.

Les deux peintres avaient saisi le quatuor tragique dans une géométrie de l'espace impossible. Ils avaient déformé les perspectives, aboli les distances entre les personnages, jusqu'à les faire se toucher presque, et enfin ils les avaient figés dans une fausse synchronie. La construction en étoile obligeait le regard du spectateur à se placer au centre de la feuille, à la place même où se trouvait la victime en train de chuter. Ils avaient forcé le spectateur à se mettre à sa place, à s'identifier à elle au point de sentir converger sur elle les regards impuissants ou complices des protagonistes, et éprouver sur sa nuque la frappe du sabre. C'était un défi à l'ordre logique des choses ! La Reynie se mit à raisonner. « Et si le spectateur avait été placé derrière la nageuse, qu'aurais-je eu ? Elle aurait été de dos, et les peintres auraient dessiné ce qu'elle voyait, c'est-à-dire uniquement le tueur et son amie de face, certainement pas l'homme à la vachette. Nous aurions ainsi été privés de ce qu'elle ressentait, de sa terreur, de son impuissance », se dit-il en faisant de grands pas de long en large. Il s'arrêta comme pour être placé à un autre endroit de la scène de crime, à environ cent vingt degrés d'où il était auparavant, et essaya de se représenter ce qu'il verrait : « Imaginons maintenant que je sois à la place du jeune garçon, du Rat. Qu'aurais-je vu à ce moment-là ? L'homme à la mallette devant moi aurait masqué à moitié la scène de crime. Il n'aurait été pour moi qu'une silhouette gênante, mais au grand jamais il ne me serait venu à l'esprit de le relier au crime, ce qui aurait été une grave erreur. Et là, il m'aurait fallu au moins trois dessins. L'un quand le sabre se lève, un autre quand il s'abat et que la victime chute, un autre enfin pour croquer la nageuse dont on n'aurait pas saisi l'effroi car on était bien trop loin pour la voir. »

La Reynie, tout à son raisonnement, fit quelques pas pour rejoindre ce qu'il imaginait être le centre de la scène et se plaça derrière le tueur. Qu'aurait-il vu ? L'assassin de dos, et uniquement la pointe de son sabre dépassant de sa tête avant qu'il ne s'abatte. Il n'aurait pas pu voir la nuque de la victime cachée par les épaules du meurtrier, il n'aurait certainement pas fait attention à la nageuse, au loin, il aurait été trop obnubilé par ce qui était en train de se passer. Quant à son complice, le brodeur, il n'y aurait même pas fait attention. *Et cetera, et cetera*… Ici, se dit-il encore sous l'emprise de la stupéfaction, on les voit tous simultanément, et dans des instants différents. Comme si on avait dilaté le temps ! Il poursuivit son jeu de piste et se mit à détailler ce qu'il verrait à l'exacte place de la victime, en plein centre, tourné en direction du fleuve. « Avait-elle encore conscience que son amie était en train de courir vers elle, en criant, en gesticulant pour l'avertir d'un funeste danger ? Cela, on ne le saura jamais, se répondit-il. A-t-elle entendu le cri du Rat ? Difficile à dire, mais elle n'a pas senti quelqu'un arriver derrière elle. Pourtant ce tapage soudain aurait dû l'alerter. Or elle n'a pas entendu. Pourquoi ? » Il se fit la réflexion que c'était tout de même fort étrange. Que faisaient-elles là, dans cet endroit si dangereux à l'approche de la nuit ? Qui étaient donc ces deux filles ? Ce crime ne pouvait pas être un banal crime de droit commun. Il y avait autre chose. La Reynie chercha des indices chez l'amie, la nageuse. « Les peintres l'ont saisie au moment où elle perd son chapeau et qu'on découvre que c'est une femme. Le chapeau flotte dans l'air, et ses cheveux volent autour d'elle, ce qui donne de la vitesse à sa course. Elle était donc paniquée, elle court aussi vite qu'elle peut, elle est agile, on verra qu'elle saura s'échapper en plongeant dans le fleuve. À ce moment précis, elle regarde avec effroi la victime. Elle la voit s'effondrer. Pourtant, l'arme du crime, le sabre court, ne s'est pas encore abattu sur elle. Cette contraction du temps montre qu'elle va arriver trop tard, qu'elle n'arrivera pas à arrêter ce geste. Dans son angle de vision, elle voit probablement aussi un petit gros en toque de loutre portant une vachette à la main, qui observe trop calmement le crime à venir pour ne pas être du complot. Peut-être l'a-t-elle vu, ou peut-être pas car elle est bien trop préoccupée de sauver son amie. La victime, elle, continua le lieutenant général en repivotant de cent quatre-vingts degrés, a basculé dans le vide, son pied droit est suspendu et ne touche pas encore le sol. Le sang se répand déjà sur ses épaules alors que le meurtre n'est pas encore commis. Elle va vers la mort, sa mort est inexorable », murmura-t-il, marquant une pause. Qu'ont donc voulu dire les peintres ? Ils disent qu'elle sait *déjà* ce qui l'attend, qu'elle a décidé de renoncer à la vie, la mort est sa porte de sortie. Elle a déjà compris depuis longtemps que c'était son destin. Elle est l'agneau d'un sacrifice. Comme Camille, la jeune fille de la rue du Perche, qui n'a pas essayé de vivre et qui s'est fait sabrer dans une souricière. Alors, et La Reynie se rapprocha de trois pas comme pour mieux voir le tueur, derrière la victime : il est finalement plus reconnaissable que je ne le pensais. À peine plus grand qu'elle, massif, musclé, avec une figure rustre, portant un vêtement qui laisse à penser que c'est un uniforme. Et même s'il brandit haut son sabre court, on voit nettement ce qu'avait dit le Rat, cette anomalie dans ses épaules, comme si elles n'étaient pas symétriques. C'est de toute évidence une main qu'on a armée, comme celle du brodeur et de ses aiguilles. Il y a nécessairement derrière ces hommes de main quelqu'un qui donne des ordres.

« Utile, répéta-t-il en posant les dessins sur son bureau. Très utile ! »

*

10 mai 1673

Le tailleur était terrorisé. Il avait fermé son commerce et s'était terré au premier étage. Il avait vidé ses bourses de cuir remplies de louis d'or sur sa table de coupe, comme pour se convaincre de n'avoir pas rêvé. Sa fortune était bien là, il pouvait la palper, la compter, elle était la promesse qu'il quitterait enfin ce Marais puant pour devenir un riche et respecté marchand. Mais tout s'était effondré. Et c'était pas sa faute à lui. Il replaça les pièces dans la bourse qu'il camoufla dans le tiroir. C'était quand même incroyable ! Deux filles à tuer et à coudre, c'était pas ce qui était prévu ? Et l'homme qui en a tué une, qui plonge dans la Seine, et tout ce charivari, la pègre en émeute et la police ? Il en frissonna.

Il n'était descendu que pour se couper quelques tranches de lard et boire de l'eau, sans même s'éclairer d'une bougie. Il était épouvanté. « Je l'ai échappé belle ! se répétait-il. Je l'ai échappé belle… » Puis la fièvre s'était emparée de lui et les images du quai se mirent à se bousculer dans sa tête, les cris à s'amplifier. Jusqu'au hurlement lugubre, terrifiant, juste avant le coup de sabre ! Qui avait pu hurler comme ça ? Un homme, un loup ? Et d'où ça venait ? Et si on l'avait repéré, lui aussi ? Il s'agitait sur sa paillasse, en sueur, la tête dans un étau, comme pour ne plus entendre. Les murs de sa chambre se peuplèrent des visages superposés des jeunes filles aux bouches cousues. Leurs lèvres déformées et maculées de rouge avaient déchiré les fils qu'il avait patiemment cousus, et elles hurlaient ! Elles lui criaient dessus, dans des flots de sang. Elles n'avaient plus de visage, elles n'étaient que des bouches hideuses vociférant qu'elles savaient, qu'elles l'avaient démasqué, qu'elles connaissaient sa boutique et allaient le dénoncer, et leurs hurlements transperçaient les murs et se répandaient dans la rue. Il était en proie au délire. Son front était brûlant et il claquait des dents. Dans les moments d'accalmie revenait la colère. « Pourquoi la fille n'était pas seule ? » Et le cauchemar reprenait. « Et l'autre qu'a plongé, c'est sûr qu'elle l'a repéré. Si elle ne s'est pas noyée, elle va le dénoncer. Et le tueur qui a sauté dans le fleuve, est-ce qu'il s'en est sorti ? Est-ce qu'on l'a arrêté, est-ce que lui aussi il a parlé ? Alors tout est fini ? Non ! non ! non ! » criait-il. Il tentait de se calmer mais la vachette s'y mettait à son tour ! Elle dansait au milieu de la chambre, grandissait, grandissait, le fermoir sautait et elle ouvrait grand sa gueule pour l'avaler…

Il délira ainsi deux jours et deux nuits, puis son esprit s'apaisa. La fièvre était retombée. Il descendit hagard dans la boutique. Il fallait qu'il s'organise. Qu'est-ce qui allait se passer maintenant ? La police pouvait-elle l'arrêter ? « Impossible ! se rassura-t-il. Il faisait nuit, qui aurait pu te remarquer ? Hein ? Certainement pas les mendiants ! Tu as été malin, tu as su faire ce qu'il fallait, te fondre au milieu d'eux quand ils se sont jetés sur le tueur ! L'erreur, ta seule erreur, c'est ta vachette ! Mais qui peut prouver que c'est la tienne ? » Il pria le Seigneur que l'autre fille et le tueur se soient noyés.

« Mais c'est pas ma faute ! »

*

13 mai 1673

La Seine avait rendu le corps d'un homme qu'on avait repêché dans les motteaux de l'île Saint-Germain. Les moines de l'abbaye Saint-Victor l'avaient découvert, emprisonné dans l'entrelacs des racines de saules et de joncs qui bordaient la rive, les habits complètement déchiquetés. Son corps gonflé et sa tête tuméfiée par des chocs survenus au fil de sa dérive étaient dans un état de décomposition si avancée qu'une identification était pratiquement impossible. Les moines l'emmenèrent aux écluses de Meudon et le Châtelet fut alerté. On supposa qu'il pouvait être l'assassin. Andrieux avait refusé qu'il reposât dans la salle où ses victimes avaient été autopsiées, alors il gisait sur une dalle en pierre dans une des cellules de la basse geôle de la morne. Il serait salé après la visite de Laruche.

« C'est un noyé… Vous voyez, ses poumons sont remplis d'eau.

– Il pue ! fit l'inspecteur.

– Les assassins sentent toujours plus mauvais que les autres. »

Laruche s'approcha du cadavre. L'homme avait la bouche si énorme et déformée qu'elle cachait presque les yeux globuleux qui tenaient à peine. On aurait dit un gros poisson ventru. Des balafres dessinaient de larges saillies rosâtres crevassées de noir, purulentes sur un ventre dont la peau horriblement blanchâtre était prête à craquer. Et il était chauve, comme le nota l'inspecteur.

« Combien de temps, d'après vous, a-t-il séjourné dans l'eau ?

– Difficile à dire : quatre, cinq jours, une semaine ?

– Dans quel état sont ses frusques ?

– En lambeaux. Difficiles à identifier elles aussi. Un bout de chemise arrachée qui tenait encore à une épaule. Une culotte bleu foncé, déchirée. Des bottes, qui ont tenu car le corps a enflé. Vous trouverez tout ça dans le coin là-bas.

– Il n'a pas perdu sa médaille, dit Laruche en remarquant un pendentif dans les plis du cou. C'est peut-être une piste.

– Je l'ai laissée sciemment pour que vous voyiez. À propos, reprit-il, l'homme a eu une fracture de la clavicule gauche, mal consolidée.

– À quoi voyez-vous cela ?

– L'épaule n'est pas dans l'axe. Et ici. Vous voyez cette cicatrice ? Caractéristique. Il a eu une fracture ouverte.

– Vous pensez que cela aurait pu lui faire une épaule gauche plus haute que la droite ?

– C'est possible. »

Laruche fit le tour de la table. Il constata que la moustache du mort n'était pas taillée, que les mains étaient épaisses, les ongles rongés…

« De toute évidence, on ne peut pas dire que c'était un aristocrate !

– Ni un bourgeois.

– À quoi voyez-vous cela ? s'enquit Laruche, les yeux toujours rivés sur le cadavre.

– C'est un massif, taillé à la serpe, sans graisse au cou, pas de gras sur l'estomac, des vêtements de mauvaise qualité, et une culotte qui a l'air d'avoir été un jour un uniforme…, énuméra Andrieux en nettoyant ses instruments de chirurgie.

– Donc pas un paysan ?… Un malheureux en somme… D'après vous, ce pourrait être lui l'assassin ?

– C'est possible, concéda Andrieux qui souffla une bougie. Et votre collègue, il est où ?

– À Marseille.

– Pour toujours ?

– Non, le temps de l'enquête. Et Marseille, c'est loin. »

Andrieux éteignit la dernière bougie. Laruche reprit :

« Vous croyez qu'il puisse s'agir d'un marin ?

– Non, pas lui ! Je suis formel. Pas de traces de sel qui aurait rongé les pieds et les mains. Il n'a pas de tatouages. Je dirais un cavalier, ou un fantassin… Dans ces temps de guerre, ils sont partout. J'en ouvre beaucoup en ce moment. Et pour les médailles ?

– Je les prends. »

Andrieux coupa la chaîne avec une pince et remit l'ensemble à l'inspecteur qui observa la médaille.

« Une vierge et une tête de cheval. Curieux…

– Curieux ? Je ne crois pas, c'est même un indice. Si c'est un cavalier comme j'ai dit, il aura fait une chute de cheval. Sûr que j'ai plus de chances de retrouver le cheval que l'identité de notre homme ! »

Laruche glissa la médaille dans la poche de son petit gilet.

« Ah, j'oubliais, votre Italien est passé avant vous ! Il vous en a fait trois… » Et le médecin légiste tendit de nouveaux portraits. « Peut-être que ça pourrait vous aider, ajouta-t-il non sans ironie. Voyez-vous, ce qui est surprenant chez votre peintre, c'est qu'il travaille comme moi. Je recouds les incisions et nettoie proprement les plaies, lui, il dessine le visage indemne, sans blessures, comme s'il vivait encore.

20.

15 mai 1673

« La mer ! »

Ébloui par la lumière éclatante qui le saisit sur le seuil de la porte de son auberge, Torsac ne cessait de répéter : « La mer ! » Il n'était pas préparé à un tel spectacle. Ils étaient arrivés, Trémeur et lui-même, la nuit dernière, crottés, fourbus. Le voyage avait été éreintant. C'était la première fois qu'il se perdait dans le royaume de France. L'inspecteur avait beaucoup de sympathie pour Trémeur. C'était un compagnon de voyage agréable, et au fil du temps, une forme d'intimité s'était même installée entre eux, Trémeur s'était timidement confié et avait parlé de lui. Torsac apprit donc qu'étant orphelin on l'avait enrôlé de force très jeune dans la marine marchande.

Ils avaient traversé les grandes forêts de feuillus, les collines puis les hauts plateaux, les contreforts des montagnes, sur des routes, parfois même des chemins, parsemés de fondrières. Le printemps n'était pas arrivé partout et le dégel avait souvent noyé le paysage dans la boue. Ils avaient versé plusieurs fois, les essieux pris dans des racines. Ils avaient même, avant Dijon, rencontré la neige ! Torsac avait eu une journée d'extase en traversant la Saône et le Rhône avant de redescendre dans la plaine de Lyon. Il fut même surpris par la beauté de la capitale des Gaules, sa haute colline, ses maisons anciennes en traboules qui auraient pu rivaliser de beauté avec celles de Paris. Il avait demandé à voir la place Bellecour en plein chantier, où le roi avait choisi d'ériger sa statue. Pour l'heure, elle n'était que fondations. Ils n'étaient restés qu'une nuit. Torsac en avait profité pour écrire une missive à La Reynie. Ils étaient repartis par la route du sud qui longe le Rhône prêt à inonder les berges de ses eaux tumultueuses. Combien de malles-poste bruyantes et sales avaient-ils expérimentées ? Torsac n'en faisait plus le compte, mais il avait été choqué par la pestilence de la paille imbibée d'urine des écuries où l'on parquait les chevaux sans plus d'attention, par le vacarme des restaurants des hôtelleries et des tavernes où, pêle-mêle, voyageurs et postillons dînaient, riaient, se disputaient, une assemblée faite d'hommes qui parlaient haut, haranguaient, fumaient, trinquaient et ripaillaient avant de s'écrouler en fin de soirée sur les tables. Ils avaient pris du retard. Sans le blanc-seing signé par La Reynie qui avait accéléré le changement des chevaux auprès des maîtres de poste, ils n'auraient pas rattrapé le temps perdu par la débâcle qui avait rendu la traversée des rivières périlleuse.

Trémeur Vairé vint le trouver. Torsac était dehors, assis sur un rocher, perdu dans sa contemplation du paysage. Dans le petit matin, la lumière était scintillante et il faisait déjà chaud. Une chaleur d'été. Vue du port ou des hauteurs, la Méditerranée avait de quoi séduire. Elle paraissait calme, docile, à peine troublée par le souffle de la brise qui nappait sa surface de couleurs changeantes, chatoyantes, douces, comme la peau de Lise.

« La mer ! La mer ! » ne cessait-il de répéter, un sourire béat aux lèvres.

Trémeur modéra son ardeur. La mer, lui, il ne la connaissait que trop. Il lui conseilla de ne pas s'y fier :

« La mer, c'est un fauve. Elle a avalé des marins par milliers, broyé des galères, englouti des vaisseaux entiers. Au fond, c'est un cimetière, y a que des croix. »

Trémeur était pressé : il devait rejoindre au plus vite sa frégate et se présenter au capitaine pour ne pas être porté déserteur. Et il était en retard. L'inspecteur lui emboîta le pas le long des quais mais s'arrêtait, émerveillé, chaque fois qu'ils passaient devant un vaisseau. Il en avait compté plus de vingt, et il se délectait de leurs noms, *Le Royal Louis*, *Le Saint-Philippe*, *Le Dauphin*, *Le Royal*, *Le Pompeux*, *Le Superbe*, *Le Florissant*, *Le Magnanime*. Ils longèrent les galères de *La Reine*, de *La Galante* et de *La Renommée*, toutes désarmées et recouvertes de doubles tentes.

« De novembre à mai, elles restent au port, lui expliqua Trémeur. Elles vont pas tarder à se réveiller. Si t'as pas vu ça une fois dans ta vie, t'as rien vu. »

Torsac remarqua les argousins armés de mousquets qui les surveillaient, tandis que des hommes aux casaques rouges très courtes assorties de bonnets de laine de la même couleur s'affairaient. Certains se dirigeaient vers les ruelles qui grimpaient dans la ville. Il s'arrêta pour les observer, étourdi de bruits. Une foule de portefaix, marins, pêcheurs, artisans, maraîchers se croisait, se haranguait. Personne n'avait les mains vides. Hommes, femmes, enfants portaient, chargeaient, déchargeaient sacs et caisses. C'était une ruche, un tourbillon incessant où le seul à rester contemplatif était bien lui.

« Dépêchons-nous, inspecteur… mon vaisseau est là. Vous avez vu la chaloupe ? C'est elle qui va nous embarquer. »

Ils se frayèrent un chemin dans la cohue. Torsac serra contre lui le havresac qu'il portait en bandoulière. Son contenu était précieux : il y avait les documents signés de La Reynie et les croquis d'Emilio Roggiero.

« Venez… suivez-moi ! »

Torsac allongea le pas. Ils quittèrent le périmètre réservé aux galères pour rejoindre celui de la marine marchande. Face au *Marseillais*, une estrade avait été installée. Deux lieutenants avachis derrière une table attendaient les retardataires. En s'approchant, Trémeur jeta des regards inquiets. Torsac le rassura.

« Ne t'inquiète pas. Tu n'as rien à craindre. »

La scène qui s'ensuivit amusa beaucoup l'inspecteur. Il monta les marches en bois pourries et salua les officiers affalés devant le registre des « Inscrits maritimes » grand ouvert. Tous deux avaient le visage buriné. L'un avait le bras en écharpe et tirait sur un brûle-gueule de sa main valide. Quant à l'autre, sa moustache imposante de hussard échouait à masquer la profonde entaille qui courait du front à la joue gauche. Les deux officiers n'accordèrent à l'inspecteur qu'un regard méprisant. Torsac, familier de ce genre d'hommes, des gardes-chiourmes au fond, qui jouissaient de leur petit pouvoir en torturant les moins bien lotis qu'eux, ignora le message.

« Inspecteur Torsac… », se présenta-t-il.

Ils ne levèrent pas le nez.

« Du Châtelet, Paris… »

Le contexte géographique n'eut pas l'air de les motiver davantage.

« J'ai pour vous une lettre du lieutenant général de police, monsieur de La Reynie. La Reynie ? Ce nom vous dit quelque chose ? »

Aucune réaction.

« Versailles ! »

Ils rectifièrent en même temps leur position, mais le moustachu ne put s'empêcher de ricaner :

« Si c'est pour un engagement… Ce n'est pas ici. »

Torsac le coupa.

« Un engagement, oui ! Mais de votre part. Vous allez laisser à ma disposition monsieur Trémeur Vairé, ici présent à mes côtés, le temps que je déciderai, avant le départ de son vaisseau. Vous allez donc inscrire dans vos registres que monsieur Vairé s'est présenté en temps et en heure. Non, sergent ! Inutile de vous donner la peine de répliquer. Voici la lettre de l'inspecteur général La Reynie, à l'attention du capitaine de La Fleuray. »

Torsac savait qu'il courait un risque et Delamare l'avait mis en garde. C'était quitte ou double. Ce blanc-seing pouvait n'avoir aucune valeur, voire être contre-productif dans ce port franc, rebelle à Paris.

« Si votre capitaine le souhaite, j'ai également une lettre cachetée de monsieur de Louvois, son ministre de la Guerre. Louvois ! Ne me dites pas que vous n'en avez jamais entendu parler ? »

Ce fut comme un coup de fouet. Les officiers, soudain blêmes, se mirent au garde-à-vous. Ils en oublièrent de réclamer l'ordre en question.

« Nous vous écoutons, dirent-ils d'une même voix.

– J'espère, messieurs, que vous avez compris et enregistré ma requête.

– Elle sera transmise, assura le balafré.

– Je ne vous ai pas bien entendu, dit Torsac en se tournant vers le second. Une objection ? Une information que vous souhaitez transmettre au marquis de Louvois ?

– Aucune… aucune.

– En ce cas, le marin Trémeur Vairé à ma disposition reviendra vous voir quand nous aurons accompli notre mission, bateau à quai ou bateau parti. On est bien d'accord ? Messieurs ! Inscrivez, je vous prie. Il se trouve bien dans vos registres, n'est-ce pas ? »

Les officiers se jetèrent à l'assaut des registres et trouvèrent le nom du marin Vairé.

« Vous inscrivez "Présent" et ajoutez qu'il est à ma disposition sous l'ordre de monsieur de Louvois. Une signature de sa part ou l'empreinte de son pouce ?

– Cela ne sera pas nécessaire. »

Ils dévisagèrent Trémeur Vairé, comme pour mieux graver ses traits dans leur mémoire.

Torsac descendit les marches et rejoignit Trémeur admiratif.

« Je ne savais pas que t'avais une lettre de Louvois !

– Moi non plus ! »

Le marin se mit à rire.

« Vous autres les inspecteurs, vous n'êtes que de fieffés menteurs. Bon ! Par quoi on commence ?

– Par les tatoueurs ! »

Trémeur marchait en tête. Torsac le suivait à plus de cinq toises. Il s'arrêtait partout, curieux de tout. Il était en terre étrangère : Marseille était un port franc qui n'appartenait ni au royaume, ni même à la Provence. Ce qui frappa Torsac, ce fut le ciel. À Paris, on n'en voyait que des lambeaux. Ici, il était comme la mer, on aurait pu les coller l'un sur l'autre. Il remarqua un nombre impressionnant de galériens, tous en casaque rouge, avançant avec difficulté dans leurs souliers.

« Pourquoi ? demanda Torsac.

– Parce qu'à bord, ils sont pieds nus. Les chaussures les entravent plus qu'une chaîne… »

Torsac repensa aux pieds rongés de sel du frère de Camille.

« Pourquoi sont-ils accompagnés de Turcs ? Et où vont-ils ? »

En longeant des baraques en planches, il eut la réponse. Ils tricotaient des bas de laine !

« Des bas de laine ? Mais pour qui ?

– Ils les vendent et ça leur fait un petit pécule pour survivre. »

Dans une ruelle montante, à une trentaine de toises du quai, Trémeur s'immobilisa devant une tente mal montée. Des marins patientaient sur des tabourets à trois pieds en fumant de longues pipes et en buvant à même leur gourde. Un homme âgé, à la crinière blanche, portant une ample chemise bleue à lacets, apparut. Il avait de l'allure dans ses pantalons en cuir noir et ses sandales.

« C'est à qui le tour ? » demanda-t-il d'une voix rauque.

Un moussaillon pieds nus se redressa. Torsac le devança et s'avança vers le tatoueur.

« Je peux vous parler ?

– Oui, en faisant la queue comme tout le monde. »

Torsac se rapprocha de lui en prenant soin de tourner le dos à la file d'attente.

« Je suis inspecteur de police au Châtelet », dit-il tout bas.

L'homme l'observa.

« Ah ! Et que diable venez-vous faire à Marseille ?

– J'aimerais vous montrer deux ou trois croquis. Vous êtes bien Armand ? “Le Curé” ?

– Je suis bien Armand, sourit-il, mais plus curé. Vous voulez quoi, enquêter sur les défroqués ? Vous n'en trouverez pas plus ici qu'à Versailles. »

Devant la réaction stupéfaite de Torsac, il poursuivit :

« Mais rassurez-vous ! j'ai toujours la foi, mais plus en l'Église, ajouta-t-il avec une franchise déconcertante. Bon. Si c'est pour me parler d'autre chose, suivez-moi… Sinon, vous pouvez disposer. »

L'inspecteur pénétra dans l'habitacle de la tente malgré les protestations des marins furieux de le voir couper la file. Le Curé les apaisa d'un geste papal. Torsac sortit les dessins des tatouages du frère de Camille.

« C'est bien vous, n'est-ce pas, qui en êtes l'auteur ? »

Le Curé hocha la tête et lut à voix haute, non sans fierté :

« *Dictat quas respit onas, Florebo quocumque ferar.* Oui, oui, c'est bien moi. La plupart de ceux qui viennent ici me le demandent. Ils sont de la Royale. Il y en a d'autres qui se font tatouer *Assertum maris mediterrane imperium, quadraginta tiremes*, qui veut dire : "L'empire de Méditerranée assuré, quarante galères", mais eux, c'est une autre clientèle, ils sont sur les galères. »

Torsac jeta un regard vers Trémeur qui buvait un coup avec les marins. Il en profita pour éloigner le tatoueur vers le fond de sa tente et montra le dessin du marin assassiné.

« Vous le reconnaissez ? »

Le curé, étonné qu'on lui tende un portrait, jeta des regards interrogateurs sur Torsac, qui lui fit un signe d'encouragement.

« Joli travail. C'est qui ?

– Justement, c'est ce que nous cherchons à savoir.

– Non, lui, ça ne me dit rien. Vous savez, j'en tatoue plus de dix par jour depuis trente ans. Calculez… Vous savez pourquoi ils se ressemblent, tous les marins ? Vous savez pourquoi, inspecteur ? »

Torsac secoua la tête en signe de dénégation.

« Parce qu'ils ont tous deux mères… Celle qui leur a donné la vie, et la seconde c'est la mer, la bleue, celle qui les a façonnés à son image. »

L'inspecteur, tout en buvant les paroles du tatoueur, rangea le dessin et sortit ceux des jeunes filles.

« Elles sont de Marseille ? Cela ne me dit rien.

– Oui. Vous acceptez que je vous les laisse ? Vous pourriez les accrocher dans votre tente, au cas où… ?

– Ce sont des criminelles ?

– Non, des victimes.

– Ah… Qu'est-ce qui leur est arrivé ?

– Je ne peux pas vous le dire…

– Dans ce cas je prends et je prierai pour elles. Voyez-vous, inspecteur, si j'étais vous, j'irais dans les églises… Vous les placardez à l'entrée et vous interrogez les prêtres. Ils ont les oreilles les plus grandes du royaume. Peut-être même qu'ils les ont baptisées. En ce cas, elles ont été inscrites dans leurs registres. »

Torsac serra la main du tatoueur. Une main osseuse, sèche, volontaire.

« Vous m'avez beaucoup aidé.

– Le Christ nous le demande… et Il est le seul que j'écoute. Je peux me permettre un conseil ? Ne dites pas que vous venez de Paris. Ici, on vous aime pas. »

Un Turc s'approcha, en large pantalon bouffant avec des bacchantes impressionnantes. Torsac fut émerveillé. Il n'en avait jamais vu.

« Vous êtes interloqué, hein ? C'est un Turc. Il y en a beaucoup ici. Ils travaillent en ville. La plupart sont des esclaves… Les autres sont de riches marchands. Il n'y a que le costume qui change.

– Trémeur, on y va ! On va faire le tour des églises », lança l'inspecteur.

Devant la mine plus qu'étonnée du marin, il ajouta, conciliant :

« D'accord, je sais que tu es plus expert en tavernes, mais là, on n'a pas le choix. »

*

Ce fut au son du canon que Torsac se réveilla. Son auberge était sur les hauteurs de la ville. Trémeur ne l'avait pas suivi. Il avait ses habitudes dans un estaminet qui proposait un grabat à ses clients les plus fidèles. L'inspecteur avala une bouillie de pois qu'il arrosa d'eau fraîche. Il était fatigué. Ce n'était pas l'air de la mer qui était en cause, mais la visite des églises qui l'avait éreinté. Il avait commencé par l'abbaye Saint-Victor. Il l'avait choisie en premier car elle était proche du Vieux-Port. Ils avaient traversé les vestiges des fortifications encore visibles et aperçu l'ensemble monumental de l'abbaye que dominait un clocher roman. C'était un vendredi et ils étaient arrivés juste à l'heure de la messe de la Sainte Vierge. Beaucoup de fidèles et de bénédictins s'y pressaient pour entrer et il avait décidé d'interroger le prélat après l'office. L'affaire s'était annoncée plus difficile que Torsac ne l'avait imaginé. Il aurait dû solliciter une entrevue, choisir un horaire, mais il n'en avait pas le temps. Aussi, au sortir de l'office, l'abbé, entouré par les moines, l'avait fait attendre trop longtemps à son goût. Torsac commençait à montrer des signes d'impatience quand le prélat avait enfin daigné s'approcher. Il avait écouté d'une oreille distraite la requête de Torsac tout en continuant ses signes de bénédiction à l'adresse des fidèles, puis il avait dirigé une main autoritaire vers lui pour l'arrêter. Il avait compris ! Il n'était pas la bonne personne. Il ne connaissait pas les victimes. Pour la forme, il avait accepté de placarder les trois dessins sur le portail de l'église mais Torsac n'avait pas cru un mot de cette promesse.

« Allez à Notre-Dame de la Garde. Il y a beaucoup de passage, des pèlerins, des marins de retour de mission. Des étrangers, beaucoup d'étrangers. Tentez votre chance là-haut. »

Quel homme détestable ! se dit Torsac en rejoignant Trémeur qui avait pris soin de rester à l'écart. Devant la mine sombre de l'inspecteur, il le réconforta :

« Si Dieu existe, Il ne laisserait certainement pas faire les atrocités que j'ai vécues en mer ! »

Aussi fut-il surpris quand son compagnon annonça :

« Direction Notre-Dame de la Garde ! »

Vue d'en bas, la chapelle paraissait en équilibre sur un piton rocheux. Elle semblait isolée du reste de la ville par un flanc rocailleux pentu que le printemps avait égayé çà et là de taches de verdure et de fleurs sauvages. Torsac restait silencieux. Trémeur comprit que l'escapade effrayait un peu l'inspecteur. Il tenta de faire diversion en jouant le guide.

« La chapelle là-haut, on l'appelle la Bonne Mère. On y va quand on revient au port. Même moi qui suis impie ! Il y a deux ans, j'ai même payé un ex-voto. On avait essuyé les corsaires et une tempête colossale qui a failli nous envoyer par trois mille toises de fond. On a fini le voyage brisés, affamés, mais vivants.

– Et comment on accède là-haut ?

– Vous inquiétez pas, je suis chez moi. »

Ils grimpèrent par une ruelle pavée, se frayant parmi les passants tout en évitant le filet d'eau noire chargé d'immondices qui courait en son milieu. Torsac se fit bousculer par des femmes qui descendaient à grands pas, courbées sous le poids d'immenses baluchons. Essoufflé, il fit une pause au milieu des escaliers pour contempler la ville baignée de soleil en contrebas, puis, s'épongeant le front, il se remit en marche derrière Trémeur qui venait de s'engager dans un sentier derrière un groupe de pèlerins. Au fur et à mesure qu'ils s'éloignaient de la ville, l'air se parfumait des senteurs du printemps. Il était deux heures passées cet après-midi-là quand ils atteignirent enfin le promontoire après avoir traversé le flanc herbeux le plus abrupt du piton. Torsac s'affala sur un rocher, haletant. Le panorama était magnifique. Au loin, dans un arc de cercle irisé par les reflets de l'eau, les montagnes bleutées qui ceinturaient la ville tombaient à pic dans la mer. Sur les quais du Vieux-Port, la fourmilière œuvrait sans relâche : de minuscules marionnettes qui portaient des charges, tiraient des carrioles, montaient dans des chaloupes, s'affairaient sur les vaisseaux, se hissaient sur les mâts, s'agitaient en tous sens. Les embarcations étaient innombrables. Un très jeune curé qui venait de sortir du sanctuaire le ramena à ses préoccupations. Contrairement à son confrère de l'abbaye Saint-Victor, il se révéla très accueillant. Il regarda très longuement les dessins pendant que l'inspecteur relatait l'histoire des meurtres des jeunes filles. Le curé se signa. Torsac termina en expliquant qu'une quatrième jeune fille avait échappé de justesse aux tueurs, qu'on était à sa recherche et qu'on l'espérait vivante.

« Et ce marin ? L'auriez-vous vu ? C'est le frère de cette jeune fille-là, dit-il en montrant le portrait de Camille. Elle s'appelait Camille mais nous n'avons pas leur nom de famille. Lui, il a aussi été assassiné à Paris. Si je vous demande cela, c'est qu'il était un marin appartenant à la Royale. On dit que de nombreux marins viennent prier dans votre sanctuaire au retour de leurs missions… »

Hélas, le curé ne les avait jamais vus. Il lui suggéra d'aller enquêter dans les petites églises de quartier. Si le frère et la sœur étaient natifs d'ici, alors ils y avaient été baptisés. L'année de leur naissance est obligatoirement inscrite dans les registres. Le brave ecclésiastique veilla à distiller des paroles encourageantes.

« Vous avez peu de choses, mais un frère aîné et sa jeune sœur nommée Camille, c'est déjà beaucoup. De mon côté, je vous promets d'interroger mes ouailles. Jetez aussi un œil sur les ex-voto de la chapelle. Le Seigneur peut être de meilleur conseil que moi. »

*

Le lendemain l'inspecteur décida de faire une pause. Faire ses recherches aux églises ne suffisait pas ! Peut-être que le frère de Camille avait été fiché dans le registre des déserteurs. Il fallait vérifier à la capitainerie. Il s'y rendit donc en compagnie de

Trémeur et fut accueilli par un marin juché sur un tabouret qui hurlait dans un braillard. Trémeur expliqua que, chaque samedi, les moussaillons venaient raser les matelots. C'était le rituel. On les rameutait de cette façon. Torsac s'approcha de l'entrée. Deux argousins lui barrèrent l'accès. Il brandit la menace de Louvois qui agit comme un sésame. Il fut conduit à l'officier de garde, un grand roux aux yeux bleus très sympathique, normand d'origine, qui avait échoué à Marseille alors qu'il espérait embarquer à Lorient. Torsac lui demanda son nom et lui assura d'en parler en haut lieu. Touché, l'officier lui ouvrit aussitôt les registres. On fournit à l'inspecteur une table et il se mit au travail, éplucha les noms, dates de naissance, dates et durée d'engagement des matelots n'ayant pas répondu à l'appel ces deux derniers mois, ainsi que le nom de leur navire et leur port d'attache. Il fut étonné du nombre des désertions et en fit la remarque. L'officier haussa les épaules : les conditions de vie des marins étaient très difficiles, sans doute plus que de se faire agrafer. Il garda le portrait du frère de Camille et promit d'interroger son entourage. En sortant Torsac longea les baraquements où travaillaient les galériens et des Turcs. Trémeur avait de son côté pris langue avec un pêcheur. Lui aussi posait ses filets. Peut-être qu'un poisson allait bientôt mordre ?

21.

Armé du portrait de la fille assassinée que lui avait confié Emilio, le Rat avait entamé ses recherches sur les quais et dans les quartiers bordant la rive droite. Il se levait à l'aube et quand les boulangers commençaient à pétrir ou à cuire le pain, il leur montrait le dessin. Les mitrons couverts de farine de la tête aux pieds, il les connaissait tous. La tâche était aisée et il ne s'en priva pas. L'hiver, il lui était même arrivé de se cacher dans un fournil et de déguerpir quand le patron arrivait : c'était un ventre chaud où l'on pouvait manger. Il poursuivait également son enquête chez les artisans dont les ateliers se perdaient dans un labyrinthe de cours. Parfois Princesse l'accompagnait. Beaucoup se retournaient sur son passage. Personne ne savait réellement qui elle était. Il faut dire qu'elle ne passait pas inaperçue avec ses robes et jupons superposés et son pourpoint de cuir. Mais ce qui lui donnait de l'autorité, outre son crâne rasé et son allure altière, c'était son franc-parler. On s'empressait de répondre à ses questions, ou de lui suggérer des pistes. Tous la respectaient : elle était la Princesse de la rue. Cependant, la jeune femme qu'ils cherchaient restait invisible. La lassitude guettait.

Ce matin-là, le Rat et Princesse sortirent du dédale et rejoignirent la Seine, en prenant par la ruelle du pont Marie. Ils déambulèrent entre les boutiques qu'encombraient encore des ruines de maisons et de madriers en bois pour gagner la rive gauche. Sous leurs pieds, le fleuve était rapide, gonflé par les pluies du printemps. Le Rat voulait montrer à Princesse le lieu où l'assassin avait agi. Ils descendirent sur le quai boueux et s'accroupirent là où avait eu lieu l'interrogatoire. Ils observèrent l'endroit en détail. Comment retrouver la nageuse en partant d'ici ? Une idée germa dans la tête du Rat. La nageuse ne l'avait pas vu mais elle l'avait entendu. Il avait poussé son cri si fort qu'elle l'avait forcément entendu.

« Et si j'utilisais mon cri ? »

Princesse qui rafistolait sa botte releva la tête.

« Dommage que je n'aie pas la deuxième. T'as vu comme elle me va bien…

– J' t'en trouv'rai une belle paire rue des Blancs-Manteaux. J' connais un cordonnier qu'en jette. » Et il revint à son raisonnement. « Ça pourrait marcher… Si je crie… ça va lui rappeler la nuit du crime… et elle sort d' sa cachette ! »

Princesse fit la moue, elle n'était pas convaincue.

« Si elle se cache là ! Pourquoi elle va pas au Châtelet ?

– Elle est comme nous. Elle les zaime pas.

– Alors tu pousses ton cri, c'est ça ton idée ? Et après ?

– Après elle vient, ou elle vient pas. Faut tenter. P't-être qu'elle s' terre pas loin d'ici.

– J'y crois pas. Crier dans Paris, c'est dangereux, le guet va nous sauter dessus. Et si ça se trouve, tu la mets en danger.

– Bon ! » dit-il, dépité. Mais il repartit aussitôt à la charge : « Écoute-moi, Princesse. Elle, c'est toi. Tu nages, t'arrives de l'autre côté. Et après, tu fais quoi ?

– J' sais pas nager !

– Imagine, Princesse. Imagine ! Tu débarques toute mouillée d' l'autre côté. Qu'est-ce que tu fais ?

– J' me cache.

– Où ? Princesse, où ? T'es une fille !

– J' sais pas moi… dans une cour, une cabane de jardin, un bateau, une église… Peut-être qu'elle a d' la famille.

– Elle a pas d' famille !

– Comment tu sais ?

– Parce qu'elle est comme nous. »

Princesse partit d'un rire tonitruant si communicatif que le Rat se leva et vint l'embrasser. Elle sentait la fleur d'oranger. Encore un flacon qu'elle avait dû chaparder aux Tuileries ou au Palais-Royal. Alors qu'ils surveillaient le quai, ils furent attirés par un bruit de querelle. Sous le pont un groupe d'hommes et de femmes se disputaient. Ils avaient passé la nuit sur des paillasses à l'abri des regards derrière des tissus bariolés suspendus à des cordes et s'affairaient à éteindre les dernières braises des feux qu'ils avaient allumés pour la nuit avant de plier bagage. Princesse donna un coup de coude au Rat.

« Moi je m' suis évadée d'un couvent pour aller dans la rue.

– Je sais, tu m' l'as raconté mille fois. Un carrosse t'a abandonnée une nuit quand t'étais p'tite et ensuite tu te souviens plus de rien. Pourquoi tu dis ça ?

– Si elle est seule, peut-être qu'elle va vouloir aller se cacher où moi j'ai été enfermée ? »

Le Rat siffla entre ses dents.

« Ça, c'est grand ton idée. J'aurais pas pensé. Un couvent, siffla-t-il, admiratif. Mais faut y entrer dans un couvent !

– Moi j'en suis sortie, alors on peut y entrer. »

*

La Reynie s'était réveillé en sursaut. Gabrielle était assise sur une chaise et lui tenait la main. Il était en nage. Il avait les yeux exorbités et respirait fort. Il repoussa les draps et se leva pour aller s'installer sur la banquette du salon. Sa femme l'enveloppa d'un châle et lui présenta ses chaussons.

« Ce n'est rien, Gabrielle… Ce n'est rien, juste un cauchemar !

– Vous avez crié… trois fois !

– Et qu'ai-je dit ?

– "Le rat !" Vous avez crié : "Le rat !" Éclairez-moi, mon ami…

– Le Rat ? Ah oui… Mon Dieu, ça me revient. J'ai rêvé qu'il était aux côtés de ce maudit Coesne, assis sur un tonneau coiffé de la couronne des gueux et drapé dans une cape d'Arlequin… Vous vous rappelez ?

– Mon ami… Si je m'en souviens ! Vous veniez de prendre vos fonctions au Châtelet… Ils étaient des centaines, des milliers, et vous aviez été reçu par une pluie de cailloux.

– C'était de la mitraille ! Lui, le Coesne, il trônait là, arrogant au milieu de sa cour de pouilleux, d'archisuppôts, tous argotiers sans foi ni loi… armés jusqu'aux dents de lames et de pistolets. Que des faux-semblants : des faux mendiants, des faux aveugles, des faux culs-de-jatte… Ils ont tous détalé comme une armée de rats.

– Vous avez réussi à les chasser… vous avez gagné, Gabriel !

– Avec un escadron de sergents à cheval, tout de même…

– Oui, mais ils étaient plus nombreux que vous et ils étaient chez eux…

– C'est vrai. Ils étaient chez eux… », fit La Reynie songeur en buvant une gorgée de tisane que sa femme lui avait préparée. Il se sentait mieux.

« Tout cela est de l'histoire ancienne, mon ami.

– Non, ma douce. Ne vous méprenez pas. Ils sont toujours là… bien là. J'ai revu l'un d'entre eux… le Rat. Il était dans mon bureau.

– Un rat dans votre bureau ?

– Un gamin… Un faux gamin ! Déjà un homme… d'une puanteur, vous ne pouvez même pas imaginer. D'une saleté… mais vif, intelligent… oui, intelligent…, se redit-il pour lui-même. Voyez-vous, il m'a rappelé ceux que nous avions arrêtés autour de l'église Saint-Sauveur et du couvent des Filles-Dieu… Eh bien, ils sont de retour… ils vont revenir…

– Mais que faisait ce garçon dans votre bureau ? »

La Reynie reprit une gorgée du liquide brûlant.

« Il a été témoin d'un meurtre.

– Un meurtre ? Grands dieux ! »

Le lieutenant général s'enveloppa plus étroitement dans son châle. Comme d'habitude, sa femme savait poser les bonnes questions.

« Il m'a aidé. Je dois vous l'avouer. Grâce à lui, nous allons peut-être résoudre notre énigme. Vous imaginez-vous, Gabrielle ?… Un gueux… aider la police… Un peintre et un gueux ! Ne me regardez pas ainsi ! Ne me prenez pas pour un fou. C'est inimaginable, j'en conviens ! De quoi vous donner des cauchemars ! Tout m'est revenu si intensément, Gabrielle. Les cris… la fourche de Coesne sur laquelle il avait empalé un lapin et qu'il brandissait comme un spectre. Et le Rat à ses côtés. Oui, à ses côtés. Annoncé comme son dauphin, son successeur ! Son héritier. Oui, tout m'est revenu cette nuit. »

Elle prit place sur un fauteuil face à lui et l'observa.

« Gabriel ! Vous venez de parler d'un peintre… »

La Reynie se mordit la langue. Il avait trop parlé. Elle avait sauté sur l'occasion. Il répondit avec détachement, espérant que le sujet serait vite clos.

« Non… le commissaire Delamare nous a suggéré d'utiliser un dessinateur pour reproduire le visage des victimes et des suspects. Voilà tout. Rien de bien passionnant.

– Mais c'est une brillante idée ! Je vous ai toujours dit que la peinture est plus fidèle qu'un miroir ! Voilà une approche pertinente ! qui vous permettra de mener à bien vos enquêtes, j'en suis persuadée. »

La Reynie ne répondit pas à ce compliment qu'il ne méritait pas puisque l'idée n'était pas venue de lui. Il était quatre heures du matin et il décida de se sortir des images qui le hantaient en allant travailler dans son cabinet.

« Croyez-vous que ce dessinateur sache quelque chose du tableau de Mignard ?

– Allons bon ! » se dit-il. Il tenta une diversion : « Oh, il y a fort peu de chances, mon amie, il ne navigue pas dans le cercle de la peinture. »

*

La Montespan faisait les cent pas dans le salon rose de la comtesse de Cruissan. Sa robe en taffetas de soie pourpre était galonnée d'or et elle portait un bracelet de diamants large comme la main qu'elle pouvait exhiber grâce à des manches bouffantes relevées jusqu'aux coudes. Sa chevelure abondante était prisonnière d'un petit diadème en perles. Son nez droit accentuait sa fureur. Elle s'était déplacée, étonnée de n'avoir pas encore les nouvelles espérées. Que se passait-il avec la duchesse de La Vallière ? Que faisait Mignard ? Toutes ces questions couraient dans sa tête et elle avait saisi le prétexte d'un déplacement à Paris pour en savoir plus.

La comtesse l'avait reçue avec empressement mais embarras. Certes sa visite aurait été un privilège dans de tout autres circonstances. Mais elle avait si peu à lui révéler qu'elle craignait sa réaction. Comme la première fois, la Montespan refusa de s'asseoir. C'était une attention qui se méritait et la Cruissan était loin de valoir cet honneur. La maîtresse de céans en était elle-même si consciente qu'elle avait choisi de se vêtir sans éclat, laissant à son interlocutrice la jouissance de la lumière. Elle avait opté pour une robe qu'elle détestait, d'un gris froid aux manches ourlées de rubans verts. La Montespan ne s'embarrassa pas de préambule.

« Je suis certaine que vous pardonnerez mon impatience, mais vous comprendrez que j'attends depuis longtemps de vos nouvelles. »

La comtesse esquissa un pâle sourire et écouta la suite qui ressemblait à des reproches.

« Mais peut-être me suis-je trompée sur vous et que ce que j'ai espéré de vous ne peut s'accomplir ?

– Madame, sachez que je m'y emploie et que si j'avais appris le moindre détail, je vous aurais alertée. »

La Montespan s'attarda sur la comtesse. Peut-être avait-elle eu tort de la solliciter. Peut-être n'était-ce qu'une petite courtisane médiocre, et son Italien un imposteur. Elle aurait été dupée et avait perdu un temps précieux.

« Votre Italien ne travaille-t-il plus pour lui, Mignard déçu l'aurait-il écarté ?

– Madame, je confirme que monsieur Roggiero est au service de Mignard et qu'il œuvre pour lui sur ce tableau.

– Alors, je ne comprends pas. Voilà presque un mois que vous me dites : “Rien !” Mais que fait-il donc ? Les peintres ont des yeux, me semble-t-il… »

La comtesse sentit ses jambes se dérober. Qu'avait-elle à lui offrir ? Rien. Les questions que lui posait la Montespan, elle les connaissait pour les avoir posées à Emilio sans succès.

« Soit ! fit la Montespan qui essaya de ruser. Le Maître et l'apprenti s'assoient dans l'atelier, et elle, la duchesse, que fait-elle ? »

La comtesse ne put lui révéler que le peu qu'Emilio lui avait avoué.

« La duchesse est venue à l'atelier avec ses enfants. »

La Montespan se déplaça dans le salon vidé des tableaux hollandais. Elle apprécia ce changement mais ne le fit pas savoir. Elle était contrariée.

« Mesurez-vous que cette nouvelle est la pire de toutes ? dit-elle d'un ton neutre en lui tournant le dos.

– Non, madame. Je ne vois pas en quoi une mère accompagnée de ses enfants serait pour vous une menace ou une mauvaise nouvelle. »

La Montespan se retourna et la toisa. Son intuition se confirmait. Soit la comtesse manquait de finesse, soit elle cherchait à gagner du temps parce qu'elle ne savait rien.

« Pour la simple raison que Mignard va les peindre tous les trois ! répondit-elle d'un ton péremptoire. Je m'en doutais, ajouta-t-elle dans un souffle, comme pour elle.

– Mais nous n'en savons rien puisque Mignard réfléchit et hésite encore. C'est ce que monsieur Roggiero m'a confié et qui explique la lenteur de l'exécution. »

La Montespan s'arrêta devant une fenêtre qui s'ouvrait sur la cour où attendait son carrosse. La Cruissan était une sotte ! C'était notoire. Elle s'en voulut de lui avoir fait confiance.

« Ce que vous n'êtes pas capable de comprendre, comtesse, c'est que ce tableau est une vengeance dont je serai la cible. »

La comtesse devant un tel aveu prit peur.

La Montespan l'observa à la dérobée. Pouvait-elle s'y fier ? Certes non ! Il lui faudrait songer à la faire doubler. En attendant, il fallait la presser. Elle se retourna et lui offrit le plus faux de ses sourires.

« J'ai parlé au roi…, dit-elle en laissant se perdre la fin de sa phrase.

– Ce sera tout mon bonheur, madame. Et croyez mes intuitions. Ce tableau ne sera rien d'autre que l'adieu de la duchesse. »

La Montespan plissa les yeux. Elle se retira sur ces mots qui l'accompagnèrent jusqu'à Versailles. Une « cérémonie d'adieu »… si seulement !

La comtesse resta prostrée au milieu du salon. Elle revivait la scène. La situation dans laquelle elle se trouvait était des plus risquées et elle en comprenait le danger. Comment avancer ses pions et construire une stratégie efficace pour obliger Emilio ? Elle allait le convoquer, le ferait parler, le menacerait, le terroriserait, lui ferait craindre le pire.

22.

20 mai 1673

Le tailleur avait rouvert sa boutique. Aucun danger ne l'ayant menacé, le drame du bord de Seine s'était évanoui dans sa mémoire. Vers la fin de la matinée, penché sur un mantelet à broder, il sentit une onde caresser les robes suspendues. Il leva la tête et reconnut la silhouette. Le chapeau à large bord cachait encore son visage et le col de son manteau était relevé, mais c'était bien lui. Ses vœux s'exauçaient. On allait lui commander d'autres lèvres ! Mais cette fois il aurait d'autres exigences : c'est lui qui allait accomplir les deux besognes. C'est lui qui donnerait le coup de sabre mortel et c'est lui qui ensuite ferait son travail de brodeur. Un coup de sabre, finalement ce n'était pas si compliqué que ça ! Il s'était même entraîné. Il ne lui avait pas fallu longtemps pour comprendre que la seule difficulté résidait dans la façon de le brandir à la bonne hauteur, de trouver le bon angle et la trajectoire idéale. Après, ce n'était pas plus difficile qu'un coup de fouet. Il s'était adonné avec une certaine excitation à cet exercice.

Il en était là de ses réflexions quand l'homme providentiel sortit deux bourses en cuir qu'il fit rouler à ses pieds. Le tailleur se pencha pour les ramasser. Une lumière foudroyante l'éblouit, suivie d'une vive douleur qui lui brûla la nuque. Un jet de sang jaillit sur ses épaules. Il allongea désespérément les bras, fouetta l'air, se cramponna au bas des robes et s'écroula, noyé sous leur flot multicolore et soyeux qui le recouvrit.

L'homme au chapeau sortit le plus normalement possible dans la rue, avec un sac à linge qu'il avait attrapé près du comptoir. Il ne se retourna pas, mais il sentit une menace qui lui emboîtait le pas et qui se rapprochait. Il tourna la tête et, à une dizaine de toises derrière lui, il identifia immédiatement un policier qui, jouant mal son rôle de badaud, s'était mis à courir pour le serrer. Il n'avait pas le choix. Il fit volte-face, fonça droit sur l'importun et lui jeta le sac en pleine figure. Le policier partit à la renverse, heurta le mur, s'empêtra dans les linges qui s'étaient répandus et chuta finalement par terre. Il n'eut pas le temps de se relever, mais il vit qu'il n'avait pas été le seul à le poursuivre. Une armée bruyante de bottes passa sous son nez et son agresseur, comprenant qu'il était poursuivi, refit demi-tour et fila vers un dédale de ruelles par la rue de la Vieille-Oreille. Ses poursuivants lui collèrent aux trousses et se rapprochaient quand, au loin, d'autres assaillants surgirent et le prirent eux aussi en chasse.

L'homme était donc tombé dans une embuscade. Il espérait un porche, une cour pavée, une voiture sans cocher mais le destin regardait ailleurs. À bout de souffle, il s'écroula face à un hercule qui lui barrait le passage.

*

Delamare, alerté par les archers du guet d'un meurtre survenu rue de la Tixéranderie[1] dans la boutique d'un tailleur, avait

1. Anciennement rue de la Vieille-Oreille. Rue des tisserands depuis le Moyen Âge.

ordonné à Laruche de le devancer sur les lieux. De fait, Laruche était arrivé depuis une demi-heure à peine que le commissaire fit une entrée en trombe, accompagné d'un lieutenant de la criminelle. Il ôta son chapeau, salua le commissaire Bernard, lui aussi déjà sur place, et fut conduit au cadavre enfoui sous une floraison de robes. Laruche s'excusa de n'avoir pas eu le temps de fouiller entièrement le lieu et mais il lut les premières notes de son rapport.

« Denis Tuppard. Tué d'un coup de dague sur la nuque. L'assassin a dû le surprendre de dos, ou bien il était connu de la victime, car il n'y a aucune trace de lutte. Il s'est probablement rattrapé aux portemanteaux avant de tomber. Voici l'arme du crime. Une dague, le sang fraîchement coagulé. L'arme a été abandonnée au sol. La victime est comme vous le voyez râblée, de corpulence moyenne avec de l'embonpoint ; le visage qui déjà vire au bleu est arrondi, les sourcils fournis, la bouche épaisse, les cheveux sont blonds mi-longs, filasse, les membres courts. Pas de signes distinctifs. Profession : tailleur. Des papiers retrouvés dans ses tiroirs attestent d'une mère flamande. Il est propriétaire de cette boutique et aurait acheté depuis peu deux autres ateliers. Nous avons trouvé un passeport de transport ainsi que des factures et des copies d'actes de propriété. Ils sont récents. C'est tout pour l'instant, monsieur le commissaire.

– Deux ateliers en si peu de temps ? coupa Delamare.

– Je ne saurais vous dire, mais nous avons aussi découvert dans un des tiroirs du comptoir un pistolet à rouet réservé aux officiers, dit le commissaire Bernard.

– Un pistolet d'officier chez un drapier ? La chose n'est pas commune ! Qui vous a prévenu du meurtre ?

– Lerevenu, venez vous présenter ! Il appartient à mon unité du quatrième arrondissement, précisa le commissaire.

– Qu'a-t-il vu ? »

Laruche s'expliqua.

« Vous nous aviez donné pour mission de faire surveiller toutes les officines de brodeurs tailleurs. Depuis le meurtre, nous n'avions jamais allégé le dispositif. Dans cette petite rue de la Tixéranderie, il y a plusieurs échoppes. Le commissaire Bernard a pris le commandement, c'était sa circonscription. Ces derniers temps, c'était l'archer Lerevenu qui était en charge de la rue. Il a remarqué que cette boutique-là était restée fermée plus d'une semaine. D'après des témoins interrogés, ce n'était pas normal. Le tailleur n'était pas coutumier du fait, et des clients auraient même trouvé porte close. Cela lui a paru suspect et il a fait un rapport que le commissaire Bernard nous a transmis.

– Exact, fit celui-ci.

– On a vérifié les dates, c'était dans les environs du 8 ou du 9 mai que la boutique a fermé. On a tiqué. Le meurtre du pont Marie a eu lieu le 7 ! On a donc renforcé la surveillance. Il y a deux jours, subitement la boutique a rouvert ! Le commissaire Bernard a donc fait demander une veille vingt-quatre heures sur vingt-quatre. Nous le tenions à l'œil. Et voilà que, tout à l'heure, Lerevenu a vu un homme botté, habillé de noir, la tête dissimulée sous un grand couvre-chef noir, sortir de la boutique en portant un énorme ballot de linge. Il a trouvé ça louche. Il a essayé de le serrer, mais l'homme lui a envoyé le sac à la figure. Notre archer est tombé et s'est empêtré dans le ballot. Et c'est là que l'affaire se complique. Le fuyard à son tour a été pris en chasse par des hommes inconnus de nos services. Ils ont couru vers le faubourg en bousculant tout le monde et d'autres individus ont surgi à leur tour et les ont pris en chasse. Lerevenu en se relevant a vu toute la débandade, mais n'a rien pu faire. Il a donc préféré rentrer dans la boutique et c'est là qu'il a découvert le cadavre. Vous confirmez, Lerevenu ?

– Oui, commissaire !

– Pris en chasse, dites-vous ? Mais par qui ? demanda Delamare.

– Nous ne savons pas. Mais pas par nous, ça c'est certain, répondit Bernard.

– Par nous non plus », l'interrompit Laruche.

Delamare allait de surprise en surprise et les dévisageait l'un après l'autre.

« Vous avez interrogé la rue ? Des témoins ?

– Tous disent la même chose. Ils auraient filé vers l'Hôtel-Dieu. Des hommes bottés, tout en noir. Ça s'est passé si vite que personne n'a su faire de description précise. La seule chose dont nous soyons certains, c'est que ce ne sont ni nos hommes, ni les vôtres.

– Ils étaient combien ? demanda Delamare en se tournant vers Lerevenu.

– Une bonne dizaine, ma foi. »

Delamare médita l'information et lui dit qu'il pouvait disposer.

« Et qu'est-ce que cela ? » reprit-il en avisant sur le comptoir deux bourses qui trônaient à côté de la dague ensanglantée et d'une paire de bésicles cassées.

« Deux bourses remplies de cailloutis », répondit Laruche qui, saisissant l'une d'entre elles, en renversa le contenu pour Delamare. Les cailloux roulèrent sur le bois du comptoir.

« Même chose pour la seconde, je suppose ? » s'enquit Delamare.

Laruche acquiesça.

« Selon vous, cet homme pourrait-il être l'homme à la mallette ? fit Bernard en montrant le corps.

– Des cailloux en guise de paiement, une dague, un meurtre, ce serait bien possible. Ça sent le règlement de comptes à plein nez, dit Laruche. C'est bien trop orchestré.

– Si c'est le cas, vous pensez que l'assassin du tailleur a voulu effacer des traces, liquider le complice du tueur de la jeune femme du pont Marie pour entraver l'enquête ? récapitula Delamare.

– C'est bien possible, mais je doute que ce soit pour entraver notre travail. Je pense que la raison est ailleurs. Il faut s'interroger sur qui est à la solde de qui. De qui l'assassin a reçu les ordres, qui sont les commanditaires des poursuivants qui, eux, étaient nombreux et bien organisés. Si on penche pour cette hypothèse, alors nous avons affaire à des bandes rivales avec un même mobile, analysa Laruche.

– Si… et je dis bien si, ce meurtre était relié d'une façon ou d'une autre à nos jeunes filles, alors il est évident que nous ne sommes pas les seuls sur cette affaire, soupira Delamare.

– Si c'est le cas, alors nous sommes face à un complot ! » conclut Laruche.

Un silence lourd de questions s'ensuivit.

« C'est tout ce que vous avez trouvé ici comme indices ? Avez-vous fouillé le reste de la maison ? »

Laruche lui répondit que non, il n'avait pas encore eu le temps. Il désigna l'entrée de l'arrière-boutique, précéda Delamare et Bernard et ils s'engagèrent tous trois dans une pièce qui faisait office d'atelier. Elle était aveugle et sombre, encombrée de coffres et de boîtes en tous genres, de rouleaux d'étoffes, de vêtements pendus. Sur un fourneau éteint était alignée avec soin une batterie d'au moins vingt fers à repasser. Ils déambulèrent à la recherche d'éventuels indices quand Laruche remarqua une porte basse, à moitié cachée par des portants. Il descendit les cinq marches de pierre et tomba dans un réduit dont le sol en terre battue était à peine éclairé par un soupirail ouvrant sur une cour. Il tenait lieu de cuisine. Un grand désordre y régnait. S'y entassaient en vrac des bassines, des écuelles, des brocs, de la vaisselle sale. Dans les remugles, il identifia une odeur qui ne lui était pas inconnue.

« Vite ! Venez voir ! Je sens ici comme une odeur de musc ! »

Tous se précipitèrent. Ils tenaient à peine debout, tant le lieu était étroit. Ils se mirent à humer frénétiquement. Laruche bouscula les récipients, farfouilla sous l'établi et tira vers lui un seau en bois rempli d'eau sale. Les effluves venaient de là.

« On dirait que notre homme y a lavé ses mains et qu'il a oublié de le vider. Messieurs, c'est notre homme ! s'exclama Laruche. C'est lui, de toute évidence. Vous avez senti ?

– Enfin une avancée ! Monsieur de La Reynie va être satisfait, dit Delamare, lui-même extrêmement soulagé. Messieurs, je vous félicite.

– Commissaire, il y a un étage, je fouille là- haut ! »

Et Laruche s'élança dans l'escalier. Il en redescendit presque aussitôt avec une vachette qui ressemblait à s'y méprendre à celle du Rat. L'excitation était à son comble. Les trois enquêteurs repassèrent à la hâte dans la boutique plus éclairée. Laruche posa le petit bagage sur le comptoir tel un trophée, et ce fut le commissaire qui en eut l'honneur. Il y plongea ses mains et ne fut pas surpris d'y trouver un contenu qui lui était familier : un jeu d'aiguilles à coudre, un assortiment de dés et de bobines, un flacon qu'il porta à son nez.

« Voici la seconde signature !

– Hélas, tout cela arrive bien tard, dit Bernard.

– Mais *comme à chaque fois*, commissaire ! lui répondit Delamare. *À chaque fois*, nous ne sommes que les simples témoins de tragédies dont nous ne ramassons que les victimes et des assassins en disgrâce…

– … les auteurs du complot évitant police et justice », dit Laruche en terminant la phrase de son supérieur.

Delamare tressaillit. Il fixa son inspecteur. Bernard les

dévisagea l'un après l'autre, ne comprenant visiblement pas ce qui se jouait là.

« Avez-vous signé les papiers pour la levée du corps ? » demanda Delamare en guise de réponse.

Le commissaire Bernard acquiesça.

« Alors, faites porter le corps à la basse geôle pour autopsie. Poursuivez la fouille et envoyez au Châtelet les pièces à conviction que vous jugez d'importance. Et n'oubliez pas de faire poser des scellés », lança-t-il à la ronde avant de sortir.

*

L'homme passait pour la deuxième fois rue Quincampoix et s'arrêta devant l'hôtel où se trouvait l'échoppe du chapelier. Il avait levé la tête pour bien vérifier l'enseigne. Il ne se trompait pas : il y avait les écussons du roi et un gros castor du Québec, tels qu'on les lui avait décrits. Il entra. Le chapelier s'avança mais s'effaça vers le fond de la boutique dès qu'il vit ce client jeune et élégant : il préférait le laisser entre les mains de sa vendeuse. Le client, qui ne fut pas dupe, adressa un signe de courtoisie à la jeune et jolie fille qui lui rendit son regard. Elle reconnut en lui un aristocrate. Il était grand, blond aux yeux clairs et portait un justaucorps tilleul. À ses doigts gantés de noir, scintillaient un diamant et une émeraude. Marianne eut un frisson. Le nouveau venu n'ouvrit pas la bouche. Il se déplaça devant le comptoir en acajou et posa le bout de sa canne sur un chapeau en castor.

« Votre goût, monsieur, est infaillible. C'est le plus beau. Il vient de Hollande. »

L'homme tourna les yeux vers le chapelier qui se tenait debout devant une cheminée en faux marbre.

« Qu'en pensez-vous, monsieur ? l'interpella-t-il en s'emparant d'un autre chapeau fauve rehaussé d'une plume de faisan.

– Monsieur, je crois que Marianne a raison et j'aurais du mal à choisir.

– Monsieur, je ne choisis jamais, je prends.

– Vous prenez les deux ? demanda Marianne incrédule.

– Grâce à vous, je prends les deux. On viendra les chercher pour moi… Notez ! Baron de Troussac. »

Valageas se précipita derrière un bureau et inscrivit son nom sur son registre. Le client fit un sourire désarmant à Marianne qui, sous le charme, le regarda partir, sans se douter qu'il était venu pour répondre aux exigences de la comtesse de Cruissan.

23.

À force de sillonner la ville en tous sens, Marseille lui devenait chaque jour plus familière. Torsac procédait méthodiquement, il revenait régulièrement aux heures des offices dans les églises où il avait enquêté. Les prêtres s'étaient habitués à le voir. Certains s'excusaient de n'avoir rien de nouveau à lui annoncer. D'autres, moins fraternels, ne prenaient même plus la peine de se déplacer. Torsac luttait pour ne pas se laisser envahir par le découragement, mais la solitude l'étreignait, l'absence de Lise lui pesait. Il pensait aussi à ses collègues : quelle déception ce serait pour eux si la méthode du dessin pour retrouver des témoins s'avérait vouée à l'échec ! Il sentait sur ses épaules le poids d'une grande responsabilité. Parfois, au soleil couchant, il allait au bout du Vieux-Port, jusqu'au fort Saint-Jean qui ouvrait aux navires le chenal du port. Il s'asseyait sur une bitte d'amarrage et admirait les couleurs chatoyantes du phare de la tour du Fanal qu'illuminait l'incandescence des immenses troncs d'arbres qu'on y faisait brûler. Le lendemain il reprendrait son circuit, l'église Saint-Laurent, les Augustins, l'église des Accoules et l'abbaye Saint-Victor. Il ne fallait pas céder au désarroi.

Il avait pris l'habitude de se lever très tôt pour descendre au port. Il voulait cueillir la ville à son réveil. Il ne se lassait pas des couleurs, des parfums et des langues étrangères. On y entendait le provençal mais aussi l'italien, le français, le turc, l'anglais, le hollandais, l'espagnol. Il croisait des Noirs. Il avait même vu un Iroquois ! Parfois il suivait des Marseillais qui dans leur sillage lui faisaient découvrir la vraie ville où vivait son vrai peuple. Il s'y perdait, les parfums changeaient. Les effluves du goudron, mêlés à ceux du suif et de la résine de pin, annonçaient les calfats et les cordiers du quai de la Rive-Neuve. Dans la rue Cuiraterie, régnait l'odeur des tanneurs, âcre et malodorante. Partout flottait celle du poisson. Il y en avait une dont l'inspecteur ne se lassait pas, celle du moka que les Turcs préparaient sur les galères et qu'il savourait dans la grande salle de l'hôtel de ville. Les propriétaires de charretons qui louaient leurs véhicules avaient attelé leurs chevaux en file indienne, attendant le client pour grimper les rues tortueuses et serrées qu'il avait arpentées à pied. Il adorait les marchés. Celui de Mazargues, celui de la Plaine pour les maraîchers, et celui de Saint-Jean pour ses poissons et coquillages. Il s'y délectait de sardines et de rougets, ou de grandes soupes de saint-pierre, de rascasse ou de baudroie. Il eut des remords de profiter de tant de plaisirs alors qu'il n'avait pas encore obtenu de résultats pour sa mission. La certitude qu'il vivait là l'unique séjour à Marseille de sa vie l'emplissait déjà de nostalgie.

Les bateaux surtout le passionnaient. Trémeur lui avait expliqué que *La Réale* mouillait à Toulon, ainsi que les grands vaisseaux et les navires de guerre, son port ayant la plus profonde rade de la côte. Ici, seules les galères pouvaient accoster. L'architecture des vaisseaux l'avait émerveillé. Il s'arrêta devant l'immense château d'une galère flanqué de sculptures de Neptune et de blasons. Il fut impressionné. La gloire du roi avait été sculptée au sommet, avec sa pluie de fleurs de lys et ses soleils éclatant de mille rayons. Il compta, comme il en avait pris l'habitude, le nombre de canons et de ponts. Il avait même repéré un vaisseau monumental qui possédait deux ponts. À l'auberge, un officier lui avait certifié que *Le Dauphin royal* en possédait trois avec cent canons. Torsac essaya de se figurer le tumulte et les nuages de poudre des cent canons tirant en même temps. « Sacrebleu ! » se dit-il.

Une nuit, il se réveilla en plein cauchemar. Il crut que l'apocalypse soulevait la mer et précipitait tous les vaisseaux et les galères du port dans les abîmes. Il ouvrit la fenêtre de sa chambre. C'était le bruit d'une procession de torches portées par des galériens en bonnets rouges, sous la surveillance d'hommes en armes. Ils marchaient vers l'arsenal, escortant une bonne dizaine de chars. Les habitants étaient massés sur les bas-côtés. Il reconnut le patron de l'auberge, pieds nus et bonnet sur la tête, au premier rang. On frappa violemment à sa porte. Il découvrit sur le seuil l'officier Desvaux, pensionnaire comme lui à l'auberge et interrogé la veille pour son enquête, qui venait le prévenir.

« On va présenter les sculptures de la galère à monsieur Arnoult et au marquis de Seignelay. Dépêchez-vous ! »

Torsac, qui ignorait tout d'eux, n'eut pas le temps de poser de questions et se vêtit en toute hâte. Il courut derrière l'officier. Sur l'immense char de tête, tiré par des bœufs, émergeaient deux immenses cariatides, flanquées de petits génies solidement attachés par des cordages que les galériens maintenaient en équilibre. Les dorures étincelaient dans la lumière des flambeaux. C'était magnifique.

« Si vous voulez avoir une chance d'apercevoir quelque chose, restez près de moi… sinon vous ne pourrez pas entrer. »

Torsac put ainsi franchir sans encombre les différents contrôles des argousins qui barraient l'entrée de l'arsenal, quai Rive-Neuve. C'est alors qu'il découvrit dans le bâtiment la gigantesque carène de la nouvelle galère en construction, formée d'une série d'arceaux de bois en berceau. Un vaisseau à trois ponts ! Plus haut que l'immeuble où il vivait ! La poupe était déjà ornée d'un roi-soleil et de cornes d'abondance. Sur le fond bleu on distinguait l'allégorie de la France qui protège les Arts et les Sciences, avec, aux deux extrémités assises, la Religion et la Justice.

« Vous êtes impressionné, n'est-ce pas ? » dit l'officier Desvaux.

Torsac en extase ne répondit pas : il venait de remarquer, écrit sur un bandeau, « *Dictat quas respit onas* », la devise tatouée sur le bras du frère de Camille !

« L'an dernier, j'ai vu sortir du port vingt-quatre galères armées avec chacune un équipage de plus de deux cents rameurs. Une armada. C'était le 25 avril. Je peux vous dire que jamais je n'oublierai. La flotte allait combattre devant Messine sous les ordres du maréchal de France. Même la mer avait peur. Elle était plate, soumise, sans la plus petite vague. J'étais fier. Sur le port, les Marseillais applaudissaient, les femmes quittaient leurs coiffes et les enfants se jetaient à l'eau. Croyez-moi, c'était bien plus impressionnant qu'une charge à cheval ou qu'une parade. Ce jour-là, le roi avait vaincu la mer, il l'avait domptée avant les Turcs et les Espagnols. J'étais là, avec ma jambe blessée, puni par le destin qui me refusait la gloire d'être des leurs. »

*

La comtesse de Cruissan attendait le baron de Troussac. Une pluie fine tombait sur Paris et le ciel restait gris. Elle avait fait demander deux chocolats chauds à la cannelle et s'était assise dans le fauteuil le plus proche d'une fenêtre pour entendre arriver son cousin – un lointain cousin qui jouait beaucoup aux cartes et perdait encore plus. Originaires du Val de Loire, les parents du jeune homme l'avaient envoyé à Paris conquérir le beau monde et ils tablaient sur la comtesse pour l'initier. Mais le jeune baron s'était contenté de conquérir les salons et gagner aux paris. Ses éphémères victoires avaient eu leur revers : il était couvert de dettes. Sa jeunesse et ses charmes avaient toujours su pallier ses mésaventures et il savait en user. Avec la comtesse, c'était plus simple, il lui rendait des services. Des introductions, des invitations, des confidences, des rumeurs. Une monnaie qui en certaines occasions pouvait avoir sa valeur. Cette fois-ci, la comtesse avait été plus exigeante.

Elle entendit un fouet claquer dans la cour, puis des pas alertes dans les escaliers et elle devina le baron remettre son chapeau et son manteau à un valet avant d'apparaître. À son sourire, elle comprit qu'il était satisfait.

« Comment avez-vous senti cette petite chapelière ?

– Fort jolie.

– La joliesse n'est pas la beauté, cousin ! A-t-elle été sensible à votre charme ?

– Je crois que je ne l'ai pas laissée indifférente », répondit-il d'un ton badin.

Ce qui eut le don d'agacer la comtesse.

« Ce n'est pas assez pour rembourser votre dette. Vous n'êtes pas là pour la séduire. Vous deviez l'approcher pour une tout autre raison.

– Je le comprends fort bien, cousine, mais si je veux la faire parler, il faut que je l'apprivoise. Sachez que je lui ai offert des robes et d'autres accessoires. Oh ! rassurez-vous, il ne vous en coûtera rien. Je les ai empruntées à quelques-unes de mes maîtresses qui se sont fait un plaisir de me rendre ce service…

– Bien, bien ! Mais ensuite ?

– Ensuite, j'ai enivré ma petite protégée dans des salons et soirées. Elle a dansé et ri comme si elle rêvait. Figurez-vous qu'elle a même causé une forte impression et…

– Épargnez-moi la scène et revenons à l'essentiel : vous a-t-elle parlé du tableau ?

– Pas encore, mais elle m'a parlé de son amoureux, Emilio », glissa-t-il en la regardant de biais.

La comtesse resta de marbre et fit signe au valet de déposer le plateau d'argent et les deux tasses de chocolat.

« Elle était d'abord peu encline aux confidences, poursuivit-il, mais elle m'a finalement expliqué qu'il était peintre et qu'il travaillait dans l'atelier d'un grand artiste, Mignard...

– Mais encore ? Cet aveu ne nous apprend rien que nous ne sachions déjà ! Cousin ! vous êtes à mon service depuis plus d'une semaine déjà et le temps presse !

– Le lendemain, c'est elle qui a mentionné le tableau !

– Surprenant en effet. Selon vous, qu'est-ce qui lui aurait fait changer d'avis ?

– Peut-être l'envie de me revoir », répondit-il, non sans malice. Devant l'air de désapprobation de la comtesse, il se hâta d'ajouter :

« Je lui ai glissé à l'oreille que je donnerais cher pour savoir comment Mignard peint le portrait de la duchesse de La Vallière. Elle m'a regardé droit dans les yeux, pour sonder les implications de cette question, mais je n'ai laissé que mon charme répondre à son interrogation. Je l'ai quittée en prenant bien soin de ne plus aborder le sujet. L'attrait du mystère, n'est-ce pas ? Deux jours plus tard, je l'ai invitée dans le salon de Mme de La Ribaudière. Je l'avais laissée près d'une grande table en marbre, recouverte d'une nappe blanche décorée de guirlandes de fleurs. Dans le salon il y en avait trois, la première consacrée aux canapés salés, la deuxième aux douceurs sucrées...

– Soyez bref, mon cousin, le coupa la comtesse impatiente.

– Marianne a goûté à tout ! Les biscuits à la cannelle, la crème sucrée au marasquin, les sorbets au citron et à la rose. Je crois qu'elle n'en a refusé aucun. Je lui ai servi plusieurs fois du vin de Champagne…

– De grâce, mon cousin.

– Et alors que je cherchais comment lui reparler du tableau, ce fut elle qui l'évoqua. Peut-être que le lieu, les sucreries, le vin et le luxe… Bref, je crois que dans un tel moment de grâce sa vie de petite chapelière l'y invita. Et savez-vous ce qu'elle me dit ?

– Je suis tout ouïe.

– "Ce qui m'attriste, monsieur, c'est que je ne pourrai pas vous entretenir du tableau. C'est un secret. – Mais les secrets ont un prix", lui répliquai-je. Eh bien figurez-vous qu'elle me répondit comme si elle avait prévu ma répartie et y avait réfléchi : c'était cent livres.

– Cent livres ? s'étrangla la comtesse.

– Dérisoire pour un tableau de ce rang, je veux dire d'un tel enjeu, n'est-ce pas, comtesse ? »

La comtesse retrouvait bien là son cousin, grand profiteur devant l'Éternel.

« Si le tableau répond à mes attentes, alors cette somme sera soustraite de vos dettes. »

24.

Il était tard. Emilio revenait de La Pomme de Pin et rentrait chez lui pour retrouver Marianne. Au coin de la rue, il surprit un carrosse qui partait comme s'il venait de relancer ses chevaux. Il poussa le porche et s'élança dans les escaliers en ayant pris soin de retirer ses bottes pour ne réveiller personne et surtout pas Marianne qui, à cette heure-ci, devait dormir. Au dernier étage, il reprit son souffle, fit jouer le loquet de la porte qui, docile, n'émit pas le moindre grincement. Il allait se déshabiller quand une flamme lui balaya le visage. Marianne venait juste de l'allumer. Elle en alluma une autre, puis une troisième jusqu'à ce que ces multiples lueurs la découvrent debout, dans une magnifique robe qu'il ne lui connaissait pas, le visage piqué de deux mouches : « la discrète » et « la coquette ». Elle fit la moue en se découvrant ainsi surprise par Emilio qui la détaillait des pieds à la tête.

« Mais d'où tu arrives ? lança-t-il.

– Et toi, je te le demande ! »

Ils s'affrontèrent du regard. Ce fut elle qui rompit le silence.

« Figure-toi que j'ai rencontré un baron. Il est jeune et fortuné. Il a des biens immenses, un domaine sur la Loire ! »

Elle tourna trois fois sur elle-même, et le bas de sa jupe se souleva, découvrant les dentelles d'un jupon.

« De la soie et trois jupons ! siffla Emilio. Je parie que tu les as passés devant lui.

– Certainement pas ! Je ne l'aurais jamais laissé faire. Il est très respectueux. Figure-toi qu'il s'est même détourné quand je me suis changée.

– Et il a dénoué ton écharpe de Vénus ?

– Je te l'ai déjà dit : il ne m'a pas touchée !

– Il t'a offert cette tenue sans te toucher ? »

Emilio sentait l'aiguillon de la jalousie monter en lui. Marianne s'approcha :

« J'aime quand tu es jaloux.

– Toi, rencontrer un baron !

– Et toi, rencontrer une comtesse ! Où est la différence ?

– Moi, je suis un peintre !

– Eh bien moi j'habiterai le Val de Loire, dans la vallée des rois, il me l'a promis !

– Tu as couché avec lui, j'imagine. Réponds !

– La prochaine fois, peut-être. »

Emilio l'aurait giflée. Il se retint. Il se demanda si elle ne le provoquait pas. Si elle cherchait la rupture. Une légère sueur lui perlait au front. La colère dilatait ses pupilles et mettait ses pommettes en feu. Dieu, qu'elle est belle ! se dit-il. Il fit un pas en avant pour l'embrasser mais elle se recula.

« Ne me touche pas !

– Où l'as-tu rencontré ? Dans la rue ? Aux Tuileries ?

– À la boutique. Il est venu acheter des chapeaux. »

Emilio vit que son menton tremblait, comme si elle luttait contre les sanglots. Elle l'aimait encore. Il s'avança et la serra dans ses bras. Il était épuisé. Il respira l'odeur de ses cheveux et ils restèrent blottis l'un contre l'autre.

« C'est ta faute, Emilio, et tu le sais bien. Je ne veux plus que tu la voies. »

Emilio soupira.

« Quitte-la, et je quitte mon baron. »

*

22 mai 1673

Trémeur avait fini par rejoindre son vaisseau. Les deux hommes s'étaient quittés non loin de l'Arsenal, en excellents termes.

Ce lundi, Torsac décida de refaire sa tournée des églises. Il démarra par celle des Augustins, au bout du Vieux-Port. L'acoustique y était étouffée et l'encaustique régnait en maître. Le curé remontait la nef et l'aperçut. Torsac se confessa et prit le pain des anges puis le prélat l'invita à patienter. Il avait peut-être quelque chose pour lui. À cette heure matinale l'église était encore vide et il fut ravi de prolonger ce moment de sérénité et de prier. Le curé revint une demi-heure après et lui fit signe de le suivre dans la sacristie. Une femme et son petit garçon attendaient. Elle devait avoir dans les trente ans à peine, mais sa beauté s'était fanée. Le prêtre chuchota qu'elle était venue le voir deux jours plus tôt, et qu'il lui avait conseillé de revenir pour la messe dominicale. L'inspecteur se présenta. Elle dit qu'elle avait vu le portrait placardé sous le porche et lui demanda sans préambule pourquoi ce dessin avait été collé là. Torsac fit un bref récit sans entrer dans les détails. Elle le dévisagea, puis brusquement elle lui proposa de la suivre. Intrigué, il s'exécuta. Le curé embarrassé s'effaça devant la porte et ils sortirent. Sur le parvis, elle confia en baissant la voix que cette jeune fille, elle la connaissait. Torsac eut un coup au cœur et les regarda plus attentivement, elle et son fils qu'elle tenait toujours par la main. Disait-elle vrai ? N'allait-elle pas se tromper et le décevoir ? Il essayait de se protéger d'une nouvelle fausse joie.

« Vous êtes certaine ? Ses yeux, son front, sa bouche ? »

Elle ne lui répondit pas, lui fit signe de les suivre et ils déambulèrent jusque dans un quartier pauvre qu'il n'avait jamais exploré. Mon Dieu, merci, songea-t-il. Quelque chose vient de bouger !

25.

La découverte du meurtre du brodeur et de son identité, qui avait été la seule avancée majeure depuis le meurtre du pont Marie, fut hélas suivie d'une nouvelle période creuse où rien ne se passa. Le soufflé était retombé. La Reynie avait lu les rapports du commissaire Delamare et de l'inspecteur Laruche. Il n'avait eu que la confirmation de ce qu'il avait déjà imaginé : l'existence de milices parallèles, ou plus probablement l'ombre de la police secrète du roi et de Colbert, des hommes qui avaient juré fidélité au roi jusqu'à la mort. Ces fantômes de Versailles étaient insaisissables, courageux, cruels, prêts à tout. Ils n'appartenaient pas au royaume, n'obéissaient pas à ses lois, se moquaient de la police et de la justice. La charge de lieutenant général ne lui donnait hélas aucun pouvoir sur ces *fantômes*. Il ignorait jusqu'à leur identité, jusqu'à leurs missions.

*

Le Rat, Cochon, Lézard et Grosse Branche étaient restés dans leur palais. Ils étaient vautrés sur les banquettes des carrosses en compagnie de Brindille, la petite sœur de Grosse Branche, et se chamaillaient, plus vantards les uns que les autres en faisant des surenchères sur leurs repérages.

Princesse s'était hissée sur une énorme malle posée sur des caisses, jambes pendantes. De son poste d'observation, elle les surplombait. Quelle bande de balourds ! songeait-elle. Le Rat vint la rejoindre. Il lui prit la main et vit qu'elle était songeuse.

Elle s'apprêtait à leur rabattre le caquet quand Baragouin fit son entrée. Il fit s'esclaffer l'assistance, car il avait ajusté sur sa tête un chapeau piqué de plumes de corbeau et enfilé une culotte qui lui tombait aux genoux. De l'ongle de son pouce droit, il fit sauter en l'air une pièce d'un louis qu'il rattrapa au vol. L'assemblée le regarda, médusée.

« Qui t'a donné ça ? lança le Rat.

– Calme ! Tout doux l'artiste ! C'est pas un policier, ça vient pas du Chât'let ! Si vous voulez savoir, ajouta-t-il triomphant, vot' fille, tout le monde y veut la coincer ! »

Le Rat n'en revenait pas. Il croisa le regard de Princesse.

« Et comment tu l' sais ? dit cette dernière.

– Ben, par lui ! » Et il montra son louis qu'il fit de nouveau sauter. « Celui qui m' l'a refilé, y m'a demandé de me rencarder sur elle !

– C'est le tueur ! souffla Princesse.

– Ça peut être que lui ! renchérit Le Rat.

– J' sais pas. Mais on est pas les seuls. Elle vaut d' l'or, ta caillette , dit-il en décochant au Rat un clin d'œil des plus obscène, et ça rapporte plus que tes gribouillis ! »

Son rire destiné à rabaisser Le Rat n'était pas encore éteint que Princesse avait sauté de son perchoir et s'était plantée à trois pouces de lui. Elle le fixa dans les yeux.

« Ton complice, il la trouvera pas, et *personne* ne la retrouvera, parce que *personne* ne pourra entrer où moi je vais. T'as compris ? Si tu mouftes, si tu m' files là où j' vais, si tu t'avises de faire la mouche pour d'autres, on t' balancera tout cru aux poissons ! Et c'est moi, tu m'entends… c'est moi qui te tuerai ! Ton louis ! Ton louis ! hurla-t-elle, file-le-moi. »

Baragouin l'affronta d'un œil mauvais. L'humilier, lui ! Le menacer devant les autres qui ricanaient !… Ça, il ne l'acceptait pas ! Il était ivre de rage, un éclair blanc zébra sa tête. Il loucha vers le Rat qui le toisait. L'envie de le dérouiller le démangeait si fort qu'il serra les poings. Il regarda de nouveau Princesse, sentit que sa bouche ne lui obéissait plus, qu'il lui était impossible d'articuler un mot, de faire un pas. Il était pétrifié. Il n'osait pas la braver. Il baissa les yeux, mortifié. Encore une fois, elle l'avait dompté. Princesse, il en rêvait la nuit, il en rêvait le jour. C'était son grand secret bien vissé au fond de son cœur que jamais il ne lui avouerait ! Il était fou d'amour pour elle. Il saurait attendre son heure. Il l'aurait !

26.

5 juin 1673

Et soudain, un matin, l'aube à peine naissante, Torsac fit son entrée au Grand Châtelet. À cette heure, il n'y avait encore personne et il s'autorisa à somnoler d'un œil dans le bureau de permanence. Un lieutenant de la criminelle qui avait assuré la garde de nuit était avec lui. L'inspecteur était arrivé de Marseille tard dans la nuit et avait eu juste le temps d'embrasser Lise, de donner à manger au chat, dont les rondeurs indiquaient qu'il n'avait pas été oublié, et de se laver à la pompe de la cour. À Marseille, il avait acheté une chemise blanche en lin et une ceinture qu'il étrenna. Dans son havresac, il avait récupéré son carnet de notes et un rapport d'une bonne vingtaine de pages qu'il ferait lire à Laruche avant de le remettre au commissaire Delamare. Le lieutenant de garde vint le réveiller : l'inspecteur Laruche avait fait son apparition dans la cour.

« Que le diable m'écorne, te voilà ! s'écria-t-il à la vue de son collègue. Mais, ma parole, tu es devenu tout négriot !

– Que Dieu m'en préserve. »

Les deux hommes se mirent à rire et à plaisanter au milieu de l'encombrement matinal des attelages qui entraient et sortaient. Des deux, Laruche était probablement le plus heureux.

« Tu devines que nous attendons beaucoup de toi. J'espère que tu nous as pêché quelque chose à nous mettre sous la dent parce qu'ici, on patauge.

– Ah ! fit Torsac qui fouilla dans sa poche pour en extraire une blague à tabac en vessie de porc. Pour toi ! du turc... et de première qualité. Il sent les épices. Je l'ai acheté sur le port. On y trouve de tout là-bas ! Le monde est à tes pieds.

– Merci, mon ami. J'ai comme l'intuition que tu vas me souffler un tuyau avant les autres. »

Torsac lui fit un clin d'œil et l'entraîna dans la pièce qui jouxtait la salle de garde et qui servait à entreposer chaises et tréteaux. Il ordonna ses feuillets et les lui tendit.

« C'est ton rapport ? »

Et il commença à lire.

Il s'arrêta à plusieurs reprises pour interroger du regard son collègue.

« Je te connais de longue date et tu m'as souvent étonné, mais alors là, tu t'es surpassé !

– Je serais ingrat d'être mécontent. »

Laruche avalait les pages.

« C'est inouï. Mais comment t'as fait ?

– J'ai séduit la chance, voilà tout. Elle me doit bien ça, non ? »

La mine déçue de son ami, qui espérait une réponse plus circonstanciée, l'amusa :

« En vérité, les dessins de ton peintre m'ont sauvé.

– Si ce que tu avances est vrai, nous allons enfin sortir des ténèbres. Mais ça va faire un sacré grabuge. »

Après un temps de réflexion, il ne put s'empêcher de demander :

« C'est vrai pour les dessins ? Ils t'ont vraiment aidé ?

– Sans eux je n'aurais abouti à rien. C'était le *sésame*.

– Je compte sur toi pour ne pas oublier de le répéter à Delamare et La Reynie ! »

Laruche étudia la réaction de son collègue et enchaîna.

« Moi aussi, j'ai du nouveau. Une nouvelle jeune femme a été assassinée en pleine nuit sur le quai Marie. Juste après ton départ. On va sans doute aborder le sujet avec le lieutenant général, alors, pour résumer brièvement : même rituel, un coup de sabre sur la nuque. Mais la victime n'était pas seule. Elles étaient deux. Deux filles. L'autre, qui était habillée en homme, a échappé à la mort en plongeant dans la Seine. On ne l'a pas retrouvée.

– Et l'assassin, vous l'avez eu ?

– Non ! Lui aussi il a sauté dans la Seine. Mais on a retrouvé son sabre, peut-être même son cadavre grâce à une médaille, mais là, tu ne vas pas me croire. Figure-toi que le brodeur était lui aussi sur la scène de crime. Viens ! On monte. Tu vas faire une sacrée surprise à Delamare. »

Ils n'eurent pas le temps de grimper l'escalier monumental que la voiture du commissaire s'annonça. Ils décidèrent de le laisser s'installer puis Torsac remit son rapport à un lieutenant de garde pour qu'il le fasse suivre. Pour tuer son impatience, Laruche alluma sa pipe avec le tabac turc.

« Jamais fumé un truc pareil. Qu'est-ce qu'ils mettent dedans ? du miel ? C'est un délice. »

Torsac ôta sa perruque courte à gros grains et se gratta le crâne.

« Trémeur Vairé, il t'a aidé ?

– Il a joué le jeu. Mais il a attrapé le mal de terre, il est reparti. »

Delamare entra en trombe, sans un salut.

« Inspecteur, venez ! Vous également ! »

Laruche étouffa sa pipe à regret.

*

La Reynie, bésicles sur le nez, tournait les feuillets et plus la lecture avançait, plus son visage se creusait. Les inspecteurs et le commissaire restés debout l'observaient.

« Ainsi c'est bien la sœur du marin. De cela, vous êtes certain ?

– Oui, monsieur. J'ai deux témoins oculaires. Une voisine et une amie d'enfance. J'ai tout retranscrit dans le rapport.

– Qui ont témoigné grâce aux portraits de Roggiero ?

– Oui, monsieur ! Sans eux, jamais cette voisine n'aurait alerté le curé des Augustins. Ensuite, cette femme m'a présenté une amie d'enfance de Camille. Et là, j'ai eu accès aux proches de sa famille. Je peux vous affirmer qu'il s'agit bien de Camille et Sylvain et que leur nom de famille est Kloyan. Vous noterez que, grâce à ces renseignements, j'ai pu retrouver leur nom dans les registres de naissance que j'ai finalement découverts à l'abbaye Saint-Victor où ils ont été baptisés. Tout concorde. Les âges et le lieu d'habitation des parents.

– Et les parents alors ?

– Le père est mort d'un accident sur le port. La mère est introuvable. Le frère, Sylvain, est porté déserteur depuis trois mois. J'ai vérifié ce point à la capitainerie. Je leur ai signalé son décès. Ce qui signifie que, pendant tout ce temps-là, il était à Paris pour retrouver sa sœur.

– Mais comment diable pouvait-il savoir qu'elle était à Paris ? demanda La Reynie. Elle lui aurait fait parvenir un message ?

– Probablement, mais je n'ai rien qui l'affirme. »

La Reynie rajusta sa cravate et prit les feuillets qu'il partagea en deux piles.

« Pour l'instant, le frère m'intéresse peu. Il faut nous concentrer sur Camille.

– Monsieur, avez-vous noté que son amie a répété à plusieurs reprises qu'elle ne rentrait chez elle à Marseille que deux fois l'an et que le reste du temps elle disparaissait, sans rien dire de ce qu'elle faisait ?

– Elle travaillait ?

– Oui, elle travaillait, et c'est justement là que mon enquête a été la plus délicate.

– Vous avez écrit sur ce feuillet, dit La Reynie, qu'"elle quittait Marseille à bord de bateaux amarrés soit à Toulon, soit à Marseille". C'est un peu étrange, non ? »

Laruche, qui avait parcouru le rapport jusqu'au bout, jeta un regard vers son collègue, se demandant comment le lieutenant général allait réagir à la suite.

« Absolument, monsieur, et c'est là que mes avancées prennent une direction à laquelle je ne m'attendais pas. Le commissaire Delamare m'avait donné pour objectif de découvrir l'identité de Camille et de son frère. Mais en interrogeant son amie d'enfance, j'ai ouvert une autre porte…

– Pas une porte, inspecteur… Un portail, un pont-levis si j'ose cette comparaison. Le nœud de notre affaire en quelque sorte. Vous écrivez :

> « *J'ai interrogé par cinq fois Nina, une amie d'enfance de Camille, une jolie brune de vingt-trois ans, tisserande. Elle travaille à l'arsenal et fabrique les voiles en chanvre pour les vaisseaux. Ensemble, nous avons remonté le temps. Elle dit de Camille, son amie donc, qu'elle a toujours eu le don des langues. Sa mère étant italienne et son père arménien, toute jeune elle possédait déjà ces deux langues en plus du provençal et du français. Son père, qui était charpentier*

naval à l'arsenal, l'avait initiée à l'anglais bien sûr mais aussi à l'espagnol et au hollandais. Sept langues donc. C'est d'ailleurs là, à l'arsenal, que son père meurt accidentellement, un mât de dix toises s'étant effondré sur lui et son équipe. Camille à cette époque faisait des petits travaux au port pour améliorer l'ordinaire de sa famille. »

La Reynie regarda Torsac puis reprit sa lecture à haute voix :

« *Camille avait un don. Elle avait l'oreille musicale. Et ce don fut remarqué. À ma question : "Par qui ?", Nina ne sut répondre. Ce dont elle est certaine, c'est que, un jour, Camille s'est arrêtée subitement de travailler à la vente du poisson sur le port, pour se perfectionner dans les langues. Aux dires de sa mère, "des messieurs de la chambre de commerce accompagnés d'un curé étaient venus les voir, elle et son mari, et leur avaient proposé une grosse somme pour que leur fille étudiât les langues étrangères". Pour leur famille, ce fut le début d'un mieux-être, et pour Camille, la fréquentation d'un autre monde. Nina remarqua qu'à partir de cette époque, elles se voyaient moins car Camille partait à l'aube et rentrait la nuit. Sa classe était située dans la chambre de commerce et elle étudiait avec des garçons et des filles de son âge. À dix-huit ans, Camille maîtrisait parfaitement l'anglais, le hollandais et le turc. À dix-neuf ans, elle a embarqué pour Constantinople. Nina rapporte qu'à son retour elles se sont revues et que Camille lui a confié, sous le sceau du secret, que sa vie là-bas était palpitante, merveilleuse. Nina n'a jamais réussi à en savoir davantage sur ce qu'elle faisait réellement, sinon qu'ici, à Marseille, elle s'ennuyait et qu'elle n'avait qu'une seule envie, repartir là-bas.* »

« J'imagine donc que vous avez enquêté sur cette école, inspecteur ? interrogea La Reynie en interrompant sa lecture.

– Oui, monsieur. Plus loin, vous verrez un chapitre où j'ai souligné un mot qui m'était inconnu. »

La Reynie feuilleta plus avant et prononça :

« "Drogman" ? C'est bien cela ? Et vous traduisez ce mot par : "traducteur" ? Il s'agirait donc d'une école de traducteurs formés pour embarquer sur des vaisseaux de la Compagnie du Levant ? »

Delamare et Laruche, muets, avaient les yeux rivés sur Torsac. La Reynie semblait préoccupé.

« Après les témoignages de cette Nina, vous avez approché des professeurs, des marins et d'autres élèves, je suppose ? reprit-il.

– Oui, monsieur. Tout est consigné. Vous avez le nom des élèves et des maîtres. La plupart des élèves sont arméniens et juifs, et leurs parents issus de pays et de cultures différentes. Tous sont nés de familles modestes. Mais deux de mes questions les ont fâchés. "Pourquoi la présence de filles dans cette école, leur ai-je demandé, c'est inhabituel, n'est-ce pas ?" Ils ont répondu d'une façon très évasive, il y aurait eu une réforme à ce sujet. J'ai alors demandé de quand datait cette réforme. Là encore, ils ont rechigné à répondre. Ils ont seulement précisé que leur intégration était toute récente, je dirais cinq ans environ. Si on pousse l'interrogatoire plus loin, les visages se ferment et on n'apprend plus rien. »

La Reynie se recula dans son fauteuil.

« Vous pensez donc que les deux autres jeunes filles assassinées étaient elles aussi, comment vous dites… "drogmans" ?

– Il est fort à parier. L'âge, le mode opératoire des meurtres, la signature… Oui.

– Inspecteur, je vous félicite. Vous avez fait là du bon travail et je vous en remercie. Pour l'instant, votre mission et votre priorité à tous est de retrouver la seule jeune fille qui a échappé aux assassins, dont tout indique maintenant qu'elle est probablement née elle aussi à Marseille, ce qui explique sa performance d'avoir traversé la Seine à la nage. Nous sommes donc en droit de penser, messieurs, qu'elle est vivante. Vous pouvez disposer. Non, pas vous, monsieur Delamare. Restez ! »

*

Les deux hommes s'installèrent dans des fauteuils, l'un en face de l'autre.

« Qu'en pensez-vous, commissaire ?

– J'avoue que ce rapport m'embarrasse et je ne sais de quel côté le saisir…

– Ne vous agacez pas sur ce point. Il y a plus grave. Ces feuillets annoncent la pire des nouvelles et je pèse bien mes mots. La pire !

– La pire ? Mais je pensais que l'affaire prenait enfin une direction.

– Oui, celle de Versailles ! Commissaire, je sais que vous vous en doutiez, n'est-ce pas ? »

Delamare lui en avait part depuis l'affaire du tailleur assassiné. Il redoutait de voir resurgir les fantômes de Versailles. Il attendit que La Reynie poursuive. Le lieutenant général se leva pour leur servir un verre de liqueur de sauge que le commissaire déclina.

« Toujours vos brûlures d'estomac, je présume. Voyez-vous, commissaire, pour moi il existe deux affaires. Celle des meurtres et de leurs assassins. Mais il vient de s'en ajouter une nouvelle… celle des drogmans.

– Oui, mais où voulez-vous en venir ?

– Il ne vous aura pas échappé que le métier de drogman, c'est de parler… enfin plus exactement d'*écouter* ce qui se dit dans une langue étrangère, puis de le *répéter* dans la sienne, à qui de droit.

– Les *bouches cousues* !

– Absolument ! Ce qui nous engage à envisager que nos quatre jeunes femmes étaient drogmans. Et avez-vous une petite idée de qui dépendent ces drogmans ?

– De la marine marchande de la Compagnie du Levant ?

– Parfaitement. Et qui appartient à qui ? Vous comprenez pourquoi cette nouvelle est désastreuse ? Nous ne sommes plus en charge d'une simple enquête criminelle, commissaire, mais d'une affaire politique ! Ce qui est autrement plus épineux. Je vous laisse deviner vers *qui* nous nous dirigeons.

– Je vois, monsieur. »

La Reynie revint vers son bureau mais ne s'y assit pas.

« Si nous le voulions, nous pourrions nous arrêter là.

– Effectivement. Nous le pourrions… »

La Reynie fixa Delamare. Il exigeait de lui plus que ses réponses prudemment empruntées aux siennes.

« Et que feriez-vous à ma place, monsieur le commissaire ? insista La Reynie, les yeux à nouveau rivés sur le dossier des Bouches cousues.

– Monsieur, je crois qu'il faut poursuivre. Après tout, notre enquête n'est pas terminée. Il faut arracher la vérité comme on le ferait d'une dent pourrie et l'extraire jusqu'à la racine.

– C'est le moment le plus douloureux…

– C'est également celui où nous sommes guéris.

– Poursuivez, commissaire… Poursuivez ! Votre médecine m'intéresse.

– La police que je veux mettre en place doit être un pilier séparé de la justice qui doit accomplir sa tâche avec la même fermeté et la même application pour chaque affaire et pour n'importe quel citoyen.

– Vous avez une vision idéaliste que je partage mais elle est… comment dire le fond de ma pensée… dangereuse, monsieur Delamare. Ne croyez-vous pas qu'il faudrait ajouter la prudence à vos souhaits ?

– La prudence n'est que le faux nez de la peur. La police ne doit pas reculer devant le crime. Elle doit le démasquer, qu'il porte une particule ou non. Qu'il soit ministre ou non.

– Cette police, hélas, ne verra pas le jour de sitôt, je vous l'affirme !

– En ce siècle, peut-être pas… mais si elle n'est pas au-dessus de toutes les corruptions, alors elle ne remplira pas la tâche qu'attendent les honnêtes gens et ils la détesteront. »

La Reynie aimait la sincérité de Delamare. Lui, il vivait dans le pays des mensonges et des trahisons, où la vérité était rare, si rare, qu'énoncée elle devenait choquante ! Un comble ! Il remercia son commissaire et resta seul. La décision qu'il allait devoir prendre était plus facile à formuler qu'à mettre en œuvre. Car enfin, de quoi s'agissait-il ? de qui s'agissait-il ? Ni plus ni moins que de s'entretenir et affronter Colbert, l'homme le plus puissant après le roi, qu'il connaissait depuis fort longtemps et à qui il devait son poste. Lui seul pouvait l'aider à découvrir la vérité et extraire la racine du mal. Mais pourquoi devrait-il lui soumettre ses soupçons, au risque de lui déplaire, de l'agacer, de risquer même sa charge, sa carrière, ses réformes ? Les propos de Delamare l'avaient fouetté et conforté. Ils lui avaient rappelé le rôle de la police, son exigence, son ambition. L'allusion à l'exercice d'une police à plusieurs vitesses soumise au bon vouloir de la naissance, du rang et à la puissance des présumés coupables l'avait remis sur le droit chemin. Cette police était héritée de Louis XIII, d'un autre règne, d'un siècle révolu. Et il avait été nommé pour la changer, la rendre plus efficace, plus juste. Mais la raison, peut-être la seule qui allait lui faire accepter ce risque, c'était d'avoir reçu dans sa morgue des jeunes femmes atrocement tuées et mutilées. Et le souvenir des lèvres déchirées, boursouflées, et l'interprétation qu'avait livrée le peintre Roggiero de leur jeunesse et de leur beauté massacrée étaient intolérables. Ces lèvres le suppliaient, lui, le lieutenant général, d'agir. Il en allait de sa responsabilité. Elles lui donnaient la force et la détermination de rendre visite à Colbert. Il saurait lui exposer les faits et lui livrer ses interrogations. Il se doutait aussi que cette rencontre serait un duel, et qu'à ce jeu-là Colbert était l'un des meilleurs, et qu'il saurait choisir à la fois le lieu, les armes et les règles. Mais quand on a la chance de bien connaître son adversaire, et La Reynie pouvait s'en enorgueillir, la maîtrise de quelques bottes dont il avait le secret ne pouvait qu'équilibrer le jeu. Enfin… il le souhaitait.

*

Les inspecteurs venaient de terminer leur canard grillé sur son champ de navets. Torsac raconta qu'il avait trempé ses mollets dans la mer, et que c'était une sacrée expérience. Les étals de poissons l'avaient fasciné.

« Rien à voir avec ceux de Paris. Il y en a de toutes les couleurs. La plupart, je ne les avais jamais vus. Des rouges, des jaunes. Il y en avait un qu'ils appellent le rouget. Mes préférés, c'étaient les oursins. T'en as jamais vu ici. Ce sont pas des poissons, ce sont des boules aplaties très dures hérissées d'épines violettes. Ils s'accrochent aux rochers. Tu les décalottes en deux par le milieu avec un couteau pointu, et là tu les dégustes ! Cinq petites poches orange qui ont un goût d'iode. Mon vieux, là, tu manges la mer ! J'ai touché aussi des pieuvres ! Huit tentacules et des ventouses pour s'accrocher… Les habitants ? Marseille est une ville cosmopolite, tu croises de tout, des Turcs, des Arabes, des Italiens, des marins, des militaires, des nains, des esclaves, des marchands, des femmes en costumes bariolés, et même des Iroquois ! Ça parle toutes les langues, ou plutôt ça hurle. Des cris partout. Même les Marseillais sont difficiles à comprendre, ils parlent en provençal, ça m'a un peu gêné. Heureusement que dans les monastères et à la Royale, ils parlent français… »

Torsac ne tarissait pas d'anecdotes.

Madame Cerfeuil, le visage cramoisi par la rôtisserie, posa une bouteille de bourgogne cachetée et repoussa ses cheveux de son front en fixant l'inspecteur.

« Alors maintenant il paraît que vous ne jurez plus que par le poisson ? »

Encore une fois elle avait eu les oreilles qui traînaient.

« Par dépit, madame, par dépit. Je n'avais que ça à me mettre sous la dent ! Personne là-bas ne peut rivaliser avec vos champs de navets !

– Vous oubliez l'essentiel, ce que j'ai couché dessus !

– La tendresse du canard ! » firent d'une seule voix les deux inspecteurs.

Ce qui les fit rire tous les trois. Elle prit la salle à partie.

« Vous avez entendu ? »

Les inspecteurs redevinrent sérieux. Ils attendirent qu'elle s'éloigne pour entrer dans le vif du sujet.

« Je vais te raconter l'histoire du Rat.

– Du Rat ?

– En un mot, ce fameux Rat, figure-toi, a réussi à mettre tous les inspecteurs, Andrieux et le commissaire Bernard à quatre pattes !

– C'est une plaisanterie ?

– Absolument pas ! C'était à la morgue. Seul La Reynie est resté debout !

– Je ne te crois pas.

– Écoute. La Reynie a demandé une reconstitution de la scène du meurtre du pont Marie dont je t'ai parlé. Bien sûr, Emilio, qui avait récupéré son acolyte Antonin, était là. Emilio et le Rat nous ont utilisés comme mannequins. J'ai fait la victime, Bernard le tueur et Andrieux a joué le brodeur ! Ils ont éclairé le tout avec des chandelles pour montrer que c'était la nuit. La Reynie a même jeté un bol par terre pour leur faire comprendre ce qu'il voulait exactement. »

Et Laruche se lança dans une description minutieuse de cette folle matinée aux côtés de la morte qui gisait sur sa pierre.

« Et après, les dessins des deux peintres, tu les as vus ?

– Figure-toi que non. C'est parti directement chez Delamare, sans passer par nous !

– Donc… c'est à l'usage personnel de La Reynie ? Intéressant… Si tu dis vrai, ça va effectivement faire une sacrée révolution au Châtelet. »

*

Marianne avait pris l'habitude de ne rentrer qu'à l'aube. Emilio ne lui demandait plus d'où elle revenait. Il suffisait de voir son sourire, sa poitrine haletante et ses yeux pétillants pour comprendre que son corps ne lui appartenait plus. Elle rapportait toujours des friandises, des fruits confits, qu'il balayait d'un revers de main. Il se déshabillait lentement, dans la clarté des bougies, et disposait ses effets pliés afin qu'ils soient présentables le lendemain. Il soufflait vite les chandelles et restait silencieux. Il avait décidé de couper court à toute provocation : au plus profond de lui-même, il se sentait coupable de la situation mais ne voulait pas se l'avouer. Ce soir-là, il était en train de dessiner sur l'établi quand Marianne fit irruption. Il ne leva pas la tête.

« Emilio, regarde-moi… s'il te plaît…Tu sais bien que c'est toi que j'aime.

– Ça suffit, Marianne. Je ne te demande rien.

– Il me parle tout le temps de toi et de ton tableau… Ah ! ton tableau… il y a de quoi en être jalouse. »

Emilio eut un sursaut.

« Marianne ! Je t'avais interdit d'en parler ! Et ce n'est pas mon tableau, c'est celui de Mignard ! »

Sans s'offusquer de la réaction d'Emilio, la jeune femme enchaîna :

« Peut-être… mais je n'y peux rien s'il aime la peinture.

– Tais-toi. Marianne, tais-toi, je t'en conjure, et ne t'avise plus de parler ni de moi, ni de Mignard, ni du tableau à ton baron. Jamais ! C'est tout ce que je te demande ! »

Marianne sentit qu'elle était allée trop loin. Elle attira tendrement Emilio contre elle et lui effleura le visage. Raidi par la colère, il résista. Marianne le regarda et l'invita à s'allonger près d'elle. Emilio soupira et se détendit. Ils restèrent ainsi en silence l'un près de l'autre sans se toucher. Il se laissait doucement griser par le parfum de ses cheveux et la rancœur qui le rongeait commençait à s'estomper quand soudain lui vint une idée : et s'il se vengeait de cet idiot de baron ? Il prétendait aimer la peinture ? Soit ! Alors pourquoi ne pas se servir de lui et des indiscrétions de Marianne ? Oui ! Voilà ce qu'il allait faire. Il allait lui distiller des petits détails sur les avancées du tableau ! Et on verrait bien comment ce mondain irait colporter la nouvelle en paradant comme un coq dans les salons. Emilio s'exalta. Il se le représentait déjà, chuchotant aux oreilles de courtisanes avides de les colporter à leur tour… Quelle magnifique vengeance ! Comme il allait s'amuser ! Le baron croyait le manipuler ? Parfait ! Il allait lui apprendre à ses dépens qui manipulait qui !

Marianne, se tournant vers lui, surprit un sourire se dessiner sur ses lèvres. Elle l'interrogea d'un haussement de sourcils.

« Tu as gagné. Je veux bien te dire ce qu'il y aura dans le tableau. Après tout, un jour de plus, un jour de moins, où est la différence ? »

Marianne se blottit contre lui.

« Emilio, mon amour, non ! Je te promets. Plus jamais je ne te le demanderai. Je vais dire à mon baron que ton peintre change d'avis tous les jours et qu'un tableau c'est bien plus long et compliqué à faire qu'un chapeau. »

Emilio ferma les yeux. Il n'avait pas besoin de la regarder pour savoir. Elle mentait, elle mentait même très bien… elle se jouait de lui, ce qui le fit souffrir. Il désira qu'elle aussi se prenne à son propre mensonge. Il allait également la punir. En réalité il se mentait aussi à lui-même, piqué qu'il était par le dard de la jalousie.

« Tu sais, je suis italien… alors les affaires de la Couronne, je m'en moque un peu.

– Comme la peinture française ! pouffa-t-elle.

– Marianne, je vais te le dire, à toi, pour te prouver mon amour. Mais jure-moi que tu ne vas pas le répéter. Jure-le-moi. Ce secret, ce sera comme un serment entre nous. Entre toi et moi. Un gage d'amour. D'accord ? »

Marianne l'embrassa avec volupté.

Emilio, qui avait déjà réfléchi à la question, la laissa un peu mariner dans son jus. L'œuvre qu'il allait lui servir lui plaisait beaucoup.

« La duchesse de La Vallière va devenir religieuse…

– Merci, Emilio, mais ce n'est un secret pour personne.

– Elle va se rapprocher de Dieu et quitter les hommes et leurs péchés…

– C'est noble de sa part. Mais tu sais que ce ne sont pas mes idées. Et donc ?

– Et donc, elle sera en prière, en robe de bure, les mains jointes et le regard ébloui par le ciel.

– Comme une sainte, alors ?

– Si tu veux. C'est un tableau classique… un peu triste en couleurs et dont la seule lumière viendra de l'intérieur.

– De l'intérieur ? murmura Marianne.

– Oui, de son âme, de son esprit, de son cœur.

– Je comprends… Et tu travailles sur ce tableau ?

– Je ne travaille pas, Marianne. J'exerce mon art. »

Marianne dégrafa son corsage et dévoila la beauté de sa poitrine.

« J'aime partager ce secret avec toi, dit-elle.

– Moi aussi », chuchota-t-il en posant délicatement la paume de ses mains sur ses seins.

27.

7 juin 1673

La Reynie était dans son hôtel de Mouy, installé dans son bureau aux murs laqués. Il avait déplacé une petite table de jeu afin d'y disposer ses dossiers et il s'était changé. Finis les habits trop serrés, la perruque, les souliers. Il avait revêtu sa tenue de velours, usée mais confortable. Il avait prévenu sa femme qu'il ne voulait en aucune manière être dérangé et il avait chargé son valet Flandrin d'aller quérir un certain baron de La Villette, rue du Faubourg-du-Temple. Le *renseignement* étant au cœur de sa fonction, il avait appris l'arrivée de ce dernier à Paris. Il ouvrit avec ses deux clefs l'armoire où il classait les dossiers confidentiels qu'il gardait chez lui. Sa fonction lui avait appris là aussi la prudence. Il disposa des chemises sur la table de jeu et commença à lire. Les écrits dataient de 1665. C'était l'époque du début de sa charge, et Colbert l'avait invité à réfléchir sur les lois du commerce et des assurances maritimes. Cet exercice lui avait beaucoup enseigné, tant sur ces domaines que sur l'état de la France au début du règne de Louis XIV. Cela lui avait aussi permis de comprendre la passion de Colbert pour la mer.

Il avait connu monsieur de La Villette à Bordeaux au début de sa carrière et il avait commencé comme lui sous Mazarin. Aujourd'hui, il avait gardé à Paris un pied-à-terre, mais il vivait sur ses terres en Saintonge, au sud d'Angoulême. Il le sollicitait parce qu'il avait appartenu aux hommes de l'ombre, à ses *conseillers* comme il aimait les nommer, ceux qui outre leur talent possédaient cette rare qualité de la franchise –, une véritable vertu dans ce siècle de courtisans. En cela, il était bien le disciple de Mazarin et de Colbert, tous deux fervents admirateurs du père Joseph, capucin d'obédience mais qui dans le civil s'appelait François Leclerc du Tremblay. C'était lui le créateur du service de renseignement, qui, preuves à l'appui, était désormais le plus puissant d'Europe.

La Reynie ordonna ses documents, regarda sa pendulette et admira pour la millième fois le travail délicat des mains ciselées en marbre sur lesquelles était posé le cadran doré. « L'homme par son travail maîtrise le temps... », se dit-il. Mais pour l'heure, sa maîtrise du temps serait une pause. La Reynie était très préoccupé. Quelle serait la réaction du roi ? de Colbert ? Aurait-il la qualification pour enquêter à Versailles ? Cette situation était inédite. C'était pour en savoir plus et loin des oreilles du Châtelet qu'il avait fait mander son vieil ami.

Flandrin, son majordome, frappa à la porte et introduisit le baron de La Villette. La Reynie se leva et l'accueillit avec empressement. L'homme, la soixantaine, les joues flambées par le grand air et la bonne chère, respirait la joie de vivre. Il se débarrassa d'un geste de sa grande cape verte qui découvrit son habit moiré, sobre et de bon goût, rehaussé par des bottes rouge et noir en cuir souple, et il tendit avec emphase un panier dont il ôta le torchon.

« Une petite surprise pour vous... Du jambon fumé maison, des andouillettes qui valent bien celles de Nanterre, une tourte aux champignons et du miel… mais ce n'est pas tout. Du beurre de Charente et du fromage de chèvre de mes terres pour Gabrielle.

– Mon ami, vous ne venez jamais les mains vides… Vous nous gâtez et je vous suis redevable chaque fois…

– Vous avez tort… j'aurais trop de honte à me présenter devant vous les bras ballants, et vous m'avez cueilli dès le lendemain de mon arrivée à Paris », dit-il non sans malice, ce qui les fit rire tous les deux.

« Asseyons-nous, voulez-vous ? »

Le baron croisa les jambes et inspecta le bureau. Il reconnaissait bien là le caractère de son ami : ordre, simplicité, goût pour le silence et le secret.

« Hélas, mon cher baron, je vais devoir vous demander plus que vous ne m'avez apporté.

– Pour être franc, je m'y attendais un peu.

– Bien… Je souhaiterais que vous rafraîchissiez ma mémoire, ou même que vous me prodiguiez votre immense savoir. Que vous inspire l'appellation "drogman" ? »

Le baron fixa son ami, désarçonné. Il vit immédiatement que la question était d'importance. Il ferma les yeux et se concentra.

« "Drogman" vient de l'arabe *tardjouman*. Ceux qu'on appelle ainsi remplissent la fonction d'interprète officiel d'une légation, d'une ambassade à Constantinople et dans toute autre cité du Levant. Je me trompe ?

– Vous possédez une mémoire que je vous envie. Je me doutais que vous n'aviez pas oublié les années où nous avions travaillé ensemble pour Colbert sur les questions maritimes. Vous vous souvenez ? "Le grand commerce est le moyen de montrer la puissance et la grandeur de Sa Majesté et d'abaisser celles des envieux et de ses ennemis !" Combien de fois ne nous l'a-t-il pas assené ?

– Et il avait raison, acquiesça le baron.

– Alors en quoi les drogmans pourraient-ils participer au défi de Colbert ? C'est ce que je ne m'explique pas.

– Pour la simple raison que les drogmans sont là pour faciliter nos relations avec les ports du Levant. Colbert s'est rendu compte qu'à chacune de nos tractations commerciales, nous étions toujours devancés par nos concurrents. Pourtant nos marchandises valaient les leurs. Elles étaient même souvent de meilleure qualité. Il arriva à la conclusion que soit les traducteurs locaux manipulaient les informations, soit ils étaient eux-mêmes manipulés en faisant échouer les ventes contre rétribution. La guerre commerciale en somme, vieille comme le monde, n'est-ce pas ?

– Sur ce point je vous suis, mais les drogmans ?

– Il a eu l'idée de créer sa propre école de drogmans. Une école à son seul service. Dorénavant, ce seraient nos propres traducteurs qui assureraient la fiabilité des traductions.

– Ingénieux et logique.

– Et savez-vous ce qu'il s'est passé ? Comme par enchantement, il y a eu une hausse de nos ventes dans la balance des échanges commerciaux. »

La Reynie pencha la tête en arrière et s'enfonça dans son fauteuil.

« Mais qui sont ces professeurs qui enseignent l'art des langues orientales aux drogmans ? Ce sont des langues très difficiles et l'apprentissage doit être long, je présume ?

– C'est assez compliqué effectivement. Bien sûr, il y a l'ordre des Capucins que nous connaissons bien, mais d'autres ordres religieux y sont impliqués. C'est un appareil qui existe depuis longtemps mais qui s'est perfectionné sous Mazarin, grâce au grand savoir-faire du père Joseph qui s'est servi de l'évangélisation comme moyen d'assurer la présence de la France sur le pourtour méditerranéen. Il en a fait une arme pour tisser des liens et des réseaux très étroits au profit de la royauté. »

La Reynie fit glisser le rapport de Torsac que le baron lut en blêmissant.

« Des jeunes filles !… Alors là, vous me l'apprenez. C'est la première fois que j'entends cela. En principe, chaque année, six garçons très prometteurs sont choisis vers l'âge de treize ou quatorze ans. Ils entrent en internat pour y recevoir un enseignement intensif en langues, mais aussi en comptabilité, histoire et géographie… S'ils sont brillants, ils deviennent un jour drogmans… Mais des filles ! Je suis formel ! Des filles, jamais sur un bateau.

– Pourtant, au moins une de ces jeunes filles assassinées embarquait régulièrement sur des bateaux en partance pour le Levant.

– Vous me surprenez beaucoup, mais si vous le dites… »

Firmin entra et déposa un pot de chocolat chaud fumant ainsi que deux tasses en porcelaine. La Reynie servit son ami en continuant son interrogatoire.

« Et, selon vous, ce métier comporte-t-il des risques ?

– En soi, ce n'est pas dangereux mais traduire comporte des risques. »

C'était ce point qui intéressait le plus La Reynie, il se pencha en avant pour mieux écouter.

« Le commerce est une autre façon de faire la guerre. On peut user de la manière forte, les canons, mais la guerre de l'argent est une arme bien plus redoutable. Colbert l'a appris de Richelieu… Voyez-vous, le canon est d'une utilité ponctuelle, épisodique. C'est le principe de la frappe unique. Le commerce, lui, est permanent. Avez-vous remarqué le nombre de ports créés et réaménagés par Colbert ? Songez à toute l'industrie autour de la mer, la quantité de corps de métier et de main-d'œuvre qu'elle nécessite !

La longue liste des arsenaux, en Bretagne, sur la côte atlantique, à Marseille et à Toulon ? Partout où il y a la mer, il a fait construire des dizaines de fonderies, des milliers d'hectares de forêts ont été coupés, les troncs d'arbres acheminés sur les fleuves. Songez au nombre de vaisseaux en construction. Maintenant, nous possédons une véritable armada, une flotte pour la marine de guerre mais aussi pour le commerce. Un chantier colossal au service de la grandeur du royaume. Croyez-moi, Louvois fait sa guerre, mais Colbert fait aussi la sienne ! À prix d'or, il chasse sur les terres des autres, il vole les souffleurs de Murano et les spécialistes des miroirs, détourne les dentellières de Flandres qu'il surpaye, emploie les métallurgistes des Sudètes et les tisserands des Pays-Bas. La liste est interminable. Si Sa Majesté est experte dans la chasse au cerf, Colbert sait aussi prendre dans ses filets tout ce qui peut enrichir notre commerce et croyez-moi, pour y parvenir, il s'est forgé l'âme du meilleur des corsaires. »

La Reynie reprit ses feuillets.

« Ce que je m'imagine mal, c'est le mode de vie de ces drogmans et comment leur est attribué leur rôle.

– Rien de plus simple, répliqua le baron. Les consuls ont l'obligation de les accueillir et d'en loger au moins un à l'année. Ils rendent alors leurs services auprès du consulat. Dès qu'un bateau de commerce arrive, ils sont réquisitionnés pour les traductions. »

La Reynie observa son ami.

« Je savais que vous étiez l'homme de la situation.

– À demi seulement, lui répondit le baron. Vous êtes policier. Si vous vous intéressez à la marine et m'interrogez sur les drogmans, c'est que leur mode de fonctionnement vous cache une énigme. N'est-ce pas ? Je ne vous connais que trop.

– Quand vous dites qu'un drogman peut rendre des services sur place, que sous-entendez-vous ? »

Le baron eut un petit rire et plissa les yeux. Il devina où son interlocuteur voulait l'entraîner.

« Que voulez-vous entendre de ma bouche ? Que les drogmans ont de grandes oreilles et qu'ils parlent entre quatre et cinq langues ? Oui ! Qu'ils collectent des informations très précieuses, ce qui en fait des espions ? Assurément ! »

La Reynie s'y attendait certes plus ou moins, mais la révélation abrupte du baron lui donna des frissons : elle légitimait ses soupçons.

« Vous me confirmez que parfois ils ont pour mission d'écouter et de ne pas parler ?

– Ils ont été dressés pour ces deux exercices. S'ils savent se taire, ils apparaissent comme étant incapables de comprendre, ce qui incite la partie adverse à baisser la garde. Mais si ce sont des femmes comme vous l'affirmez, ces drogmans peuvent alors jouer d'autres rôles plus subtils : leur séduction devient leur arme. Elles peuvent être des sœurs, des confidentes, mieux encore les fiancées de diplomates ou d'officiers. Si elles sont belles et libres, elles peuvent laisser des imprudents les séduire, de préférence des étrangers ou des ennemis qu'alors elles espionnent. Personne ne pouvant imaginer une seule seconde qu'elles maîtrisent les quatre ou cinq langues qu'on parle dans les ports.

– Dressés, dites-vous ? Le mot est fort ! Mais vos explications me font entrevoir le risque qu'encourent ces drogmans.

– Au départ, l'exercice n'a rien de périlleux quand il s'agit de vendre ou d'acheter des épices, des soieries ou d'autres denrées. Mais imaginez qu'on leur ordonne de faire courir des rumeurs pour dénigrer des concurrents. Plus dangereux encore et qui peut mettre leur vie en danger : si d'aventure on leur demande de s'intéresser de plus près aux vaisseaux de guerre, de récolter des confidences… et si on donne aux femmes ce rôle, je vous laisse deviner. N'oubliez pas que nous sommes de nouveau en guerre contre la Hollande et que tous les coups sont permis. »

La Reynie soupira.

« Les drogmans sont donc au cœur d'un réseau d'espionnage commercial et politique. C'est bien ce que vous êtes en train de me dire ?

– Mon cher ami, le monde dans lequel nous vivons ne cesse d'être en guerre, et nous jouons tous un rôle, que nous le voulions ou non, que nous le sachions ou non. Nous y participons tous. Le Louvre et bientôt Versailles sont et seront de puissants nids d'espions. Moi-même, lorsque je quitte mes vignes, je sais que tout le monde le sait, et même vous le premier. Le *renseignement*, mon ami, le *renseignement* ! »

La Reynie eut un petit rire. Il ne pouvait pas dire le contraire.

« Une autre question me brûle les lèvres. Pensez-vous que Colbert sache l'existence de drogmans de sexe féminin ? »

Le baron qui était en train de finir sa tasse de chocolat se mit à son tour à rire. Il se pencha vers le lieutenant général.

« Colbert a une devise, toujours la même. Ne rien déléguer à qui que ce soit. Donc, pour répondre à votre question, Colbert ne peut pas ne pas le savoir. »

La Reynie n'avait plus envie de rire. Le baron décroisa les jambes.

« Dites-moi, mon ami, ne trouvez pas vous que j'ai un peu grossi ? Ah ! Le terroir et ses richesses… »

La Reynie le regarda et comprit qu'il n'irait pas plus loin. Il se levait quand son interlocuteur lui demanda à brûle-pourpoint :

« À propos, il se murmure jusque dans mes terres que madame

de La Vallière a commandé un tableau à Mignard qui la représenterait entrant au couvent. Avez-vous eu vent de quelque chose ? »

Au couvent ? La Reynie se sentit foudroyé, giflé sur les deux joues en même temps. Il reprit sa respiration. Lui qui s'acharnait à découvrir la vérité sur le meurtre des jeunes femmes, lui qui était dévoué à sa mission jour et nuit, lui qui était prêt à se rendre à Versailles pour défier Colbert, voilà qu'on le poignardait.

« Ce tableau vous passionne à ce point ?

– Bien plus que les drogmans. »

*

Le 7 juin

La comtesse de Cruissan patientait cachée au fond de son carrosse aux banquettes tendues de velours parme. Elle cherchait Emilio. Elle avait demandé à s'arrêter non loin de chez lui. En proie à l'impatience puis à l'ennui, elle laissa son esprit errer. Elle changea plusieurs fois de pose, sortit un minuscule miroir de sa pochette, vérifia son maquillage puis réarrangea sa robe. Elle aimait particulièrement sa voiture, sans aucun doute la plus voluptueuse de Paris, mais elle se demanda si une installation à Versailles ne l'obligerait pas à plus de discrétion. Elle revint à sa première préoccupation. Où pouvait bien être Emilio ? Pour retrouver l'Italien, elle avait ordonné à son majordome de surveiller ses allées et venues à La Pomme de Pin, tandis qu'elle-même se chargerait de l'intercepter ici, ou près de l'atelier. Ses prévisions s'avérèrent justes car elle l'aperçut sortir de chez lui. Elle demanda au cocher d'aller à contresens. Emilio, perdu dans ses pensées, ne reconnut le carrosse qui venait vers lui qu'à la dernière seconde. Diable ! Que faisait la comtesse dans son quartier ? Une main gantée, sortie par la vitre d'une portière, lui fit signe d'approcher. Un valet lui déplia le marchepied et lui ouvrit la portière. Emilio ne monta pas.

« Allons, Emilio, vous ne me reconnaissez plus… ? »

Il garda le silence.

« L'ingrat qui ne reconnaît plus son amoureuse et sa bienfaitrice, minauda la comtesse.

– Je vous croyais fâchée.

– Fâchée ? Non ! Préoccupée, oui. Montez, Emilio, venez me rejoindre. »

Il soupira et obtempéra, mais ne déboutonna pas son manteau et conserva son couvre-chef. La voiture s'ébranla sans à-coups, dressée pour la volupté. La comtesse, sans mouche ni cape, effleura les lèvres d'Emilio de sa main gantée.

« Je vous sens fatigué, Emilio. Mignard ne vous accablerait-il pas de travail ?

– Mignard travaille beaucoup. Et ses exigences ne manquent pas.

– À la bonne heure, vous progressez. Cette fois-ci, vous savez beaucoup plus de choses. Notez que je m'en doutais. Vous vous faites si rare… Alors dites ! Que propose donc le Maître ? »

Emilio prit son temps. Elle était mûre à point pour gober la même histoire que Marianne. Il baissa la voix comme s'il s'agissait d'une confidence :

« Le Maître a beaucoup hésité, mais cette fois-ci, je crois que c'est la bonne… »

La comtesse se retourna vers lui et lui pinça le bras :

« Ah non, Emilio, je vous en prie, ne recommencez pas…

– Je ne sais pas si je dois vous le dire…, susurra-t-il en la coupant. J'ai juré de ne pas en parler.

– Allons, Emilio ! Rappelez-vous que je vous ai donné cent livres pour être engagé chez monsieur Mignard. C'est beaucoup, vous ne trouvez pas, pour ces quelques informations que tout le monde saura dans peu de temps ?

– Mais, comtesse, justement ! Qu'y a-t-il de si pressé entre aujourd'hui et demain ? … »

La comtesse vit qu'Emilio comptait la faire languir. Elle n'allait pas lui laisser ce plaisir.

« Mon cher, vous êtes bien trop intelligent pour avoir oublié notre dernière conversation. Vous avez fort bien compris que cette situation peut m'accorder quelques privilèges et à vous aussi. Voudriez-vous par votre entêtement stupide m'obliger à vous demander de me rembourser ? Avez-vous songé aux mésaventures dont vous serez la victime si vous êtes désargenté de la sorte pour partir en Hollande ? Je suis au regret de vous dire que vous pensez mal, que vous n'avez même pas pris en considération que votre vie dorénavant vaut moins que cent livres. Vous avez également oublié que votre sécurité est en jeu, puisque vous n'avez d'évidence pas compris que, devenant votre ennemie, il me sera loisible de ne pas vous secourir. »

Elle laissa sa menace en suspens après ce flot d'arguments qu'elle pensait suffisamment clairs pour pouvoir infléchir Emilio. Emilio, qui était effectivement trop intelligent pour ne pas savoir qu'elle disposait d'appuis et d'un vrai pouvoir de nuisance, lui répondit avec un si soudain sérieux qu'on aurait eu peine à ne pas croire en son innocence. En fut-elle dupe ?

« Au début, comtesse, au début, tout était en place pour peindre ce que le Maître appelait une trinité. C'est ce que j'ai pu comprendre… Enfin, c'est ce que j'ai essayé de déchiffrer pour vous, madame : les couleurs, les objets, la toile de fond, vous vous souvenez ?

– La duchesse et ses enfants. Le comte de Vermandois et mademoiselle de Blois.

– Oui, et…

– Et ?

– Mais… c'est très ennuyeux. Je suis soumis au secret. Comtesse, dit-il en lui saisissant les mains, jurez-moi de ne rien répéter…

– Mon ami ! Pourquoi irais-je livrer aux autres ce qui me coûte si cher ? Allons ! Réfléchissez ! »

Emilio se pencha vers l'oreille de la comtesse et d'une voix à peine audible, comme si le cocher et le valet pouvaient entendre :

« Madame la duchesse de La Vallière a changé d'avis. Elle a présenté au Maître la robe qu'elle désirait pour le tableau. Une autre robe. Unique. »

La comtesse frémit, Emilio se fit attendre.

« Que voulez-vous dire par “unique” ?

– Particulière, comtesse, une robe particulière. Une robe qui sera à nulle autre pareille. »

La comtesse ferma les yeux et inspira fort. Elle avait besoin d'air. Emilio sut qu'il la tenait.

« Vous dites avec ses enfants, et elle a changé de robe ? C'est bien cela ?

– Oui, comtesse…Enfin non…

– Emilio ! Ne recommencez pas, je vous prie !

– Non, il n'y a plus ni le comte de Vermandois ni mademoiselle de Blois.

– Comment cela ? Sans ses enfants ?

– Sans ses enfants.

– Plus de… Mais c'est insensé… Enfin… c'est inouï… »

Oscillant entre incrédulité et jubilation, elle fixa Emilio. Se jouait-il d'elle ? Comme le silence se prolongeait, elle ne s'autorisa pas à laisser exploser sa joie. Elle demanda sur un ton détaché :

« Et cette robe, comment est-elle ? blanche ? bleue ? en soie ? en satin ? décolletée ?

– Vous n'y êtes pas du tout, comtesse.

– Mon Dieu ! Une robe transparente !

– À ce jeu-là, vous ne brûlez pas, vous sombrez ! »

La comtesse d'autorité prit dans ses mains celles d'Emilio et les serra fort.

« Emilio, faites très attention à vous !

– Madame, elle a présenté à Mignard une robe de bure qu'elle avait pliée dans un tissu en soie.

– Pardon ?

– Oui, madame.

– Une robe de religieuse ? C'est bien ce que vous affirmez ?

– Oui.

– Mais… mais c'est merveilleux ! C'est inespéré… », dit-elle avec un sourire extatique.

L'incompréhension dans le regard de son amant la fit se reprendre.

« Une robe de religieuse, n'est-ce pas là le plus beau signe d'amour envers le roi ? Le sentiment le plus noble d'abnégation ? »

Le carrosse ralentit pour franchir au pas le porche de son hôtel. La voiture s'immobilisa et les deux portières s'ouvrirent en même temps. Emilio descendit le premier. La comtesse très excitée s'engagea précipitamment sur le grand escalier de pierre du perron. Emilio la laissa monter seule les premières marches. Elle se retourna.

« Emilio ! Mais que faites-vous ? Vous m'avez comblée… maintenant c'est votre tour. »

Emilio, empreint d'un soudain désespoir, se tordit les mains en signe de dénégation.

« Je ne puis, madame. Je ne suis qu'un sot… Mignard m'avait pourtant fait jurer de ne rien dire et je viens de manquer à ma parole. Je viens pour vous de le trahir. C'est impardonnable… Je…Je suis désolé, je dois vous quitter. »

Il tourna les talons. Il exultait.

28.

La nageuse était toujours introuvable.

Toutes les mouches de Paris, tous les commissaires de quartier relayés par les sergents du guet et les inspecteurs avaient échoué. L'idée que la jeune femme ait pu quitter Paris s'installait dans les esprits. Princesse et le Rat, eux, ne se décourageaient pas. Le résultat des filatures de Brindille et de Grosse Branche devant le couvent des Carmes et des Filles-Dieu n'avait rien donné. Le Rat cependant ne chassait pas de ce côté-là. Il avait fait un autre pari. Si la jeune fille était encore en vie, elle pouvait avoir eu l'idée de vivre chez les morts. Lui, c'est ce qu'il aurait fait. Il commença à errer dans les cimetières. Son préféré, celui de Saint-Joseph, proche de la rue du Croissant et de la rue du Temps-Perdu, se trouvait sur l'autre rive, le lieu le plus proche de l'endroit où la nageuse avait plongé. Le Rat y pénétra. Il avait caché un couteau sous sa veste sans manches et glissé un autre dans une de ses bottes qu'il avait volées à un militaire trop soûl.

Le Rat connaissait bien cet endroit. Il s'y était souvent caché la nuit. Il lui rappelait ses parents. Il aurait aimé qu'ils y soient enterrés mais on les avait jetés à la fosse commune et on avait versé sur eux de la chaux vive. Le corps de son père avait été retrouvé marqué à l'épaule droite d'un V, la lettre des voleurs. Sa mère avait quant à elle été accusée de sorcellerie. Elle avait pratiqué ici même des messes noires. Il s'en souvenait. Il était pourtant tout petit, mais il revoyait encore les feux allumés près des tombes et les ombres qui s'y croisaient en poussant des incantations – un peuple de voleurs, de déserteurs et d'amis du diable. Il n'avait jamais eu peur.

Alors, si la nageuse ne craignait ni les odeurs, ni les incursions des familles visitant leurs défunts des feuilles de laurier sous le nez, ni même la présence des morts en ces lieux, elle pouvait être là. Mais comment la reconnaître ? Le soir du crime, il l'avait si peu vue. Juste une silhouette et il faisait nuit. Si par chance elle était là, comment s'en approcher ? Qu'est-ce qui pourrait éveiller son intérêt à elle sans qu'elle ait peur ? Il avait beaucoup réfléchi. Et, loin de Princesse et des autres qui avaient trouvé son idée ridicule, il se dit que la seule chose qui l'unissait à elle, c'était son cri.

Comme chaque soir depuis trois jours, le Rat était tapi dans un recoin rue du Temps-Perdu et attendait. Le ciel était noir. Pas un souffle de vent pour chasser les odeurs. Paris s'était barricadé, et seuls les vagabonds et les archers du guet parcouraient encore la ville. Il attendit d'être vraiment seul, puis d'un bond il traversa la ruelle, sauta le mur et roula dans le cimetière sur un chat qui feula et détala avec ses comparses. Il attendit que le silence revienne. Trois lanternes abandonnées éclairaient des passages herbus. Le Rat choisit celui de gauche, toujours le même. C'était sa stratégie. Pour qu'elle le remarque, il devait faire toujours le même circuit. Il longea le mur à une distance suffisante pour ne pas se faire remarquer, emprunta une traverse perpendiculaire et s'arrêta près d'une tombe, toujours la même, où il s'assit. Il se fit silencieux, écouta les bruits qui peuplaient l'espace, le souffle du vent léger que les grands arbres arrêtaient, le craquement de branches dans la fuite de quelque lièvre ou renard, un oiseau de nuit qui soudain hululait. Personne. Personne ne l'avait repéré. Il poussa son cri. Il compta jusqu'à trente et quand l'écho se fut éteint il recommença, deux fois de suite. Puis il attendit. Il attendit comme toutes les nuits précédentes. Rien ne vint. Comme à chaque fois, il se sentait découragé, mais comme à chaque fois, il se promettait de revenir le lendemain. Il était habité par l'intuition qu'il avait raison. Comme tous les soirs, il se leva. Des chats détalèrent sur son passage et il crut entendre quelque chose. Comme un frôlement. Le bruit naissait derrière lui. Il pensa à un archer. Fuir serait très facile. Il sortit lentement son couteau de son étui, le fit passer dans sa main gauche et se retourna brusquement, prêt à l'attaque. Une jeune femme était devant lui. Il sut, sans même l'avoir vue, que c'était elle. Elle était brune, ses yeux noirs brillaient, elle était enveloppée dans un grand manteau d'homme et portait aux pieds des godillots.

« J' m'appelle le Rat. N'aie pas peur de moi ! C'est toi que j' cherche. »

La jeune femme ne répondit pas.

« J'étais sur le quai Marie, la nuit du meurtre. T'as plongé dans la Seine. C'est moi qui a crié ! Pour t' prévenir. J'ai vu l' tueur. J'ai vu quand il a égorgé l'autr' fille. »

Elle demeura impassible. Le Rat s'énervait, cherchait ses mots, d'autres mots pour la convaincre. Elle restait de pierre.

« S'il te plaît. T'es en danger. J' le jure. J' peux t'aider. »

Elle fit un pas vers lui.

« T'es qui, toi ? Une mouche ? »

Le Rat s'esclaffa. Ça, on lui avait jamais fait.

« Moi, une mouche ? Tu m'as bien r'luqué ?

– Pourquoi tu me cherches ?

– Parce que j' peux t' cacher.

– Pour m'emmener où ? À la police ? Aux autres…

– À personne ! Moi, j'ai une cache. On peut t' protéger.

– Mais pourquoi tu fais ça ?

– Parce qu'ils te tueront. »

Le Rat s'approcha d'elle, jusqu'à poser son front contre le sien, comme s'il s'agissait d'une légère caresse, d'une reconnaissance animale.

La fille se mit à sangloter. Son corps tremblait. Le Rat lui attrapa la main qu'elle était en train de porter à son visage. Il en fut tout étourdi. Dans ce lieu infâme aux puanteurs extrêmes se dégageait un parfum ineffable. Elle se laissa faire. Elle ne se débattit pas. Simplement sa voix douce se fit ferme.

« Si c'est pour me tuer, vas-y… tue-moi… qu'on en finisse.

– Personne veut t' tuer. Tu sens bon. C'est quoi ?

– Ah ça ? Du musc. Je peux t'en donner. »

Le Rat posa une main sur sa bouche.

« Tu te tais et tu m' suis. »

Le Rat se glissa dans une quasi-obscurité de porches en ruelles, de dédales en cours infâmes jonchées d'ordures et d'objets de toutes sortes qui débouchaient Dieu sait où. Pas de lanternes en ces lieux ! La jeune femme s'accrochait à lui, tant bien que mal. Par chance, ils ne rencontrèrent personne.

*

Le 11 juin 1673

La jeune femme s'était réveillée dans un carrosse timbré d'armoiries mais sans roues ni banquettes. Elle avait été alertée par des effluves de café et le sourire d'une jeune fille au visage blanc, aux lèvres rouges et à la perruque argentée. Elle l'avait prise par la main et l'avait guidée jusqu'au feu où une douzaine de filles et de garçons, tous plus jeunes qu'elle, mangeaient du pain et les restes d'un poulet avec leurs mains. Le Rat se leva à son approche. Elle vint s'installer entre lui et la jeune fille au visage blanc.

« Comment tu t'appelles ? demanda Lézard.

– Clémence. »

Tous la contemplaient en silence et à leurs regards, elle sut que tout le monde connaissait son histoire. Le Rat prit la parole :

« Clémence, elle restera là le temps qu'elle voudra.

– Et Baragouin n'en jactera à personne, coupa Princesse.

– Baragouin trouve Clémence très jolie et n'en jactera à personne », s'esclaffa celui-ci, croyant faire rire l'assemblée.

Au coup d'œil que Princesse lui jeta, il fit vite marche arrière et se tut.

*

La comtesse de Cruissan attendait la Montespan, assise dans un fauteuil près de la fenêtre de son salon. Elle pouvait ainsi guetter son arrivée dans la cour. Elle était impatiente. Il y a trois jours, elle lui avait fait parvenir par son cocher un pli et avait demandé à ce qu'on fît passer une réponse par le même biais. Hier enfin, la comtesse avait eu sa réponse : la Montespan viendrait le lendemain en fin de matinée. La comtesse n'en avait pas dormi de la nuit, peaufinant des stratégies. Il allait se jouer un des moments les plus importants de sa vie. Elle s'était levée tôt et avait passé un temps infini à choisir sa tenue. Elle s'était décidée pour une jupe à peluche couleur de feu et un corsage à décolleté bateau sur des manches serrées. Elle avait accepté deux tasses de café mais n'y avait pas touché. Elle jeta un dernier coup d'œil à la décoration du salon : elle avait pris soin de faire réorner ses murs de copies de peintures italiennes.

La Montespan se présenta un peu avant midi. La comtesse

entendit les sabots des chevaux et les essieux criards du carrosse dans la cour pavée. Elle se leva et se mit au centre du salon. Son cœur battait un peu trop fort. Dans quelles dispositions serait-elle ? Empressée ? Distante ? Si seulement elle pouvait au moins être amicale… Si seulement elle pouvait en quelques mots l'assurer que des liens s'étaient tissés entre elles.

La favorite royale fit son entrée dans une robe à deux pans en damas fleuri, qui s'ouvrait sur une robe en taffetas couleur argent. Sa poitrine était mise à l'honneur et ses cheveux à la garcette offraient un front pur, exempt de toutes boucles. Elle était éblouissante. Elle s'avança. Sa robe bruissait de soie et de satin et les talons de ses damas émeraude brodés de fils d'or et d'argent assortis à sa robe claquaient fièrement sur le parquet. Elle s'immobilisa. La comtesse fit une révérence. La marquise n'enleva pas ses gants, ce qui présageait une visite des plus rapides. Elle n'ouvrit pas la bouche, seul son regard interrogeait celui de la comtesse. Après une longue minute de torture, et sans prendre la peine de répondre à l'accueil de la comtesse, elle demanda :

« Nous avons donc des nouvelles ?

– Oui, madame. »

La Montespan hocha la tête.

« Et vous en êtes satisfaite ? »

La comtesse, qui esquissait un sourire modeste et poli, se figea. La Montespan comprit le message et reprit la parole avec plus de chaleur.

« Donc, vous savez tout sur le tableau. C'est bien cela ? »

Pour la comtesse, l'heure était venue de se mettre en valeur.

« J'ai obtenu ce que je désirais. Emilio Roggiero m'a tout rapporté.

– C'est une belle victoire. Je vous en félicite. Dites-moi… »

La comtesse ne voulait rien précipiter. Elle avait retenu la leçon. Et les moments de gloire devaient durer le plus longtemps possible.

« La chose n'a pas été facile… Emilio a signé une clause de silence. Mais je vous ai écoutée, et il a cédé.

– L'amour ouvre toutes les portes et je savais que vous aviez cette clef. Parlez-moi du tableau.

– Si vous saviez ! Jamais vous n'auriez pu imaginer…

– Vous me faites attendre ? coupa la Montespan dont la douceur qui avait disparu fut un rappel à l'ordre.

– La duchesse de La Vallière sera seule… Elle sera seule et vêtue d'une robe de bure…

– Une robe de bure ?

– Oui… elle se présentera en religieuse. »

Un grand éclat de rire répondit à la comtesse. Un rire vulgaire, libérateur. La Montespan s'était mise à arpenter le salon. « En robe de bure… », se répétait-elle. Elle n'en revenait pas. Puis, reprenant de sa superbe, elle s'exclama :

« En religieuse ! Mais c'est la plus grande des surprises ! En robe de bure et sans ses enfants. Ma chère comtesse, vous me comblez… Ainsi elle est sincère… Ses amis Bossuet, Bourdaloue et Bellefonds avaient donc raison. Elle a rencontré la foi. Heureuse femme. »

La comtesse s'agita. Comment orienter la conversation sur son souhait ? Passé cet éclat de joie, de victoire même de la Montespan, il serait trop tard. Elle devait se lancer.

« Parlerez-vous de moi au roi ? fit-elle d'une voix qu'elle voulut assurée.

– Moi qui l'avais imaginée avec une longue écharpe nouée en soie, comme je les aime tant et que le roi sait si bien dénouer, sur une robe bleue et des ruisseaux de bijoux offerts par lui, et leurs enfants à ses pieds ou sur ses genoux… Pour vous, comtesse, quatre fenêtres à Versailles, côté jardin. »

La comtesse ferma les yeux. Tout s'accomplissait. Elle y était. Elle s'y promenait. Les jardins, les jeux, les amants, les intrigues et le badinage, l'argent coulant entre ses doigts ! Ce serait certes un appartement plus modeste comparé aux vingt-quatre pièces de la Montespan, mais elle serait à la cour. Elle aurait sa voiture et, une fois sur place, elle saurait pousser les murs et acquérir d'autres fenêtres.

La Montespan était déjà à la porte. Elle se retourna et contempla sa proie une dernière fois.

« Chère comtesse, notre amitié repose sur le silence. Nous sommes les seules à savoir pour ce tableau. »

La comtesse, sur son petit nuage, ne vit pas le piège. La Montespan poursuivit :

« Nous ne nous connaissons pas et nous ne nous sommes jamais vues. »

Ce qu'elle ignorait en prononçant ces mots, c'est qu'ils étaient les seuls de cette entrevue à exprimer la vérité.

*

Le 12 juin 1673

La Reynie accueillit Emilio dont la tenue quelque peu débraillée trahissait un lever mouvementé. À l'aube, Marianne et lui avaient été réveillés par l'intrusion de la police du guet dans leur chambre. Le vacarme avait été tel que tous les locataires des étages s'étaient regroupés devant leur porte. Embarqué de force, Emilio avait fini de s'habiller en dégringolant les escaliers. Marianne ne comprenait pas ce qu'Emilio avait bien pu faire pour être ainsi interpellé. Elle se précipita vers la lucarne du couloir qui ouvrait sur la rue et elle le vit traîné par les gardes qui le poussèrent sans ménagement dans un carrosse gris. Que se passait-il ?

Au Châtelet, l'inspecteur de permanence lui fit emprunter le grand escalier et le confia à un huissier qui à son tour le poussa dans le bureau de La Reynie. Le lieutenant général venait d'arriver. Il n'avait pas ôté sa cape. Il était livide de colère. Emilio baissa la tête. La Reynie ne le salua pas, ne lui permit pas de s'asseoir, laissa un long silence s'installer, puis explosa.

« Monsieur Roggiero, vous êtes un traître ! »

Emilio sursauta. Il ne s'attendait pas à cela. Il réfléchit. En quoi avait-il pu trahir le lieutenant général ? Puis il songea au tableau et eut un vertige. Si ça se trouvait, ce qu'ils avaient imaginé avec Antonin était faux ! Les cercles et les lignes cachaient une autre interprétation !

« Je ne comprends pas.

– C'est bien là votre drame ! Sorti de vos pinceaux, vous ne saisissez pas grand-chose ! » hurla La Reynie.

Emilio, ébranlé, appuya une main sur le dossier d'un fauteuil mais La Reynie le transperça si intensément du regard qu'il reprit sa pose. Il sentit le danger.

« Monsieur, ne vous ai-je pas engagé et protégé pour tout savoir sur le tableau ? reprit La Reynie d'une voix plus posée.

– Si, monsieur le lieutenant général.

– Vous me l'aviez décrit, pour ainsi dire peint devant moi. Est-ce vrai ?

– Oui, monsieur.

– Alors dites-moi encore une fois ce que représente ce tableau. Réfléchissez bien car c'est la dernière fois que je vous le demande.

– Il représente la duchesse de La Vallière assise dans un fauteuil et entourée de ses deux enfants.

– Et vous avez l'impudence de continuer à vous entêter ?

– Mais…

– Il n'y a pas de mais ! Monsieur Mignard n'est pas en train de peindre ce que vous affirmez ! Il peint tout autre chose, ce que tout Paris sait. Alors qu'en dites-vous ? Sa Majesté et moi-même serions les seuls à ne pas le savoir ? »

Emilio détourna le regard.

« Monsieur Roggiero, tonna La Reynie, j'exige votre réponse.

– Monsieur, je ne vous ai pas menti. Le tableau que je vous ai annoncé sera l'œuvre présentée au roi.

– Alors, expliquez-moi pourquoi on murmure dans tout Paris que la duchesse sera seule et en robe de religieuse ? »

Emilio, soulagé, ne put réprimer un sourire qu'il essaya de réfréner immédiatement, mais que La Reynie perçut.

« En plus, cette affaire vous amuse ? Prenez garde, monsieur Roggiero. D'un mot, je peux vous envoyer aux galères ! tonna-t-il.

– Je peux vous expliquer, monsieur.

– Alors choisissez bien vos mots, choisissez-les bien ! Ils pourraient être les derniers. »

Le ton de sa voix fut si brutal qu'Emilio comprit enfin que le tableau était une affaire d'État. Il eut un vertige. Il avait pris tout cela bien trop à la légère. Quel naïf, quel sot il avait été de croire qu'il pouvait être le maître du jeu ! Pire, il avait sous-estimé l'influence de la comtesse qui, par ses stupides ragots, lui faisait risquer sa vie. Toutes les images de sa bêtise et de son impudence défilaient dans sa tête. Il sut à cet instant même qu'il était seul et que personne ne pourrait le défendre.

« Je suis coupable. Tout est de ma faute.

– À la bonne heure. Poursuivez !

– Le tableau que je vous ai décrit est le vrai.

– Ah ! Parce qu'il y en aurait deux ? Un vrai, un faux ? De mieux en mieux ! Vous plaisantez, j'espère !

– Non, monsieur, il y en a un seul. L'autre, celui dont vous parlez, je l'ai imaginé pour me venger. Il n'existe pas. Il n'a jamais été peint.

– Pour vous venger ? Mais de qui et pourquoi ? On s'y perd !

– Me venger de madame de Cruissan.

– Votre protectrice ? Voilà autre chose ! Trouvez mieux, monsieur Roggiero !

– Elle m'a payé le prix de ma charge chez Mignard.

– Poursuivez !

– C'est bien plus tard que j'ai compris pourquoi. Elle m'a remis cette somme en échange de renseignements sur le tableau. Elle voulait être la première à en connaître la composition. Un privilège qui à ses yeux avait beaucoup d'importance. Mais c'était avant que vous demandiez à me voir sur ce sujet, hasarda-t-il.

– Alors pourquoi ne pas lui avoir décrit le tableau tel que vous me l'avez raconté ? »

Emilio ne prit même pas le temps de réfléchir, la vérité jaillit de sa bouche. Ce que La Reynie vit immédiatement.

« Mais parce que dans ce cas, j'aurais trahi le Maître et vous ! Il m'avait demandé le secret absolu. C'était la condition pour devenir son apprenti et c'était votre volonté.

– Cette conscience vous honore mais elle ne suffit pas.

– C'était aussi pour précipiter mes adieux. J'avais décidé de quitter madame de Cruissan pour vivre avec Marianne, avança-t-il en baissant le ton. À elle aussi, j'ai menti.

– La chapelière de la rue Quincampoix ? »

Décidément, sa vie n'avait aucun secret pour La Reynie.

« Si je comprends bien, vous mentez à tout le monde. Et pourquoi aussi à elle ?

– Parce que Marianne a rencontré un baron.

– Un baron ! Comme vous y allez ! Et qui s'appelle ?

– Je ne sais pas, monsieur…

– Et vous ne savez pas ! Alors je vais répondre à votre place. Donc ce baron lui faisait la cour, lui offrait des cadeaux et vous étiez jaloux ! Et comme par hasard, lui aussi, n'est-ce pas, manifestait beaucoup d'intérêt pour le tableau ? La peinture a décidément nombre d'admirateurs, surtout quand elle concerne précisément ce tableau. Avec votre sagacité de peintre, la véritable raison de cet engouement ne vous a donc pas sauté aux yeux ? »

Emilio se ressaisit.

« Vous avez raison. Il était venu à sa boutique, et il a commandé des chapeaux. C'est ainsi qu'elle l'a rencontré. Et je pense qu'il n'a approché Marianne que dans ce but. D'ailleurs il a essayé de l'acheter, elle s'est fait offrir des robes, des bijoux et j'en passe. Je suis persuadé que lui aussi doit savoir à cette heure que la duchesse de La Vallière sera en religieuse.

– C'est tout ce que vous avez à me dire pour vous défendre ? Avez-vous parlé du tableau à d'autres personnes ? »

La Reynie vit qu'il était paralysé par la peur.

« Arrêtez d'être candide, monsieur Roggiero. Tout le monde sait. Vous êtes libre, monsieur, mais en sursis. Les jours qui viennent décideront de votre sort. Il vous est interdit de quitter Paris. Autre chose. J'ai informé le roi du tableau. J'espère que vous comprenez ce que cela signifie pour vous ? Sortez ! »

*

Torsac venait de rallumer son fourneau quand il entendit frapper à sa porte. Le chat fila se cacher dans la chambre de Lise.

« Qui va là ?

– Laruche ! »

Torsac s'empressa d'ouvrir.

« Mais qu'est-ce qui t'arrive ?

– Hum !... Ça sent bon...

– Des crépinettes et des saucisses de Nanterre.

– J'ai une grande nouvelle à t'annoncer », fit Laruche.

Torsac, de retour dans sa cuisine, ajouta une noix de beurre dans sa casserole et surveilla en remuant avec une cuiller en bois.

« Tu vas te régaler. Après j'ai du fromage. Alors, ta grande nouvelle ? »

Laruche saisit deux chaises rangées tête-bêche, qu'il retourna et approcha de la table. Il croisa les bras avec ostentation.

« Je crois qu'Emilio retravaille chez le peintre Mignard ! Enfin, c'est mon hypothèse.

– Pourquoi tu penses ça ?

– Pendant que t'étais parti, on a remarqué qu'il n'allait plus comme avant à l'atelier. Il s'est même passé des semaines sans qu'on l'y voie.

– Et alors ?

– Eh bien, depuis peu, il court le bruit que la duchesse de La Vallière serait représentée dans le tableau de Mignard en habit de moniale.

– Tu plaisantes ! fit Torsac en secouant la poêle pour éviter que le beurre ne brûle.

– Non ! C'est le bruit qui court. Tu ne trouves pas que ça explique bien des choses ?

– Je ne vois pas le rapport... Si ? se ravisa-t-il lorsqu'il vit la déception sur le visage de son collègue.

– Pour moi l'affaire va plus loin. Je me demande si Emilio Roggiero n'est pas protégé par La Reynie », annonça Laruche.

Torsac, pas du tout préparé à une telle hypothèse, fit une grimace. Il n'aimait pas, mais pas du tout cela. Tout en réfléchissant, il déplaça la poêle au bord du fourneau pour suspendre la cuisson.

« Qu'est-ce qui te fait croire ça ? Tu as des preuves ?

– Tout simplement le tableau de Mignard qui occupe tous les esprits, qui est sur toutes les lèvres, à croire qu'il n'existe que ça d'important. Tu sais que dans les salons on lance même des paris ? À Versailles, je n'ose même pas imaginer… ils n'ont rien d'autre à faire !

– Et alors ? En quoi cela aurait-il un rapport avec notre enquête ?

– À vrai dire, je ne sais pas… je m'interroge. Je n'arrive pas à coudre toutes les pièces entre elles, mais je suis certain qu'il y a un lien. »

Torsac remit sa poêle sur le feu et découpa de larges tranches de pain.

« Figure-toi que ce matin à l'aube nos services ont fait chercher Emilio chez lui. Selon l'huissier, il se serait fait sermonner par La Reynie, et c'était houleux. Il serait sorti déconfit. Tu ne trouves pas cela étrange ? On n'a rien sur les Bouches cousues en ce moment… Pourquoi Emilio est-il convoqué seul chez La Reynie ? Et ce n'est pas la première fois. Je l'ai déjà surpris plus d'une fois à son étage. »

Torsac posa les assiettes chaudes sur la table.

« Ah ! J'ai une surprise pour toi ! Un petit bourgogne de derrière les fagots. Sans particule, mais plein d'ambition. Tu m'en diras des nouvelles. »

Il remplit les verres et ils trinquèrent.

« Tu sais pourquoi le sort d'Emilio te tracasse ? Je vais te le dire. C'est parce que c'est toi qui as été le chercher au théâtre et tu t'en sens responsable… Mais on va le surveiller. »

29.

Emilio retrouvait souvent Antonin à Saint-Eustache. Il partait à la même heure que Marianne et ils se séparaient au Palais-Royal. Le détour plaisait à Marianne. Devant l'église, Emilio aperçut le Rat assis sur un tas de planches. Il leva son chapeau, et Emilio lui rendit ses salutations. Le Rat avait changé de chaussures. Il portait des bottes de cavalier trop grandes qui alourdissaient son pas.

« J'ai une surprise pour toi », dit l'enfant en sortant de sa vieille besace un rouleau de papier.

Emilio déroula la feuille.

« Pas mal ! Hein ? murmura le Rat en se plaçant près de l'Italien.

– Oui, pas mal…

– Et très ressemblant.

– Pour ça, il faudrait que je voie l'original. Enfin, ton modèle…

– J' savais que tu dirais ça. Tu penses à qui ? À la nageuse ? La fille du pont Marie ? »

Emilio n'en revenait pas. Il avait vu que le Rat avait tressailli. Il changea immédiatement d'attitude, scruta le Rat puis avec plus d'attention le portrait.

« Mon Dieu, mais oui, c'est elle ! Tu l'as retrouvée ?

– Tu vois que tu l'as reconnue… Tu fais pas assez confiance aux artistes.

– Et tu sais où elle est ? »

Le Rat aimait bien le peintre mais la vie lui avait appris que le mensonge et la trahison sont les seules vertus partagées unanimement par tous les hommes. Aussi, d'une façon très dégagée, il dit :

« J'en sais rien… mais elle, quand je l'ai croisée, pour sûr elle était pas seule et elle riait. »

Emilio lui prit des mains le dessin.

« C'est le dernier qu' je donne, l'avertit le Rat. Ensuite j' fais payer ! »

*

Ce jour-là, le roi, sans perruque, était impatient d'inspecter les premiers travaux des écuries de Versailles. Il avait décidé de convoquer son ministre de la Guerre, le marquis de Louvois. Les architectes fébriles, les bras encombrés de rouleaux enrubannés, le suivaient. Sa Majesté était de belle humeur. Le projet lui plaisait. Le chantier avait pris de l'avance sur le calendrier. Les soldats n'avaient pas encore lâché les outils pour les mousquets et travaillaient d'arrache-pied. À l'approche du roi, on entendit des coups de sifflet, des ordres, des cris : « Le roi ! Le roi ! » Louis XIV apprécia. Une centaine d'ouvriers immobiles, burins et pioches suspendus, s'étaient découverts, en signe de respect.

« Nous voyons très bien le périmètre et les fondations.

– Sire, nous sommes en train de les consolider. »

L'architecte présenta une série de plans que le roi étudia avec minutie. Après chaque hochement de tête, un autre dessin était déroulé. Soudain, ses yeux se détachèrent des plans et il n'écouta plus les commentaires. Le ministre suivit son regard et comprit ce qui retenait son attention. Un carrosse bien connu de la cour était dissimulé sous les chênes, au bout de la prairie. Dès lors, les fondations, le poids des pierres de taille, le temps incertain qui allait ralentir les travaux, tout cela n'avait plus d'importance. Le roi n'entendait plus. Louvois ordonna qu'on range les plans et invita les architectes à lui emboîter le pas, suivant le désir tacite du roi.

Louis, demeuré enfin seul, s'élança d'un pas décidé vers les chevaux en liberté et vers le carrosse, vers Athénaïs, sa maîtresse. Une écharpe de Chine flottait par une vitre ouverte. La marquise avait mis pied à terre. À quelques toises du bosquet, il huma l'air et ferma les yeux. Comme il aimait ce moment ! Il adorait la guerre, le chantier de Versailles, les fêtes, le théâtre, l'opéra, les jardins et la noblesse à ses pieds, mais il y avait encore mieux. L'Amour ! Louis n'y résistait pas, et l'amour il venait de le retrouver sous les traits de madame de Montespan, la reine de ce jeu. Quand il fermait les yeux ainsi, le poids de ses responsabilités s'évanouissait et il perdait ses pouvoirs. Il fit glisser l'écharpe de la vitre, la respira et s'avança vers les bosquets. Les chevaux levèrent la tête à son approche, mais sans doute blasés par cette scène dont ils étaient familiers, ils retournèrent à leur pâture. Louis contourna le premier bosquet et ramassa une branche qu'il lança dans la direction opposée. Un frôlement naquit au deuxième bosquet et l'onde blanche trahit la présence d'Athénaïs derrière les feuillages. Louis se dressa sur la pointe des pieds et la surprit de dos. Il passa l'écharpe de Chine au-dessus de sa tête et lui couvrit les yeux.

« Prisonnière !

– Prisonnière et ravie de l'être, monseigneur ! »

Sans lâcher sa proie, le roi la guida vers les couvertures et les coussins. Athénaïs riait. Elle tendait les bras, comme si elle jouait à colin-maillard.

« Je suis votre prisonnière, votre soumise.

– Ne parlez pas ! »

Le roi, avec lenteur, commença par le petit diadème qui retenait les cheveux, puis déboutonna le corsage et les rubans libres flottèrent dans l'air avant de se poser dans l'herbe. Athénaïs lui céda sa première jupe, la modeste, se défendit un peu pour la deuxième, la friponne. Sous le regard insistant du roi, elle ôta la troisième, la secrète, et ne bougea plus. Le roi s'assit et la contempla. Elle était debout, tremblante de froid, protégée des regards par la haie de bosquets. Elle voulut croiser les bras pour couvrir ses seins. Le roi l'en empêcha. Quel délice ! Son plaisir à lui, c'était de rester habillé et de l'admirer, livrée à son caprice.

« Je vais prendre froid.

– Chut ! Pas un mot.

– Vous n'entendez pas les feuilles des arbres ? Il y a du vent…

– Mais, Athénaïs, si les feuilles tremblent, c'est qu'elles vous voient nue ! Elles sont jalouses. »

Le roi la leva d'un bond et la roula dans les couvertures. Il la couvrit de baisers, elle se blottit dans ses bras.

« Vous êtes un fripon, Sire.

– Et vous mauvaise joueuse ! »

Elle glissa une main sous sa chemise défaite.

« Vous êtes gourmande, ma belle.

– Parce que je suis heureuse, deux fois heureuse.

– Deux fois ? Expliquez-moi cela ! Vous me flattez…

– La première, c'est parce que vous êtes là, près de moi.

– Et la deuxième ?

– La deuxième, c'est parce que j'ai eu très peur et que, maintenant, je suis rassurée.

– Rassurée ? fit le roi qui interpréta ce mot comme un badinage amoureux.

– Oui, rassurée ! »

Athénaïs le dévisagea et il vit à son expression qu'elle mourait d'envie de le faire languir.

« Si vous ne parlez pas, je pars. Tout cela est bien trop chargé de mystère.

– … Le peintre Mignard, vous vous souvenez ? »

Louis se crispa.

« Ah non, de grâce ! Pas maintenant ! J'aime les artistes mais là, nous avons trouvé mieux.

– Si, maintenant, Sire ! Savez-vous que le peintre Mignard a presque fini son tableau ?

– Presque ?

– Oui ! Mais c'est un secret !

– Que vous ne souhaitez pas partager ? Vous l'avez vu ?

– Personne ne l'a vu. Enfin, moi… oui. »

Le roi se redressa. La Montespan s'enveloppa dans la couverture, toute à sa joie, et ne remarqua pas le changement d'humeur du roi.

« Et il vous plaît, ce tableau ?

– L'œuvre sera belle, je crois. Elle sera difficile, sans ornement.

– Comment donc, sans ornement ? Mignard excelle dans le détail. S'en serait-il privé pour cette fois ?

– Justement oui. Pour la circonstance, il a oublié ses couleurs, il a cherché le sombre, l'obscur, le silence.

– Étrange tableau !

– Non, Louis, ce n'est pas étrange. C'est le tableau que la duchesse souhaitait et que Mignard a encouragé. C'est celui d'une femme qui s'en va.

– Mais ce tableau, sans emphase et si respectueux comme vous dites, quelle scène représente-t-il ? Vous m'intriguez…

– Celle d'une femme en bure qui entre au couvent et qui nous fait ses adieux ! »

Le roi s'assombrit et laissa Athénaïs nue, allongée sous la couverture. Ce qu'elle décrivait était bel et bien ce qu'il avait entendu de Colbert sans trop y croire et confirmait ses doutes. La Reynie avait été mal informé et s'était fait abuser. Toute cette affaire était fort désobligeante. Il sentit monter en lui la colère d'entendre des autres ce qu'il avait exigé de savoir le premier. Il cacha son trouble et tourna le dos à sa maîtresse toute désorientée. Qu'avait-elle dit d'inconvenant ?

*

Emilio avait réfléchi. Il n'avait pas d'autre choix que d'aller au Châtelet. C'était la seule solution pour sauver la jeune femme. Le Rat était venu lui demander de l'aide, mais il n'avait pas ce pouvoir. À l'entrée de l'hôtel de police, il apprit que Laruche et Torsac venaient de partir pour le Marais. Il pesta et hésita. Il n'imaginait pas déranger La Reynie. Son seul recours dans l'urgence restait le commissaire Delamare. Un huissier l'invita à attendre puis revint.

« Le commissaire va vous recevoir. »

Emilio quitta son tricorne, lissa les manches de sa veste poussiéreuse et entra. Delamare était à son bureau, la plume à la main. Il portait un habit gris des plus simples. Il avait osé ouvrir en grand les fenêtres malgré les clameurs qui montaient de la place du marché.

« Voilà une visite qui me surprend, monsieur Roggiero ! »

Emilio s'approcha et sans mot dire déposa le dessin du Rat sur le bureau.

« Une nouvelle œuvre ?

– Oui, monsieur le commissaire, c'est le portrait de l'amie de la fille assassinée du quai Marie, la nageuse. »

Delamare laissa échapper sa plume, repoussa son fauteuil et se leva.

« Vous l'avez retrouvée ?

– Pas moi, monsieur le Commissaire, le Rat.

– Le Rat ? » Delamare observa le dessin. « C'est lui qui a fait ce portrait ? »

Emilio acquiesça de la tête.

« Je constate que son talent n'est pas le vôtre… Vous l'avez interrogé ? Il l'aurait vue ?

– Oui. Il prétend l'avoir rencontrée dans la rue, en compagnie, et qu'elle riait.

– Mais comment est-il si sûr de l'avoir reconnue ? Il faisait nuit au moment du meurtre et il a même affirmé lors de son interrogatoire ne pas l'avoir vue clairement, qu'il était loin ! Mis à part qu'elle avait de longs cheveux, ce qui est le cas de toutes les jeunes filles, j'avoue que c'est bien maigre pour reconnaître une personne. Tout cela me semble extravagant, vous ne trouvez pas ? »

Emilio en convint. Mais son intuition lui dictait le contraire. Il n'imaginait pas le Rat lui faire une farce. Il n'avait même pas voulu monnayer son dessin. Il y avait de la sincérité dans sa demande, presque de l'empressement. Comme s'il avait besoin de son aide. Delamare, qui s'attendait à une réponse rapide, insista :

« Et s'il se jouait de vous ? S'il profitait de votre entregent auprès de la police ? Y avez-vous songé ? »

Emilio ne sut que répondre.

« Le mieux eût été que vous les ameniez ici, elle et le Rat.

– Mais elle se cache et lui aussi… Le Châtelet n'est pas à

proprement parler une adresse qu'ils aiment fréquenter ni l'un ni l'autre », répondit Emilio.

L'argument était imparable.

« Suivez-moi. »

Les deux hommes sortirent et croisèrent le lieutenant général qui quittait son bureau pour présider une séance au tribunal de police.

« Monsieur, nous aurions des nouvelles de la jeune femme du quai Marie, la nageuse.

– La nageuse ? répéta La Reynie sous le coup de la surprise. Ça alors et par quel miracle ? Sont-elles bonnes ou mauvaises, ces nouvelles ? s'enquit-il incrédule en fixant Emilio.

– Ce sera à vous d'en juger, monsieur. »

La Reynie les observa en silence un instant puis prévint l'huissier qu'il serait en retard à la séance. Il fit demi-tour et les invita à entrer dans son bureau.

« Je vous écoute. »

Delamare s'effaça, laissant la parole à Emilio.

« Monsieur, j'ai revu le témoin qui était à la morne, le jour de la reconstitution. Vous savez, le Rat.

– Le Rat ? fit La Reynie, surpris de l'annonce.

– Oui. Il a dû me filer et il m'a retrouvé. Il voulait me donner le portrait qu'il a fait de la nageuse, que je viens de transmettre à monsieur le commissaire. Je voulais que vous le sachiez… Enfin… que vous sachiez qu'elle serait vivante.

– Ah ! Parce que maintenant le Rat est devenu peintre ? De mieux en mieux ! »

Delamare lui tendit la feuille de dessin. La Reynie y jeta un bref coup d'œil.

« Poursuivez ! »

Emilio baissa la tête. Il allait encore essuyer un feu de reproches.

« Le Rat m'a juste dit qu'il l'avait vue dans la rue. Elle était en compagnie et elle riait.

– Elle riait ? Je ne comprends pas. Le Rat la rencontre dans la rue en compagnie, et de surcroît en train de rire. Et lui, il lui tire le portrait ? Vous plaisantez ! Une fille qui a sauté dans la Seine pour échapper à son tueur serait aujourd'hui insouciante au point de se promener au vu et au su de tous ? Et nos services ne l'auraient pas repérée, sans compter d'éventuels assassins qui courent encore ? Monsieur Roggiero, tout ceci n'est qu'une farce !

– Monsieur le lieutenant général…

– Suffit ! Vous me faites perdre mon temps.

– Je voudrais vous expliquer, monsieur…

– Oui, expliquez-moi : pourquoi le Rat s'est-il adressé à vous ?

– Justement, monsieur. Si le Rat est venu à moi, c'est qu'il sait quelque chose, et qu'il ne sait pas trop quoi en faire. Je le crois sincère. Bien sûr, ce qu'il raconte pour justifier sa rencontre est invraisemblable mais moi je crois qu'il sait où elle est, et mieux, je crois que sa bande la protège.

– Sa bande ? Quelle bande ? »

Emilio marqua un temps et se mordit les lèvres. Comment donner une réponse convaincante, sans les mettre, lui et le Rat, en danger ?

« Oui, sa bande… Après la séance de reconstitution au Châtelet, nous sommes sortis, Antonin et moi, et le Rat nous a couru après… il voulait apprendre à dessiner. Alors je lui ai donné des papiers et des fusains. C'est là que sa bande l'a rejoint, une dizaine de filles et de garçons en haillons comme lui. Dans les douze à quinze ans je dirais, et une fille incroyablement belle, un peu plus âgée, le crâne rasé et costumée avec des vieux habits d'apparat. Des orphelins qui survivent, vous voyez ? »

La Reynie voyait. Il voyait même très bien.

« C'est elle, nous a-t-il semblé à Antonin et moi, qui était leur chef. C'est elle qui a donné le signal de la fin de l'entretien et tous, le Rat compris, se sont envolés en un clin d'œil, nous plantant là.

– Vous êtes en train de me dire que l'amie, la nageuse, serait avec cette bande ?

– C'est ce que je crois. Elle doit se cacher là où ils se planquent.

– Et votre Rat est venu vous voir parce qu'il voudrait que vous l'aidiez ? C'est cela ?

– C'est ce que j'ai pensé. Et s'il m'a poussé sur une mauvaise piste, c'est qu'il se méfie.

– De qui ?

– Je ne sais pas. De vous, de moi. Peut-être qu'elle a peur de la police ? Je ne saurais dire. Mais pour moi, c'était un appel à l'aide.

– Vous n'en savez pas plus ?

– Non, monsieur. »

La Reynie dévisagea Emilio dont la sincérité était criante. Il interrogea du regard Delamare qui lui fit un signe d'assentiment.

« Admettons qu'elle soit vivante et sur ce point ce serait un soulagement. Je vous remercie, monsieur Roggiero, d'être venu nous en faire part. Et vous, commissaire, il vous faut retrouver le Rat.

– Vous aurez beaucoup de mal, souffla Emilio.

– Monsieur Roggiero, vous dépassez les bornes ! intervint le commissaire en guise d'avertissement.

– Mais vous ne lui ferez aucun mal ? s'inquiéta Emilio.

– Pourquoi voudriez-vous qu'on lui fasse du mal et pourquoi voudriez-vous qu'il se taise puisqu'il demande de l'aide ? rétorqua La Reynie sur un ton aigre. Après tout, il nous dira ce qu'il a vu et peut-être ce que vous n'avez pas su lui demander. Messieurs, merci. »

*

Il s'avéra que ni l'équipe de Delamare ni les autres poursuivants de Clémence ne parvinrent à approcher la jeune femme. Elle était loin. Princesse avait mis son plan à exécution. Elle avait réussi à introduire Clémence dans un lieu dont seul Dieu avait les clefs. Ce matin-là, aux aurores, elle l'avait conduite en dehors de l'enceinte de Paris, au couvent de la Visitation Sainte-Marie, le couvent de son enfance. Elle s'y était méticuleusement préparée en se rendant plusieurs fois sur les lieux. Elle avait été rassurée de voir que, depuis qu'elle s'était enfuie voilà sept ans, rien n'avait vraiment changé. Elle avait contourné la façade principale rue de Lesdiguières pour passer à l'arrière. Le mur d'enceinte n'avait que peu bougé. Il était simplement rehaussé mais le porche côté jardin existait toujours. Elle avait fait ses repérages pour observer les habitudes du monastère, le visage dissimulé sous un châle. Elle avait même reconnu certaines des nonnes, toujours habillées de leurs longues robes, et elle n'avait pas oublié le ballet des coiffes grises qui, après les matines, sortaient par ce jardin. Elle eut le cœur serré en repensant à sa triste enfance, mais elle chassa ces souvenirs : elle était en mission. Soigneusement planquée, elle avait repéré le moment où les sœurs sortaient, toujours aux sept coups des cloches de la chapelle, elle avait évalué l'intervalle de temps entre leurs sorties et leurs retours, leur charrette bourrée de ballots et de sacs de victuailles négociés à bas prix. Ce rituel n'avait pas bougé d'un pouce. Princesse avait décidé d'user du même plan que lors de son évasion, mais en sens inverse. Il suffisait d'être cachée de l'autre côté de la rue sous le porche d'en face et d'attendre leur retour. Les sœurs ouvriraient le lourd portail, avanceraient la charrette dans l'allée du jardin puis elles déchargeraient rapidement un à un les sacs au sol. Princesse avait compté le temps régulièrement sur ses doigts, un, deux, trois, puis mentalement, ça faisait entre cent quatre-vingts et deux cent cinquante secondes, presque trois petites minutes, selon le chargement. Pendant ce laps de temps, le portail restait sans surveillance, les nonnes se contentant d'y jeter un œil et parfois même pas du tout. C'était précisément cet intervalle que Princesse aurait à sa disposition pour faire subrepticement entrer Clémence, pendant que les sœurs affairées ou de dos ne la verraient pas. Elle pourrait immédiatement se cacher dans le buisson à droite du portail, le long du mur. Princesse l'avait fait, Clémence pouvait le faire. Si elle y parvenait, finie la fuite de refuge en refuge pour échapper à ses assassins.

Ce matin-là, le plan de Princesse fonctionna à merveille. Les sœurs étaient tellement prévisibles ! Clémence bondit, et elles n'y virent que du feu. Princesse, qui resta ensuite un très long moment à épier, n'entendit aucun cri, aucun appel. Clémence était sauvée, elle l'avait mise en cage. Hors d'atteinte. Dans les mains de Dieu.

30.

13 juin 1673

Le lieutenant général craignait les urgences du roi. Le pli qu'il venait de recevoir le convoquait à la fin de la matinée et il était déjà neuf heures passées. Il avait quitté le Châtelet sans prévenir personne et avait profité du déplacement pour lire les rapports des commissaires. Selon eux, la jeune fille était introuvable. La police, les mouches, les gueux et mendiants n'avaient rien vu, rien entendu, et plus le temps passait, plus les espoirs s'amenuisaient.

À son arrivée à Versailles, des laquais se précipitèrent pour ouvrir la portière de sa voiture et le conduisirent à l'abri des regards. L'heure est donc grave, se dit La Reynie. On le fit attendre sous les arbres et il vit approcher le roi, encadré par des officiers de la garde, qui s'écartèrent lorsque les deux hommes se saluèrent. Le roi était habillé sobrement d'un habit de couleur fauve et d'un chapeau brodé.

« Monsieur le lieutenant général, je suis très embarrassé et je n'userai pas de détours. J'avais besoin de vos certitudes…

– Vous les aurez, Sire », répondit La Reynie qui pensait que les meurtres des jeunes femmes étaient remontés jusqu'aux oreilles du roi et que cela pouvait lui coûter son poste et ses fonctions. Il prépara sa ligne de défense.

« Je pensais que vous réussiriez dans la mission que je vous avais confiée, mais apparemment vous avez échoué.

– Sire, c'est une enquête extrêmement difficile, où les mystères sont partout. »

Le roi le contempla. Il était dans une colère froide. Il avait machinalement porté sa main droite à la parmenture de son gilet dont il triturait nerveusement les boutons de nacre.

« Je vous avais pourtant prévenu. »

La Reynie marqua un temps. De quoi le roi lui parlait-il ?

« Vous vous étiez même étonné de ma requête. »

La Reynie perdu tenta de gagner du temps.

« Oui, j'étais étonné, c'est vrai… Sire…

– Votre espion soit n'a rien vu et vous a dupé, soit il a tout vu et vous a trompé en changeant de camp, ce qui revient au même, vous en conviendrez ! »

La Reynie soulagé ne le montra point. Le roi l'avait fait mander pour le tableau de Mignard. Mais sa sérénité retrouvée fut de courte durée.

« Monsieur, dit froidement le roi, vous m'avez décrit un tableau et tout Paris parle d'un autre. Pouvez-vous me confirmer le vôtre ?

– Assurément, Sire. La duchesse de La Vallière apparaîtra avec ses deux enfants, mademoiselle de Blois et monsieur le comte de Vermandois, dans un décor à la française qui ne sera pas Versailles.

– Vous en êtes certain ?

– C'est ce que l'apprenti italien de Mignard, mon espion, m'a rapporté.

– Vous maintenez donc qu'on ne verra pas la duchesse en religieuse ? »

La Reynie fronça les sourcils. Emilio Roggiero l'aurait-il dupé ? Mais dans quel but ?

« Je vérifierai, Sire.

– Vérifiez, La Reynie, vérifiez et, de grâce, dites-moi la vérité. »

Le roi était pressé d'en finir mais remarqua que le lieutenant général semblait gagné par l'embarras.

« Autre chose ? »

Il était trop tard pour se dérober.

« Si vous me permettez, Sire…

– Faites… Faites. De grâce, vite.

– Sur une affaire qui touche l'École des langues orientales, m'autoriseriez-vous à en informer monsieur Colbert ? »

Le roi fixa un moment La Reynie.

« L'École des langues orientales, vous m'intriguez ! En ce domaine, personne d'autre que Colbert ne peut en savoir plus. Je suis persuadé qu'il vous aidera, comme il l'a toujours fait pour vous, me semble-t-il.

– Je vous en remercie, Sire.

– Une affaire embarrassante ?

– Aucunement… Majesté, aucunement. J'ignore tout de cette école, c'est pourquoi l'aide de monsieur Colbert…

– … saura vous apporter ses lumières », le coupa le roi.

Le roi fit demi-tour et repartit avec son escorte, oubliant la requête de La Reynie. Sa préoccupation du moment était de savoir qui d'Athénaïs, Colbert ou La Reynie avait raison sur le tableau de Mignard.

*

Gabrielle de Garibal attendait son mari assise dans son canapé. La Reynie entra en traînant des pieds et vint la rejoindre. Il l'embrassa sur le front.

« Voilà un parfum qui me plaît, dit-il en tournant la tête vers l'office.

– Potage froid de bisque d'écrevisse pour vous ouvrir l'appétit. Ensuite un gigot d'agneau en croûte et ses haricots blancs. Vous en raffolerez, j'ai demandé qu'on les cuise avec des tomates fraîches, de l'ail, une feuille de laurier.

– Vous me comblez…

– Je sais que vous traversez une période difficile. En dessert, je vous ai fait préparer une surprise : un sorbet de cerises cueillies au jardin, et les premières fraises qui viennent de Montreuil à la crème fouettée. Le printemps est là, mon ami, mais je ne sais pas si vous avez eu le temps de le remarquer. »

La Reynie accepta en guise d'apéritif un petit verre de genièvre que lui apporta Flandrin.

« C'est vrai qu'il existe des périodes plus fastes que d'autres, mais depuis que je suis entré au Châtelet, j'avoue que les affaires défilent et m'offrent chaque jour leur lot de complications. Que ne donnerais-je pour un moment de répit en Gironde ! Nous irions nous promener au bord de l'estuaire, manger de la lamproie et regarder le soleil se coucher sur l'océan. Notre ami le baron de La Villette a bien de la chance. Parfois la nature et l'air pur me manquent. »

Sa femme le regarda avec tendresse.

« La belle saison arrive et Paris sera plus agréable.

– Gabrielle, je lis dans vos yeux que vous voulez me parler du tableau.

– Justement pas. Mais, je crois que pour vous il y a plus important. Gabriel, j'ai reçu du couvent de la Visitation Sainte-Marie une lettre qui vous est adressée. Elle est urgente. »

Elle se leva et alla chercher sur le guéridon un plateau en argent sur lequel était posée la missive.

La Reynie prit le pli, le décacheta et en chercha la signature. Il parcourut les feuillets. Ses mains se mirent à trembler. Il la relut.

Monsieur le lieutenant général La Reynie,

Je me permets de vous faire suivre ce courrier après confession d'une jeune fille nommée Clémence qui nous a demandé asile. Vous devez comprendre que si ma fonction m'oblige au silence, ma conscience me dicte de vous informer. Cette jeune personne, qui m'a caché son nom de famille, vient de Marseille. Elle se dit menacée de mort. Elle se dit poursuivie par des tueurs qui auraient assassiné certaines de ses amies. Nous l'avons recueillie épuisée, affamée et il m'est impossible aujourd'hui de départager en elle ce qui serait la vérité du mensonge. Elle est avec nous depuis plus d'une semaine maintenant et elle a des accès de terreur alarmants. Nous ne cherchons pas à la juger, notre mission est d'écouter et de pardonner.

Monsieur de La Reynie, si je m'adresse à vous, c'est que nous avons éconduit plusieurs hommes qui la cherchaient, se réclamant de vos services. Ses terreurs à l'idée de se retrouver dans leurs mains m'ont dicté cette lettre. Seule votre présence pourrait la rassurer.

Monsieur le lieutenant général, faites-moi savoir si vous seriez prêt à rencontrer Clémence. En espérant que la présente saura attirer votre attention et sauver une jeune fille des ténèbres.

Votre dévouée Sœur Thérèse,
Mère supérieure des Visitandines
Monastère la Visitation Sainte-Marie

*

La Reynie ne connaissait pas sœur Thérèse, ni le couvent de la Visitation Sainte-Marie, mais, de par sa fonction, il avait ses entrées dans les couvents de Paris. Après une brève recherche dans le registre des églises, cloîtres et monastères qu'il gardait dans son bureau, il localisa la congrégation. Au sud des jardins du Luxembourg, rue d'Enfer, dans la direction de la route d'Orléans. Il apprit ainsi que l'*Ordo Visitationis Beatissimae Mariae Virginis* avait été fondé par François de Sales au début du siècle, que l'ordre était pontifical, et la clôture imposée aux nonnes ou visitandines. Cette jeune fille est bien cachée, se dit-il. Voilà pourquoi les investigations de ses policiers n'avaient pas abouti.

Comment procéder ? Sa charge de lieutenant général ne lui accordait pas les clefs de ces lieux mais ses relations avec l'archevêque étaient bonnes et il pouvait, en cas de refus de visite, lui demander l'autorisation. Mais cela pouvait prendre du temps. Il décida qu'il irait d'abord incognito au monastère de la Visitation Sainte-Marie. En cas de succès, il pourrait mettre Clémence sous sa protection. Quoi qu'il en soit, son commissaire devait être le seul à être dans la confidence. Ce déplacement ne devait pas mettre la jeune femme en danger, et il connaissait trop bien le système pour ne pas craindre d'être suivi.

Il ne changea donc pas ses habitudes et se rendit au Grand Châtelet à la même heure que les autres jours. Il convoqua Delamare dans son bureau et, sous le sceau du secret, lui fit lire la lettre de sœur Thérèse. Delamare l'interrogea sur la suite à y donner. La Reynie ouvrit une armoire et en sortit un habit en velours noir sans ornement et un chapeau de la même couleur. Il choisit une canne à pommeau argenté.

« Quelle est votre stratégie ? demanda Delamare qui observait, interdit, son chef poser les habits sur le fauteuil et ôter sa perruque.

– Je vais me transformer en avocat ou en plaignant boiteux.

– Vous ? Monsieur de La Reynie !

– Votre exclamation m'encourage. Oui, commissaire. Ma nouvelle apparence me protégera de ceux qui me suivent. Jamais ils ne pourront imaginer en me voyant qu'il s'agisse du lieutenant général. Je saurai imiter à la perfection le boiteux, et ce chapeau trop grand sur mon crâne rasé sera du meilleur effet. Trouvez-moi une voiture, la plus boueuse possible, et sans inscription sur les portières. Ah ! j'oubliais. Vous auriez tout aussi bien pu me trouver ce matin en tenue de prélat. J'y avais pensé. Mais voyez-vous, j'ai trop de respect pour la fonction pour la singer. Si vous me le permettez, commissaire, donnez-moi quelques minutes. »

Lorsque Delamare revint, il ne reconnut pas le lieutenant général. La Reynie tourna sur lui-même, déjà ravi de l'effet qu'il allait produire.

« Dites-moi en toute franchise, Delamare, comment me trouvez-vous ?

– Méconnaissable !

– Parfait. »

Les deux hommes s'éclipsèrent par une porte dérobée qu'aucun huissier ne gardait. Ils se retrouvèrent dans le bureau de Delamare d'où ils sortirent le plus naturellement pour descendre dans la cour. Alors le commissaire poussa sans ménagement son supérieur dans une simple voiture noire, sans blason ni fioritures, attelée d'un seul cheval et conduite par une mouche qui serait muette et aveugle, bien entendu.

*

La distance qui séparait le couvent du Châtelet était de trois bonnes lieues. Mais La Reynie allongea la course par précaution. Après être sorti par le grand porche du Châtelet, il mit le cap sur le nord par la rue Saint-Denis et se perdit dans quelques ruelles. Puis il piqua vers le sud en se gardant bien de prendre par le pont au Change, auquel il préféra le pont Notre-Dame. Il franchit le second bras du fleuve par le pont Saint-Michel. De là, la route était simple, il suffisait de prendre la rue de la Harpe jusqu'à la porte Saint-Michel. Aucun véhicule ne l'avait suivi et il passa la frontière de Paris sans encombre. Le paysage s'éclaircit de verdure. L'air sentait bon. Il dépassa les jardins du Luxembourg ; la rue d'Enfer était tracée entre les grands domaines des congrégations religieuses, tous ceints de grilles et de murs bas. Il reconnut l'enclos des Chartreux, les jardins des Carmélites de l'Oratoire et de Port-Royal. Il était tout à sa réflexion sur le rendez-vous qui l'attendait quand la voiture s'arrêta enfin devant un grand portail, fermé d'une lourde double porte en chêne cloutée dotée d'une serrure impressionnante et d'une petite lucarne grillagée, elle-même protégée par un volet en bois sombre. Du corps du bâtiment il ne distingua que le haut du clocher de l'église. Il frappa le vanteau avec le marteau de bronze sculpté en forme de main, qui actionna de l'autre côté une cloche. L'attente fut longue. Il se félicita d'avoir pris soin de faire garer son attelage le long du monastère pour le protéger. Il jeta des regards à gauche et à droite, mais il n'y avait personne dans la rue. Le volet du judas s'ouvrit enfin et deux yeux le fixèrent sans mot dire. Il présenta la lettre de la supérieure. Le judas se referma. La Reynie attendit. Il patienta longtemps sans bouger. Il douta. Que se passait-il en ce moment dans le couvent ? Sœur Thérèse consentirait-elle à le recevoir ? Clémence accepterait-elle de le voir et de lui parler, lui, le chef de la police ?

Enfin le judas s'ouvrit, puis le portail. Il entra en claudiquant, quitta son chapeau qui glissait sur son crâne rasé. La religieuse l'observa et sans un mot le guida vers une pièce voûtée, sans fenêtre. En entrant il remarqua qu'une cloison obstruait la salle en son centre, avec en son milieu une fenêtre grillagée permettant de voir le visage de l'interlocuteur. La porte du fond grinça : une femme d'un certain âge en robe grise, cornette empesée et voile gris pressait une toute jeune femme en habit de nonne simple, sans crucifix sur la poitrine. La Reynie, debout, la canne à la main, les laissa s'approcher.

« Monsieur de La Reynie, je suis sœur Thérèse, la mère supérieure de ce couvent.

– Mère Thérèse, je vous suis infiniment reconnaissant. »

Elle plissa les yeux.

« Vous excuserez mon accoutrement qui n'a pour but que de n'être point suivi et d'accorder toute la sécurité nécessaire à Clémence. Personne n'est au courant de cette visite, ni au Grand Châtelet ni dans les autres ministères.

– Monsieur le lieutenant général, c'est moi qui suis votre dévouée. »

Elle avait une soixantaine d'années, un visage à peine ridé, des yeux bleus perçants et il remarqua que ses mains tremblaient.

« Clémence accepte de vous parler, mais à deux conditions.

– Que j'accepte, sans que vous les formuliez. »

La supérieure esquissa un sourire.

« Mais que vous entendrez tout de même. Clémence souhaite, *primo* que j'assiste à l'entretien, *secundo* qu'elle reste ici, sous ma protection, le temps de l'enquête.

– C'est accordé, j'allais vous le proposer. Elle ne peut être en sécurité qu'auprès de vous.

– Alors nous vous écoutons. »

La Reynie déplaça le tabouret qu'il orienta face à la jeune

femme qui, déjà assise, leva la tête vers lui. La supérieure resta en retrait.

« Votre prénom est Clémence, n'est-ce pas ?

– Je m'appelle Clémence Kloyan. »

La Reynie sortit d'une poche de son habit une série de dessins d'Emilio Roggiero.

« Si vous me le permettez, je vais vous montrer un par un des croquis réalisés par un peintre à la morne du Grand Châtelet de jeunes filles que nous avons retrouvées assassinées ces deux derniers mois. Je vais vous demander de vous concentrer et de me dire si ces portraits vous suggèrent des amies ou s'ils vous sont inconnus. Ce sont des dessins, n'est-ce pas, donc je vous demande de bien observer les caractéristiques qui vous permettent d'être certaine de vos réponses. Cette jeune fille a été retrouvée rue du Perche. Dans la chronologie de notre enquête, c'est la toute première que nous avons découverte. »

Clémence se leva et se rapprocha du portrait que La Reynie plaça le plus adroitement possible devant la fenêtre. Elle prit un temps avant de répondre :

« Elle, c'est Camille, Camille Venault.

– À quoi la reconnaissez-vous ?

– À la forme de son visage, à l'expression de ses yeux, à leur aspect aussi, légèrement bridés. Et puis à sa bouche, sa lèvre inférieure charnue. Vous avez vu ici, c'est un grain de beauté sur la pommette. Je le reconnais. Elle a des fossettes sur les joues qu'on voit bien quand elle rit, mais là elles n'y sont plus.

– Probablement à cause de la rigidité cadavérique. Vous êtes donc formelle ? »

Clémence acquiesça lentement de la tête, pensive. La Reynie lui présenta le deuxième dessin.

« Oh non, elle aussi ? Elle, c'est Louise… Louise Brugier. Je suis catégorique. Ses cheveux frisés sur le front, un ovale parfait et un petit nez en trompette. Elle était si belle… c'est elle ! Je n'arrive pas à bien voir sur le dessin, mais elle est brune ? N'est-ce pas ? Et les yeux verts ? »

Des larmes commencèrent à perler et la voix de Clémence se brisa. La Reynie lui montra tour à tour trois autres dessins de la reconstitution de la scène de crime sur les quais. Clémence éclata en sanglots et plaqua ses mains sur son visage.

« Je sais que c'est difficile… mais j'ai besoin de vous.

– Bien sûr que je la reconnais, dit-elle entre deux hoquets, et je me reconnais, moi, quand je cours vers elle. Et puis les quais, la silhouette du tueur qui m'a poursuivie pour m'assassiner… C'est mon amie. Mimi Douguet.

– Vous les connaissiez toutes, n'est-ce pas ?

– Oui, monsieur.

– Nous n'ignorons pas que vous venez toutes de Marseille et de la région.

– Oui… »

Clémence sécha ses larmes et regarda La Reynie. Elle était perplexe, étonnée qu'il en sût bien plus qu'elle ne l'avait pensé.

« Et si nos renseignements sont exacts, vous avez toutes exercé la même profession ?

– Vous êtes bien informé, monsieur.

– Hélas, beaucoup moins que vous ne le supposez, mais j'espère que, grâce à vous, ces mystères se dissiperont. »

À cette évocation, Clémence se mit à frissonner.

« Ne vous inquiétez pas, je suis là pour vous protéger, dit La Reynie qui sentait la peur envahir la jeune femme. Permettez-moi de poursuivre. Très jeune, vous avez suivi une longue formation à Marseille et plus tard avec les capucins à Smyrne et à Constantinople. Je me trompe ?

– Aucunement.

– Et quelles langues pratiquez-vous aujourd'hui ?

– Le turc, l'arabe, l'anglais, le hollandais et parfois l'espagnol. L'anglais, c'est mon père qui m'a initiée. Comme l'espagnol. Il travaillait au port.

– Parlez-moi de votre travail lorsque vous partiez en mission. Vous étiez interprète et traduisiez pour la gloire et la richesse de notre marine, n'est-ce pas ?

– C'était notre mission… mais ce n'était pas la seule. »

La Reynie vit un abîme s'ouvrir devant lui. Il allait entendre ce qui le condamnait à se rendre à Versailles, risquer la fin de l'enquête et peut-être celle de ses fonctions.

« J'ai un peu de mal à comprendre. Vous aviez les qualités de drogman, c'est bien ainsi qu'on vous appelle ? Et vous n'exerciez pas uniquement cette fonction, est-ce bien ce que vous dites ? »

Clémence comprit où voulait en venir le lieutenant général. Elle réfléchit un moment. Elle était sous le sceau du silence mais que perdait-elle à briser son serment alors qu'elle venait d'apprendre que deux autres de ses amies drogmans avaient été assassinées ? Elle parlerait. Elle parlerait pour elles. La Reynie attendit sa réponse qui tarda. Il décida de la lui reposer plus tard.

« Vous avez pris plusieurs fois la mer vers Constantinople. Expliquez-moi ce prodige : comment avez-vous fait pour vivre sur un bateau où il n'y a que des hommes ? »

Clémence sourit à cette question.

« Eh bien, j'étais costumée en homme, en haut-de-chausses, bottes et veston de marin. Pendant toute la traversée, j'ai logé dans le carré du commandant et j'avais deux vigiles pour ma sécurité. Ils étaient les seuls à être dans le secret. Jamais je n'ai eu à souffrir d'être découverte. Mais même là, je travaillais. J'écoutais ce qui se disait. Les marins ne demandaient qu'à se vanter, à parler, à raconter des histoires vraies ou fausses. J'y ai appris beaucoup de choses. C'était du renseignement. Jamais je n'ai été en contact avec la cale, les rameurs, les esclaves.

– Sur place à Constantinople, quelle était votre mission, officieuse à ce que j'ai cru comprendre ?

– Nous arrivions comme femmes de diplomates ou d'officiers… Nous étions jolies, et nous jouions les sottes de la haute société. Notre candeur était d'autant plus irrésistible que nous ne parlions que français, feignions de ne rien comprendre d'autre et nous nous faisions traduire ce qui se disait en turc, en arabe, en hollandais et en anglais dans les conversations de salon, ce qui nous a beaucoup amusées, tant leurs mensonges étaient à la limite de la caricature. Dans les salons, on nous a toujours pensées incapables de comprendre une langue étrangère… C'est cette ignorance qui favorisait notre mission.

– Qui est… ?

– Le renseignement, monsieur, et vous l'avez déjà compris. Nous étions des espionnes… des espionnes au service du royaume… du roi. Pour sa gloire, pour sa richesse, ainsi que vous l'avez dit !

– Donc vous écoutiez, et vous répétiez. À qui ? À des officiers pour le compte du royaume, à l'ambassadeur ?

– Non. À nos officiers référents. Nous avions des officiers spéciaux qui ne travaillaient pas pour le compte de l'ambassade. Ils nous avaient ordonné, entre autres, de lancer des rumeurs, ils nous disaient lesquelles. Nous devions nouer des relations avec des Hollandais, des Anglais ou des Espagnols et récolter des informations.

– Les informations que vous récoltiez et les fausses rumeurs vous permettaient de manipuler les acteurs pour favoriser les tractations commerciales entre les Turcs et le royaume de France, au détriment de la Hollande, de l'Espagne et l'Angleterre, c'est bien cela ?

– Oui. C'est cela.

– Vous aviez donc un rôle majeur, exigeant de vous intelligence et un sens aigu des stratégies et des comportements de personnes de culture étrangère. Permettez-moi de vous avouer que je suis très impressionné. Vous arrivait-il d'être au courant d'éléments plus sensibles, plus politiques, concernant par exemple la guerre de Hollande ? »

Clémence marqua un temps. Dans le silence qui suivit, La Reynie entendit le léger toussotement de sœur Thérèse. Il était allé trop loin. Clémence ne pouvait pas répondre à cette question. Il se racla la gorge et contourna la difficulté.

« Que s'est-il passé ensuite ? Pourquoi êtes-vous retournée en France et pourquoi vos amies ont-elles été poursuivies et atrocement assassinées ici, à Paris ?

– Monsieur le lieutenant général, un jour nous avons été découvertes. »

Et Clémence fondit en larmes. Sœur Thérèse se leva et lui donna un mouchoir en linon. Elle implora des yeux La Reynie qui attendit que la jeune femme reprenne son souffle.

« Clémence est encore très faible… »

Elle fut interrompue par sa protégée qui reprit son récit.

« J'ai honte de vous avouer cela, mais tout est de ma faute. »

La Reynie, consterné pour elle, la contempla et respecta son trouble. Il ne voulait pas la questionner, la brusquer.

« Lors d'un dîner officiel à l'ambassade, raconta-t-elle enfin, avec des sanglots dans la voix, j'ai fait la rencontre d'un jeune capitaine… et nous nous sommes épris l'un de l'autre. En réalité, c'était bien plus que cela. Une passion brûlante qui nous a submergés, ajouta-t-elle comme pour elle, si bas que sans doute sœur Thérèse ne put entendre. Il appartenait au corps de la marine hollandaise et il était hollandais, poursuivit-elle à mi-voix, les yeux baissés. Il ne parlait pas français, nous nous sommes donc parlé dans sa langue. Nous nous aimions et j'ai baissé la garde. J'ai dû sans m'en rendre compte commettre des indiscrétions, dit-elle dans un hoquet. Je l'ai réalisé trop tard, en le surprenant parler français à un homme lors d'une réception. J'ai immédiatement compris que c'était un espion et qu'il m'avait manipulée. »

Elle se remit à pleurer de plus belle. Puis elle se calma, sa voix se fit plus dure. Comme pour chasser la honte qu'elle devait ressentir.

« Notre liaison n'avait duré que quelques semaines mais, à travers moi, il a pu espionner tout notre groupe, jusqu'à quel point, j'osais à peine y penser. J'ai pris quelque distance en espérant qu'il ne m'avait pas vue le surprendre avec l'homme en question. Mais c'était trop tard. Nous avons été démasquées tout de suite. Comment et par qui, je ne sais pas. J'ai été convoquée par l'ambassadeur et nos référents, cela a été terrible. Vous comprenez, c'est une faute d'une extrême gravité, qui dans ses conséquences constitue une trahison. Je ne me le pardonnerai jamais. »

À cette évocation, elle baissa la tête. La Reynie prit un temps.

« Tout a basculé à partir de ce moment ?

– Oh oui, très vite. Dès le surlendemain, on a retrouvé Clarisse Marthon assassinée. Ils l'avaient attachée par des cordages à la proue du navire hollandais de mon… »

Elle ne put terminer sa phrase.

« Clémence, je sais que c'est un supplice pour vous, mais répondez-moi. Avait-elle la bouche cousue ?

– C'était horrible…Oui. Elle était défigurée, mutilée… Il y avait du sang qui avait coulé à flots sur elle et qui s'était coagulé. Des centaines de personnes l'ont vue ainsi sur le quai. C'était insupportable pour nous. Et elle est restée là jusqu'à ce que le vaisseau reparte et l'engloutisse… »

La Reynie eut un sursaut.

« L'ambassade ne l'a pas décrochée ? s'offusqua-t-il.

– Le faire aurait été un aveu. Nous avons été regroupées sur-le-champ, transférées et cachées dans un fort, sous haute surveillance en attendant l'appareillage en urgence d'un vaisseau pour Marseille. Ensuite cela a été un long voyage vers Paris.

– Qui sont ces *Ils* auxquels vous avez fait allusion tout à l'heure qui auraient commis ce meurtre ?

– Je ne sais pas. Des Hollandais, des Français, je ne sais pas.

– Pourquoi ne pas être restées à Marseille ?... Vous auriez pu y être davantage en sécurité ?

– Nous autres drogmans, nous n'avons aucun pouvoir, je vous l'ai déjà dit. Nous avons obéi aux ordres, et nous nous sommes retrouvées à Paris... Sans doute pour être protégées... Si ce sont les Hollandais qui sont responsables du meurtre de Clarisse, et qui veulent aujourd'hui nous tuer, c'étaient des représailles. Ils ont dû découvrir l'existence à Marseille d'une école qui forme des drogmans espionnes... Je ne sais pas... je ne sais pas. »

La Reynie baissa la tête à son tour. Clémence n'avait pas tort et ses aveux prenaient une direction qui l'inquiétait fortement. Son ami le baron de La Villette avait vu juste. Ces jeunes femmes, formées pour être drogmans, avaient été dressées pour être en priorité des espionnes, avec tous les risques que comportait ce statut.

« Pouvez-vous nous parler de ce qui s'est passé à Paris ? »

Clémence se sentit soulagée. Ce monastère avait été propice à des aveux qui ressemblaient à une confession. Les questions du lieutenant général de police l'avaient délivrée de sa peur, de sa culpabilité. Elle se leva pour se dégourdir les jambes.

« Nous étions surveillées mais pas prisonnières... Nous avions l'autorisation de sortir certains jours et à certaines heures.

Toujours avec une surveillance discrète. Il faut savoir aussi que nos immeubles étaient surveillés jour et nuit par des gardes qui se relayaient.

– Est-ce que vous connaissez l'identité de vos protecteurs ?

– Non, ce n'étaient jamais les mêmes. »

La Reynie était impatient. Une question lui brûlait les lèvres.

« Mais vous leur faussiez compagnie, n'est-ce pas ? »

Clémence embarrassée baissa la voix.

« La captivité dans nos chambres était très difficile à supporter. Nous n'avions rien à faire. On nous apportait nos repas. L'ennui m'a gagnée. Un jour, j'ai supplié l'un de nos gardes de nous ménager une petite promenade, Mimi et moi, en sa présence. J'ai tellement insisté qu'il a fini par accepter. Nous nous sommes revues une petite demi-heure aux Tuileries. Nous parlions en turc à voix basse, pour ne pas éveiller sa méfiance, et sommes convenues d'un code. Nous tromperions la vigilance de nos gardiens et nous retrouverions une fois par semaine en changeant chaque fois de lieu. Nous voulions être libres, découvrir Paris, nous retrouver. Nous ne pensions plus être en danger si loin de Constantinople. »

La Reynie se leva à son tour. Il pressentait que l'interrogatoire touchait à sa fin.

« Peut-être qu'on vous cachait pour que vous ne parliez pas ou que l'on ne vous reconnaisse pas. »

Clémence pâlit.

« Vous voulez dire que c'est notre imprudence qui nous a coûté la vie ?

– Je pense que non, Clémence ! Ceux qui vous poursuivent seraient finalement arrivés à leurs fins. Ils vous pistent depuis votre retour à Paris. Ils auraient déjoué vos gardes, les auraient sans doute même tués et seraient parvenus jusqu'à vous. C'est ce qui s'est passé pour votre amie Camille que nous avons découverte assassinée chez elle. Croyez-moi, c'était une question de quelques jours tout au plus, d'heures peut-être. Votre chance, si vous me le permettez, c'est que vous ayez été deux lors de votre escapade sur les quais et que, juste après le meurtre de votre amie, vous ayez pu leur échapper en sautant dans la Seine. Ils vous avaient suivies. Ils savaient où vous habitiez. »

Clémence, interdite, ne répondit pas. Elle n'avait pas imaginé cette possibilité. Elle n'avait pas imaginé qu'elle était en danger à ce point.

« Clémence, je vous promets que ce cauchemar va prendre fin. Vous êtes éprouvée et nous allons clore ce premier entretien mais j'ai une ultime question importante à vous poser. Y avait-il d'autres jeunes filles drogmans dans votre groupe, qui auraient pu arriver en France par un autre bateau et qui seraient toujours en danger ?

– Non, monsieur. Lors de cette dernière mission, nous n'étions que cinq et, après la mort de Clarisse, nous sommes toutes reparties ensemble. Il y a peut-être d'autres drogmans sur place, sans que nous l'ayons su, mais ce seraient des hommes. À ma connaissance nous n'étions que cinq femmes. »

La Reynie eut un soupir de soulagement. En ce cas, les meurtres en série étaient terminés. Sœur Thérèse toussota. Elle s'était approchée et avait posé une main sur l'épaule de sa protégée. L'entretien s'achevait. Il fit un signe d'acquiescement.

« Clémence, je vous remercie pour votre confiance. Pour l'instant, vous êtes en sécurité ici. Je vous informerai de l'avancée du dossier, je vous en donne ma parole. Si vous avez des questions, des désirs, parlez-en à votre supérieure, sœur Thérèse, qui m'écrira directement chez moi comme elle l'a fait la première fois. »

Il se tourna vers la religieuse et s'inclina.

« Ma mère, je vous remercie du fond du cœur, et au nom du royaume, d'avoir accueilli et sauvé Clémence. Je vous suis reconnaissant et je suis votre obligé. »

Il prit congé.

Quelle avait été la nature des confidences de Clémence au jeune capitaine hollandais ? Cette question lui avait brûlé les lèvres mais il ne s'était pas autorisé à la lui poser pour cette première rencontre.

31.

16 juin 1673

Colbert avait choisi le lieu, La Reynie avait choisi l'horaire : huit heures du matin non loin du château de Saint-Germain. Le lieutenant général, qui avait travaillé fort tard, était resté à son hôtel de Mouy. Son exempt vint le chercher à cinq heures et lui remit sous double pli une lettre du baron de La Villette que Gabrielle avait reçu la veille.

Il décacheta promptement le pli.

Mon cher ami,

J'ai pris la liberté de faire porter personnellement à votre épouse cette lettre double-cachetée. Vous conviendrez que je me méfie de Louvois et de son service postal ainsi que de tous ceux qui de loin ou de près nous surveillent.

Après notre entretien, je me suis permis d'enquêter sur la compagnie du Levant : il me faut vous avouer, sans retenue, que cette compagnie va mal, je me permets même de dire, très mal. Malgré ses efforts et son intelligence souvent visionnaire, Colbert va sur ce point de défaites en défaites. Voilà ce dont il retourne. Dans les consulats d'un certain nombre de grandes villes consulaires du Levant, il règne une désorganisation incompréhensible et affligeante. Permettez-moi de vous confier qu'ils sont aux mains d'incapables. Il faut à cela ajouter la difficulté des relations entre les ports francs comme Marseille et le royaume : les ordres venus d'en haut ne sont pas toujours pris au pied de la lettre. J'ai lu un certain nombre de rapports émanant de monsieur Arnoul, l'intendant des galères de Marseille, qui se plaint de fermiers et de banqueroutiers plus habiles à servir leurs propres intérêts que ceux du royaume. À Constantinople, Alger, Gênes et Livourne, et même au Caire, nous devons admettre que nous sommes sévèrement concurrencés voire battus par les Hollandais. Nos efforts n'ont pas été couronnés des succès escomptés. Colbert est en train de comprendre qu'il peut perdre sa guerre, je parle de la guerre du commerce, celle qui ne s'arrête jamais. Vous saisissez mieux maintenant le rôle très exposé joué, en plein conflit avec la Hollande, par ces jeunes femmes drogmans dont vous m'avez parlé. Leur présence dans les ports est pour nos ennemis une provocation, un acte délibéré de guerre. Elles sont le bras armé du royaume de France, des soldats sans uniforme, usant de séduction pour parvenir à leurs fins, donc des adversaires à abattre. Tous les coups étant permis, il me semble, comme nous l'avions évoqué, que la signature des bouches cousues est directement adressée à Colbert. Pour moi, la spectaculaire et cruelle mise en scène des tortures infligées à ces femmes est à la hauteur de l'avertissement qui lui est envoyé.

Mon cher ami, Colbert sait, même s'il tente de vous faire croire le contraire. Et je vous avertis qu'il faut s'attendre à sa colère. Il voudra y mettre bon ordre, il ripostera et obtiendra l'assentiment du roi. Soyez assuré que je n'ignore pas que toute défaite de Colbert ferait le bonheur de ses rivaux, ceux-là français. Mais je tairai leurs noms.

Je vous transmets mes salutations les plus dévouées et respectueuses, ainsi qu'à votre charmante épouse qui j'espère me pardonnera ma prudence de lui avoir fait parvenir en main propre la présente. L'âge et mes fonctions m'ont enseigné qu'en la matière, prudents nous ne le sommes jamais assez.

*

Quand La Reynie arriva, Colbert était déjà sur les lieux. Il avait attendu dans son carrosse noir en parcourant une liasse de feuillets qu'il destinait au roi. Il les glissa sous un coussin quand il entendit le galop qu'il espérait. Cette rencontre dans un endroit protégé par l'épaisseur de la brume et le silence de la forêt ressemblait à un duel. Colbert s'enveloppa dans sa cape et vint à la rencontre de La Reynie. Le lieutenant général, tout de gris vêtu, s'excusa pour son retard et toussa. La fraîcheur du matin, aggravée par l'humidité de la forêt et de la brume, ne lui réussissait pas.

« Marchons ! » ordonna Colbert, mieux équipé pour la circonstance.

La Reynie hocha la tête, persuadé que le mouvement pourrait le réchauffer. Des corbeaux se réveillaient et agitaient la cime des arbres. Au loin, un chien aboya, repris en écho par deux autres.

« Avant votre arrivée, j'ai entendu un coq. C'est lui qui a donné le signal. La brume a obéi et a commencé à se dissiper. La nature est mieux ordonnée et plus simple que les hommes.

– J'ignorais votre amour pour la nature et les animaux. »

Ils levèrent tous deux la tête vers les arbres. Ce bref échange de quelques mots de politesse était suffisant. Ils n'en étaient plus là, ils s'estimaient trop pour interpréter la comédie des convenances.

Colbert reprit ses courtes enjambées.

« Le roi m'a informé de votre requête et votre approche m'a surpris. Pourquoi avoir dérangé Sa Majesté alors qu'entre vous et moi, il existe une proximité qui peut vous éviter des protocoles ?

– J'apprécie au plus haut point votre chaleur à mon égard, mais c'est une affaire préoccupante pour nos services que le roi ne pouvait ignorer.

– Et, sur cette affaire, vous souhaitez entendre mon avis ?

– Votre avis me sera des plus précieux. Croyez-le bien.

– Voilà une confiance qui me plaît. Espérons que ce sujet préoccupant ne le soit plus après votre visite.

– Je l'espère, monsieur. Le roi a insisté pour que vous m'offriez vos lumières. Comment refuser un conseil de Sa Majesté ?

– En effet… et quel rôle me prêtez-vous dans cette affaire ?

– Sans nul doute, aucun. »

Colbert s'arrêta et se tourna vers le lieutenant général.

« Vous êtes donc venu me voir pour me parler d'une affaire où je ne suis nulle part ? C'est bien cela ? »

Le brouillard s'estompait. Des corbeaux quittèrent la cime des arbres et survolèrent les deux carrosses.

« Moi, je vais vous dire pourquoi vous êtes ici. »

La Reynie ne s'attendait pas à cette déclaration. Pas aussi vite. Qui avait pu le renseigner ? Le roi ?

« Vous êtes venu m'entretenir du tableau de la duchesse de La Vallière. Je ne me trompe pas ? Le tableau dont tout le monde parle sans en rien savoir ! »

La Reynie apprécia la diversion. Colbert l'avait habitué à l'art de gagner du temps pour sonder son adversaire.

« Rien de cela, monsieur Colbert, même si ce que vous me dites me préoccupe également.

– Vous pouvez l'être car le roi s'en agace. Il semblerait que trop de rumeurs se répandent dans les salons et qu'on y entende le meilleur et son contraire. J'espère lui répondre bientôt sur ce sujet. La duchesse de La Vallière aime les secrets. Laissons-lui ce privilège, ce sera son dernier.

– En vérité, je suis ici pour vous entretenir d'une affaire qui ne concerne que vous et moi et qui pourrait épargner au royaume des rumeurs plus embarrassantes que le tableau de Mignard. »

Colbert s'appuya sur sa canne. La rosée avait trempé ses souliers à boucles d'argent.

« Pour vous exprimer en ces termes, monsieur le lieutenant général de police, il vous faut un dossier que vos mains semblent avoir oublié.

– Non, monsieur Colbert, car il n'existe pas de pages vous concernant et il ne saurait y en avoir.

– Ce détail ne peut que nous rapprocher. De quoi allons-nous discourir qui exige mes lumières ?

– Je voulais vous entretenir de la grande idée que vous avez eue. »

Colbert apprécia l'approche, la stratégie de la flatterie s'avérant souvent efficace pour aborder l'assaut. Il ne regretta pas d'avoir remarqué cet homme pour en faire le premier policier de France.

« Sans vanité aucune, il faudrait que vous me précisiez laquelle car j'espère pour le royaume en avoir conçu plusieurs. »

Ce fut au tour de La Reynie d'apprécier la répartie. Il continua sans ciller.

« L'une d'elles m'a particulièrement intéressé.

– Soit, ce préambule passé, venons-en au fait, monsieur le lieutenant général. Faites vite. Le temps n'est pas notre allié.

– Je voudrais vous entretenir de votre école de drogmans… à Constantinople et à Smyrne… »

Colbert ne laissa rien paraître.

« Et cette école vous préoccupe ? Vous seriez bien le seul !

– Un détail m'a surpris.

– Mon Dieu, lequel ?

– Je la croyais réservée aux jeunes garçons et non aux jeunes filles. Un mauvais renseignement sans doute ? »

Colbert bifurqua pour s'orienter vers une gloriette sans verdure. Il avait fait disposer deux fauteuils ainsi que des couvertures et le cocher qui revenait vers eux avait apporté un plateau sur lequel trônait un service en argent. Le lieu ainsi aménagé avec son rituel fit comprendre au policier ce qu'il ignorait, à savoir que le ministre y avait ses habitudes. Sans doute Colbert, comme le roi, avait horreur d'être enfermé, ou bien il se méfiait de Versailles.

« Je confirme que nos amis capucins se chargent de leur éducation et que, depuis qu'ils existent, les drogmans permettent au royaume de répondre avec justesse aux propositions qui lui sont faites. Vous connaissez ma passion pour le commerce et mon entêtement à croire que la richesse de la France s'accomplira par-delà les horizons. Je suis un terrien qui croit au grand large », assura Colbert tout en fixant son interlocuteur.

Cet instant lui plaisait. Il menait la discussion et faisait en même temps son propre éloge.

« Et je suppose que l'un de vos amis vous a révélé comment cette idée a germé dans mon esprit ?

– Je confesse ne pas avoir su rencontrer cette personne », soupira La Reynie, optant pour la stratégie de l'humilité.

Les deux hommes arrivaient à la gloriette. La Reynie s'effaça devant Colbert et ils s'installèrent l'un en face de l'autre. Le cocher revint avec un pot brûlant de café dont les vapeurs embaumèrent immédiatement le lieu.

« Cet endroit est charmant et a pour vertu d'être discret et reposant pour les jambes, dit Colbert qui se couvrit les épaules de sa couverture. Je vous sers, monsieur ? Voyez-vous, je me méfie aussi des serviteurs. On ne sait jamais trop à qui ils appartiennent. Bien ! dit-il, changeant de ton et regardant La Reynie droit dans les yeux. Je vais vous raconter, puisque vous êtes venu chercher mes lumières si loin de la capitale. Après enquête auprès des capitaines de navires, des marchands et autres commerçants, je me suis aperçu que si nous étions devancés par les Anglais et les Hollandais c'est que nous n'avions pas de traducteurs et que ceux qui nous étaient proposés étaient manipulés, si bien que nos transactions étaient faussées et notre commerce pitoyable.

– La logique de votre raisonnement ne pouvait donc que créer cette école de traducteurs, compléta La Reynie en acceptant la tasse de café que Colbert lui tendait.

– Pour moi, voyez-vous, le commerce est une autre façon de pratiquer la guerre. Sa Majesté me fait l'honneur de partager ce point de vue. Mais cette idée, pour être honnête, je ne l'ai pas inventée. Pas d'avantage que les Anglais et les Hollandais. C'est une idée qui a traversé et survécu à tous les siècles. Si la fureur des armes naît et disparaît, la guerre des marchandises, elle, ne s'arrête jamais. Vous ne pouvez que m'approuver, vous qui avez connu un port comme Bordeaux. »

La Reynie ne répondit pas. Colbert interpréta son silence comme un acquiescement. Mais le lieutenant général replaça l'entretien là où il l'avait commencé.

« Monsieur, je vous approuve en tout. Mais je voudrais évoquer une suite d'événements tragiques qui ont foudroyé quatre jeunes filles issues de votre école. Trois jeunes filles assassinées à Paris, dont nous avons découvert qu'elles étaient toutes drogmans à Constantinople, puis nous avons appris que la toute première avait été assassinée à Constantinople. Soit quatre meurtres.

– Et vous avez traversé Paris et parcouru tout ce chemin pour m'annoncer cela ? Une banale affaire de mœurs ! »

La Reynie, qui avait envisagé toutes les réponses sauf celle-ci, se redressa.

« Une banale affaire de mœurs, dites-vous ? N'est-ce pas un peu court ? Il me semblait que cette nouvelle puisse sinon vous inquiéter, au moins vous surprendre. Ces quatre jeunes filles étaient à votre service et issues de votre école…

– Si vos questions concernent ces événements, je crains que mes lumières ne vous soient d'aucun secours. Il va de soi que je ne peux que regretter ces malheureux incidents dont vous venez de me faire part. Mais vous comprendrez que je n'ai guère le loisir ni le temps de fréquenter les élèves et je ne sais rien sur eux. Vous semblez déçu, monsieur le lieutenant général. Qu'avez-vous pensé ?

– Monsieur Colbert, je pense que ces jeunes filles participaient à la grandeur du royaume.

– À la bonne heure… mais éclairez-moi. Comment savez-vous que ces jeunes filles avaient suivi des études de drogman ?

– La similitude. Le premier meurtre s'est déroulé à Constantinople puis les jeunes filles assassinées à Paris ont toutes péri selon le même mode opératoire. Frappées à la nuque au sabre court. Mais le plus troublant, monsieur, c'est que toutes les quatre ont eu la bouche cousue, *post mortem*. Difficile de conclure à une banale affaire de mœurs. Ce sont des meurtres en série, savamment orchestrés, lança d'un trait La Reynie.

– Certes, mais ne croyez-vous pas que dans cette affaire, monsieur le lieutenant général, à ce stade de votre enquête, vous vous soyez précipité vers moi avec plus de questions que de preuves ?

Je suis hélas désolé de vous dire qu'en pareille situation, je ne peux vous éclairer. Je ne sais rien sur ces jeunes filles et votre interprétation des bouches cousues, si pertinente soit-elle, ne constitue pas une preuve.

– C'est justement la raison de ma venue, monsieur Colbert. Il y a dans Paris des tueurs qui les ont reconnues, suivies et exécutées. Si ces jeunes filles ne possédaient pas de points communs, j'aurais confié cette enquête à mes commissaires enquêteurs, experts en affaires de mœurs. Mais j'ai dû me rendre à l'évidence : ceux qui les ont tuées obéissent à des ordres que je qualifierais, si vous me le permettez, de militaires. »

L'ombre d'un sourire apparut sur les lèvres de Colbert. C'était le premier de leur entretien. La Reynie venait-il de commettre une erreur, ou était-ce une stratégie de déstabilisation ? Il attendit.

« Militaire, dites-vous ? Quel grand mot ! Qu'est-ce qui vous encourage à penser cela ? »

Ce fut au tour de La Reynie de sourire intérieurement. Colbert s'était laissé ferrer.

« L'identification de ces jeunes filles et leur agenda. Cinq jeunes femmes ont été précipitamment conduites de Marseille à Paris juste après leur retour de Constantinople, puis cachées dans la capitale. Pour que le royaume les protège, il faut des hommes aguerris, pour que les tueurs les retrouvent, il faut des complicités, des réseaux.

– Monsieur le lieutenant général, je vous ai reçu car, vous et moi, nous nous efforçons de donner satisfaction à Sa Majesté.

– Et parce que nous partageons sur la police et la justice les mêmes convictions. »

Colbert se servit une tasse de café. Par cette diversion, il se donnait le temps d'envisager un tableau plus large de la situation.

« Le roi sait-il quelque chose de cette affaire et de vos hypothèses ?

– Non, bien évidemment non ! J'attendais notre entretien pour lui en faire part… C'était du reste la raison de mon empressement à vous rencontrer. L'idée que des tueurs en série agissent à Paris en toute impunité et assassinent, en l'occurrence des jeunes femmes au service de l'État, ne serait pas forcément pour lui plaire. »

C'était bien joué. Colbert se leva pour se dégourdir les jambes. Il avait soudain froid. Il resta de dos pour répondre.

« Je ne suis pas certain que Sa Majesté se passionne pour cette affaire.

– Vous ne vous opposez donc pas à ce que je lui en parle ? »

Colbert se gratta la joue. Ce La Reynie avait été très habile et moins docile que prévu.

« En ce qui me concerne, non. *Militaire*, avez-vous dit… Alors, il ne vous a donc pas échappé, monsieur le lieutenant général, que je ne suis pas le ministre des Armées et qu'en conséquence, il n'est pas de mon ressort de mener la guerre de Hollande.

– Je l'avais remarqué, monsieur le ministre », répondit La Reynie, fort surpris d'un tel aveu.

Colbert vit la faute impardonnable que venait de commettre La Reynie. Il lui offrait la brèche qui l'engloutirait.

« C'est bien vous, n'est-ce pas, qui me parlez de guerre, d'hommes aguerris et de réseaux… Un vocabulaire qui ne correspond ni à mes fonctions ni à mes responsabilités, vous en conviendrez…

– Vous me conseillez donc de rendre visite à monsieur Louvois ?

– Je ne doute pas qu'il aura plaisir à vous recevoir, même si nos rapports ne sont pas des plus chaleureux. »

La Reynie sut qu'il venait de perdre. L'entretien était arrivé à son terme et il n'avait plus qu'un désir, rejoindre son carrosse.

« Je vous accompagne, monsieur de La Reynie et de grâce, éclairez-moi ! Dites-moi le fond de votre pensée. »

La Reynie se plia à sa demande. Pour le bien de l'enquête il était stratégique que Colbert sût que son service en savait bien plus que ce qu'il allait lui confier.

« Selon moi, *vos* jeunes filles ont fait *œuvre de guerre* auprès des Hollandais qui se sont vengés. Elles n'étaient pas uniquement traductrices. Elles ont suivi le cursus de drogman pour être également des espionnes. Et c'est à ce titre qu'elles ont été assassinées.

– Si vous dites vrai, monsieur, nous saurons répondre aux Hollandais.

– Auquel cas, ce à quoi vous faites allusion ne sera pas la justice, mais une riposte, une vengeance ?

– Ni l'une, ni l'autre, monsieur de La Reynie. Ce sera le langage de la guerre. C'est vous-même qui m'avez soufflé cette réponse.

– Ce n'est pas ce que j'espérais. »

Ils avaient rejoint le carrosse du lieutenant général.

« Monsieur de La Reynie, votre mission ne vous autorise pas à chasser sur toutes les terres. Les vôtres sont vastes, Paris est un pays de plus en plus habité et dangereux. Contentez-vous d'y régner et laissez les affaires du royaume à ceux qui s'y épuisent et où le mensonge et les perfidies n'ont pour seule justice que le succès du roi. Un dernier mot : vous ne m'avez pas parlé du tableau alors que vous auriez, dit-on, un espion auprès de Mignard ? »

La Reynie était impatient de partir. Les conclusions de Colbert l'avaient choqué et humilié. Il n'en montra rien.

« J'ai en effet le privilège d'en être informé chaque jour. Mais c'est un secret que je réserve à Sa Majesté.

– Un mot tout de même ? » insista avec imprudence Colbert.

La Reynie surprit dans les yeux du ministre une telle fièvre, une telle impatience qu'il se décida.

« Le tableau sera un adieu.

– Nous le savons tous ! Mais sera-t-il triste ?

– C'est une duchesse qui nous quitte, monsieur.

– Je vois… Je vois très bien… En prière, n'est-ce pas ?

– Si vous le voyez… »

Colbert était ravi. La Reynie plus encore.

« Un dernier mot, ajouta-t-il. Il reste une dernière jeune femme, cachée à Paris, à la merci des commanditaires. Dans l'hypothèse où nous la retrouverions, que me conseilleriez-vous ?

– J'espère de tout mon cœur qu'elle sera retrouvée, monsieur. Elle sera alors sous ma protection et la vôtre. »

*

17 juin 1673

Colbert venait de quitter Louvois et l'entretien avait été vif. La guerre de Hollande vidait les caisses de l'État et les impôts atteignaient des sommets. Colbert ne pouvait pas mener de front deux guerres, celle de Hollande et les travaux de Versailles. Louvois avait lancé sa campagne avec des victoires qui avaient repoussé les frontières au nord, mais la stabilisation des conquêtes menaçait le conflit d'enlisement et le roi ne calmait sa colère et son dépit que par des embellissements qui ruinaient le royaume. Colbert était aussi tracassé par sa conversation de la veille avec La Reynie. Il avait cru pouvoir expédier l'échange en quelques mots mais le policier s'était montré bien plus retors et l'affaire des jeunes femmes prenait un tour qui ne lui plaisait pas. En l'orientant sur Louvois, il avait espéré le convaincre de ne pas l'importuner plus avant. Mais le roi, d'une façon ou d'une autre, serait un jour informé. C'était inévitable. Il fallait prendre les devants.

En regagnant son bureau, il aperçut un homme qui l'attendait assis sur la banquette de velours vert bronze de l'antichambre, face à la porte de son bureau. Il portait un habit bleu nuit et des bas assortis. Il avait posé son tricorne sur ses genoux. L'huissier le surveillait ainsi que deux officiers postés de part et d'autre de l'entrée, l'épée au côté. La porte s'ouvrit finalement de l'intérieur. L'huissier fit signe à l'homme de bien vouloir le suivre. Le visiteur traversa le salon et tout le monde put remarquer son pas militaire. Colbert, déjà assis derrière son bureau, ne leva pas la tête quand il se présenta mais entra immédiatement dans le vif du sujet.

« Je vous écoute et de grâce, soyez précis.

– Monsieur le ministre, la situation ne se présente pas sous son meilleur jour.

– Ce n'est pas l'introduction que je souhaitais.

– Selon nos informations, monsieur le lieutenant général de police a découvert l'identité des jeunes filles assassinées et leurs réelles fonctions.

– Merci. Je viens de l'apprendre hier de la bouche même du lieutenant général de police La Reynie. »

Colbert se cala plus profondément dans son fauteuil. L'homme pris de court ne put qu'acquiescer.

« C'est une très vilaine affaire et vous avez échoué, monsieur. Elles étaient sous votre protection. Vous avez donc failli à mes ordres. »

Le visiteur, le chapeau à la main, était fermement décidé à se défendre.

« Monsieur le ministre, permettez-moi de vous rappeler qu'en l'occurrence nous n'avions eu de votre part que des informations partielles. Nous devions protéger des grisettes, non des espionnes poursuivies par leurs tueurs. Le protocole de surveillance eût alors été différent. Et les hommes pour le faire respecter, plus nombreux. »

Colbert n'apprécia pas la remarque. Il glissa la main sous son gilet de soie noire à boutons d'argent pour se donner de l'autorité.

« Je vous croyais plus pertinent. Vous pensiez réellement que j'avais fait appel à vous pour protéger des grisettes ? »

L'officier baissa la tête. Il sortit du revers de son tricorne un papier plié en quatre qu'il tendit à Colbert.

« Clarisse Marthon ? lut ce dernier avec agacement.

– C'est la première fille, assassinée à Constantinople. Retrouvée ficelée et mutilée sur le mât d'un bateau hollandais.

– Camille Venault, Louise Brugier, Mimi Douguet, Clémence Kloyan ?

– Les trois premières ont été assassinées à Paris, leur visage a été mutilé. La dernière, Clémence Kloyan… nous n'avons pas retrouvé son corps. Elle est peut-être en vie, mais elle a disparu. »

Colbert, fort mécontent, posa le papier sur son bureau et fixa son interlocuteur.

« Cela aussi, je le sais ! Renseignez-moi plutôt sur ce que je ne sais point. Comment avez-vous appris que La Reynie avait découvert leur identité et leur rôle ?

– Il a envoyé un de ses inspecteurs à Marseille. La chance lui a souri. »

Colbert ne broncha pas. C'était bien joué. Il tripota son coupe-papier en regardant ses deux pendules sur la cheminée.

« Jusqu'à quel point, monsieur ? Et à votre avis, jusqu'où monsieur de La Reynie peut-il aller ?

– Jusqu'où le porteront ses intuitions et la chance.

– Une intuition n'a jamais été une preuve ! Quant à la chance, elle peut ne passer qu'une fois !

– Je vous l'accorde, monsieur. Mais si elles s'avèrent pertinentes, ces intuitions peuvent être la vérité. »

Colbert soupira. Dieu soit loué, le roi pour l'instant avait été épargné.

« Mais pourquoi diable La Reynie s'acharne-t-il sur cette histoire alors qu'il a mille autres choses à faire ?

– Elle semble le passionner… Il n'y a pas d'autre mot.

– Alors faites en sorte que cette passion ne dure que le temps des passions. Retrouvez-moi la dernière fille, et protégez-la.

– Nous en faisons notre priorité, monsieur le ministre. »

Colbert entendit sonner le quart de dix heures. Le temps imparti était terminé. L'officier se retira en marchant à reculons, comme s'il avait été devant le roi.

« Autre chose, fit Colbert, l'arrêtant net.

– Oui, monsieur ?

– Je suppose que les commanditaires de ces ignobles assassinats font eux aussi partie de vos priorités ? »

L'officier eut un rictus et son regard ne laissa aucune ambiguïté sur sa réponse.

« Leurs heures sont comptées. Je m'y engage personnellement. Le Grand Châtelet et le guet vont avoir fort à faire. »

Colbert inclina la tête, satisfait. Ses fantômes allaient agir.

32.

20 juin 1673

Les jours qui suivirent sa rencontre avec Colbert furent pour La Reynie un calvaire. Sur ce point, le ministre ne lui avait pas menti. Tous les inspecteurs et commissaires de quartier avaient dû être mobilisés. Les quatre nouveaux meurtres qui venaient d'être commis dans Paris n'étaient pas des crimes de droit commun. Ils étaient le fruit d'actes de guerre, et ils étaient signés. Les cadavres, tous des hommes, avaient été retrouvés largement dévêtus, on leur avait ôté veste et culotte, et on les avait disposés dans des postures et des lieux si intrigants que le doute n'était pas permis. Au premier abord, ils avaient tous été abattus avec le même type d'arme blanche, ce qui fut vérifié lorsque les dépouilles furent déposées à la morne. Il s'agissait bel et bien de meurtres en série. Ils étaient tous jeunes, dans les vingt-cinq à trente-cinq ans, la peau claire, en bonne santé, robustes et musclés. Bien sûr, on avait fait disparaître tous les indices qui auraient permis de les identifier. On avait subtilisé leurs documents d'identité, on leur avait ôté leurs vêtements pour rendre indéfinissables leur nationalité et leur corps de métier. Le seul message clair en somme était leurs bouches béantes ensanglantées, qui répondaient à la couture des lèvres des jeunes filles.

Après chaque nouveau meurtre, Delamare se précipitait dans le bureau de La Reynie pour l'informer et lui remettre les pièces de l'enquête et les rapports d'autopsie. Le lieutenant général, que la lassitude gagnait, n'avait pas besoin qu'on lui soufflât la réponse, il savait déjà le fin mot de l'histoire. Ces meurtres répondaient aux dernières phrases que Colbert avait prononcées. Ils étaient autant destinés aux commanditaires de l'assassinat des jeunes drogmans qu'à lui. C'était une cruelle mise en garde, une injonction à ne pas dépasser la ligne rouge. Quatre corps retrouvés ? Il attendait donc le cinquième. Ce qui hérissait La Reynie, c'était la mise en scène macabre dont ces malheureuses victimes faisaient l'objet, dans des lieux publics et avec une barbarie telle que les riverains prenaient peur et jasaient. Le spectacle particulièrement insoutenable de leurs bouches atrocement agrandies au couteau avait fait enfler la rumeur. La police, dont La Reynie était le responsable et le garant, s'en trouvait entachée, critiquée, qualifiée d'impuissante à faire régner la paix.

Un détail avait cependant retenu l'attention d'un des enquêteurs. Il avait observé de la boue sur les bottes d'un des hommes, alors que la scène de crime était sur sol sec. Il en avait conclu qu'il avait été enlevé, exécuté ailleurs puis abandonné sur le lieu de sa découverte. D'infimes autres indices similaires furent retrouvés sur les autres cadavres. Pas de sang, pas de cris, pas de traces de lutte, pas de témoins. Delamare et ses deux inspecteurs analysèrent les lieux où avaient été retrouvés les corps : rue du Four, rue Saint-Roch, rue des Francs-Bourgeois, et le dernier rue des Fossés-Saint-Victor. Les rues furent soigneusement fouillées. Ils cherchèrent des correspondances, des signes cachés. Rien. Ils dessinèrent des lignes entre les rues mais le quadrilatère obtenu ne leur révéla rien ; la géométrie qui les reliait ne suggérait aucune piste. Ils attendaient donc la cinquième victime.

Torsac et Laruche durent convenir que cette affaire les dépassait. Laruche, qui s'était d'ailleurs fait son opinion depuis le meurtre du brodeur, répétait à Torsac : « Je te l'avais prédit, je suis intimement persuadé que, dans ce nouveau jeu de règlement de comptes, où de nouveaux tueurs massacrent les tueurs qui avaient assassiné les jeunes filles, les commanditaires ne sont plus les mêmes. Ici, celui qui donne les ordres n'a peur ni de la justice française, ni de la police française. Je te laisse deviner. » Cette conclusion avait le mérite de résumer la situation sans désigner personne. Enfin si ! Ce puissant personnage avait, en guise de bras armés, des hommes organisés, formés à la surveillance et entraînés à tuer. Des hommes protégés, échappant à toute arrestation et se moquant du Grand Châtelet. Contre eux, il n'y avait rien à entreprendre. Juste à ramasser les victimes et à conclure en bas de page des procès-verbaux : « Affaire sans suite ». Laruche disait tout haut ce que La Reynie savait déjà.

*

La cinquième victime, ce fut Delamare qui la découvrit. Enfin, c'est ce qu'il crut… Il avait décidé de prendre les choses en mains. Voûté, le col de son manteau noir relevé, il attendait sous la pluie. Le quai puait la paille et le bétail. Il avait enfoncé son chapeau sur son front et se tenait à distance d'un petit homme sec, indifférent à l'averse, mais très nerveux. Les deux silhouettes se tenaient à quelques mètres d'une péniche à l'abandon, encombrée de détritus et dont la ligne de flottaison était si basse qu'elle augurait un prochain naufrage. Un carrosse s'annonça par un martèlement de sabots. Deux cavaliers précédaient l'équipage, emmitouflés dans des capes trempées. La Reynie n'attendit pas l'installation du marchepied pour sortir du carrosse. D'un signe de tête, il salua le commissaire. Le petit homme placé à son côté évita le regard que lui lança le lieutenant général. Delamare le présenta.

« Monsieur a surpris une activité étrange sur la péniche et nous a alertés. Cette péniche servirait de refuge aux gredins du quartier. »

La Reynie s'approcha du témoin qu'il dévisagea. L'homme avait à peine trente ans, des yeux gris, des joues soufflées par l'alcool. Le lieutenant général s'attarda avec surprise sur ses mains qui détonnaient avec le reste de son aspect. Elles étaient longues, nerveuses et très blanches. Des mains de prélat, égarées dans un corps de manant. Un destin contrarié, se dit-il. Cet homme est bien plus qu'un témoin. L'inconnu, gêné par l'inquisition du lieutenant général, dissimula ses mains derrière son dos.

Ce petit manège n'échappa pas au commissaire, qui fut très intrigué par cet intérêt subit de La Reynie.

« Commissaire, vous vouliez me dire que monsieur est une mouche ? Une de vos mouches ? N'est-ce pas ? »

Delamare fit un geste de dénégation. Le témoin resta silencieux. La Reynie se souvint que Colbert dans son entretien lui avait prédit : « Si vous dites vrai, nous saurons répondre aux Hollandais. » Cet homme de toute évidence était un des siens, un émissaire qui avait *découvert* ce qu'on lui avait *ordonné de découvrir*. Il était chargé d'offrir à La Reynie la preuve qu'il attendait. Après un silence qui eut le don de mettre mal à l'aise l'un et l'autre de ses comparses, le lieutenant général enchaîna d'une voix exagérément polie :

« Je vous remercie, monsieur, et je vous prie de transmettre à vos amis ma gratitude et de les assurer que vous avez su les servir avec un zèle que j'ai apprécié.

– Je ne comprends pas », fit l'homme, soudain paniqué.

La Reynie se rapprocha, comme pour une confidence.

« Voulez-vous que je vous précise le nom de celui qui vous envoie ? Ou préférez-vous que je vous dise tout de suite que vous n'êtes pas l'homme que vous prétendez être ? »

L'inconnu jeta un regard de détresse vers Delamare qui, interdit, ne lui fut d'aucun secours. Il recula, prêt à prendre la fuite. La Reynie l'arrêta d'un geste autoritaire.

« Je ne vous le conseille pas, monsieur. Ce qui vous sauve à mes yeux, c'est que votre maître ordonne et que vous, vous ne pouvez qu'accepter. C'est bien cela ? Je vais avoir la délicatesse de vous épargner son nom. Il n'hésiterait pas à vous tuer. »

Et il fit signe à l'homme de disparaître.

Delamare précéda son supérieur sur la péniche en toussotant. Il attendait des explications. La Reynie ne lui donna pas ce plaisir. Le plancher qui servait d'échelle d'accès plia sur leur passage. Torsac et Laruche qui sécurisaient les lieux s'écartèrent et leur emboîtèrent le pas. La Reynie descendit dans le ventre du bateau. Une forte odeur de moisi et d'excréments l'accueillit. Il porta une de ses mains gantées à ses narines et s'avança vers un cercle de lumière où agonisait un homme dont le poignet droit était emprisonné dans un anneau cloué à un flanc de la péniche. Le malheureux respirait encore. La Reynie remarqua que le chaton de la bague qu'il portait à l'index de cette main droite était ouvert. Torsac lui apporta une chaise dont il couvrit le siège poussiéreux de son manteau qu'il plia en quatre. Delamare, en retrait, observait. La Reynie s'assit et scruta l'homme, la cinquième victime qui venait de s'empoisonner pour abréger ses souffrances. Il jugea en une seconde ce qu'il s'était passé. L'homme avait été partiellement dévêtu avant d'être sacrifié. Son pourpoint ainsi que sa culotte lacérés gisaient à terre, dans un coin. Des plaies profondes saignaient abondamment sur son torse imbibant sa chemise blanche. Sa respiration sifflante et saccadée faiblissait à chaque instant et déjà, ses yeux sans avenir ne fixaient plus rien. Le plus insupportable était ce trou béant et sanguinolent qui lui tenait lieu de bouche. Une vision d'horreur. Cet homme torturé dont la vie allait s'éteindre d'une seconde à l'autre était de toute évidence l'un de ceux qui avaient organisé le meurtre des jeunes drogmans. C'était peut-être même l'instigateur des meurtres, celui qui les avait ordonnés, exécutés et payés. Mais cet homme à l'agonie ne parlerait pas. Il lui avait été offert comme un trophée. Livré ainsi, il était la preuve encore vivante que la lumière avait été enfin faite sur plus de trois mois d'enquête, que l'énigme était résolue, les coupables démasqués et punis. Quoi de plus ? Plus rien ne justifiait que les investigations se poursuivent même si l'identité de ces cinq nouvelles victimes, miroir inverse de celle des jeunes filles sacrifiées, était à jamais perdue. C'était tellement bien joué ! C'était si parfaitement la réponse que Colbert pouvait donner à l'entretien que son lieutenant général de police avait sollicité, entretien que nulle note, nul dossier ne pouvait relater. Une rencontre qui n'avait jamais existé. Pas de scandale, pas de risque que des puissances étrangères ripostent, les secrets seraient à jamais verrouillés. Et le roi, si d'aventure cette histoire par quelque commérage malveillant lui tombait dans les oreilles, serait épargné. La Reynie ressentit le rouge de l'humiliation lui envahir le visage. C'était un soufflet. On lui avait volé cette enquête que d'autres à sa place avaient faussement résolue. Jamais on ne saurait quels avaient été les véritables enjeux des indiscrétions commises par Clémence ce jour-là à Constantinople. Mais sais aucun doute avait-elle touché du doigt les intérêts supérieurs de la Hollande dans la guerre qui l'opposait à la France. Ses indiscrétions avaient mis au jour les stratégies politiques et commerciales de la France. L'affaire allait donc se refermer à jamais. Un camouflet pour la justice et la police qu'on privait de protéger les citoyens et le royaume.

Le prisonnier se mit à trembler. Une écume sortie de la béance en place de sa bouche teinta de blanc le sang coagulé. La Reynie se pencha vers lui, espérant une confidence. Mais ce fut un râle aux consonances gutturales qui s'échappa, puis sa tête s'affaissa. L'homme s'en était-il remis à Dieu pour être pardonné de ses péchés ? La Reynie ne put se prononcer, la compassion lui était impossible. Il recula d'un pas, regarda alentour, croisa le regard de Laruche et Torsac et crut y lire ce qu'il pensait déjà. Il fit volte-face avec lassitude et posait déjà un pied sur la première marche vermoulue de l'échelle quand ses yeux se posèrent sur le pourpoint qui gisait non loin. Il se baissa et de sa main gantée le retourna. Il comprit qu'on l'avait laissé là sciemment. Le gris caractéristique de l'étoffe, les passementeries rouges, les boutons argentés frappés d'un blason étaient là pour en révéler la provenance : la Compagnie hollandaise. Il demanda aux inspecteurs de rapatrier à la morne tout ce qui pouvait avoir appartenu au supplicié, mais il connaissait la réponse. Cet agent sans identité était hollandais et on avait voulu qu'il le sût. C'était chose faite.

Sur le quai, il refusa le carrosse qui s'approchait. Delamare désemparé quitta la péniche à son tour et demeura à une distance respectueuse. Il saurait attendre les explications qui viendraient plus tard. Seul sous la pluie qui redoublait, La Reynie songea à Colbert qui, probablement très satisfait, était déjà informé à cette heure-ci de sa visite à la péniche. Avec amertume, il se souvint pourtant d'avoir plaidé lors de son dernier entretien : « Mais ce que vous dites ne sera pas la justice, mais une vengeance ? » Et le ministre avait répondu : « Ni l'une ni l'autre, monsieur de La Reynie. Ce sera le langage de la guerre. »

Le bras armé de cette guerre de l'ombre dont avaient été victimes ce Hollandais et les autres avait frappé. Impitoyable. Cette milice d'espions, de doubles espions, d'hommes sans existence, qui échappaient aux lois et n'obéissaient qu'à un seul maître, Delamare ne les avait-il pas à juste titre, dans son *Traité de la police,* surnommés « les Fantômes de Versailles » ?

33.

Le lendemain, le carrosse noir de Colbert avait emprunté la route de Saint-Germain-en-Laye. C'était l'heure du dîner. Le roi était seul. Le sommelier coupait le vin d'un peu d'eau, dans des tasses de vermeil. Sur la table carrée, disposée dans l'antichambre, il refusa le gibier, mais finit le jambon. D'habitude, il se régalait du mouton au jus et à l'ail, mais aujourd'hui il repoussa le plat. Il souffrait de l'estomac. L'huissier de la salle, armé de son bâton, ne bougeait pas. Les serviteurs n'osaient pas débarrasser et l'écuyer de cuisine et le garde-vaisselle attendaient les ordres. Le roi, qui ne se servait que de son couteau et de ses doigts, hocha la tête et on lui proposa les desserts. Il picora des fruits confits et des tétons de Vénus avant de regagner son cabinet où ses chiens le réclamaient. Il fit patienter Colbert. Sa Majesté aimait que son temps soit celui des autres. Installé dans un fauteuil face au parc, il pria enfin qu'on introduisît son visiteur. Colbert s'inclina devant le roi.

« Vous souhaitiez me voir, monsieur, à cette heure c'est inhabituel.

– Sire, je crois que ce changement ne vous déplaira pas. J'ai des nouvelles concernant le tableau de Mignard. »

Le roi pinça les lèvres mais ne tourna pas la tête vers le ministre. Il portait son intérêt vers la forêt qu'il contemplait sans la voir. Qu'allait lui apprendre Colbert qu'il ne sache déjà ?

« Je vous écoute, monsieur…

– Sire, pour se représenter, madame de La Vallière a choisi un thème religieux… Un tableau où elle rejoint Dieu. »

Le roi, oubliant le parc et la forêt, croisa avec agacement le regard de son ministre. Ce qu'énonçait son ministre confirmait les confidences de madame de Montespan et les erreurs de jugement de son lieutenant de police et de son soi-disant espion. Il soupira.

« Donc, un tableau où elle rejoint Dieu, dites-vous ?

– Oui, Sire. La duchesse nous quitte et elle a choisi des couleurs proches du chagrin. »

Le roi scrutait Colbert. Il est vrai que son ministre, qui portait toujours le deuil des finances du royaume, ne se réjouissait que rarement et pouvait confondre la joie avec le chagrin.

« Mais sa composition, Colbert ! Dites-m'en plus. Comment est-elle, que fait-elle ? Elle prie ?

– Sire, la duchesse fait ses adieux à la vie.

– Vous ne répondez pas à ma question ! Est-elle seule ?

– Oui, Sire.

– Expliquez-vous mieux, je vous prie ! Ce tableau, vous l'avez vu ? »

Colbert, surpris de l'insistance du roi, dut admettre que non. Mais une question le taraudait : il se demandait pourquoi Sa Majesté ne manifestait pas plus d'enthousiasme. Il choisit une réponse neutre qui en cas de complications l'exonérerait.

« Ceux qui le voient tous les jours me l'ont rapporté, Sire ! »

Le roi irrité se leva.

« Soyez plus précis, je vous prie ! Que vous ont répété ceux qui le voient tous les jours ?

– Que madame la duchesse est habillée en religieuse, à genoux sur un prie-Dieu et le visage tourné vers l'espérance. »

En prononçant ces mots, Colbert pria pour que les détails qu'il improvisait fussent exacts.

« Ce que vous me décrivez là est une entrée au couvent ?

– Oui, Sire. Son entrée au couvent des Carmélites du faubourg Saint-Jacques. »

Colbert respira. Au moins cette information était exacte, toute la cour le savait.

« Comme c'est étrange… je m'étais imaginé un tout autre tableau… »

Colbert observa le roi. Il paraissait, non pas déçu, le mot aurait été trop fort, mais… il chercha quelque chose qui traduise mieux ce qui pouvait l'habiter. Qu'avait-il pu imaginer ? Qu'avait-il attendu ou espéré de Mignard ?

« Sire, cette œuvre ne fait que reproduire une décision que la duchesse avait annoncée.

– C'est vrai, mais parfois la peinture offre mieux que la réalité. »

Le roi tourna le dos à son ministre et revint à la porte-fenêtre, troublé. La Reynie avait pourtant été formel. Voir la duchesse au milieu de leurs enfants à tous deux, fruits de la passion qu'ils avaient eue l'un pour l'autre et qu'elle continuait à éprouver pour lui, voilà une vision qui l'avait ému. Le roi ferma les yeux, des souvenirs refaisaient surface. Quand il sortit de sa torpeur et se retourna, Colbert recula et le salua.

*

La journée, Clémence restait dans la chapelle. Elle n'acceptait de la quitter que pour l'heure des repas et le coucher. La mère prieure l'avait autorisée à se recueillir et à demeurer dans ces lieux le temps qu'elle souhaiterait. Mais elle ne priait pas. Elle se torturait. Quel enchaînement de faits avait conduit au drame ?

Elle pensait à Mimi, à ses autres compagnes à Constantinople. Avec Mimi, elle avait vécu tant d'aventures. Elle se souvint de leurs longues promenades sur le port. Elles adoraient les petites maisons de bois colorées des pêcheurs, le parfum des braseros où grillait le poisson le soir, les enfants à demi nus qui couraient vers elles en quête d'une piécette, enjambant les filets que les vieux rapiéçaient assis à même le sol, sans se soucier de leurs mères affairées qui les appelaient. C'était bruyant de vie simple, tellement plus chaleureux et gai que Marseille. Elle repensa à leur escapade aux bains et à leur rituel. Elles partageaient la même tellak, une femme brune entre deux âges, bien en chair, aux gestes vigoureux et précis et au sourire bienveillant qui, après le hammam, les massait. C'était divin. Elles étaient alors prêtes pour le bain. Elles pénétraient dans une crypte ceinte d'un déambulatoire et de colonnades mauresques blanches où les attendait un escalier qui plongeait dans un grand bassin rectangulaire au carrelage d'un bleu pailleté d'or. Elles avaient quitté leurs vêtements jugés impurs, qu'elles avaient noués en paquet, pour revêtir de légers voiles de soie et chausser des sandales en bois. Tandis qu'elles descendaient dans l'eau, leur peau s'illuminait des couleurs chatoyantes des rayons du soleil qui filtraient les vitraux bleus, rouges et dorés. Elles riaient, se sentaient belles, jeunes et, du jeu de la transparence de leurs voiles, émanait un léger trouble, un doux parfum sensuel. Elles se croyaient protégées dans ce lieu, mais quelqu'un avait sans doute relevé que dans leurs bavardages, se mêlaient des mots en turc. Oui, c'était cela ! Quand elles étaient dans le bain, la tellak, avec la pointe d'une corne de vache au bout percé, opérait de fines saignées entre les omoplates qui leur faisaient pousser de petits cris, et leur masseuse leur répondait par des plaisanteries en turc. Oui, il était évident que c'était aux bains que le soupçon était né, et que dès lors, elles avaient été suivies. Sa rencontre amoureuse avec le jeune diplomate hollandais, quelque temps après, n'était pas fortuite. C'était un piège, où l'émerveillement s'était transformé en cauchemar. Elle avait parlé quand il aurait fallu se taire.

*

La Reynie avait demandé audience à Colbert et avait été convoqué au Louvre. Le ministre l'attendait debout au milieu de son bureau, les mains derrière le dos, vêtu de noir, comme à son habitude. En prenant place dans le large fauteuil de damas rouge qu'on lui désignait, le lieutenant général de police remarqua, sur une table de tapisserie, des épaisseurs de cartes marines déroulées. Une pendule sonna. La Reynie sut qu'il n'avait devant lui qu'un quart d'heure, peut-être le privilège d'une demi-heure…

« Vous vouliez m'informer d'événements troublants tout juste survenus à Paris et qui selon vos propos pourraient m'intéresser ?

– Monsieur, il m'est difficile de juger s'ils peuvent vous intéresser, vous seul en avez le pouvoir, mais mon devoir et mes fonctions m'obligent à vous en faire part. »

Colbert repoussa d'une main la pile de documents qui encombrait son bureau et y posa ses coudes.

« Je vous écoute…

– Cinq hommes ont été assassinés à Paris dans des conditions similaires et tous les indices retrouvés montrent que ce sont des Hollandais.

– Des ennemis de la France… tués à Paris ? Vous voulez sans doute parler d'espions ?

– Cette hypothèse n'a pas été confirmée et nos recherches piétinent. »

Colbert se pencha vers son visiteur et baissa la voix.

« Mon cher La Reynie, n'est-ce pas la qualité première des espions que de rester dans l'ombre ?

– Je pense que cette qualité va leur rester et que notre enquête ne révélera rien. Nous allons dire que…

– Dire ou conclure ? » le coupa Colbert.

Il repoussa brusquement son fauteuil. La Reynie, qui avait sursauté, ne répondit pas. Il le regarda faire les cent pas, lui laissant le désavantage de se découvrir en parlant en premier. Un silence lourd s'installa puis le ministre vint se planter devant son lieutenant de police.

« Monsieur de La Reynie, notre long passé et la confiance qui nous anime l'un pour l'autre peut vous dispenser du jeu enfantin du chat et de la souris. En venant me rendre visite, vous avez eu raison. Ces victimes répondent à l'assassinat des jeunes femmes. Car voyez-vous, comment les tueurs pouvaient-ils imaginer que des bouches cousues ne parleraient pas ? Et qu'à cet affront la France ne donnerait pas sa réponse ? Dois-je donc vous rappeler que je ne suis pas le seul à mener cette guerre contre les Hollandais ?

– J'ai écrit à monsieur de Louvois.

– Qui vous répondra la même chose que moi.

– Vous avez raison. Pour lui, la mort d'espions hollandais sera aussi une victoire.

– Pas pour vous, monsieur de La Reynie ? »

La Reynie fit un signe dont l'ambiguïté pouvait être interprétée de maintes façons. Colbert, fin connaisseur de l'âme humaine, le perçut.

« Monsieur, je dois vous complimenter. Vous faites à Paris un excellent travail et votre police rassure ses habitants. C'est au-delà même de mes espérances. Vos multiples charges vous écrasent, et croyez que j'en suis désolé. Peut-être faudrait-il plus de moyens financiers, voire d'hommes ? » glissa-t-il comme pour lui-même, comme s'il était en train de penser à de nouvelles réformes à venir.

La Reynie eut un infime sourire. Quel stratège ! se dit-il. C'est un vrai démon ! Et il ne put s'empêcher de saluer l'intelligence du premier serviteur de l'État auquel il devait sa charge, même si, présentement, il était en total désaccord avec lui. Colbert poursuivit.

« Peut-être ce manque de temps et de moyens ne vous permet-il pas de résoudre toutes les affaires. Voyez-vous, dans un cas comme celui-ci, le royaume peut vous aider et trouver des réponses qui peuvent vous déplaire dans la forme mais qui le rassurent et surtout dissuadent ses ennemis. »

La Reynie ne pouvait pas se risquer sur ce terrain.

« Monsieur, l'objet de ma visite avait pour seul objectif de vous informer. Le peu d'éléments que nous possédons et que je vous livre laisse présager une affaire sans suite.

– Qui ne sera nullement le signe d'une quelconque incompétence… mais qui saluera votre… comment puis-je le formuler le plus justement sans vous froisser ?… qui saluera votre allégeance au roi. »

La Reynie ne baissa pas les yeux. Il venait de perdre et tenait à faire face. Colbert avait su le désarmer et le renvoyer à ses seules fonctions en lui rappelant à qui il devait sa charge. Il allait se lever pour prendre congé quand Colbert, sans qu'il y prît garde, eut une maladresse qui lui mit du baume au cœur.

« Mon cher La Reynie, il y a des domaines qui ne sont pas les nôtres, et qui, dès que nous voulons les aborder, nous trompent. Soyons maîtres de nos fonctions et ne chassons pas ailleurs que sur nos terres : nous risquerions d'y être dévorés par un gibier dont nous ignorons tout. »

La pendule interrompit Colbert et libéra La Reynie de l'obligation de répondre.

« Avez-vous des nouvelles de cette Clémence Kloyan ?

– Il semblerait qu'elle soit repartie pour Marseille. »

Colbert fixa le lieutenant général. Il venait de perdre un point.

« Savez-vous qu'elle sera toujours sous ma protection, et que s'il lui venait l'envie de visiter notre capitale, nous la recevrions ? »

La Reynie acquiesça et se leva. Colbert, toujours devant lui, ne s'effaça pas. Une question lui brûlait les lèvres et il ne put s'empêcher de la poser.

« Au sujet du tableau, vous n'avez rien à me révéler que je ne sache déjà ?

– Monsieur, je vous ai déjà rapporté ce que je savais, et corrigez-moi si ma mémoire me fait défaut…

– Je vois… je vois très bien… En prière et en robe de bure. »

La Reynie qui jubilait se contenta d'un presque imperceptible hochement de tête. Colbert eut un léger sourire de satisfaction. Comment lui, premier ministre du roi, n'aurait-il pas eu le privilège de savoir avant tout le monde, avant même son lieutenant général ?

*

22 juin 1673

Le Hollandais avait rejoint les quatre autres dépouilles à la basse geôle. Ce chiffre cinq, la somme des quatre jeunes filles assassinées et d'une disparue, montrait qu'une justice sans procès avait rendu son verdict. Les autopsies n'avaient pas été confiées à Andrieux : nous étions, avait décrété le commissaire Delamare, dans une autre affaire, alors qu'il était parfaitement convaincu du contraire. Après concertation avec La Reynie, ils décidèrent même que ces nouveaux meurtres ne seraient pas associés aux crimes des jeunes drogmans classés en droit commun. Cette association aurait masqué l'ampleur politique de l'enquête et protégé par voie de conséquence les agissements des hommes de l'ombre. Il fallait aussi *rassurer* les inspecteurs et les personnels de la police : cette institution devait garder la tête haute pour ne pas les décourager dans leurs ambitions de transparence et d'égalité. Que voilà un chapitre à écrire, pensa Delamare, mais qui hélas n'avait aucune chance de voir le jour. La Reynie avait donc confié l'enquête au commissaire Degrez, un homme dévoué, très habile dans les affaires criminelles et suffisamment adroit pour comprendre à demi-mot que l'enquête qu'on lui confiait recevrait toutes les félicitations à condition que les conclusions restent floues. Celui-ci choisit le légiste Ocard, qui saurait respecter le mot d'ordre. C'est pourquoi Laruche et Torsac croisèrent à la basse geôle d'autres inspecteurs chargés de l'enquête qui acceptèrent néanmoins de les laisser entrer. Ocard, son tablier de cuir maculé de sang caillé, fut étonné de les voir débarquer dans sa salle d'autopsie mais se montra très conciliant.

« Messieurs, les rapports ne vous sont pas destinés, mais je sais que vous avez couvert l'enquête jusqu'à présent. Je peux donc affirmer une seule chose, que vous savez déjà.

– Dites quand même…

– Ceux qui ont fait ça ont appris leur métier sur les champs de bataille.

– Des militaires donc. »

Ocard confirma par un hochement de tête.

« Hollandais, si j'en crois l'uniforme du dernier arrivé, mais c'est entre nous.

– Ne soyez pas alarmé, nous le savions. Nous étions sur la scène de crime.

– Propre, nette, sans bavure, ils savent l'organe à transpercer et possèdent les outils pour ce faire. Du grand art, si je puis m'exprimer ainsi. Et une fine connaissance de l'anatomie… Ils en savent autant que moi.

– Alors, des militaires qui seraient médecins légistes ? lança Laruche qui ne put s'empêcher ce trait d'esprit.

– Pourquoi pas ? Andrieux et moi-même pourrions être médecins le jour et tueurs la nuit !

– Alors nous nous proposerions pour mener cette enquête. »

Ils éclatèrent de rire au moment même où Degrez apparut.

« Que faites-vous ici, messieurs ? Ne vous seriez-vous pas trompés de lieu ?

– Qui sait ? » laissa échapper Laruche.

Ce qui fit également rire Degrez. Leurs regards se croisèrent, bienveillants. Tous savaient qu'ils parlaient de la même chose. Le lieu avait changé, mais l'enquête restait la même.

34.

Emilio était seul à l'atelier. Ezilda était venue le chercher chez Marianne et l'avait accompagné rue de Richelieu. Marianne les avait suivis du regard par la lucarne du couloir.

L'atelier était désert. Emilio, encore sous la surprise qu'on le fît chercher, attendit le Maître en inspectant les lieux. Il nota que les marques au sol avaient été effacées et que le tableau était toujours recouvert. Le Maître aurait-il achevé son œuvre ? Il nota également que le rideau cachant le bric-à-brac du fond de l'atelier était tiré. Il flottait dans l'air un parfum d'encens qui masquait les odeurs de térébenthine. Le tableau ainsi mis en scène, au milieu de la pièce vidée de ses accessoires, exerça sur lui une puissante attirance. Il s'approcha. D'un geste il aurait pu le dévoiler, le démasquer. Son cœur se mit à battre un peu plus vite. Il avait le trac. Il espéra que le jeu des cercles et constructions géométriques que lui et Antonin avaient tenté de déchiffrer soit exact. Emilio sursauta et se fit peur. Et si le roi était représenté dans la composition ? Ils n'y avaient pas pensé. Ils étaient partis sur l'hypothèse des enfants parce qu'ils étaient venus à l'atelier. Il se perdit en conjectures. Si le roi était présent, deux cercles suffisaient. Quel aurait été l'intérêt de trois cercles, dont deux plus petits ? Si le roi et les enfants étaient présents, il fallait quatre cercles. Ils n'auraient pas été disposés de la sorte ! Emilio se rassura. Non, les dimensions respectives des cercles, un grand, deux petits, ne pouvaient pas valider cette hypothèse. Il abandonna l'idée et se demanda si Mignard avait gardé le fond neutre de paysage français ou s'il y avait ajouté Versailles. Et elle, était-elle représentée dans la splendeur de sa beauté quand elle avait rencontré le roi, il y avait de cela plus de dix ans, ou bien était-elle la duchesse d'aujourd'hui qui allait faire ses adieux à la cour ?

Il en était là de ses réflexions quand il entendit le pas de Mignard qui apparut, toujours vêtu de son habit noir en velours. Il avait enfilé des bas de soie et consenti à chausser des souliers vernis noirs à boucles d'argent.

« Monsieur Roggiero, je voudrais vous présenter mes excuses. Je vous ai engagé pour un travail qui ne vous a rien appris. »

Emilio aurait pu approuver, mais il se tut.

« Je dis bien *excuses*, car j'ignorais que la duchesse de La Vallière ne souhaitait aucune autre présence que la mienne pour la réalisation de ce portrait. C'est pourquoi les premières séances de pose se sont déroulées chez elle.

– J'ai déjà connu ce genre d'exigence en Italie. »

Mignard apprécia le mensonge d'Emilio.

« Sachez, monsieur Roggiero, que j'ai aimé que vous soyez mon apprenti... Surtout, n'y voyez aucune ironie, car nous nous sommes vus si peu... mais votre présence – disons romaine – m'a soutenu.

– J'ai fait si peu de choses...

– L'art ne pratique pas cette comptabilité... le peu, le trop, le pas assez n'existent pas. Parfois, une touche de rose ou de jaune change une toile. Un profane dira que ce n'est rien, un initié dira que le génie s'y cache.

– Votre gratitude me remplit de confusion.

– Ne soyez pas modeste, Emilio ! D'ailleurs vous ne l'êtes pas, et avouez que j'ai dû vous faire souffrir à vous condamner à l'inaction… »

Mignard se leva et s'approcha d'une fenêtre caressée par une lumière blanche, presque laiteuse.

« J'ai pris une décision et c'est pour cette raison que je vous ai fait mander.

– Comme vous le désirez, Maître.

– Cher Emilio, je vais vous rembourser vos cent livres.

– Mais, monsieur… je ne peux pas.

– Si, Emilio ! Parce ce que je suis ici le maître et, comme je viens de vous le rappeler, vous êtes mon apprenti. Il est donc de ma seule responsabilité de n'avoir pas pu honorer votre contrat, quelles qu'en soient les raisons. »

Emilio ne répondit pas. Mignard se dirigea vers un petit meuble en acajou et aux pieds de bronze dont il sortit la bourse d'Emilio qu'il lui tendit.

« Voyez-vous, la réalisation de ce tableau ne s'est pas révélée comme je l'attendais. Pour moi, il s'agissait de faire un portrait. Certes, le modèle me flattait. L'amitié et la confiance de la duchesse, sa fidélité dirais-je même, puisque j'ai eu l'honneur de la peindre il y a fort longtemps, m'ont touché. En acceptant, j'ignorais que, pour le roi et la cour, il était plus qu'un portrait. En d'autres termes, il n'avait pas comme unique sujet madame de La Vallière, mais il était bel et bien porteur d'un enjeu. À son sujet, les rumeurs les plus folles courent dans Paris et Versailles. Il paraît qu'on organise des paris. Certains disent qu'elle est seule, d'autres l'imaginent avec ses enfants. D'autres avec le roi. Mieux ! Certains l'ont décrite en religieuse ! C'est insensé, n'est-ce pas ? »

À ces mots, Emilio eut un vertige. Il fixa néanmoins le peintre qui ne le quittait pas des yeux.

« Quelle imagination débordante, vous ne trouvez pas ? »

Emilio se fit de marbre.

« La peinture a des pouvoirs que je ne soupçonnais pas. Elle peut même, en certains cas, devenir dangereuse…

– Mais le roi… connaît-il le tableau ? » murmura Emilio.

Mignard revint vers la fenêtre et regarda dans la rue.

« Le roi ne sait rien… mais il doit s'amuser des impatiences des uns et des autres.

– Croyez-vous qu'il pourrait être déçu de votre choix ?

– Ce n'est pas mon choix, mais celui de la duchesse. Il m'a paru respectueux pour Sa Majesté. Sinon, je l'aurais refusé. »

Mignard s'approcha du chevalet masqué d'un tissu de lin, qu'il ne toucha pas.

« Un jour, vous le verrez. Je vous le promets. »

Une bousculade et des voix se firent entendre. Emilio interrogea du regard le Maître qui, agacé, tourna la tête vers la porte. Ezilda surgit sur le seuil, essoufflée.

« Monsieur… monsieur !

– Eh bien, qu'y a-t-il ? Ne restez pas plantée ainsi…

– Vous avez de la visite !

– Vous savez qu'à cette heure-ci je travaille et que je ne reçois personne. »

Ezilda désemparée ne répondit pas. Elle tremblait.

« Mais que se passe-t-il enfin ? Parlez ! »

Ezilda fit un pas et, d'une voix mal assurée :

« Monsieur… c'est le roi. Le roi… Sa Majesté… il est là ! »

Mignard en resta bouche bée. Il laissa pendre ses bras le long de son corps. Il était foudroyé. Incapable de prononcer le moindre mot. Quant à Emilio, il ne savait que faire. Il aurait aimé disparaître, peut-être se cacher derrière le rideau, dans le coffre à accessoires, se transformer en épée, en renard, en n'importe quoi. Il alla se coller contre le mur le moins éclairé. Ne plus bouger, ne plus respirer.

Le roi apparut. Le peintre fit une révérence et courba la tête.

« Sire, c'est un honneur ! Jamais je n'aurais pu…

– Monsieur Mignard, oublions les honneurs et la surprise. Relevez-vous, je vous prie. Je suis venu ici en admirateur de votre talent, de votre génie. »

Les gardes qui l'accompagnaient restèrent sur le seuil, l'épée sortie du fourreau.

« J'avais hâte de découvrir le tableau dont tout Paris parle et je commençais à être impatient.

– Sire, je n'avais pas été prévenu… J'aurais pu…

– Voyez-vous, monsieur, c'est une envie impérieuse qui m'est venue et que la nuit n'a pas chassée. »

Emilio observait le roi et déjà il le dessinait. Le nez en premier, toujours commencer par le centre. Un nez aquilin, un teint légèrement basané, les yeux perçants. Il portait un large chapeau brodé rehaussé d'un plumet blanc et un habit en satin carmin sans rubans ni dentelles. Pas de bagues mais des pierreries à ses boucles de chaussures. Le roi, qui sentit une autre présence et un regard posé sur lui, tourna la tête vers Emilio. Celui-ci plongea alors en une révérence malhabile qui lui fit heurter le mur.

« Sire, je vous présente mon apprenti… Emilio Roggiero. Il est italien. »

Le roi s'attarda sur lui. Il en savait plus que Mignard sur son rôle.

« Je suis persuadé que la présence d'un Italien ne pouvait que vous plaire. Maintenant, voyons ce tableau. »

Mignard s'en approcha et d'un geste ample le découvrit. Emilio, qui était placé de biais par rapport au tableau et qui n'en avait qu'une vision partielle, faillit quand même s'évanouir. Les trois cercles avaient bien enfermé la duchesse et ses enfants. Il avait eu raison. Tout était placé comme Antonin et lui l'avaient imaginé, le fauteuil en majesté légèrement orienté vers le spectateur. Quant à la fameuse ligne verticale sur laquelle ils avaient émis nombre de suppositions, ce n'était ni un spectre, ni une lance, ni deux mains jointes implorant le ciel. C'était une rose. Une rose jaune que tenait la main droite de la duchesse. Et le trait vertical mystérieux sujet de tant de questions dessinait la suspension d'un pétale dans l'air. Un pétale destiné au roi et qu'il saurait entendre comme un murmure. La toile de fond n'avait pas changé. C'était bien le décor champêtre à la française qu'il connaissait déjà. Tout était paix et harmonie dans la mise en scène de ce portrait de famille. Il n'y avait aucune tristesse, aucun reproche dans les yeux de la duchesse. Le maître avait su la peindre dans sa beauté d'hier à l'âge d'aujourd'hui. Elle était belle et ce tableau qui voulait ne se souvenir que de son bonheur passé ne parlait qu'au roi, son amant et père de mademoiselle de Blois et du comte de Vermandois, ses enfants.

Le silence fut soudain interrompu par le roi.

« Monsieur Mignard, votre tableau me plaît.

– Vous me comblez, Sire… mais la duchesse a guidé ma main.

– Vous êtes trop modeste, monsieur Mignard. »

Le roi contemplait le tableau. Il se déplaçait pour l'apprécier sous tous ses angles.

« Je suis jaloux des artistes.

– Sire, je le prends comme un éloge mais nous ne sommes que peu de chose.

– Vous vous trompez. Si ce tableau avait été autre ? Si la représentation de la duchesse avait été différente ? »

Emilio baissa les yeux.

« J'apprécie grandement votre choix, monsieur Mignard. Il va sans dire qu'à la cour son appréciation peut être différente.

Monsieur Mignard, monsieur Colbert veille sur les biens de madame de La Vallière et ce tableau vous sera réglé. »

Mignard fit une révérence. Le roi allait partir quand il se tourna vers Emilio. Il était curieux du rôle que lui avait octroyé La Reynie.

« Monsieur l'apprenti, il se dit que les Italiens n'apprécient guère la peinture française. »

Emilio, qui ne s'attendait certes pas à ce que le roi lui adresse la parole, fut pris au dépourvu. Il sentit peser le regard du Maître.

« Majesté, en art, les Italiens et les Français sont cousins et tout les unit.

– Voilà une réponse qui n'en est pas une. Mais concernant ce tableau… Que vous dit-il, vous qui l'avez vu naître et dont vous avez été garant du secret ? »

Emilio devint blême.

« Je vous écoute. Qu'en diriez-vous si vous deviez le décrire à quelqu'un qui ne l'a pas vu ? »

Emilio, en proie à la torture, se tourna vers Mignard, lui demandant une muette autorisation qui lui fut donnée par un imperceptible mouvement de la tête.

« Sire, ce tableau pour monsieur Mignard présentait une plus grande complexité dans sa composition que dans sa conception. »

Le roi fit la moue. Tout cela, il le savait.

« Qu'entendez-vous par complexité ?

– Ce tableau répond à plusieurs défis. Il aurait pu exprimer la tristesse, l'oubli, la disparition. Car il ne fait aucun doute que la duchesse, madame de La Vallière, se retire du monde. Et il ne l'est pas. Le défi était donc d'exprimer la vie passée, le présent avec les enfants, et l'avenir avec un appel de Dieu. Il m'est donc apparu que monsieur Mignard devait réunir toutes ces vibrations sans en oublier aucune.

– Votre analyse est pertinente et monsieur Mignard a su rassembler ce que vous dites. Mais encore ?

– Ce tableau n'est ni profane, ni religieux et pourtant il est les deux.

– Je le pense aussi. Continuez.

– Ce qui frappe, c'est que monsieur Mignard a su faire surgir en même temps un passé où l'amour a régné en maître et un présent où la duchesse accepte dans la plénitude un avenir qu'elle souhaite de toute son âme.

– Parlez-moi de l'art de monsieur Mignard, pas de ses intentions. »

Emilio regarda subrepticement le Maître avant de poursuivre.

« J'aime particulièrement les couleurs de la robe de mademoiselle de Blois, le jaune oriental et le bleu marial. Elle est déjà préoccupée par les fleurs, c'est-à-dire la séduction et l'amour.

– Et les éclats blancs sur la robe bleu ciel de la duchesse ? s'enquit le roi, de plus en plus intéressé.

– Sire, ces éclats de lumière, ces crépitements albes et purs qui ont leur source dans la partie la plus incandescente de la flamme expriment un adieu pour ceux qui comprendront que madame la duchesse a été heureuse et aimée. »

Mignard esquissa un sourire. Ces paroles lui plaisaient. Le roi ferma les yeux un court instant, comme s'il basculait dans l'immaculé de la robe. Il se ressaisit.

« Ce tableau offre peut-être trop de blanc, vous ne trouvez pas ?

– Sire, le blanc est un vide qui nous appelle. Grâce à lui, le tableau n'est pas figé. Monsieur Mignard, comme Raphaël, cherche l'arrondi et la douceur.

– Belle réponse ! Monsieur l'Italien, que diriez-vous, enfin, de ce que monsieur Mignard a écrit sur la base de la colonne ? *Sic transit gloria mundi*, « Ainsi passe la gloire du monde. »

– Ces mots nous rappellent la condition de l'homme mortel, mais ce n'est pas la seule interprétation, car en vérité ce tableau ne s'adresse qu'à une seule personne.

– Allez-y ! Dites-le !

– À vous, Sire ! »

Mignard tourna la tête vers le roi. Le monarque plissa les yeux et, d'une voix douce, murmura :

« Ces paroles sont justes, je les prends. »

Emilio ne tremblait plus. Le roi venait de désarmer sa peur.

« Monsieur, écrire sur un tableau, est-ce toujours de la peinture ? demanda le roi qui avait reporté son regard sur le peintre.

– Sire, le grand Lippi usait parfois de ce procédé dans ses *Associations*, et beaucoup d'autres Italiens l'ont imité. »

Le roi s'attarda une dernière fois devant le tableau.

« La lumière, monsieur l'Italien, vous ne l'avez pas évoquée ? »

Emilio chercha de l'aide dans les yeux de Mignard qui ne s'attendait pas à cette question et qui ne lui fut d'aucun secours.

« Sire, dans ce tableau, elle n'est pas triomphante, elle se contente d'être.

– Et savez-vous pourquoi ?

– Oui. Parce que la lumière vous est fidèle, Sire, et ne se montre que près de vous. »

Mignard, à l'affût du moindre geste de son royal visiteur, se fit la remarque que l'Italien n'était pas qu'habile. Il était diabolique.

Le roi fit un pas vers le tableau. De la main, il aurait pu le toucher.

« Dites-moi enfin… Cette fleur qui meurt devant nous… Elle m'émeut plus que tout.

– Sire, si je puis me permettre, les artistes comme monsieur Mignard ne peignent pas les fleurs, mais leur parfum. »

Le roi s'approcha de Mignard.

« Vous m'avez comblé, monsieur, et je saurai vous en remercier.

– Vous l'avez déjà fait, Sire.

– Et vous, monsieur l'Italien, puisse la France vous permettre d'oublier la tristesse d'avoir quitté l'Italie. »

Sur ces paroles il quitta l'atelier, suivi de ses gardes. Mignard l'accompagna pour le saluer une dernière fois. Emilio ne regarda pas par la fenêtre, mais il entendit les cris, les coups de fouet et le tonnerre du carrosse qui se mettait en branle. Il se sentit soudain délivré, léger. Il n'avait menti ni au roi ni à son maître. La Reynie ne pourrait qu'être satisfait.

« Vos paroles m'ont ému, Emilio. Je n'aurais pas mieux dit.

– Faire parler un tableau est un exercice qui me plaît et qui fait partie de mon héritage.

– Pourtant je vous sens songeur.

– J'ai oublié de dire quelque chose à Sa Majesté.

– Vous m'intriguez, Emilio… Un détail qui n'aurait pas plu au roi ? »

Emilio se déplaça vers le tableau et tendit sa main vers la fleur.

« Vous trouvez que je l'ai ratée ? C'est possible. Je n'ai pas une grande habileté à les reproduire. »

Emilio se retourna vers le maître.

« Détrompez-vous, je la trouve très réussie mais, à y regarder de près, je trouve que le pétale ressemble à une larme.

– Vous avez eu raison de ne pas en parler au roi. Et je vais vous expliquer pourquoi. Il y a fort longtemps, à Fontainebleau, juste après son mariage avec Marie-Thérèse d'Autriche, j'ai été invité à peindre le roi. Je l'ai représenté en berger. Parmi les nymphes qui l'entouraient, il y avait Louise de La Vallière. C'était le tout début d'un amour à naître. J'avais donc peint un petit Amour qui, au-dessus d'eux, versait une pluie de pétales de rose.

– Pardon, je l'ignorais…

– Le roi a vu la larme. Je l'ai vu la fixer des yeux, cette larme d'adieu. Je pense que c'est ce qu'il désirait et cela lui a plu. C'est un message secret qui les relie l'un comme l'autre à l'amour et que le temps n'effacera pas. Pour l'éternité. C'est là, voyez-vous, la force de la peinture. Les autres ? Eh bien, ils n'y verront qu'un simple pétale. Emilio, c'est là un cadeau que je vous fais, et qui comme la larme devra rester secret. Je vous regretterai et réfléchissez encore avant de partir. Nous sommes en guerre contre la Hollande et vous allez traverser des champs de bataille. Songez-y… »

La gorge d'Emilio se noua. Il n'avait pas prévu que l'émotion le submergerait.

« Je ne vous oublierai pas, monsieur Mignard. »

Le Maître lui saisit les mains et les serra contre lui.

« Si d'aventure vous revenez un jour, j'exige, Emilio, de vous voir ! »

Emilio sourit.

« Et de grâce, cette rencontre avec le roi n'a jamais eu lieu… D'ailleurs, qui pourrait vous croire ? »

*

Cela faisait déjà depuis plus de deux heures que La Reynie patientait dans sa voiture de location non loin de l'immeuble de la rue de Richelieu. Il s'était garé en sorte d'avoir la porte cochère dans son angle de vision. Il avait été prévenu de la visite du roi chez Mignard. Sa Majesté avait décidé d'aller incognito visiter l'atelier du peintre ! « Prévenu » était un bien grand mot. En réalité une mouche royale avait trahi le secret. Qui à Saint-

Germain ne possédait pas son propre réseau ? Aussitôt et discrètement, le lieutenant général avait dépêché une armée d'inspecteurs dans le quartier du Louvre pour surveiller la rue de Richelieu qu'il ferait interdire après le passage du carrosse royal. Il avait aussi fait disposer, tout le long du trajet que suivraient les équipages sur la rive droite de la Seine jusqu'au Louvre, une discrète garde à cheval. Enfin, il avait alerté les commissaires des arrondissements de Paris et le guet. Une révolte couvait dans la capitale et des affrontements entre militaires et déserteurs pouvaient éclater d'un instant à l'autre – on avait déjà déploré des morts au début de la semaine. Un quadrillage policier soigneux avait donc été mis en place que le roi ne vit pas quand son carrosse arriva chez Mignard. Il pensait dans sa candeur royale que son stratagème avait fonctionné. La Reynie n'ignorait pas le goût du roi pour le secret et le travestissement. N'avait-il pas une nuit revêtu la livrée d'un domestique de madame de Montpensier pour se glisser dans la chambre de la Montespan qui prenait son bain ? Cette anecdote figurait dans les dossiers de La Reynie et ce n'était pas la seule. Mais aujourd'hui, la visite impromptue du roi était d'un tout autre ordre. Elle révélait ses craintes et ses impatiences. Un couple à pied remonta la rue de Richelieu. La Reynie se redressa, en alerte, mais il reconnut très vite à sa dégaine Emilio Roggiero accompagné d'une femme dont la mise trahissait sa condition de servante. Ils devisaient en marchant. Intrigué et agacé, il suivit du regard le couple entrer chez Mignard. Que diable allait-il faire en ce jour chez le Maître ? Il se rassura. La présence de la servante ne pouvait que signifier que c'était Mignard qui avait convoqué l'Italien et que celui-ci n'était pas venu de son propre gré. Quant au peintre, il était fort peu probable qu'il ait été informé de la visite du roi. La préparation avait été bien trop minutieuse et secrète pour que des indiscrétions aient eu lieu. Un hasard, se dit-il. Il n'en restait pas moins que cet imprévu était fort mal venu. Il pria pour que le roi tardât à venir.

Il ne fut pas entendu car deux attelages noirs sans fioritures, simplement escortés de quatre écuyers à l'avant et autant à l'arrière, s'arrêtèrent le long de la chaussée. Quatre hommes sortirent de la première voiture, deux frappèrent à la porte cochère du peintre, pendant que les autres se précipitaient pour ouvrir la porte du second carrosse. Ils attendirent le signal. Le roi enfin posa un pied sur le pavé. Il n'avait que quatre pas à faire pour disparaître dans l'immeuble, suivi de ses gardes. La Reynie était au comble de l'impatience, prisonnier qu'il était de sa voiture pour ne pas être remarqué. Il attendit. Il attendit plus d'un quart d'heure, quand la porte cochère s'ouvrit et que Sa Majesté ressortit enfin, toujours masquée par ses gardes, et s'engouffra dans son carrosse. La Reynie était trop loin pour lire son humeur. Il attendit donc que le convoi s'éloignât. Il frappa à la porte. Ezilda vint lui ouvrir.

« Le lieutenant général de police, monsieur de La Reynie », dit-il se présentant.

Ezilda, troublée par tant de visites, fut rejointe par une autre femme, plus âgée, les cheveux tirés et ramassés sur la nuque, qu'il reconnut. Elle avait toujours la beauté des Italiennes, les yeux noirs, les pommettes saillantes. Elle l'accueillit avec chaleur.

« Monsieur de La Reynie ! s'exclama-t-elle avec un sourire. Vous ici ? C'est un plaisir…

– Oui, madame… Sa Majesté…

– … vient de nous quitter et elle nous a fait grand honneur de sa visite, l'interrompit-elle. Vous désirez voir mon mari ?

– Non, je ne vais pas le déranger. Je le sais avec son apprenti.

– Monsieur Emilio est mieux qu'un apprenti, dit-elle non sans finesse. Oui, il est avec mon mari.

– Vous me rassurez… et Sa Majesté a-t-elle été satisfaite ? Je l'ai vu à ses yeux… »

Elle n'eut pas le loisir de répondre, Mignard apparut dans l'escalier et descendit.

« Vous ici, monsieur de La Reynie ? Décidément, c'est le grand jour des visites !

– Je veillais à la sécurité du roi, un déplacement à Paris, vous imaginez… Sa Majesté m'a paru, à son pas, à son allure… comment dire…

– Très satisfaite, compléta Mignard qui lut dans son regard un trouble, une inquiétude. Monsieur, elle a eu la bonté de nous féliciter et je pense qu'elle le fera savoir.

– Quel bonheur ! Vous me soulagez ! Madame de La Vallière sera heureuse de l'apprendre.

– Et ses enfants ! Ne les oubliez pas. Le roi les a appréciés, le comte de Vermandois, charmant en petit amiral, et sa sœur, déjà rayonnante de la beauté de sa mère. »

*

« Vous avez l'air fort gai, mon ami. »

La Reynie s'amusa de l'entrée en matière de son épouse mais il s'abstint de lui répondre. Il voulait la taquiner en lui laissant l'avantage des premières questions dont il se délecterait.

« Je devine une bonne nouvelle… peut-être même une réussite dont vous allez m'entretenir ? »

Flandrin apparut avec un plateau et deux verres de cristal. La Reynie lui fit non de la tête, ce qui intrigua sa femme.

« Ce soir, qu'en pensez-vous si nous nous autorisions le vin de Champagne ? »

Gabrielle s'amusa à son tour.

« Mais vos douleurs ?

– Depuis un certain temps et grâce à vous, Gabrielle, il m'est venu la révélation que le plaisir était le meilleur des remèdes. »

Gabrielle, en robe bleu nuit avec son décolleté sage et ses manches longues tout aussi pudiques, eut un fard qu'elle balaya en commandant à Flandrin de revenir avec le vin.

« Ôtez-moi un doute… Auriez-vous vu le roi ?

– Vous avez deviné juste.

– À Versailles ?

– Non, madame, pas à Versailles.

– Alors au Louvre ? À moins que ce ne soit à Saint-Germain ?

– Vous êtes très loin, mon amie…

– Pas au Châtelet, tout de même ? »

Flandrin apporta une bouteille de champagne de l'abbaye d'Hautvillers et deux coupes. La Reynie le regarda verser délicatement le vin pétillant, dénoua sa cravate et se cala dans son fauteuil.

« Je pense, ma chère, que vous ne trouverez jamais.

– Oh, de grâce, ne me faites pas trop languir ! Vous savez que le vin de Champagne a la vertu de me faire tourner la tête. »

La Reynie sourit et leva son verre.

« Ma chère Gabrielle, le roi a vu le tableau.

– Mais… mais c'est une excellente nouvelle !

– Oui… le roi a vu le tableau de Mignard et il a paru satisfait, ce qui est encore mieux ! Vous ne trouvez pas ? »

Gabrielle reprit une gorgée et ferma les yeux.

« Éclairez-moi… Pas à Versailles, pas au Louvre ni à Saint-Germain ? Où Sa Majesté aurait-elle vu le tableau ?

– Dans l'atelier de Mignard.

– Le roi chez Mignard ? Vous plaisantez ! »

La Reynie se servit une deuxième coupe.

« Le roi déteste Paris, mais il avait des impatiences qui peuvent se comprendre.

– Vous étiez avec lui ? »

La Reynie se mit à rire.

« Non pas ! J'étais en bas de l'atelier de Mignard, dans un carrosse de location.

– Vous vous moquez ! Vous n'êtes pas charitable.

– Gabrielle, vous devez me croire et je vous demande le secret sur ce que je suis autorisé à vous dire. »

Gabrielle le contempla. Il ne jouait plus.

« Donc, vous ne savez rien du tableau, sauf que le roi a semblé satisfait.

– Ce n'est pas exactement cela.

– Vous m'avez donc menti, n'est-ce pas ? Depuis la première rencontre de Mignard avec la duchesse de La Vallière, vous saviez tout ? dit-elle en tremblant.

– Non, absolument pas. Il ne s'agissait alors que de fortes présomptions. Mais je vous ai dit aussi que le roi devait être le premier à l'apprendre, vous la seconde. »

Gabrielle reposa son verre.

« Ma chère Gabrielle, vous aviez raison. Ce tableau a passionné la cour et cet engouement a dépassé tout ce que j'avais envisagé. Je vous avouerai même que cela m'a fortement déplu…

– Déplu ?

– Oui, il a occulté toutes les enquêtes que nous étions en train de mener sur des meurtres en série. Il a occulté les vengeances les plus sordides, les guerres intestines entre les réseaux les plus secrets du royaume. Et le roi, le roi lui-même s'est aussi passionné. Si le tableau offre à voir, il offre à cacher.

– Je comprends votre désarroi.

– Non, Gabrielle, désarroi, tristesse sont des mots trop faibles. Il s'agit plutôt d'accablement. Nous vivons une époque où le futile et l'accessoire finissent toujours par triompher sur l'essentiel. »

Soudain assombri par les souvenirs cuisants des derniers jours, il but d'un trait le reste de sa coupe.

« Bien, finit-il par dire, le tableau représente…

– La duchesse en religieuse », ne put s'empêcher de le couper Gabrielle.

La Reynie soupira.

« Voilà encore un nouveau chapitre que monsieur Delamare devra rédiger : "De l'importance de la rumeur en politique."

– Éclairez-moi, je ne vous suis plus !

– Le tableau est habilement destiné à des fins amoureuses et politiques.

– Je ne comprends pas.

– Il représente la duchesse de La Vallière avec ses enfants.

– Mon Dieu ! »

Gabrielle se leva précipitamment.

« Vous dites avec ses enfants ? Les enfants du roi ?

– Oui, près de leur mère.

– Et le roi a dit oui ?

– Le roi n'a pas dit non au passé. »

Gabrielle arpenta le salon.

« Mais comment savez-vous tout cela, vous qui n'étiez pas avec le roi chez Mignard ?

– Après son départ, je me suis entretenu avec Mignard. Je voulais que vous soyez la seconde à l'apprendre après moi. Je vous avais fait une promesse. Mais pour être tout à fait honnête, il en va ainsi de la politique. Ce tableau ne plaira pas à tout le monde.

– Est-il beau ? Vous a-t-il plu ?

– Je ne l'ai pas vu, Gabrielle. Mignard me l'a personnellement décrit et a décrit la satisfaction du roi. Il a beaucoup aimé ses enfants.

– Pensez-vous que la Montespan pourrait s'en plaindre ? »

La Reynie croisa le regard de sa femme qui comme toujours avait l'art de deviner.

« La peinture a parfois plus de tranchant qu'une lame. Je l'apprends tous les jours. »

35.

24 juin 1673

La comtesse de Cruissan était en rage. Fut un temps où Versailles ne pensait qu'au tableau de Mignard ; aujourd'hui le tout-Versailles ne parlait plus que de lui. L'annonce royale de la duchesse de La Vallière en robe bleu ciel amour et avec ses enfants ne l'avait pas terrassée mais tuée. Elle avait pleuré, crié, trépigné et bu plus que de raison. Jamais elle n'aurait pu imaginer d'Emilio une telle perfidie. Elle aurait dû se souvenir des Italiens et de leur duplicité. Elle aurait dû se souvenir de Catherine de Médicis, de Mazarin, de leur génie à pratiquer la trahison comme un art. Elle s'était laissé duper par ce misérable sorti des bas-fonds de Rome. Par aveuglement, toutes ses espérances s'envolaient. Finies, les quatre fenêtres à Versailles ! Finies, les entrées à la cour ! Elle se vit sans lendemain, la Montespan allait la détruire. Il fallait qu'elle se redresse. Qu'elle imagine une vengeance. Elle se mit à réfléchir. Et elle trouva. Elle allait lui offrir la tête d'Emilio. C'était sa seule chance. Le traître, ce n'était pas elle, c'était lui. Et pour accomplir la besogne, elle avait l'homme. Un officier de cavalerie qui fut jadis l'un de ses amants.

L'homme avait accepté. Il s'était même précipité vers elle. Pour ne pas se compromettre, il avait choisi une tenue de civil, un justaucorps en cuir fauve, des bottes à revers qui couvraient ses genoux et une perruque à deux rouleaux. Elle l'invita à s'asseoir sur la méridienne en soie rose. Il crut que c'était une invitation à renouer leur relation passée. Dans ses yeux, elle lut la promesse d'un oui à toutes ses demandes.

La comtesse avait bien préparé son affaire et elle savait ce qui déciderait l'officier. Elle lui parlerait d'elle mais surtout du royaume. D'une voix douce, presque enfantine, elle se félicita de sa présence et lui fit part de son abattement et de sa colère. L'homme fut flatté qu'elle eût pensé à lui. La comtesse espérait son dévouement. Elle évoqua un Italien dont elle brossa le portrait de voleur et d'escroc. Il lui avait dérobé cent livres et il lui avait vendu la copie d'un tableau sans valeur. Le capitaine jugea ce comportement répréhensible. Mais ce mot ne pouvait suffire aux yeux de la comtesse. Il fallait une accusation beaucoup plus grave pour le convaincre. Elle évoqua la menace que cet individu représentait à l'égard du royaume. « Il va partir pour la Hollande et je suis persuadée qu'il fuit avec des secrets », lui dit-elle. L'homme changea d'attitude. Il n'était plus en justaucorps fauve, il avait repris son habit de capitaine.

« Votre homme serait donc un espion, un ennemi du roi ? Un adversaire du royaume. C'est ce que vous pensez ?

– Il ne m'a jamais caché son mépris pour la France. »

Le capitaine se leva et regarda la comtesse.

« Vous n'entendrez plus jamais parler de lui, je vous en fais la promesse solennelle. »

*

Colbert avait su contenir sa colère. C'était un art que lui avait enseigné son maître Mazarin. Ne l'appelait-on d'ailleurs pas « la couleuvre », un animal au sang-froid ? Il n'avait pas quitté son bureau et avait avalé quatre verres de sa potion miracle, car ses douleurs à l'estomac s'étaient réveillées quand il avait repensé à la scène qui s'était déroulée à la fin du conseil des ministres. Le roi s'était approché de lui et lui avait annoncé sans préambule avoir visité l'atelier de Mignard. Colbert avait feint l'intérêt, bien qu'il ait su cette information avant même que le roi ne quittât Saint-Germain.

« Monsieur Colbert, savez-vous que vous avez été joué ? Et sans vous offenser, je m'en réjouis. »

Colbert avait accusé le coup. Il s'était attendu au pire. Que signifiait sa Majesté par « joué » ?

« Sire, votre joie me plaît davantage que mes erreurs…, avait-il répondu.

– Le tableau n'est pas celui que vous croyiez… Il ne représente pas madame de La Vallière en religieuse… »

Le pire était arrivé.

« Le tableau représente la duchesse accompagnée de ses deux enfants dans une scène que Mignard a su glorifier.

– Sire, à la bonne heure ! Il aura changé d'avis », avait-il maladroitement répondu.

Le roi avait regardé son ministre sans courroux.

« C'est le propre des rois et des artistes. »

Et Colbert s'était incliné. Il avait sous-estimé La Reynie.

*

Emilio, après le départ du roi, s'était senti comme soulevé de terre. La foule, les cris, les odeurs, rien n'avait pu l'arrêter. Il avait vu le roi ! Il l'avait vu de si près qu'il aurait pu le toucher. C'était irréel, insensé, divin, miraculeux. Sa Majesté lui avait parlé, et lui, il avait répondu ! Plus exactement, le roi l'avait questionné et lui, Emilio, l'homme sans rang ni richesse, l'étranger sans renommée, avait analysé pour lui l'œuvre sans trembler, sans hésiter, et il avait su l'émouvoir. Quel miracle ! Quelle douce revanche des angoisses de ces derniers jours ! Des menaces de La Reynie ! Il avait la sensation que l'étau qui avait enserré ses tempes avait disparu. Dans son exaltation il pensa à Marianne. Cette grande nouvelle, il devait la lui annoncer ! Il s'était mis à courir comme un fou, puis s'était arrêté. Elle allait lui demander des détails sur le tableau. Elle voudrait savoir si le roi avait aimé madame de La Vallière en religieuse, elle allait se mettre en colère en découvrant qu'il l'avait dupée. Et tout allait dégénérer. Il ne la connaissait que trop bien. Non ! Impossible. Elle allait gâcher son bonheur. Il décida d'attendre le lendemain, de voir si la nouvelle avait été rendue publique. Mais le lendemain il ne put se résoudre à lui parler, il n'en trouva pas l'occasion. En réalité, il se mentait à lui-même, il n'avait pas le courage de l'affronter. Le surlendemain, quand il repassa chez lui en fin de matinée, une violente odeur de pisse de chat lui fouetta les narines au bas de son immeuble. Dans le couloir, il dut marcher dans la boue qui maculait le plancher. Une appréhension le prit. Il grimpa les étages quatre à quatre, déboucha sur leur palier au dernier étage. La porte de leur chambre était entrouverte. Le cœur battant, il la poussa doucement. Tout y avait été renversé, fouillé, le lit était sens dessus dessous, les draps déchirés, le désordre était à son comble. À terre, la planche de l'établi fracassée, des dessins déchirés. Il ramassa ce qu'il put et les fourra dans sa besace. Marianne était-elle présente au moment de l'agression ? Il balaya la pièce des yeux. Il ne vit aucune trace de sang, ni ce qui pouvait ressembler à une lutte, et pas de message, donc non, l'espérait-il. Le chat, qui normalement à cette heure dormait, n'était pas là. Il l'appela, guetta, regarda par le soupirail, le chat ne répondit pas. Peut-être s'était-il enfui par les escaliers ? Mais il s'aperçut que sous l'établi la panière avait disparu. Il se calma. Ce ne pouvait être que Marianne. Elle avait dû découvrir leur chambre dans cet état, avait pris peur et s'était enfuie en emportant Pinceau. Rassuré à demi, il interrogea le chaos. Que s'était-il passé, qui était venu ? Certainement pas des voleurs. De tels lieux n'accueillaient que des gens comme lui, désargentés. Non, il s'agissait d'autre chose. Quelqu'un était venu le chercher. Et il trouva la réponse : la comtesse ! Bien sûr. La comtesse. Quel idiot il avait été. Il n'avait même pas songé que ses mensonges avaient pu mettre Marianne en danger ! Il sentit la panique s'emparer de lui. Il se précipita sur la cache près du lit, où il avait dissimulé ses économies. Il souleva la latte. Elles étaient toujours là. Il fourra la bourse et quelques papiers dans son sac, s'apprêtait à sortir quand des pas résonnèrent dans le couloir. Il se plaqua contre le mur. Les pas se rapprochaient. C'étaient ceux d'un homme seul. Emilio terrorisé s'empara d'un chandelier en cuivre. On frappa à la porte.

« C'est Antonin… »

Emilio baissa son arme de fortune et ouvrit la porte, soulagé. Antonin, habillé à la diable, le tricorne en arrière, était hors d'haleine.

« Tudieu ! Tu m'as fait peur ! On ne savait pas où tu étais !

– Qui ça, "on" ?

– Eh bien ! Marianne et moi !

– Marianne est avec toi ?

– Oui, elle est arrivée affolée à Saint-Eustache. En larmes. Elle m'a dit que des gens avaient tout dévasté chez vous…

– Et où est-elle ?

– En sûreté. Ne t'inquiète pas.

– Au Châtelet ?

– Tu veux rire ! Bien plus sûr ! Chez le Rat.

– Chez le Rat ? » répéta Emilio, surpris.

Emilio sortit, ferma la porte à clef et dégringola l'escalier suivi de son ami. En bas des marches, il retint Antonin par la manche :

« Par-derrière. Viens ! Les hommes sont capables de m'attendre dans la rue. »

– Tu peux m'expliquer ce qu'il se passe ?

– Plus tard, Antonin. Là, il y a urgence. »

Ils débouchèrent dans un minuscule jardin dont ils escaladèrent la palissade et prirent une enfilade d'arrière-cours. Emilio jetait des regards en arrière, à l'affût d'éventuels poursuivants. Arrivés dans une petite ruelle en terre, ils marchèrent d'un pas vif l'un derrière l'autre, débouchèrent sur le faubourg Saint-Antoine qu'ils remontèrent. Personne ne les avait suivis. Ils soufflèrent. Antonin, qui avait pris la tête de l'expédition, se mit à raconter plus avec ses mains qu'avec des mots ce qu'il était en train de dessiner à Saint-Eustache quand Marianne avait déboulé. Emilio ne l'écoutait pas et ne l'interrompit point. Mignard, la vengeance de la comtesse, des hommes à ses trousses et sa peur pour Marianne laissaient peu de place dans son esprit pour s'intéresser aux anges que son ami croquait… Qu'aurait-il pu lui raconter ? Sa rencontre avec le roi ? Non, ce n'était pas le moment. Les maisons abandonnées cédèrent la place à des terrains vagues.

« Où va-t-on, là ? »

Jamais Emilio ne s'était aventuré en ces lieux. Antonin qui marchait vite ne prit pas la peine de répondre. Il sauta une balustrade vermoulue et l'invita à le suivre. Emilio découvrit, interdit, un méli-mélo de carrosses délabrés au travers desquels Antonin se frayait un chemin. C'était hallucinant et magnifique. Antonin siffla pour qu'il le rejoigne, Emilio s'exécuta et se faufila dans ce décor fantomatique. Au détour d'une allée, il vit une vingtaine d'enfants mendiants assis autour d'un foyer. Tous braquaient les yeux sur lui. Il eut la brève vision de pirates assoupis vivant dans une armada de vaisseaux, attendant le signal pour déferler sur la ville. Une armée patiente et cruelle qui attendait son heure, ou son siècle. Un cri perçant résonna. C'était le Rat, qui, tel le seigneur des lieux, se leva pour accueillir ses hôtes.

« Salut les peintres ! Ta Marianne est là. »

Marianne émergea de la grappe des enfants, emmitouflée dans un châle de laine. Elle se jeta dans les bras d'Emilio.

« J'ai eu si peur, où étais-tu où passé ? »

Emilio l'enlaça et lui caressa les cheveux. Il se sentait fautif.

« Heureusement qu'Antonin était là… C'est lui qui m'a sauvée…

– Je suis avec toi. Il ne t'arrivera plus rien ! Je te le promets. Je ne te quitterai plus. »

Le Rat repartit vers le feu. Des gamins couverts de haillons et portant toques et vieux chapeaux s'écartèrent. Princesse les salua, une perruque blanche de poudre de riz sur la tête et engoncée dans une pelisse élimée en lapin. Emilio dévisagea la bande d'enfants. Il en reconnut certains, les plus âgés. Ce n'étaient plus des enfants, pas encore des hommes. Tous avaient des cicatrices, certains avaient même perdu un doigt. Le châtiment des voleurs. C'était donc ici, le royaume du Rat, de Princesse et de toute leur armée. Regroupés ainsi dans leur antre, ils semblaient inoffensifs. Mais qu'un geste trop vif, qu'un bruit si imperceptible soit-il parviennent à leurs sens, et à coup sûr ils se transformeraient en fauves, prêts à bondir. Emilio tenait Marianne serrée contre lui. Une colère sourde montait en lui. La vanité de sa rencontre avec le roi le fouetta au visage. La délicatesse du pétale de rose suspendu dans la lumière diaphane du décor champêtre à la française lui fut insupportable. Tout cela sonnait faux. Trop de richesse, trop de palais, trop d'orgueil ! Et les enfants du roi et de la duchesse de La Vallière, déjà arrogants et fiers d'eux dans leurs poses et leurs atours. Jamais ils ne sauraient que dans les faubourgs de Paris, d'autres enfants peinaient à survivre ! Il fut pris de dégoût. S'il devait être le peintre qu'il espérait, alors il se devait de traduire cette sauvagerie, ces mains tordues, ces enfances perdues, ces vies sans lendemain où l'espoir n'existe pas. C'était à lui de faire parler ce peuple muet.

Sur le feu un grillage avait été posé et des carcasses de poulets s'y consumaient. Un garçon aux cheveux roux rameuta deux filles et un autre garçon pour traîner sur les quais « à la pêche », comme il l'annonça au Rat. Ils fouillèrent dans les hottes en osier volées et en extirpèrent des couteaux et un sabre coupé, puis ils enfilèrent des gants, chaussèrent des bottes dépareillées et s'éclipsèrent.

Le Rat leur donna les derniers ordres et se tourna vers Emilio.

« Ton carrosse, c'est le troisième dans la deuxième rangée. Il a un toit et des portières. »

Princesse se leva, plus digne et plus belle que jamais. Antonin n'y fut pas insensible. Le Rat s'essuya la bouche d'un revers de manche. Emilio remarqua qu'il portait un bracelet de force en cuir. Princesse vint s'asseoir entre Emilio et le Rat. En face d'eux était accroupi Antonin.

« Et le tableau de Mignard ? »

Emilio se leva. Il était piégé. Il ne pouvait plus s'échapper. Un garçonnet apporta une planche pour alimenter le feu. Une fille, un bandeau sur l'œil gauche, retira la grille et les os de poulet calcinés.

« C'est quoi l' tableau ? fit l'un des mômes.

– Il va parler ! Fermez-la, vous autres… », dit le Rat.

Emilio attendit le silence, ne sachant comment démarrer son récit. Il avait, sans le vouloir, captivé l'auditoire, il ne pouvait les faire attendre plus longtemps.

« Il y a deux jours, je suis allé à l'atelier de Mignard. Tu t'en souviens, Marianne, Ezilda, la servante, était venue me chercher tôt le matin. Eh bien, j'ai vu le roi, dit-il dans un souffle.

– Sa Majesté ? l'interrompit Princesse.

– Oui, Sa Majesté. »

Antonin, très inquiet, demanda :

« Alors, tu veux dire que Mignard l'a représenté avec la duchesse de La Vallière sur le tableau ?

– Pas du tout. Il était là, devant moi en vrai et il m'a parlé. Il était si proche que j'aurais pu le toucher.

– Il est tombé du tableau ? » demanda le Rat.

Sa remarque fit glousser Emilio et Antonin, et l'hilarité gagna toute l'assemblée sauf Marianne. Elle n'en revenait pas. Il avait osé lui cacher sa rencontre avec le roi ! La colère commençait à monter.

« Alors, tu as vu le roi et tu ne m'as rien dit ? Emilio ! Tu m'écoutes ? »

Emilio n'entendit pas ou fit semblant de ne pas avoir entendu. Il continua.

« Sur le tableau, la duchesse est habillée d'une robe bleue. Elle est assise et tient dans sa main une rose dont un pétale vient de se détacher. Il flotte dans l'air. À ses côtés se trouvent ses deux enfants…

– Donc nous ne nous étions pas trompés sur les trois cercles et sur la verticale », fit Antonin excité.

Marianne explosa.

« Mais c'est faux ! C'est complètement faux ! hurla-t-elle. Elle est en religieuse, avec une robe de bure… C'est toi qui me l'as dit ! Tu me l'as bien dit ou je mens ? Réponds ! »

Elle était livide et se campa devant lui. Emilio se tourna vers elle, contrit, ne sachant que répondre. Pourquoi diable n'avait-il pas mis Antonin au parfum sur le chemin ? Il aurait pu le prévenir, éviter ce désastre.

« Tu ne mens pas, Marianne, c'est moi qui ne t'ai pas dit la vérité.

– Alors comme ça, depuis le début, tu ne me dis pas la vérité ! C'est un comble ! Moi qui ai essayé de t'aider. À cause de toi j'ai perdu mon logement, mon travail ! Tu y as pensé ? Tu m'as trahie, Emilio, et jamais je ne te pardonnerai ! Et vous autres, ajouta-t-elle, en se retournant, faites attention, faut pas le croire. C'est un tricheur, un profiteur. »

Elle ravala ses larmes et reprit :

« Je m'en vais, Emilio ! Je te quitte. »

Il voulut la retenir, mais elle se débattit et lui échappa. Princesse se précipita au secours de Marianne et la prit par les épaules. Les gamins firent cercle. Le Rat dansait d'un pied sur l'autre, ne sachant que faire. En reculant et en menaçant Emilio du doigt, Marianne lui lança :

« Honte à toi, Emilio. Les autres l'ont su, ils ont voulu se venger et ils ont saccagé ma chambre. Pas la tienne ! Toi, t'as rien, t'étais chez moi ! Tu entends ? Chez moi ! Et moi, ils ont essayé de me tuer ! J'aurais pu mourir ! Tu comprends ?

– Chuuutt… chuut…, fit Princesse qui, la prenant par la taille, tentait de la calmer.

– J'étais jaloux, Marianne, de ton baron… de ton baron qui a voulu t'acheter et moi avec, en te faisant miroiter ses louis et ses robes ridicules.

– Toi, jaloux ? Tu peux parler ! Et moi, qu'est-ce que je devrais dire de ta vieille comtesse ? »

Antonin fit un bond et vint poser délicatement une main sur la bouche de Marianne.

« Marianne, tu vas m'écouter, et vous tous aussi, dit-il devant l'assemblée médusée par la tournure des événements. Emilio t'aime, je peux te l'assurer. Il était comme fou quand il a vu ton logement dévasté, il a cru que tu avais été enlevée ou tuée. Mais tu dois comprendre que, quand il s'agit du roi, les choses sont compliquées, dangereuses et sous le sceau du secret. Emilio ne pouvait pas te dire la vérité sur le tableau. Je le sais car pendant que Mignard peignait, il n'était même pas convié à l'atelier. Il ne te mentait pas quand il a raconté ses histoires de religieuse. Il disait n'importe quoi car tout le monde le pressait… y compris toi, Marianne ! Ne l'as-tu pas questionné mille fois sur le tableau ? Et ton baron ? Qu'est-ce qu'il faisait, ton baron ? Hein ? Lui aussi il voulait t'acheter avec des robes et ses soirées ! Personne ici n'est coupable. Pas plus Emilio que toi. Nous sommes des petits. Les puissants se jouent de nous et nous font tourner comme des marionnettes, et ils nous écrasent quand ils veulent, quand ils n'ont plus besoin de nous.

– Ça, c'est vrai », fit le Rat qui applaudit au discours d'Antonin.

Antonin reprit :

« Là, on est tous en danger, et vos histoires à toi et Emilio les ont mis en danger, eux ! » Sans quitter Marianne des yeux, il lui montrait Princesse. « Ils t'ont offert l'hospitalité, ils ont pris des risques, c'est un grand cadeau. Entre eux et nous, à partir de maintenant, c'est à la vie à la mort. »

*

Sur les douze coups de midi ce même jour, Laruche et Torsac, bien installés devant leur plat préféré, le canard sur lit de navets, devisaient sur leur sujet tout aussi préféré – l'impossibilité pour la police de faire son travail –, quand une mouche débarqua. Ce qui était fort inhabituel. L'homme se faufila à côté de Laruche. Il avait attendu que la patronne reparte en cuisine. Le bruit courait, chuchota-t-il, que le peintre Roggiero était en danger. On le recherchait pour le tuer, mais il n'en savait pas plus. À la suite de quoi il s'éclipsa. Les inspecteurs se regardèrent. Dans un même mouvement ils s'étaient mis debout et, avaient fait signe qu'ils reviendraient plus tard, au grand dam de la patronne qui revenait en salle, une pyramide d'assiettes de poires au vin sur les bras. Tous deux pressentaient un retournement de situation.

Ils se rendirent d'abord chez Marianne mais trouvèrent la porte close. En questionnant les voisins de l'étage du dessous, ils apprirent que, ce matin même, il y avait eu « un sacré grabuge là-haut ». Deux hommes vêtus de noir avec de grandes bottes étaient descendus en trombe et quand les voisins étaient ensuite montés voir, ils avaient trouvé la porte de la chambre ouverte et c'était un vrai capharnaüm. La mouche avait donc eu raison. Les inspecteurs en déduisirent que Marianne ou Emilio, ou les deux ensemble étaient repassés par la chambre et qu'ils avaient verrouillé la porte, ce qui pouvait signifier qu'ils étaient sains et saufs. Ils allèrent vérifier chez le chapelier. Marianne n'était pas venue travailler ce matin. Les inspecteurs inquiets filèrent à La Pomme de Pin, dans la foulée au Mouton Blanc puis enfin chez Mignard où Ezilda leur affirma que « Non ! Emilio n'était pas venu aujourd'hui ». Que leur était-il donc arrivé ? Les inspecteurs repassèrent par leur bureau au Châtelet pour faire le point.

« Qui pourrait en vouloir à Emilio ? Qui pourrait aller jusqu'à tuer un peintre ? demanda Torsac.

– Ah enfin, tu as compris ! Toi aussi tu cherches à recoudre les morceaux.

– Tu avais raison, il y a bien un mystère autour de lui.

– Qui pourrait lui en vouloir, je ne sais pas encore, mais ce dont je suis certain, c'est que nos dessins en sont la cause. Crois-moi, ils ont dû déplaire et en gêner plus d'un. Peut-être qu'Emilio a trop fait parler de lui. Ce qui aurait dû rester un mystère est remonté à la surface.

– Tu veux dire que notre idée d'utiliser ses dessins l'ont exposé ?

– J'irais même plus loin. Je pense que nous sommes responsables. Soyons honnêtes. Il nous a été bien utile, et nous n'avons pas réfréné ses ardeurs. Nous l'avons même encouragé. »

Torsac ne démentit pas.

« J'ai quand même l'intuition qu'il y a autre chose.

– Tu penses quoi ?

– Qu'il y a eu deux affaires, celle qui a préoccupé La Reynie et celle de la cour.

– Tu veux parler des ragots qui ont enflammé le tout-Paris au sujet du tableau de Mignard ?

– Précisément. Les bouches cousues et madame de La Vallière. Deux affaires collées l'une à l'autre.

– Explique-toi.

– Pour moi, il y a trop de coïncidences. On sait qu'Emilio a très souvent été convoqué par La Reynie. C'était vrai avant que tu partes et ça a été vrai pendant que tu enquêtais à Marseille. Mais à cette époque, il ne s'agissait que de l'affaire des bouches cousues. C'était dans le cadre de l'enquête. Après le dernier meurtre sur les quais, il y a eu la fameuse reconstitution hallucinante dont je t'ai parlé. Mais celle qui a plongé dans la Seine, on ne l'a jamais retrouvée. Vivante ou morte, on ne sait pas, mais ce qu'on sait c'est qu'il n'y a pas eu de cadavre, donc pas de portrait à dessiner. Tu me suis ?

– Oui.

– Alors pourquoi ces visites d'Emilio à La Reynie ? Pourquoi on l'a fait chercher de force à l'aube l'autre matin ? Pourquoi nous, nous n'avons jamais été prévenus ? Pourquoi nous n'avons jamais assisté à une quelconque entrevue, pourquoi nous n'avons jamais eu de rapports de la part de Delamare ? Aucune trace.

– Tu penses qu'Emilio était dans le bureau de La Reynie pour une autre raison ?

– Absolument, je suis persuadé qu'il s'agissait du tableau de Mignard !

– Emilio, un espion au service de La Reynie ? Morbleu, si tu as raison… »

Laruche, enfiévré, reprit :

« D'abord Emilio est relié à Mignard. Il est son apprenti. On a même vu qu'à un moment ses allers et retours se sont arrêtés. Nos mouches l'ont aussi pisté chez la comtesse de Cruissan, sa maîtresse, et le plus beau, c'est que même la Montespan est allée visiter la Cruissan !

– Tu en es sûr ?

– D'après nos services, deux fois ! Qu'allait-elle faire là-bas, chez une femme qui n'a pas ses entrées à Versailles ? Je te le demande ? Eh bien, parce qu'elle est la maîtresse d'Emilio. Enfin, avant-hier nos mouches ont repéré Emilio chez Mignard juste avant l'arrivée du roi ! Donc le roi l'a forcément croisé ! Un heureux hasard, vraiment ? Sans compter que La Reynie était là, lui aussi… garé en bas de l'immeuble de Mignard !

– Oui, mais c'était pour protéger le roi.

– Pas uniquement. Car, à peine une demi-heure après le roi, il aurait parlé à la femme de Mignard. »

Torsac siffla entre ses dents.

« Les trois en même temps, dans l'atelier de Mignard ! Et le lien entre ces trois personnages ?

– Le tableau !

– Je crois que tu as trouvé. Si comme tu dis, La Reynie a parlé à Mignard, c'est qu'il a voulu vérifier quelque chose. Ce que représentait le tableau. De deux choses l'une, soit la rumeur au sujet de la bure de madame de La Valliere était vraie, soit elle était fausse et quelque chose d'important s'est joué là-dessus.

– Tu approches…

– La Montespan ! fit Torsac en baissant malgré lui la voix.

– Maintenant que la vérité a éclaté, Emilio est effectivement en danger. En un mot : la Montespan va chez la comtesse de Cruissan, la protectrice d'Emilio. À partir de ce moment-là, le tout-Paris répète que le tableau est "un adieu à la vie". Puis le roi découvre enfin le vrai tableau en allant incognito chez Mignard. C'est à ce moment précis qu'Emilio Roggiero, qui ne s'était pas déplacé à l'atelier depuis des lustres, se présente avant le roi, suivi de près par La Reynie, Tous les trois le même jour et au même moment sont chez Mignard et voient la même chose. Mais il y a un *mais*. Colbert lui aussi est proche du roi et des intérêts du royaume. Il apprend forcément par ses services que le roi a décidé de se rendre à Paris en escorte simple chez Mignard et que le lieutenant général a été prévenu pour gérer sa sécurité. Mais Colbert, lui, que savait-il réellement du tableau avant ce jour-là ? Pensait-il lui aussi, comme le disait la rumeur, que La Vallière serait en robe de bure, ou bien autre chose ? Autrement dit, aurait-il lui aussi joué un rôle dans l'issue de cette histoire qui avait pris un caractère politique ? Nous ne le saurons jamais. Parmi les proches du roi, finalement qui y a-t-il ? La Montespan et Colbert. »

Laruche suspendit sa démonstration. Torsac respecta son silence, le laissant dérouler son raisonnement.

« En un mot, qui est au cœur de toute cette histoire ? Qui était la personne la plus proche de Mignard, qui a pu jouer entre le vrai et la rumeur ?

– Un seul ! Emilio ! répondit Torsac.

– Parfaitement ! Emilio Roggiero. Pourquoi se serait-il adonné à ce jeu ? Mystère ! Y a-t-il eu des pressions sur lui ? On ne sait pas. Mais une chose est certaine : il faut qu'on le trouve tout de suite avant les autres, conclut Laruche.

– Oui, mais quels autres ?

– Les commanditaires, je ne sais pas mais des hommes de main…

– *Deux hommes vêtus de noir avec de grandes bottes !* » compléta Torsac.

*

Emilio se réveilla enroulé dans des épaisseurs de couvertures. Son carrosse avait traversé la nuit et l'avait ramené à son point de départ. Par la fenêtre cassée, il aperçut Marianne et Princesse assises sur un marchepied, en grande conversation. Il se leva, s'étira pour chasser les courbatures que lui avait causées l'inconfortable banquette, enfila ses bottes et son petit gilet de daim. Il rejoignit les jeunes femmes.

« Tu as bien dormi ? demanda-t-il à Marianne.

– Le plus beau des voyages. »

Princesse avait troqué sa pelisse en lapin pour une veste longue en cuir. Elle était tête nue et sans maquillage.

« Tu veux de la soupe ? Elle est toute chaude. »

Emilio s'approcha du foyer et accepta le bol qu'elle lui tendait. Il regarda autour de lui et fut surpris de ne voir qu'un ou deux gamins, les plus petits. Princesse qui avait lu son étonnement lui rit au nez.

« Qu'est-ce que tu crois ? Les autres sont au travail. De jour comme de nuit.

– Et le Rat ?

– Lui aussi. »

Emilio hocha la tête. Marianne, son chat Pinceau dans les bras, lui versa des légumes dans une casserole cabossée avec un bout d'aile de poulet qu'elle dénicha sur la grille.

« Figure-toi que j'ai proposé à Princesse qu'elle reprenne mon travail de chapelière chez maître Valageas. Elle est belle, elle aime les robes et les chapeaux. Ce serait bien pour elle. Eh bien… tu ne vas pas me croire ! Elle a refusé ! »

Princesse, qui avait écouté, reposa son écuelle.

« Je préfère ma liberté… Je veux dépendre de personne.

– Et tu pourras vivre comme ça toute ta vie ? argumenta Marianne.

– Moi ? Mais ma vie, c'est pas plus long qu'une journée… demain… j'y pense pas. »

Marianne la regarda, le cœur serré. Emilio et elle n'étaient pas riches, mais ils avaient eu un toit, et des projets.

« Et le Rat, il pense comme toi ? demanda Emilio.

– Bien sûr que oui ! Vous, vous rêvez de demain. Chaque jour vous posez une pierre sur une autre en croyant bâtir un château. Le Rat et moi, on a compris depuis longtemps que c'était une chimère.

– Je comprends.

– J' sais pas si tu comprends. Soit il devient un peintre comme toi. Il voyage, il rencontre des seigneurs, devient riche… Soit il… »

Emilio l'interrompit.

« Tu te trompes, Princesse ! Ce que tu es en train de faire, c'est justement rêver au futur, et c'est une chimère ! Les peintres, ceux dont tu parles, ils ne sont pas plus nombreux que les doigts de ta main. Les autres, ils vivent comme vous, comme moi, dans la misère et chaque jour ils ne prient que pour une seule chose, avoir du génie et être reconnus. »

Princesse sortit d'une petite boîte en fer du tabac qu'elle prisa en respirant très fort.

« Ou alors, un jour mes parents viendront me chercher, reprit-elle. Qui sait ? P't-être qu'ils se rappelleront qu'ils avaient une fille qu'ils ont abandonnée au couvent Sainte-Marie ! »

Marianne et Emilio échangèrent un regard.

« J'ai toujours su que je n'étais pas une orpheline ordinaire, mais la bâtarde de quelqu'un de très riche, p't-être même de la cour. Le Rat, il jure que mes gestes, comment je marche, comment j'aime m'habiller, mes yeux, tout ça, ça le prouve.

– Il a sûrement raison.

– Tant que le Rat le dira, je resterai avec lui. »

Emilio, qui ne voulait pas la blesser davantage, regagna le carrosse pour ranger ses affaires. Il réveilla Antonin qui dormait encore, ses bottes en guise d'oreiller.

« C'est déjà l'heure ? Sois prudent, Emilio ! »

Ils étaient en effet convenus que lui et Marianne partiraient ce soir, mais que Marianne resterait ici la journée. C'était trop dangereux. Lui passerait au Châtelet, s'occuperait de la voiture et retournerait chercher quelques affaires à la maison.

« Ne t'inquiète pas, La Reynie me vaut bien cela. Il me l'a promis… C'est un homme de parole. C'est la seule solution. Sans sauf-conduit, je n'ai aucune chance. »

Ils restèrent un moment silencieux. Antonin, qui regardait Princesse se lever et rejoindre avec grâce le foyer, eut l'idée de faire une série de dessins. Elle marcherait de profil devant lui, et lui décomposerait chaque mouvement de sa course, les bras, les jambes dans une position différente, les tissus de sa robe flottant comme des ailes d'oiseau, et elle avec son crâne rasé, altière. S'il faisait onze dessins de la même dimension et qu'il les disposait côte à côte, il voyait déjà l'effet que cela allait produire. Au troisième dessin, il y aurait un mouvement imperceptible du visage, au quatrième, sa tête se tournerait d'un quart vers lui, au cinquième, elle le fixerait, un sourire à peine ébauché, une surprise dans le regard, puis par un mouvement inverse, elle reprendrait en six et sept sa marche de profil. Il pourrait même s'offrir le luxe d'ajouter un ultime dessin. Il ne resterait d'elle dans le champ que la dernière ondulation de son jupon. Elle serait sortie de la page. Ce serait beau ! Une suite de mouvements arrêtés. Au crayon à la mine dure, ou un lavis, pourquoi pas ? Et si je m'installais ici ? se surprit-il à penser. Il se tourna vers Emilio et serra son ami dans les bras.

« Avant-hier avec le roi et aujourd'hui à la cour des Miracles… Tu vas avoir une belle palette. Tu vas me manquer, mon ami ! »

Emilio fut ému.

« Le jour où les anges ne te suffiront plus, je sais que tu viendras me rejoindre. »

Le vacarme d'une course accompagnée de cris les fit sursauter.

« Crôa ! Crôa !

– Les corbeaux ! Les corbeaux ! Ils sont là ! Ils arrivent !

– Qui ça ? »

Deux gamins surgirent en trombe suivis de Princesse. Laruche et Torsac étaient sur leurs talons escortés du Rat. La foudre s'abattant sur les deux amis n'aurait pas créé surprise plus grande. Marianne prit peur et vint se réfugier près d'Emilio transformé en statue de pierre. Antonin se leva d'un bond. Le Rat, toujours à côté des inspecteurs, poussa son *cri* : il n'était pas peu fier de l'effet produit par leur arrivée et de son exploit.

« Tu es venu chercher un carrosse ? » fit Laruche moqueur.

Emilio bredouilla une réponse inintelligible. Le Rat vola à son secours.

« Ils ont promis ! Ils ont promis ! Ils ont dit que not' repaire, il rest'rait secret ! »

Le reste de la bande débarqua, Baragouin en tête. Torsac, qui s'était éloigné pour faire le tour du campement, identifia une horde de gamins, une bonne quinzaine, filles et garçons qui couraient en direction de Laruche. Ils étaient équipés d'armes volées, des couteaux de toutes tailles, et même un sabre court que portait le plus âgé d'entre eux. L'inspecteur mit la main à son pistolet et s'empressa à son tour vers son collègue. Le Rat, qui perçut aussitôt le danger, siffla dans ses doigts. Tous se figèrent sur-le-champ, et la tension redescendit. « Décidément c'est incroyable, pensa Laruche, si nos archers obéissaient ainsi, sans attendre la moindre explication… » Torsac le rejoignit, la main toujours sur la crosse de son arme.

« C'est moi, dit le Rat à l'intention d'Emilio et de Marianne, c'est moi qu'ai été les chercher au Châtelet. »

Devant le visage ahuri de Marianne et d'Emilio, Laruche intervint.

« Le Rat dit vrai, et vous avez notre parole. Toi, Emilio, je voudrais que tu me dises la vérité. Savais-tu que ce matin à sept heures tapantes ton ami le Rat faisait le guet près du porche du Châtelet ? »

Emilio, qui ne comprenait plus rien, se détourna des inspecteurs pour dévisager le Rat. Il fit un geste de dénégation.

« Eh bien, il nous attendait ! poursuivit Laroche. Il était dans une grande agitation. Il nous a dit que tu étais en danger. Et il a raison, Emilio. Des assassins sont à tes trousses. Est-ce que tu es au courant ? Réponds, Emilio ! Tu le savais, oui ou non ? »

Devant son mutisme, il s'adressa au Rat :

« C'est bien ce que tu nous as dit ?

– Oui ! dit le Rat en fixant Emilio. J'ai expliqué et lui (il montra Laruche), il a été chercher son collègue, et moi j' suis reparti. J'ai dit qu'il fallait qu'on s' donne rancard dans un coin à moi, et qu'ils y aillent sans s' faire repérer. De l'autre côté du fleuve, à la porte Saint-Michel. Ils devaient v'nir à pied, que eux seuls. Nous, on était là. On les a filés jusqu'au pont. S'ils avaient menti, j' me s'rais sauvé. Eux, ils sont arrivés à pied, comme ils ont dit. On les a vus de loin. Ils ont arrêté l' carrosse vide qui passait et personne a suivi. J' le jure !

– Exact, dit Laruche, il avait peur pour vous deux, il était certain que vous ne pouviez pas vous en sortir tout seuls. Encore une fois, Emilio, je te le demande, dans quoi diable t'es-tu encore fourré ? Dis-le ! Cette fois-ci, c'est très grave. On veut t'assassiner. »

Marianne se jeta dans les bras d'Emilio.

« Ta chambre a été saccagée et tu n'étais nulle part, ajouta Torsac, ni à La Pomme de Pin, ni dans tes autres repaires, ni même chez Mignard : personne ne t'a vu. Où étais-tu ?

– C'est la vérité. Je venais juste de rentrer, et c'est là qu'Antonin m'a retrouvé. On s'est sauvés et il m'a amené ici. »

Les inspecteurs échangèrent un regard. Torsac prit la relève.

« Et tu comptes faire quoi maintenant ?

– Partir ce soir avec elle.

– Comme ça ? répliqua l'inspecteur en claquant des doigts. Et avec quelle voiture, si je puis me permettre ? Pas une de celles-ci, je suppose ? »

Vexé, Emilio essaya de se justifier.

« C'est ce que j'allais faire aujourd'hui. J'ai des économies !

– Tu es libre de partir quand tu veux, Emilio, mais tu es bien naïf. Tes économies ne suffiront pas à ta sécurité », dit Laruche.

Emilio, à court d'arguments, fut devancé par Torsac.

« Et toi, Antonin, tu pars aussi ?

– Non, je vais habiter ici.

– Ici ?! Cela dit, c'est un royaume qui en vaut bien un autre. Je ne doute pas qu'il te donnera de l'inspiration… »

Laruche se planta avec autorité devant Emilio.

« Trêve de bavardages. La Reynie t'attend. Il veut te saluer avant ton départ.

– N'y va pas ! cria Marianne. Ils vont te garder, c'est un piège !

– Certainement pas, mademoiselle ! Vous avez la parole du lieutenant général. Soyez-en assurée. Emilio est un homme libre et il sera à l'heure pour son départ, rue des Petits-Champs, je vous le promets. »

À Emilio :

« On va t'expliquer tout ça en chemin. Prends tes affaires et suis-nous. Le Rat sait quoi faire. »

Emilio, en entendant « rue des Petits-Champs », n'insista pas. Il ramassa sa besace et sa veste et, accompagné des inspecteurs, gagna la sortie sur les talons de deux gosses à qui le Rat avait commandé de les escorter. Le reste de la horde fut intimé de rester sur place jusqu'à ce que la voiture soit partie et d'aller ratisser les alentours ensuite. Tout semblait avoir été prévu, d'un côté comme de l'autre.

*

« Monsieur Roggiero, je vous remercie d'avoir accepté mon invitation. Prenez place », dit La Reynie, l'invitant à s'asseoir dans un des fauteuils bleus en face du bureau où il était installé.

Emilio obéit mais resta silencieux. Il était sur ses gardes. Il attendit que le lieutenant général prenne l'initiative dans cet entretien.

« J'ai appris que vous partiez ce soir pour les Flandres. Je me trompe ?

– Non, monsieur le lieutenant général. Je vais quitter Paris cette nuit.

– C'est la raison pour laquelle je souhaitais vous rencontrer. C'est un départ un peu précipité, il me semble ?

– Je suis très honoré que vous me receviez. Il avait été dans mon intention de solliciter une entrevue avec vous avant ce soir pour vous en faire part.

– Et je suppose qu'aucun argument ne vous fera changer d'avis ?

– Non, monsieur. Une nouvelle carrière m'attend là-bas. »

La Reynie reconnaissait bien Emilio Roggiero dans cette formule. Mais il était de bonne humeur. La satisfaction du roi dans l'atelier de Mignard et la révélation du tableau, conforme à ce qu'il avait laissé entendre à Sa Majesté, l'inclinait à avoir de la considération pour l'Italien. Il lui avait été fidèle, il avait su répondre à ce qui lui avait été demandé. En clair, l'issue de toute cette affaire était une réussite. Sans vouloir totalement se l'avouer, il trouvait même plaisir à cet échange.

« Je souhaitais vous voir pour plusieurs raisons. Dans les enquêtes menées par nos inspecteurs et le commissaire Delamare, vous avez su, avec votre art, nous aider au-delà de mes attentes.

– Je suis très sensible à vos compliments et vous en remercie mais j'ai fait très peu de choses. »

La Reynie remarqua que le peintre usait d'un langage maîtrisé. Ce garçon fait des progrès, se dit-il.

« Sur ce point permettez-moi de vous contredire. Votre rôle a été incontestable. C'est la raison pour laquelle je tenais à vous informer que l'enquête est terminée. Les coupables ont été identifiés. Ils ont été retrouvés assassinés à leur tour, l'un noyé, l'autre égorgé peu de temps avant son arrestation. Je me devais de vous le dire, et, ajouta-t-il, en levant une main comme pour arrêter une question, il m'est impossible, comme vous le savez, de vous en dire davantage. »

Emilio se redressa sur son fauteuil.

« Je l'ai appris, monsieur. Puis-je me permettre de vous dire mon sentiment ? »

La Reynie par un geste l'encouragea.

« Sans vouloir vous offenser, pour moi, ces nouvelles sont la pire des réponses. Les assassins auront échappé à votre justice. »

La Reynie posa les mains à plat sur son bureau comme pour se lever. Il dévisagea longuement le jeune homme, arrivé depuis peu d'Italie, étranger à la politique du royaume, émettre le plus tranquillement du monde une opinion des plus pertinentes sur ce que devait être le rôle de la police, la sienne, celle qu'il était en train de mettre en place ! Des propos qu'il serait fort imprudent d'énoncer publiquement.

« Votre sincérité me touche et je comprends votre frustration, mais le ciel en a décidé autrement.

– Monsieur le lieutenant général, j'ai peint trop de cieux en Italie pour avoir oublié qu'ils sont habités, et qu'ils parlent. »

La Reynie aima la répartie mais il se devait de la réprimer en ces lieux. L'atmosphère se tendit.

« Mais vous n'êtes pas ici, devant moi, pour cette raison. »

Emilio se raidit, s'attendant au pire. Laruche et Torsac lui auraient-ils menti ?

« Monsieur Roggiero. Je vous avais promis un sauf-conduit, mais une enquête vous concernant va contrarier votre départ ce soir.

– Monsieur, vous m'aviez pourtant donné votre parole…

– Je sais, je sais. Mais depuis ce matin, beaucoup de choses ont changé. Vous êtes menacé de mort, des tueurs vous cherchent.

– Justement, mon départ ce soir me protège.

– Vous préférez donc que ma justice ne s'applique pas à vous protéger et que ceux qui vous poursuivent soient impunis ? »

Emilio baissa la tête. La Reynie venait de marquer un point.

« Je vous connais bien, monsieur Roggiero, et je n'ignore pas que vous possédez l'art du mensonge et de la dissimulation.

Éclairez-moi de vos lumières. Qu'avez-vous fait de grave qui motive des tueurs à vouloir vous supprimer ?

– Je ne comprends pas ce qu'on me reproche, plaida Emilio.

– Alors je vais vous aider. Vous avez été espion pour moi chez Mignard, jusque-là nous nous sommes accordés. Mais il semblerait que vous ayez pris plaisir à l'exercice. M'auriez-vous partagé avec d'autres, faisant de vous un double, voire un triple espion, en quelque sorte ? »

Emilio sentit une flambée de chaleur lui monter aux joues. Il fit le dos rond car il savait déjà que cela ne pouvait être que la comtesse de Cruissan qui avait pu parler.

« De sorte, monsieur Roggiero, que vous m'avez quand même trahi et que cette trahison pourrait vous condamner aux galères. Vous l'admettez ? »

Emilio se sentit perdu. La cordialité de La Reynie n'avait été qu'une façade et il frémit à l'idée que sa signature au bas d'une condamnation pût le plonger au fond des abîmes.

« Je ne vous ai pas trahi, monsieur. Je vous ai toujours dit la vérité, même quand elle était difficile à entendre, y compris quand monsieur Mignard, indécis sur sa composition, élaborait toutes sortes d'esquisses et que j'étais au supplice de ne pouvoir vous renseigner.

– C'est ce qui vous sauve à mes yeux mais d'autres, il me semble, ne vous l'ont pas pardonné. Allez, dites-le ! Qu'avez-vous fait pour qu'on exige votre tête ? »

Emilio se mit à transpirer. Par quoi commencer qui puisse le sauver ? La vérité, tout simplement, même si son orgueil allait en souffrir.

« J'ai voulu me venger.

– De madame de Cruissan. Je sais.

– Vous vous souvenez, elle m'avait prêté de l'argent, cent livres pour me permettre de devenir l'apprenti de monsieur

Mignard. Elle m'a harcelé. Elle voulait que je lui révèle ce que le Maître était en train de peindre. Sinon, elle me sommait de la rembourser. Au début, je ne savais même pas qu'il s'agissait de madame de La Vallière. Pardonnez mon ignorance, je suis italien et peu au courant de la cour. Je ne savais même pas qui elle était.

– Et donc, vous avez menti à la comtesse en lui vendant un faux tableau pour la somme de cent livres ! Je m'égare ou est-ce la vérité ? »

Emilio acquiesça par un mouvement de la tête.

« Une fortune pour une religieuse en robe de bure qui n'existe pas ! Vous avez dû bien vous amuser ! Voyez-vous, l'affaire aurait pu s'arranger si votre comtesse avait été la seule dupée. Ce mensonge n'exige pas nécessairement qu'on veuille pour autant vous assassiner. Selon moi, il y a quelqu'un d'autre ! Dites-le !

– Oui, il y a aussi un baron, qui a essayé de soudoyer ma compagne. Il voulait tout savoir sur le tableau lui aussi.

– Vous voulez parler du baron de Troussac ?

– Ah ! Vous savez pour lui aussi ? dit Emilio, au comble de l'humiliation.

– Mais hélas, monsieur Roggiero, vos mensonges ne se sont pas arrêtés là. Il y a une troisième personne.

– Je vous jure que non ! cria presque Emilio. Jamais ! Pas de troisième personne !

– Oh, que si ! Mais sur ce point, je vous pardonne votre ignorance. Vous ne la connaissez pas. Une dame de la cour, très influente, dont je tairai le nom, a elle aussi approché madame de Cruissan pour avoir des nouvelles du tableau ! Elle savait que vous étiez son amant. Êtes-vous enfin en train de comprendre les enjeux de ce triple espionnage, et leurs conséquences fâcheuses qui en ont humilié plus d'un ? Êtes-vous enfin conscient de la gravité de ce que vous avez fait ?

– Mais comment aurais-je pu savoir, monsieur le lieutenant général ? »

La Reynie continua, imperturbable.

« Tous se connaissaient et poursuivaient le même but : être informés du tableau de madame de La Vallière avant le roi. Vous comprenez comment la rumeur de votre mensonge a pu se propager dans tout Paris, et très fortement déplaire quand la supercherie a été découverte ? »

Emilio était effondré.

« Monsieur, tout cela me dépasse et, dans cette histoire, c'est moi qui ai été manipulé. On s'est servi de ma naïveté, de ma méconnaissance des us et coutumes de la cour et de ma pauvreté. Je ne suis coupable que de mon ambition à vouloir être reconnu comme peintre et travailler avec les plus grands. C'est moi qui suis la victime. Oui ! répéta-t-il avec ferveur en levant les yeux vers le policier, je suis la victime de ce beau monde, de ses coquetteries et de ses jeux ! »

La Reynie resta silencieux. Emilio, désespéré, attendait une réponse qui se fit attendre.

« Monsieur le lieutenant général, ne me condamnez pas. Je ne vous ai jamais trahi. Vous avez voulu protéger l'honneur du roi et de madame de La Vallière, n'est-ce pas ? Et c'est chose faite. Laissez-moi partir. Marianne m'attend. Si je reste à Paris, je suis perdu et elle aussi. »

La Reynie se leva. Emilio le suivit du regard, éperdu.

« Monsieur, vous avez su me convaincre. Aucune charge ne sera retenue contre vous. Marianne est sous notre protection. Vous pourrez partir cette nuit et vous aurez vos documents pour votre voyage. Vous serez escorté par les inspecteurs Laruche et Torsac pour quitter Paris. J'ai cependant une faveur que vous m'avez déjà accordée, je garde vos dessins de l'enquête. »

Emilio sauta sur ses pieds. Sa joie et sa spontanéité arrachèrent un sourire au policier.

« Monsieur le lieutenant général, je vous remercie. Puis-je à mon tour oser ?

– Je vous écoute.

– Le jeune garçon qui a poussé son cri strident, celui de la morne, vous vous en souvenez ? Le Rat…

– Oui, je vois, poursuivez…

– Un jour viendra où il aura sans doute besoin de votre grâce. »

La Reynie apprécia, mais ne le montra pas. C'était le moins qu'il pût faire.

« Je me souviendrai de lui, et soyez assuré que le commissaire Delamare en sera informé. »

Emilio se retira après une courte révérence. En sortant, il entendit derrière lui déclamer :

« Allez de corniche en corniche jusqu'à votre Paradis ! »

Emilio se figea. Il tourna la tête vers le lieutenant général et dit :

« C'est de Dante, monsieur ! »

*

Sur le pas de la porte, Torsac et Laruche l'attendaient.

« Mon cher Emilio, nous sommes là pour t'escorter. »

Emilio les suivit dans leur bureau. Laruche retourna une chaise et invita Emilio à s'asseoir.

« J'ai l'autorisation du lieutenant général pour partir ce soir, avec Marianne, dit-il en préambule.

– Oui, on sait. Ta voiture t'attendra rue des Petits-Champs. Nous t'y conduirons à la nuit tombante.

– Et Marianne ?

– Ne t'inquiète pas, elle y sera. Si tu as faim ou soif, nous irons te chercher ce que tu veux. »

Emilio les remercia. Tout avait été préparé. Laruche lui proposa du tabac à priser qu'il refusa. Il observa ce qui leur tenait lieu de bureau. Une seule fenêtre, des murs tachés de salpêtre, des étagères en sapin ployant sous le poids de dossiers énormes et deux armoires aux battants ouverts où étaient suspendus des vêtements et accrochés des chapeaux. Il y avait même un lot de perruques. Cela le fit penser au bric-à-brac des peintres. Prêts à être mis en scène, mais dans une autre sorte de tableau.

« Nous nous souviendrons de toi, dit Torsac. Ta présence nous a beaucoup aidés. Pour moi, surtout à Marseille. Mais le lieutenant général a dû te le dire, n'est-ce pas ?

– Tu as même conquis le commissaire Delamare, renchérit Laruche. La pratique du dessin l'a convaincu…

– Pourvu qu'il ne nous demande pas de prendre des cours de dessin ! reprit son collègue. Ce serait un comble ! »

La porte s'ouvrit et un sergent parut, tout essoufflé. Une sale affaire rue du Four. Delamare les demandait.

« Emilio, dit Laruche, ici, tu n'es pas prisonnier. Mais dans ce bureau, tu es en sécurité. Nous te conseillons vivement de ne pas sortir et de nous attendre. N'oublie pas que tu es en danger ! »

Après leur départ, Emilio s'approcha de la fenêtre et les vit sauter sur leur cheval. Le silence était retombé. Il épia. Aucun bruit ne venait de l'étage. La solitude l'enveloppa et un léger voile de nostalgie vint troubler ses pensées à l'idée de quitter Paris. Que risquait-il à sortir, sinon d'être interpellé par un planton ? Il ouvrit délicatement la porte. Personne. Il parcourut un long couloir désert. Dans l'escalier menant à la sortie, des policiers montaient et descendaient dans un grand bruit de bottes, des hommes et des femmes, convoqués ou en état d'arrestation, étaient encadrés par des gardes. Personne ne lui prêtait attention.

Il se glissa dans le mouvement descendant et franchit librement le porche du Grand Châtelet, sans remarquer le loqueteux qui lui emboîta le pas.

Emilio traversa la place. Cette cérémonie des adieux, il désirait la vivre seul, sur les lieux familiers qu'il avait fréquentés avec ses amis. Depuis combien de temps ? Presque trois ans... Il avait connu la faim et le froid, mais aussi l'amour et l'amitié. À Paris, son art et sa palette s'étaient épaissis. Son caractère avait changé. Il n'était plus le même. Il avait perdu un peu de cette arrogance de l'adolescence et du sentiment d'invulnérabilité qui l'avaient habité et animé, convaincu qu'il avait une revanche à prendre, que la pauvreté n'était pas une fatalité, que tout était possible et que le monde l'attendait. Il était devenu plus exigeant envers lui-même. Il ne courait plus avec avidité vers les autres comme s'ils détenaient la solution à son destin. Il avait commencé à marcher vers lui-même. À retrouver ce jeune garçon abandonné depuis toujours qui, à douze ans, avait emprunté les chemins de la Toscane. Si un jour il devenait le peintre dont il rêvait, il lui faudrait enfin tremper ses pinceaux dans les couleurs du Nord.

Il se dirigea vers Notre-Dame, mais n'y entra pas. Pendant longtemps, la cathédrale avait été son pôle magnétique. Il s'y était souvent réfugié par les nuits de grands froids, et il se guidait dans Paris en levant la tête vers ses tours. Il la contourna, s'orienta vers l'est, vers le pont en bois qui enjambait un bras de la Seine vers l'île Saint-Louis par le quai de Bourbon, traversa le fleuve par le pont de la Tournelle et longea la berge en remontant vers le Châtelet. Paris était ensoleillé. La lumière poudrée du matin lui donnait les perspectives d'une ville construite sur l'eau. Elle lui manquerait. Il descendit sur les berges terreuses et son cœur se serra au souvenir des Bouches cousues. Toute une faune de laissés-pour-compte vivait là, sous les ponts. Des bébés braillaient, des enfants se poursuivaient. Il se sentit épié. Regarda alentour, ne vit rien. Il évita le pont Saint-Michel et coupa par le Pont-Neuf. Il voulait saluer la Sainte-Chapelle où Antonin plus d'une fois s'était laissé enfermer pour y passer la nuit et reproduire les vitraux à la lumière de l'aube. Il revint rive droite. Il avait perdu la notion du temps. Il s'arrêtait partout, gravait des images dans sa mémoire afin qu'un jour peut-être, elles resurgissent à la pointe de ses crayons. S'il y avait un lieu qu'il souhaitait revoir plus que tout, c'était la taverne de La Pomme de Pin. Il emprunta le pont au Change, évita le Grand Châtelet en rasant les maisons et se perdit dans les petites ruelles pour gagner le cimetière des Innocents. Il ne lui restait qu'un pas à faire pour rejoindre la rue Troussevache. Combien de fois n'avait-il pas usé de ce stratagème ? Il était six heures du soir, la salle était déjà pleine de rires, de cris et de fumée. Emilio était affamé. Il entra, se fraya un passage parmi les clients.

Les rares tables étaient déjà occupées. Debout au comptoir, il commanda un pichet, se versa son premier gobelet de bourgogne et posa le broc à ses pieds. Il ferma les yeux et se laissa enivrer. Emilio eut le sentiment d'être né ici. Il y avait rencontré Antonin et tant d'autres, des acteurs sans théâtre, des peintres sans talent, des rimeurs et des poètes sans muse. Un monde fraternel qui l'avait inspiré comme une onde. Combien de gueules cassées, de joues couturées, de mains de voleurs coupées, de jambes de bois n'avait-il pas dessinées ici ? Il était désargenté mais son verre était toujours rempli. Emilio finit sa cruche et une nouvelle lui fut offerte par un inconnu qui le salua derrière un rideau de fumée. Les larmes lui montèrent aux paupières et il se demanda si, à Amsterdam, il retrouverait cette chaleur. Il n'était pas triste, simplement ému. Il regarda la serveuse qui traversait la salle en emportant une pile d'assiettes et de gobelets sales en équilibre sur son bras. Le patron balança son torchon par-dessus son épaule et la débarrassa. Il pensa à Camille Venault, à son frère assassiné sans doute par sa faute. Il se reprit. Il fallait se hâter, quitter ces lieux, retrouver Marianne et son avenir. De retour dans la rue, il leva le nez vers le ciel. Le soleil venait de se coucher et il allongea le pas. Il n'avait pas d'autre choix que de regagner le bureau des inspecteurs. Il croisa une patrouille du guet qui remontait la rue Saint-Denis. Il s'écarta pour la laisser passer et reprit sa marche, avec l'étrange sensation qu'à l'écho de ses pas, répondait un autre écho. On le suivait. Il allait se retourner quand une main gantée s'abattit sur son épaule et le plaqua violemment contre le mur. Sa tête heurta un volet fermé. Il se crut perdu. Les inspecteurs avaient eu raison, son escapade était une folie. Il se retourna, convaincu qu'on allait lui planter un poignard dans le ventre, quand il découvrit deux sergents du guet !

« Vous êtes imprudent, monsieur Roggiero. Nous avons ordre de vous conduire au Châtelet. On vous cherche au plus haut ! »

Derrière les sergents, Emilio surprit un visage qu'il lui semblait avoir déjà vu. Mais la silhouette du loqueteux s'évanouit comme par miracle, laissant l'interrogation d'Emilio en suspens.

Au croisement de la rue Sainte-Catherine et de la rue Saint-Denis, Laruche et Torsac montaient la garde. Cachée par une pile de l'église, une voiture attelée de deux chevaux était garée et derrière une couronne de policiers, deux autres chevaux sellés étaient également là. Antonin, le Rat et Marianne, la panière de Pinceau dans les bras et à ses pieds de nombreux bagages et des cartons à dessins, fixaient Emilio. La vindicte s'abattit sur lui. Tous se mirent à lui crier dessus.

« T'étais où ? tempêta Marianne.

– T'aurais pu t' faire percer ! » s'égosilla le Rat.

Torsac fit un signe au cocher qui sauta et chargea les bagages. C'était le moment des adieux. Marianne grimpa dans le carrosse. Emilio fit une accolade au Rat. Toute parole eût été inutile.

L'intensité de leurs regards suffisait. Puis, se retournant vers Antonin, il sortit de son havresac la bourse que lui avait rendue Mignard. Il ouvrit la main de son ami et la lui glissa dans la paume.

« C'est pour toi et le Rat. Les professeurs méritent salaire et les élèves aussi. Tu seras son mentor.

– Tu es fou ! Elle m'a l'air très lourde et tu risques d'en avoir besoin !

– Cet argent me brûle les doigts et ne m'a attiré que des ennuis ! »

Laruche eut un regard d'admiration qu'il partagea avec Torsac.

Marianne à son tour sortit triomphante une bourse d'un de ses sacs qu'elle leva haut.

« Moi aussi, j'ai cent louis !

– Cent louis ? Mais d'où ils viennent ?

– Je te le dirai pas… Ou seulement si tu me pardonnes. »

Antonin qui craignait un nouvel affrontement se plaça près de Marianne et fixa Emilio.

« Bien sûr qu'il te pardonne ! Hein, Emilio ? »

Emilio n'insista pas.

« C'est le prix de ta "robe de bure" au baron.

– Tu lui as répété et il t'a payé cent livres, c'est ça ? »

Marianne s'écarta d'Antonin.

« Non, Emilio. Il m'a d'abord payée, et après je lui ai avoué ton mensonge ! » dit-elle crânement.

Emilio et Antonin s'étreignirent, puis le jeune Italien, la gorge serrée, sauta sur le marchepied de la voiture. Laruche détacha les deux chevaux et les inspecteurs enfourchèrent leurs montures. Le bruit sec du fouet claqua. La nuit venait de tomber. Ils partaient.

*

L'équipage traversa la Seine et fila vers le sud par la porte Saint-Michel. Les inspecteurs encadraient la voiture. Laruche à l'avant avait glissé deux pistolets à silex dans sa ceinture et avait sanglé un mousquet sur sa selle. Torsac à l'arrière avait fait de même. Il portait un tricorne, qui saurait dire à ceux qu'ils croiseraient qu'ils étaient policiers. Des lumières couraient sur les façades et le ciel noir était privé d'étoiles. Marianne retira ses chaussures et son chapeau et proposa du pain à Emilio. Pinceau vint se réfugier à côté de lui. Emilio laissa flotter son esprit. La tension qui s'était évanouie avait laissé place à la fatigue. Il s'aperçut que, dans la folie de ses adieux à Paris, il avait négligé bien des détails sur leur voyage hors de France, la guerre de Hollande et les lignes du front. Il n'avait même pas demandé aux inspecteurs jusqu'où ils les accompagneraient. Il ne douta pas une seule seconde que les inspecteurs avaient les sauf-conduits nécessaires ou une lettre cachetée qui serait transmise à un officier pour traverser les lignes. Il se sentait emporté dans une aventure sans en avoir préparé les plans. Lui qui espérait tant les plaines du Nord et les horizons plats, les couleurs tendres et le silence du blanc, avait le vertige. Il se pencha vers la vitre, et de son gant essuya un peu la buée qui l'avait légèrement opacifiée. Il ne vit que du noir, ils avaient quitté les faubourgs de la capitale. Marianne s'endormit, il ferma les deux rideaux.

Emilio pensa au Maître. Il le revit dans son atelier avec son justaucorps noir. Il marchait et parfois il s'arrêtait devant une de ses larges fenêtres pour observer la rue. Emilio aimait ces moments où Mignard lui parlait en italien et il avait bien compris qu'il avait été engagé parce qu'il était « romain, pour toujours ». Il songea aussi à leurs longues conversations sur Giotto et Raphaël. Giotto éblouissait Mignard et la sensualité de Raphaël l'étourdissait. À ses yeux, Giotto était l'*absolu*. Il vous mettait à genoux. Il aimait à répéter : « Il peint comme Dante écrit », « Ces deux génies florentins sont transpercés par la lumière divine et soulevés par la foi ». « Chez Giotto, lui disait-il, j'aime sa simplicité et la bonté de ses modèles. Sa peinture touche aux origines du monde, au paradis perdu. Chaque geste, chaque regard est juste, la lenteur touche à l'éternel », « Giotto, vois-tu, est l'inaccessible. » Le Maître lui avouait être plus proche de Raphaël. Sa virtuosité, ses arrondis sensuels et sa lumière chaude et poudreuse l'inspiraient.

Le chat sauta sur ses genoux. Emilio ouvrit les yeux et le caressa. Marianne se pencha vers lui.

« Tu rêvais ?

– Je rêvais qu'avec mon pinceau, je posais du blanc, un blanc lumineux sur tes lèvres cerise. »

Le convoi s'était arrêté. Encore à moitié endormi, Emilio s'étonna que la campagne fût si tranquille, presque en paix. Des clochettes se firent entendre et des vaches curieuses se rapprochèrent. Dans la lueur de l'aube, il aperçut leurs pattes fouler une herbe trop haute et trop grasse pour qu'ils soient proches des tranchées et des ravages de la guerre. Étaient-ils encore perdus dans un nulle-part ? Il descendit. La fraîcheur le fouetta. Le ciel vers l'est se maquillait de lueurs naissantes. Il découvrit Torsac en tête de cortège. L'inspecteur tourna sa bride et lui demanda de rentrer dans la voiture.

« Où sommes-nous ? s'enquit Emilio tout en obtempérant.

– En Val de Loire, répondit-il avec sérieux.

– En Val de Loire ? s'écria Marianne. Au pays des châteaux et des princesses ? »

Elle battit des mains.

Emilio, surpris de la réponse, chercha sur le visage de l'inspecteur l'indice d'une plaisanterie qu'il ne décela pas. Il n'en revenait pas.

Il redescendit à nouveau. Les inspecteurs posèrent pied à terre.

« En Val de Loire ! cria Emilio. Mais pourquoi ? Vous m'avez menti ? »

Torsac soupira et retira son chapeau. Il lança un regard vers Laruche qui sortit un pli cacheté de son pourpoint.

« C'est pour toi. »

Emilio décacheta le pli. Il était signé de La Reynie.

Monsieur Emilio Roggiero.

Un grand policier se doit de protéger ses sujets. Votre choix de vous rendre en Hollande par ces temps de guerre ne pouvait que me rappeler à cette règle. Votre jeunesse faite d'impétuosité et d'obstination n'aurait pas accepté mes conseils. J'ai donc décidé de vous éloigner des canons et des épées, même si Sa Majesté a souvent invité des peintres et des artistes lors de ses campagnes. Pour l'heure, je vous envoie découvrir une région de France où les Italiens ont su nous offrir la beauté. Vous y foulerez des paysages calmes où la douceur de vivre attend vos pinceaux. Je sais que vous partagez votre voyage avec une Française et je souhaite qu'elle soit votre guide idéal.

G. de La Reynie
Lieutenant général de police

Emilio relut plusieurs fois la missive, comme pour s'en persuader. Il fixa les inspecteurs.

« Vous m'avez bien eu ! »

Épilogue

14 juin 1703

Le Reynie n'était plus lieutenant général de police. En janvier 1697, il avait vendu sa charge à d'Argenson après trente ans de service auprès du roi. Il se sentait fatigué et les allusions évoquant son âge et sa charge de travail avaient annoncé son départ. Colbert, son mentor, pour lequel il avait gardé une grande admiration malgré les événements qui les avaient opposés, l'avait quitté depuis vingt ans déjà, et il en souffrait toujours. À l'époque, il avait craint que leur affrontement pût provoquer la fin de ses fonctions. Il s'était trompé, il n'en avait rien été. Jamais Colbert n'avait soufflé le moindre mot désobligeant à son égard au roi, bien au contraire. La résolution de l'affaire des drogmans avait préservé Sa Majesté et sa carrière n'avait pas eu à en souffrir.

Le roi avait su apprécier le travail de magistrat de La Reynie, en le nommant conseiller d'État, faveur à laquelle Colbert n'avait pu être étranger. Sa passion depuis cette semi-retraite était de collectionner des éditions recherchées en histoire et en sciences, et il ne s'interdisait pas d'acheter des ouvrages de poètes grecs et latins. Ce jour-là, il avait décidé de ranger sa vaste bibliothèque et il tomba sur le dossier « Bouches cousues ». Il lissa la couverture de l'épais document et s'installa dans un fauteuil près d'une fenêtre ouverte pour mieux profiter des murmures de l'été qui s'annonçait. Quand il l'ouvrit, des dessins glissèrent et volèrent jusque sur le tapis. C'étaient ceux d'Emilio Roggiero. Il les ramassa et pensa à cet étrange peintre italien dont l'incontestable talent les avait beaucoup aidés.

Il parcourut les rapports numérotés de Delamare, auxquels il avait joint ses propres notes, ses conclusions ainsi que les minutes des témoignages des inspecteurs Laruche et Torsac et des archers du guet. La police avait su faire son œuvre, mais le politique s'était emparé de l'affaire. Il prit les dessins du peintre et reposa le dossier sur le guéridon. Le premier portrait fut celui de la troisième victime. Comment s'appelait-elle déjà ? Camille. Camille Venault. Il caressa avec une infinie tristesse l'ovale du visage de la jeune femme. Emilio Roggiero l'avait sublimée. Il les avait toutes magnifiées, elle, Mimi et Louise, en gardant pour la postérité leurs traits intacts que la cruauté n'avait pas réussi à souiller. Il avait su, en leur restituant leur jeunesse et leur beauté, traduire l'injustice suprême de ce sacrifice qui les avait foudroyées. Une feuille s'échappa de ses mains. Il se leva et vint la ramasser. C'était un lavis rehaussé de couleur qu'Emilio Roggiero lui avait transmis du Val de Loire. Un portrait de la duchesse de La Vallière ! Il sourit. Ce diable d'Italien avait su de mémoire restituer à la perfection la mise en scène de Mignard. La beauté de la transparence du bleu de la robe fit resurgir le souvenir des taquineries de sa chère épouse, qui avait su, comme toujours, lui porter affection et réconfort. Il remit le portrait parmi ceux des jeunes femmes.

Liste des personnages

Personnages principaux

Louis XIV : roi de France

Jean-Baptiste Colbert : ministre d'État, contrôleur général des finances

Gabriel Nicolas de La Reynie : lieutenant général de police du Grand Châtelet

Gabrielle de Garibal : épouse de La Reynie

Nicolas Delamare : commissaire de police du Grand Châtelet

Torsac : inspecteur du Grand Châtelet

Delaruche : inspecteur du Grand Châtelet

Bernard : commissaire du quartier du Marais

Andrieux : médecin légiste de la morne du Châtelet

Pierre Mignard : peintre

Anna Avolara : épouse de Mignard

Duchesse Louise de La Vallière : première maîtresse officielle de Louis XIV

Et les enfants qu'elle eut du roi : le comte de Vermandois et mademoiselle de Blois

Emilio Roggiero : peintre romain

Marianne : compagne d'Emilio

Antonin : peintre français, ami d'Emilio

Marquise de Montespan : maîtresse actuelle de Louis XIV

Comtesse de Cruissan : protectrice d'Emilio

Le Rat : un adolescent de la rue, chef de bande

Princesse : compagne du Rat

Trémeur Vairé : marin de la Royale

Monsieur de La Villette : baron, ami de La Reynie

Clémence Kloyan : drogman

Personnages secondaires

Sœur Thérèse : mère supérieure des Visitandines, couvent de la Visitation Sainte-Marie

Madame Cerfeuil : patronne de la taverne L'Arlequin

Flandrin : majordome de La Reynie

Ezilda : gouvernante du peintre Mignard

Baron de Troussac : cousin de la comtesse de Cruissan

Valageas : chapelier, patron de Marianne

François Degrez : commissaire de police du Grand Châtelet

Nicolas Ocard : second médecin légiste de la grande geôle

Les enfants de la bande du Rat : Brindille, Cochon, Lézard, la Fouine, Grosse Branche, Baragouin, Sabre, Ficelle

DU MÊME AUTEUR

Le Manteau de plumes,
Plon, 2002

Le Jumeau de l'Empereur,
Robert Laffont, 2009

Composition IGS-CP
Impression CPI Firmin-Didot en novembre 2025
Éditions Albin Michel
22, rue Huyghens, 75014 Paris
www.albin-michel.fr
ISBN : 978-2-226-48849-7
N° d'édition : 25664/03 – N° d'impression : 186417
Dépôt légal : février 2025
Imprimé en France